Hannah Arendt / Martin Heidegger · Briefe 1925 bis 1975

Hannah Arendt / Martin Heidegger

Briefe 1925 bis 1975 und andere Zeugnisse

Aus den Nachlässen herausgegeben von Ursula Ludz

KlostermannRoteReihe

Bibliografische Information der Deutschen Nationalbibliothek

Die Deutsche Nationalbibliothek verzeichnet diese Publikation in der Deutschen Nationalbibliografie; detaillierte bibliografische Daten sind im Internet über *http://dnb.dnb.de* abrufbar.

4., unveränderte Auflage 2013

3., durchgesehene und erweiterte Auflage 2002
2., durchgesehene Auflage 1999
© Vittorio Klostermann GmbH · Frankfurt am Main · 1998
Alle Rechte vorbehalten, insbesondere die des Nachdrucks und der Übersetzung. Ohne Genehmigung des Verlages ist es nicht gestattet, dieses Werk oder Teile in einem photomechanischen oder sonstigen Reproduktionsverfahren oder unter Verwendung elektronischer Systeme zu verarbeiten, zu vervielfältigen und zu verbreiten.
Gedruckt auf Alster Werkdruck der Firma Geese, Hamburg, alterungsbeständig ♾ ISO 9706 und PEFC-zertifiziert.
Satz: post scriptum, www.post-scriptum.biz
Druck und Bindung: Hubert & Co., Göttingen
Printed in Germany
ISSN 1865-7095
ISBN 978-3-465-04196-2

INHALT

Briefe und andere Zeugnisse 1925 bis 1975

Der Blick 9

Der Wieder-Blick 71

Der Herbst 151

Epilog 257

Addendum 429

Anhang

Anmerkungen zu den Dokumenten 1 bis 168 263

Zusätzliche Dokumente aus den Nachlässen 363

Nachwort der Herausgeberin 385

Verzeichnisse

Abkürzungen, abgekürzt zitierte Literatur 405

Die erwähnten Werke von Hannah Arendt 407

Die erwähnten Werke von Martin Heidegger 411

Die abgedruckten Dokumente, Bildnachweise 423

Personenverzeichnis 433

BRIEFE UND ANDERE ZEUGNISSE 1925 BIS 1975

DER BLICK

1 Martin Heidegger an Hannah Arendt

10. II. 25.

Liebes Fräulein Arendt!

Ich muß heute Abend noch zu Ihnen kommen und zu Ihrem Herzen sprechen.

Alles soll schlicht und klar und rein zwischen uns sein. Dann sind wir einzig dessen würdig, daß wir uns begegnen durften. Daß Sie meine Schülerin wurden und ich Ihr Lehrer, ist nur die Veranlassung dessen, was uns geschah.

Ich werde Sie nie besitzen dürfen, aber Sie werden fortan in mein Leben gehören, und es soll an Ihnen wachsen.

Wir wissen um das nie, was wir durch unser Sein anderen werden können. Wohl aber kann eine Besinnung deutlich machen, inwiefern wir zerstörend und hemmend wirken.

Welchen Weg Ihr junges Leben nimmt, ist verborgen. Wir wollen uns davor beugen. Und meine Treue zu Ihnen soll einzig Ihnen helfen, sich selbst treu zu bleiben.

Daß Sie die »Unruhe« verloren haben, sagt, daß Sie Ihr Innerstes Ihres mädchenreinen Wesens gefunden haben. Und einmal werden Sie verstehen und dankbar sein – nicht mir – daß der Besuch in der »Sprechstunde« der entscheidende Schritt war, zurück aus der Bahn in die furchtbare Einsamkeit wissenschaftlichen Forschens, die nur der Mann aushält – und auch der nur dann, wenn er die Last mitbekommen hat und die Raserei, produktiv zu sein.

»Freuen Sie sich!« – das ist mein Gruß für Sie geworden.

Und nur wenn Sie sich freuen, werden Sie die Frau werden, die Freude geben kann, und um die alles Freude, Geborgenheit, Ausruhen, Verehrung und Dankbarkeit an das Leben ist.

Und nur so bleiben Sie in der rechten Bereitschaft, das sich anzueignen, was die Universität Ihnen geben kann und geben soll. Darin liegt Echtheit und Ernst, nicht aber in einem erpreßten wissenschaftlichen Tun der vielen Ihres Geschlechts – in einer Geschäftigkeit, die eines Tages irgendwie auseinanderbricht, sie hilflos macht und sich selbst untreu.

Und gerade dann, wenn es zu eigener geistiger Arbeit kommt, bleibt das Entscheidende, die ursprüngliche Bewahrung des eigensten fraulichen Wesens.

Daß wir uns begegnen durften, wollen wir als Geschenk im Innersten behüten und durch keine Selbsttäuschungen in der reinen Lebendigkeit verunstalten; d.h. wir wollen uns nicht so etwas wie eine Seelenfreundschaft einbilden, die es unter Menschen nie gibt.

Ich kann und will nicht Ihre treuen Augen, Ihre liebe Gestalt trennen von Ihrem reinen Vertrauen, der Güte und Lauterkeit Ihres mädchenhaften Wesens.

Aber so wird das Geschenk unserer Freundschaft zu einer Verpflichtung, an der wir wachsen wollen. Und sie ist es gleich, die mich um Verzeihung bitten läßt, daß ich mich auf unserem Gang einen Augenblick vergaß.

Einmal aber möchte ich Ihnen danken dürfen und im Kuß Ihrer reinen Stirn die Lauterkeit Ihres Wesens in meine Arbeit hinübernehmen.

Freuen Sie sich, Sie Gute!
Ihr
M. H.

2 Martin Heidegger an Hannah Arendt

21. II. 25.

Liebe Hannah!

Warum ist die Liebe über alle Ausmaße anderer menschlicher Möglichkeiten reich und den Betroffenen eine süße Last? Weil wir uns in das wandeln, was wir lieben und doch wir selbst bleiben. Dem Geliebten möchten wir dann danken und finden nichts, was dem genügte.

Wir können nur mit uns selbst danken. Liebe wandelt die Dankbarkeit in die Treue zu uns selbst und in den unbedingten Glauben an den Anderen. So steigert die Liebe ständig ihr eigenstes Geheimnis.

Die Nähe ist hier das Sein in der größten Ferne zum anderen – die Ferne, die nichts verschwimmen läßt – sondern das »Du« in das durchsichtige – aber unbegreifliche – Nur-Da einer Offenbarung stellt. Daß die Gegenwart des Anderen in unser Leben einmal hereinbricht, ist das, was kein Gemüt bewältigt. Menschliches Schicksal gibt sich menschlichem Schicksal, und der Dienst reiner Liebe ist es, dieses Sichgeben wach zu halten wie am ersten Tag.

Wenn Du in Deinem dreizehnten Jahre mir begegnetest, wenn es erst nach einem Jahrzehnt gewesen wäre – es ist vergeblich zu rätseln. Nein, jetzt geschah es, wo Dein Leben still sich anschickt, zu dem der Frau sich zu bereiten, wo Du Ahnung, Sehnsucht, Erblühen, Lachen – Deine Mädchenzeit unverlierbar in Dein Leben mit hineinnehmen sollst als Quelle der Güte, des Glaubens, der Schönheit, des fraulichen Immer-nur-Schenkens.

Und was kann ich zu diesem Augenblick?

In der Sorge sein, daß nichts in Dir zerbreche; daß, was Deine Vergangenheit an Schwerem und Schmerzlichem hat, sich läutere; daß Fremdes und Zugetragenes weiche.

Die Möglichkeiten fraulichen Wesens in Deiner Umgebung sind so ganz andere als die »Studentin« glaubt und viel positivere als sie ahnt. An Dir soll leere Kritik zerschellen und überhebliche Negation zurückweichen.

Männliches Fragen lerne Ehrfurcht an schlichter Hingabe; einseitige Beschäftigung lerne Weltweite an der ursprünglichen Ganzheit fraulichen Seins.

Neugier, Klatsch und Schuleitelkeiten werden nicht auszurotten sein; den Adel wird dem freien geistigen Leben nur die Frau geben können in der Art, wie sie *ist*.

Wenn das neue Semester kommt, ist der Mai da, und der Flieder flutet über die alten Mauern, und die Baumblüte wogt in den versteckten Gärten – und Du gehst im duftigen Sommerkleid durchs alte Tor. Sommerabende werden in Dein Zimmer kommen und Dir in Deine junge Seele läuten von der stillen Heiterkeit unseres Lebens. Bald werden die Blumen wach, die Deine lieben Hände pflücken, und das Moos im Waldgrund, durch den Deine seligen Träume gehen.

Und soll ich nicht bald auf einsamer Bergfahrt die Berge grüßen, deren felsige Ruhe Dir einmal begegnen wird, in deren Linien das Gehaltene Deines Wesens Dir wiederkehrt. Und den Bergsee will ich aufsuchen, um von der steilsten Steile des Absturzes hinabzusehen in seine ruhige Tiefe.

Dein
M.

3 Martin Heidegger an Hannah Arendt

27. II. 25.

Liebe Hannah!

Das Dämonische hat mich getroffen. Das stille Beten Deiner lieben Hände und Deine leuchtende Stirn behüteten es in fraulicher Verklärung.

Nie noch ist mir so etwas geschehen.

Im Regensturm auf dem Rückweg warst Du noch schöner und größer. Und ich hätte mit Dir Nächte durch wandern mögen.

Als *Symbol* meines Dankes nimm dieses kleine Buch. Es sei in eins damit ein Sinnbild dieses Semesters.

Bitte, Hannah, schenk mir noch einige Worte. Ich kann Dich nicht so ziehen lassen.

Du wirst vor der Reise im Gedränge sein. Aber nur Weniges; und nicht »schön« geschrieben.

So wie Du schreibst. Nur daß *Du* es geschrieben hast.

Dein
M.

Ich freu mich so auf Deine Mutter –

4 *Martin Heidegger an Hannah Arendt*

Freiburg, 2. M[ärz] 25

Lb. H.

Umseitig der Weg unseres Aufstiegs. Eben hatte ich zwei schöne Stunden mit Husserl.

> Herzl. Gruß
> M.

5 *Martin Heidegger an Hannah Arendt*

6. III. 25

Herzl. Gruß
M.

Brief folgt.

6 Martin Heidegger an Hannah Arendt

Todtnauberg, 21. III. 25.

Liebe Hannah!

Hier oben ist herrlicher Winter geworden, und so kam ich zu wundervollen und erfrischenden Fahrten.

Seit einer Woche sitze ich aber wieder bei der Arbeit, und wir rüsten schon für die Talfahrt am 24. III.

Oft wünsche ich, daß Du Dich so schön erholst wie ich hier oben. Die Einsamkeit der Berge, der ruhige Lebensgang der Gebirgler, die elementare Nähe von Sonne, Sturm und Himmel, die Einfachheit einer verlorenen Spur an einem weiten, tiefverschneiten Hang – all das hält die Seele erst recht fern von allem zerhackten und zergrübelten Dasein.

Und hier ist die Heimat reiner Freude. Des »Interessanten« wird man unbedürftig, und die Arbeit hat die Gleichmäßigkeit des fernen Schlages eines Holzfällers im Bergwald.

Zu all dem hätte ich Dich am liebsten mitgenommen, als Du »zufällig« noch einmal zum Abschied auf meinen Weg kamst.

Aber ich wußte doch auch, daß Du mit einer großen Freude in Deinem Herzen die Ferienfahrt machen wirst. Und so wurde ich ruhig um Dich, wenngleich ich täglich wünsche, daß Du Dich erholst.

Ich meine, daß Du all das, was das Semester an Unausgeglichenem, an Reibungen, Widerwärtigkeiten und Belastungen brachte, wirklich frei aus Dir selbst überwindest.

Mit großer Freude las ich, daß Lichtenstein noch bei Dir war. An den Husserl-Abenden war das Unschöne das erzwungene Bemühen, sich den Rang abzulaufen. Um so mehr freute ich mich über Dich, wenn Du still in Deiner Ecke saßest. Mit Lichtenstein unterhielt ich mich am liebsten. Nun er nicht mehr kommt, werde ich in dieser Zusammensetzung die Abende wohl nicht fortführen. Aber irgend eine Art von »Zirkel« möchte ich schon gern traditionell werden lassen. Das ist aber weniger im Gelingen abhängig vom Thema als von den rechten Menschen. Und ich sagte Dir schon, daß ich im Sommer mir »die Jungen« wieder holen will. Und ich möchte sie mir so vorbereiten, daß ich mit ihnen wieder etwas wagen kann. Jetzt kommen mir oft die Freiburger Semester in die Erinnerung; vieles von dem, was ich da versuchte, war unreif und voreilig – aber die Arbeit als Lehrtätigkeit war ein Mitgenommenwerden; jetzt ist sie zu einem Ziehen und Eintrichtern geworden. Ich weiß, daß es so nicht bleiben wird. Und die eigentliche Arbeit wird andererseits immer in der Einsamkeit des Fragens geschehen müssen.

Marburg ist seit diesem Winter freundlicher für mich geworden, und ich freue mich zum ersten Mal auf die Rückkehr.

Die Berge, Wälder und alten Gärten werden sich besonders schön schmücken, bis Du wiederkommst. Und vielleicht wird dann auch der lähmende Geist einmal vertrieben, den der Ort von Anfang an für mich hatte.

Aber vielleicht ist die Stagnation durchgängig an unseren Universitäten. Was mir jetzt von Freiburg erzählt wird, ist ebenso erschreckend. Am Ende aber immer noch wertvoller als das Viele, das vielleicht in Berlin »los ist«. –

Ob bei Euch auch noch ein verspäteter Winter wurde? Oder ob Du wirklich an die See gegangen bist? Nach dem genauen bibliographischen Titel des neu erschienenen Briefwechsels der Rahel mit Alexander von der Marwitz hab ich mich vergeblich umgesehen. In der Bibliothek war das Exemplar schon ausgeliehen. Ich habe ein starkes Bedürfnis danach, wieder einmal ganz losgelöst lesen zu können. Aber ich suche die Zeit vergebens. Jetzt plage ich mich mit meinen Casseler Vorträgen, die vorläufig alle noch zu schwer angelegt sind. Leichter machen ist in der Philosophie ein merkwürdiges Geschäft – je einfacher die Dinge werden, um so rätselhafter bleiben sie. Und ich möchte dem Publikum auch nicht einreden, die Philosophie könne auf seine Fragen antworten.

Mir liegt gerade daran, den Unterschied von Weltanschauungsbildung und wissenschaftlich-philosophischer Forschung klar zu machen und zwar an der konkreten Frage nach Wesen und Sinn der Geschichte. Allerdings ist diese Klärung selbst wieder nur auf wissenschaftlich-begrifflichem Wege möglich. Und so enden meine Untersuchungen immer dabei, daß die Vorträge ein Widersinn werden vor einem »allgemeinen« Publikum. Aber ich habe mich verpflichtet und muß mich nun schlecht und recht durchbeißen.

Vom 24. III. bis 27. bin ich bei Husserl in Freiburg, und ich freue mich sehr auf diese Tage. Dann fahre ich in meine Heimat (Meßkirch, Baden) und bleibe dort bis zum 3. IV. Willst Du mir einmal dahin schreiben? Und von Deinen Ferien erzählen?

Wenn der Sturm um die Hütte heult, dann denke ich an »unseren Sturm« – oder ich geh den stillen Weg die Lahn entlang – oder ich verträume eine Ruhepause beim Bild des jungen Mädchens, das im Regenmantel, den Hut tief über den stillen großen Augen zum erstenmal in mein Studierzimmer trat, das verhalten und scheu auf alle Fragen eine kurze Antwort gab – und dann transponiere ich das Bild auf den letzten Tag des Semesters – und weiß dann erst, daß Leben Geschichte ist.

    Ich behalte Dich lieb
                Dein
                Martin.

7 Martin Heidegger an Hannah Arendt

24. III. 25.

Liebe Hannah!

Unser Kleiner ist beim Skilaufen verunglückt, so daß meine Reisepläne umgeworfen sind. Der Kleine hat eine Sehne verzerrt und muß hier oben liegen. Ich gebe Dir noch in den

nächsten Tagen genau Bescheid, ob ich nach Meßkirch fahre.
Vielleicht müssen wir längere Zeit in Freiburg sein.

    Herzlichen Gruß
        Dein Martin.

8 *Martin Heidegger an Hannah Arendt*

Freiburg, 29. III. [1925]

Lb. H.

Ich fahre nicht nach Meßkirch, da der Transport des Kleinen ziemlich schwierig ist. Ich schreibe bald.

Die Tage mit Husserl waren eine Enttäuschung, da er sehr müde ist und auffallend schnell altert. Die Stadt ist wieder herrlich.

    Herzl. Gruß
        M.

9 *Martin Heidegger an Hannah Arendt*

Marburg, 12. IV. 25.

Liebe Hannah!

Ich lebe in einer Raserei der Arbeit und der Freude auf Dein baldiges Kommen.

    Ich danke Dir herzlich für Deine Karte.

    Ich bin umgezogen in das frühere Besuchszimmer nebenan. Der Straßenlärm war nicht mehr auszuhalten.

    Die Casseler Vorträge haben mir viel Arbeit gemacht. Am 16.

fahre ich nach Cassel und bin dort bis zum 22. Ich wohne im Hotel – weiß aber noch nicht, in welchem. Willst Du mir mal schreiben oder die geschriebenen Briefe schicken? Und hast Du ein Bild von Dir? Kommt Deine Mutter im Sommer?

Von Jakoby wirst Du wohl schon die Bilder bekommen haben. Hier bekommst Du noch einige sehr schöne zu sehen.

Schreib mir recht bald, damit ich Dich bei meinen Vorträgen bei mir habe.

Ich lebe viel mit Hölderlin, und überall bist Du mir nahe.

Ich freue mich sehr auf das Sommersemester!

Vor dem 28. werde ich nicht beginnen. Vielleicht erst im Mai.

Wo wirst Du wohnen? Und wann kommst Du? –

        Dein
        M.

Adresse: bei Herrn Geheimrat Dr. Boehlau
        Kassel, Lessingstr. 2

10 Martin Heidegger an Hannah Arendt

17. IV. nachm. [1925]

Liebe Hannah!

In Eile. Herzlichen Dank für Deinen Brief.

Wie herrlich, daß Du kommst. Ich lese 20. und 21. Landesbibliothek (Friedrichsplatz) 8 c.t.

Bröcker ist natürlich da! Ich habe ihn vorbereitet, daß die Königsberger kommen wollten. Ich wüßte nicht – wer. Du und Jakoby.

So können wir vermutlich nicht zusammen nach Marburg fahren allein. Aber hier wollen wir uns sehen – jedenfalls nach meinen Vorträgen abends.

Ich werde Dich Montag Abend in der Pause wohl sehen. Ich wohne draußen bei Schloß Wilhelmshöhe, sehr vornehm. Vielleicht kannst Du im »Stift« wohnen – ich weiß nicht, ob ich Zeit habe, Dich abzuholen – auch weiß ich nicht genau, wann Du kommst.

Jedenfalls *nach* dem Vortrag verabschiede ich mich – wie jetzt täglich – von den Bekannten und Gastgebern und fahre mit der Elektrischen Nr. 1 nach Wilhelmshöhe, Endstation – vielleicht fährst Du – unauffällig – eine Bahn später. Ich bringe Dich dann wieder zurück.

Auf Wiedersehen
Dein
Martin.

11   Hannah Arendt für Martin Heidegger

SCHATTEN

Jedesmal, wenn sie aus diesem langen, verträumten und doch festen Schlaf erwachte, in dem man so ganz eins und einig mit sich selbst ist, wie mit dem, was man träumt, hatte sie dieselbe scheue und tastende Zärtlichkeit zu den Dingen der Welt, an der ihr deutlich wurde, ein wie großes Stück ihres eigentlichen Lebens gänzlich in sich versunken – schlafartig, möchte man sagen, wenn es im gewöhnlichen Leben etwas diesem Vergleichbares gäbe – dahingelaufen war. Denn Fremdheit und Zärtlichkeit drohten ihr schon früh eins und identisch zu werden. Zärtlichkeit bedeutete scheue, zurückgehaltene Zuneigung, kein Sich-Geben, sondern ein Abtasten, das Streicheln, Freude und Verwundern an fremden Formen war.

Vielleicht kam alles daher, daß sie in leisester, kaum noch erwachter Jugend schon entlang gestrichen war an Außerordentlichem und Wunderbarem, und so mit einer später sie geradezu erschreckenden Selbstverständlichkeit gewohnt war, ihr Leben zu doppeln: in Hier und Jetzt und Dann und Dort. Ich meine nicht Sehnsucht nach einem bestimmten Was, das es zu erreichen gilt, sondern Sehnsucht als das, was ein Leben ausmachen, für es konstitutiv werden kann.

Denn im Grund war es so um sie bestellt, daß ihre Selbständigkeit und Absonderlichkeit gerade darin gründete, daß sie sich eine wahre Leidenschaft zu Absonderlichem anerzogen hatte und so gewöhnt war, auch in dem scheinbar Selbstverständlichsten und Banalsten Beachtenswertes zu sehen, ja das ging so weit, daß sie, wenn die Einfachheit und Alltäglichkeit des Lebens sie selbst erschütternd traf, im Nachdenken und sogar im Fühlen selbst gar nicht darauf kam, es könnte ihr Begegnendes banal sein, ein gering zu schätzendes Nichts, an das alle Welt gewöhnt ist und über das zu sprechen sich nicht mehr verlohne.

Aber nicht etwa, daß irgend etwas von Solchem ihr jemals ausdrücklich geworden wäre. Dazu war der Himmel in der Stadt, in der sie aufwuchs und an der sie mit vertraulicher Intimität hing, zu verhängt, sie selbst zu unaufgeschlossen und in sich selbst verfangen. Sie wußte um Vieles – durch Erfahrung und eine stets wache Aufmerksamkeit. Aber alles, was ihr so geschah, fiel auf den Grund ihrer Seele, blieb dort isoliert und verkapselt. Ihre Ungelöstheit und ihre Unaufgeschlossenheit verwehrten es ihr, mit Geschehnissen anders umzugehn, als in dumpfem Schmerz oder träumerischer, verwunschener Verbanntheit. So verstand sie nichts aus sich zu machen, kaum auch nur auf sich zu achten, obgleich sie in ihrer, ja man kann sagen: Behextheit, die sich natürlich steigerte zu immer größeren Absurditäten, je tiefer und gewissermaßen gründlicher sie wurde, bald nichts mehr kannte und wußte als sich selbst. Nicht als wäre irgend etwas vergessen gewesen, sondern recht eigentlich versunken – Eines verschollen, Anderes dumpf aufbegehrend ohne Zucht und Ordnung.

Ihre Zerstörtheit, die ihren Grund vielleicht nur in hilfloser, verratener Jugend hatte, äußerte sich in diesem Auf-sich-selbst-gedrückt-Sein, und das so, daß sie selbst sich Blick und Zugang zu sich verdeckte und verstellte. Die Doppeltheit ihres Wesens trat hier so an den Tag, daß sie sich selbst in den Weg kam, je älter sie wurde um so radikaler, exklusiver und blinder.

In der Verwunschenheit, im Unmenschlichen, im Absurden gab es für sie keine Grenze und kein Halt. Eine Radikalität, die stets an das Äußerste ging, verwehrte es ihr, sich zu schützen, Waffen zu haben, schenkte ihr nie den bittersten Tropfen des zur Neige geleerten Kelches. – Alles Gute nahm ein böses Ende, alles Böse nahm ein gutes Ende. Schwer zu sagen, was unerträglicher war. Denn das gerade ist ja das Unerträglichste – das den Atem verschlägt, so man nur daran denkt in grenzenloser Angst, die die Scheu vernichtet und hindert, daß ein Solcher je sich heimisch fühlt: zu leiden und zu wissen, in jeder Minute und Sekunde aufmerksam und höhnisch zu wissen, daß es auch für den bösesten Schmerz noch zu danken gilt, ja daß sogar just dies Leiden es ist, um dessentwillen es überhaupt noch gilt und sich lohnt.

So gab es keine Zuflucht in Kultiviertheit und Geschmack. Was lohnte sich Solches, was kam es auf Solches an, wenn Jedes und Jegliches ausschlaggebend wurde und eine Wehrlose traf und doch nicht traf, weil sie nirgends und niemals dazugehörte. – Dabei wuchs ihre Sensibilität und Verletzbarkeit, die ihr stets schon etwas Exklusives gegeben hatten, ins nahezu Groteske. Eine tierische Angst, sich zu bergen, da sie sich nicht schützen wollte und konnte, verbunden mit fast sachlich abwägender Erwartung irgendeiner Rohheit, machen ihr die einfachsten, selbstverständlichsten Dinge des Lebens mehr und mehr unmöglich.

In der scheuen und herben Frühe ihres jungen Lebens, als sie noch nicht gestritten hatte mit der tastenden Zärtlichkeit, der Umgangsform und dem Ausdruck ihres eigensten Wesens, hatten sich ihr in Träumen Wirklichkeitsbereiche erschlossen, in jenen leid- und freudvollen Träumen, die gleich ob süß oder bitter erfüllt sind von einer steten Lebensseligkeit. Als sie dann später in einer merkwürdigen, gewaltsam zerstörerischen

Herrschsucht über sich selbst ihre Jugendreiche verdarb und verwarf – als Lüge und unzulänglich, da wichen sie von der In-sich-Gebannten, und es überfiel die Hingestreckte die Angst vor der Wirklichkeit, diese sinn- und gegenstandslose, leere Angst, vor deren blindem Blick alles Nichts wird, die Wahnsinn, Freudlosigkeit, Bedrängtheit, Vernichtung bedeutet. Dieser Angst ist nichts schrecklicher, totbringender als das eigene Spiegelbild. Und dies ist ihre Charakteristik und zugleich das Zeichen ihrer Schande. Was sollte ihr aber auch grauenhafter, unbegreiflicher erscheinen als die eigene Wirklichkeit?

Der Angst war sie verfallen wie früher der Sehnsucht, und wieder nicht einer irgendwie bestimmbaren Angst vor einem wie immer bestimmten Was, sondern der Angst vor dem Dasein überhaupt. Sie hatte sie früher gekannt, wie sie Vieles gekannt hatte. Jetzt war sie ihr verfallen. –

Vielleicht wird das Umschlagen der Sehnsucht in die Angst durch die zerstörerische Herrschsucht, dies sklavisch-tyrannische Sich-selbst-Vergewaltigen verständlicher und deutlicher, wenn man bedenkt, daß die Möglichkeiten zum Ungeheuerlichen teils auch in einer so verwahrlosten wie aussichtslosen Zeit lagen, und das um so mehr, je schärfer und bewußter ein von Natur wählerischer und kultivierter Geschmack sich sträubte gegen die lauten und extremen Verzweiflungsversuche einer Kunst, Literatur und Kultur, die bis zur Schamlosigkeit unbesonnen in losgelösten Verstiegenheiten kläglich ihr Scheindasein fristete.

Aber so gewiß dies nur ein Versuch ist, die Veranlassung zu erklären, gewissermaßen über das Private und Intime hinaus menschlich näher zu bringen, so gewiß liegt die eigentliche Möglichkeit zu dieser Verzweiflung im Bereich des Menschlichen überhaupt, ist jeden Augenblick wach und offen daliegend wie jede andere auch, und nur von daher ist das Drohende und Gespensterhafte des Vorgangs wirklich zu begreifen.

Mag sein, daß in dem Verfallensein an die Angst und in dem an die Sehnsucht ein Identisches lag, nämlich: verfallen sein, in eine Sucht gebannt sein – diese starre Hingegebenheit an ein Einziges, wenn der leere Blick die Mannigfaltigkeit vergißt oder für nichts achtet, ganz erfüllt von der Sucht und der Leidenschaft. Mag es aber auch sein, daß die Sehnsucht ihr Reiche erschlossen hatte, bunte und absonderliche Reiche, in denen sie heimisch war und die sie lieben konnte mit jener stets sich gleichbleibenden Lebensseligkeit und daß die Angst dumpf alles verschloß, den freien Atem benahm und sie erstarren ließ in der Gejagtheit selbst. – So einer hervorheben will, daß sie häßlicher und gewöhnlicher wurde bis zur Stumpfheit und zur Zuchtlosigkeit, so sei es ihm zugestanden, nur aber auch ihr die Freiheit der Gleichgültigkeit zu jeder Zeit solchem Abwägen und Rechten gegenüber.

Die Starre und die Gejagtheit – so, daß Freude und Leid, Schmerz und Verzweiflung durch sie hindurchjagten wie durch totes Fleisch – verflüchtigten alle Wirklichkeit, ließen die Gegenwart gleichsam abprallen, und es blieb als einzig Gewisses, daß alles ein Ende hat. So hatte sich ihre Radikalität, die ihr einst das Äußerste noch zu tragen und zu halten gab, gewandelt, daß ihr jetzt alles zerrann und zerstob, es sei, sie versuchte in gefügiger Freundlichkeit sich anzuschmiegen, blaß und farblos und mit der versteckten Unheimlichkeit eines über den Weg huschenden Schattens.

Möglich, daß ihre Jugend sich losringt aus dem Bann und ihre Seele unter einem anderen Himmel die Möglichkeiten des Aussprechens und Lösens erfährt und so Krankheit und Verirrtheit überwindet, Geduld lernt und die Einfachheit und Freiheit organischen Wachstums – wahrscheinlicher aber, daß sie weiter ihr Leben hinfristet in haltlosen Experimenten und einer recht- und bodenlosen Neugier, bis dann letztlich das lang und heiß erwartete Ende sie doch überrumpelt und dem unnützen Getriebe ein willkürliches Ziel setzt.

Königsberg, April 1925

12 Martin Heidegger an Hannah Arendt

24. April 25.

Mein Liebstes!

Als ich Dir heute das Manuskript gab, hast Du mich mit einer so elementaren Freude überwältigt, daß ich hilflos wurde. Ein Stück meiner Seele gab ich Dir – wenig genug für Deine Liebe – aber *Dein* freudiger Dank überragte alles.

War es Zufall, daß Du das Manuskript mitbrachtest, wo ich entschlossen war, Dich darum zu bitten, um es Dir wieder zu schenken – zu schenken – nur als Symbol dafür, daß Du von nun an in meiner Arbeit mitlebst – mit dem unerschöpflichen Impuls Deiner »scheuen zurückhaltenden Zuneigung«, mit der Du Dein Wesen in seltsamer Klarheit entdeckt hast.

Seit ich Dein Tagebuch las, darf ich nicht mehr sagen »das verstehst Du nicht«. Du ahnst es, Du – und gehst mit. »Schatten« sind nur, wo *Sonne* ist. Und das ist der Grund Deiner Seele. Ganz aus der Mitte Deiner Existenz bist Du mir nah und für immer in meinem Leben wirkende Kraft geworden. Zerrissenheit und Verzweiflung vermag nie so etwas zu zeitigen wie Deine dienende Liebe in meiner Arbeit.

Dein Brief nach Cassel hat mich tagelang ergriffen. Das »wenn Du mich haben willst« – »wenn Du magst«: Was sollte ich noch vor diesem scheuen und doch so ganz sicheren Warten und Harren? Und was brachte ich Dir anderes als Schwerstes, und war es nicht ein ständiges Opfer Deiner Seele? Und Du hattest nur Dein scheues stilles »Ja« in der Bahnhofshalle. Und als Du mich in die Ferne von Dir zwangest, da wurdest Du mir erst nahe, und da wurde mir die Offenbarung Deines Wesens – Du hast in diesem Augenblick – wortlos – ganz *frei* zu mir gesprochen. Seit dieser wundersamen Ent-fernung, die *mich* in die Schuld stieß – bin ich ruhig und froh über Dein Leben und seine Sicherheit und Wucht.

»Die Schatten« warf Dein Milieu, die Zeit, forcierte Reife eines jungen Lebens.

Ich würde Dich nicht lieben, wenn ich nicht glaubte, daß *Du* das nicht bist, sondern Entstellungen und Täuschungen, die eine bodenlose und von außen eingedrungene — Selbstzerfaserung sich schuf.

Mir wird Dein erschütterndes Bekenntnis nicht den Glauben nehmen an die echten und reichen Antriebe Deiner Existenz. Im Gegenteil, es ist mir Beweis, daß Du ins Freie gekommen bist – obzwar Dein Weg aus diesen seelischen Verbogenheiten, die nicht eigentlich Deine sind, ein langer sein wird.

Mein Leben war nach Herkunft, Milieu und Möglichkeiten einfacher — über Instinkte sicher zu führen, die Sachlichkeit und Arbeit leichter zu gewinnen — als das vieler junger Menschen heute. Und so könnte ich leicht, selbst Dir gegenüber im Verstehen unrecht tun. Aber die Nähe Deines Wesens — und jetzt Deine Bilder — sind mir so fraglos, daß ich, von der Sicherheit des Wissens der Liebe ganz abgesehen, nie glauben werde, daß Du Dein Leben in »haltlosen Experimenten« leben kannst und wirst. —

Du kamst heute so froh, strahlend und frei, so wie ich mir Deine Rückkehr nach Marburg wünschte. Und ich war von der Herrlichkeit dieses Menschenwesens — dem ich im Du nahe sein darf — benommen. Und als Du weil ich offenbar abwesend zu sein schien — fragtest, ob Du gehen solltest, da war ich mit Dir — ganz allein — frei von Welt-Sorge und Bedenken — in der klaren Freude darüber, daß Du bist. —

Ich lese wieder in 11; weißt Du was das heißt?

Gute Nacht liebste Hannah!
        Dein
                Martin.

13 Martin Heidegger an Hannah Arendt

1. V. 25.

Liebstes!

Wäre die Liebe noch das große Glauben, das mit ihr in der Seele anhebt, wenn ihr nicht gerade das aufbehalten bliebe, zu warten und zu behüten? Dieses Wartendürfen dem Geliebten zu – ist das Wundervollste – denn in ihm ist das Geliebte gerade »Gegenwart«.

Mit diesem Glauben laß mich im Innersten und Reinsten Deiner Seele wohnen. Was Du mir offenbartest in Tagebuch und schweigend leidender Begegnung ist, daß eine ungebrochene Gewißheit und Sicherheit in Deinem Leben liegt.

Und gar an dieser scheuen Freiheit und unbedrohten Hoffnung Deiner Seele bin ich schuldig geworden.

Und das nicht in der Rosenblüte, am klaren Bach, nicht in der Glut der Sonne über den Feldern, nicht im Wüten des Sturmes und dem Schweigen der Berge – wie all das dem kleinen Poterl geschah – sondern in Unschönes – Ödes – Fremdes – Gekünsteltes habe ich Deine frierende Seele gedrängt.

Und als neulich die Stille und Abendfrische um uns lag und zwischen den dunklen Stämmen der Fluß heraufglänzte und der klare Schritt des Pferdes die einsame Straße zog und Du Dich so rein in all dem freutest – da hat es mich wieder getroffen, was ich Dir zu leiden gab.

Deinen »Zettel« habe ich in Deine Tagebuchblätter gelegt; er ist das ursprüngliche und gewisse Ja auf die erste der beiden Fragen, mit denen sie schließen – daß Du Dich wieder gefunden hast, weil *Du* Dich nie verlieren konntest und kannst. Und dieses Ja ist so beglückend, weil es die Demut vor dem eigenen gottgeschenkten Wesen spricht. Und kannst Du Dir Größeres denken als: auf ein solches Wesen in alle Ewigkeit warten dürfen? –

Dein Martin.

14 Martin Heidegger an Hannah Arendt

8. V. 25.

Liebe Hannah!

Einen lieben Gruß mußt Du haben zum Sonntag. Ich war nach dem Konzert so bewegt durch Deine Nähe, daß ich es nicht länger aushielt – und ging, wo ich doch am liebsten mit Dir durch die Maiennacht gewandert wäre – still neben Dir zu gehen und Deine liebe Hand zu spüren und Deinen großen Blick –; nicht fragen wozu und warum sondern nur »*sein*«.

Wie Dein Wesen das lernen läßt – und wie ich darin die Kraft spüre, in die Du Dein Leben hineinnimmst. Auch da, wo Du – und gerade Du – ein ausgelassener Kobold bist – und Bälle und Kino und Gesellschaft bezwingst.

Du sagtest, auf unserem ersten Gang hätte Dich die Angst befallen, was werden würde. Konnte denn noch etwas *werden*? *War* nicht schon alles und wird es immer so sein? Haben wir etwas dazu getan?

Und was können wir tun, als einzig – uns aufzuschließen – und sein *lassen*, was ist. So *sein* lassen, daß es uns reine Freude ist und Quelle jedes neuen Lebenstages.

Beschwingt zu sein, was wir sind. Und doch möchte eines dem anderen »sagen« und sich eröffnen; aber wir könnten nur sagen, daß die Welt nicht mehr meine und Deine – sondern *unsere* geworden ist – daß, was wir tun und leisten, nicht Dir *und* mir sondern *uns* gehört. Daß Giebel und Wege und Maimorgen und Blütenduft – unser ist –. Und daß alle Güte zu anderen und jede ungezwungene, echte Vorbildlichkeit für sie *unser* Leben ist –. Daß der jubelnde Kampf – und der sichere Einsatz für ein Gewähltes – unser ist –. Unser. Daß es nie mehr verloren gehen kann – sondern nur die Möglichkeit hat reicher, klarer – sicherer zu werden, um zu einer großen Leidenschaft der Existenz aufzuwachsen. –

Nun hast Du Deinen Platz gefunden – vom Nachschreiben hast Du nicht viel – höre lieber und versuche *mitzugehen*. Was ich vortrage, drucke ich doch im Herbst, und Du bekommst ein Exemplar der Abhandlung.

Willst Du mir die George-Gedichte mitbringen, von denen Du neulich sprachst?

Viel reine Sonntagsfreude und einen lieben Kuß
          Dein
             Martin.

15 Martin Heidegger an Hannah Arendt

             13. V. 25.

O mein tag mir so gross
Und so schnell mir entführt!
Diesmal versagt sich mir alle Rede – und ich kann nur weinen, weinen – und das Warum hat auch keine Antwort – und versinkt – vergeblich wartend – im Danken und Glauben. »Nun tu ich alles was der engel will«.

Von dem Tag an, der Alles über mich brachte – Du – noch spürbar der Zauber von Wetzlar um Dich – noch den Blütentraum im Haar – Schwung und Linie der Berge auf der Stirn und das Zittern der abendlichen Kühle in der lieben Hand.

Und Deine große Stunde – wo Du eine Heilige wirst – wo Du ganz offenbar wirst. Die Linien Deines Gesichtes sich straffen – gedrängt von der inneren Kraft einer – Sühne, die Dein Leben trägt. Kind – daß Du das kannst – und darin ehrfürchtig und groß geworden bist. Der Ehrfurcht erschließt sich das Leben – und gibt ihm Größe.

In Deinen großen Augenblicken, zwischen Glück und Abendabschied – erfahre ich es dankend in Deinem unirdischen Gesicht, daß eine große Verzeihung Dir in Deine Seele gerufen wurde und daß Du sie dienend behütest. All das, was Dein Tagebuch erzählt – ist da – aber überwunden – nicht vergessen und abgestoßen, sondern hineingenommen in das Eigentliche innersten Lebens. Und am Ende bist Du zu scheu – d.h. wahrhafte Scheu ist immer *zu* scheu, um das Ja Gottes, der Dich erkannte und annahm, zum Besitz Deiner Seele zu machen; aber Heilige – daß Du diese Scheu bewahrst – bewahrt Dir Sein Ja – und ein Philosoph – er sieht mit Augustinus nur das Kind, das am Strand das Meer in eine kleine Grube schöpfen möchte, und wird hilflos mit seinem Suchen angesichts des Lebens.

So warst Du mir Gegenwart, als Du in ihr zum letzten Geschenk mir wurdest. Nichts drängte sich in die Nähe – was nur irdisch – blind – wild und gesetzlos war.

Und das dank ich nur Dir – daß *Du* es warst. Nun trag ich es bei mir in der Seele – und bitte Gott, daß er reine Hände mir bewahre, das Kleinod zu hegen.

Und so liegt an diesem Morgen Feiertag über meinen Blättern und Heften, und ich lese in Augustins *de gratia et libero arbitrio*. –

Ich danke Dir für Deine Briefe – daß Du mich in Deine Liebe aufgenommen hast – Liebstes. Weißt Du, daß das das Schwerste ist, was einem Menschen zu tragen gegeben wird? Für alles sonst gibt es Wege, Hilfe, Grenzen und Verstehen – hier nur bedeutet alles: in der Liebe sein = in die eigenste Existenz gedrängt sein. Amo heißt volo, ut sis, sagt einmal Augustinus: ich liebe Dich – ich will, daß Du seiest, was Du bist.

Liebes Herz, daß Du nichts sagtest auf die Erzählung von meinem Tun – wir sind beide Menschen, die schwer reden – aber auch ein Schweigen verstehen.

Ich danke Dir für die duftende Blüte, darin mir ein Maientag Deines jungen Lebens Erinnerung bleibt.

Und ich danke Dir für »*Deine*« Gedichte.

Und ich danke Dir – ob ichs auch weder kann noch darf – für Deine Liebe.

M.

Willst Du nächsten Freitag nachmittag 4 Uhr mich abholen zu einem kleinen Gang durch die Wiesen?
  Bring bitte den Scheler mit.

16 Martin Heidegger an Hannah Arendt

20. V. 25.

Liebste Hannah!

Mir ist, als hätten wir uns schon seit Jahren nicht mehr gesehen. Und bald wirst du zu meinen geliebten Bergen wandern, und das in diesem herrlichen Mai.

  Ich fahre doch nicht, da ich die Ferien für meine »Logik« brauche und zur Zeit durch eine rätselhafte Erkältung nicht auf der Höhe des Arbeitens bin.

  Und unser Konzert morgen, worüber wir gar nicht sprachen, ist mir durch eine Sitzung verdorben,

  Aber ich lebe doch in der Freude, daß Du Dich freust und arbeitest und in die Dinge hineinwächst.

  Und in den wenigen Pausen lese ich in den Gedichten.

  Meine Sehnsucht nach Dir wird aber nur noch weniger bezwingbar.

Dein

Martin.

17   Martin Heidegger an Hannah Arendt

[21./22. Mai 1925]

. . .

Ich muß daher für unvorhergesehene Besprechungen abends zu erreichen sein – deshalb ist es schwierig, daß wir uns diese Woche noch sehen. Auf jeden Fall bestimmt Dienstag, d. 26. Du bist doch noch da? Aber erst *nach* 9 Uhr. Ich bringe Dir auch dann den Brief für Husserl mit.

(Diesen Zettel vernichten!)

18   Martin Heidegger an Hannah Arendt

29. V. [1925]

Mein Liebstes!

Ich danke Dir herzlich für Deine Wünsche. *Der* Zufall, daß wir uns neulich in der Früh noch sahen, als ich vom Rudern kam. Mir fiel erst am Abend, als ich meine Tagesarbeit zurecht machte, ein, daß ich um ½ 7 anzutreten hätte.

So schön Dein Reisetag war, so grauenhaft ist jetzt das Wetter. Aber es kann »im Süden« schon anders sein.

Meine Vorlesung beginne ich erst am 9. VI. und das Seminar am 15.; es hat sich eine größere Anzahl entschuldigt, so daß es nicht lohnt.

Deinen Brief mit dem Augustinschen Satz werde ich als tiefes Geheimnis in meiner Seele bewahren.

Es ist zugleich der am meisten gelöste und freie, den ich von Dir habe. Und so zauberhaft gelöst und ganz Du selbst warst Du neulich bei unserem Wiedersehen an der Bank.

Jetzt ist alles gut, mußte ich mir immer sagen. Das Geheimnis der letzten Mitteilung ist die eigentliche Selbstbefreiung. Daher liegt auch eine so ungeheure existenzielle Möglichkeit in der katholischen Einrichtung der Beichte – die freilich ebenso großem Mißbrauch unterworfen ist.

Solche Mitteilung ist für den anderen ein Geschenk – nicht daß er ein Wissen hat – gerade das nicht – er wird es so bewahren, daß er gerade nicht darum »weiß« – »daran denkt« – sondern in der behütenden Liebe aufhebt. Nicht was geschah, sondern einzig nur, daß etwas Schicksal wurde – und mit diesem der andere einem anheimgegeben – ist, was solches Wissen weiß.

So, daß nun die Scheu vor der Seele des anderen nicht schwindet – sondern erst sich steigert.

So erst in das Leben des Anderen zu gehören, ist echte Einigung. Und sie nur vermag aller beglückenden Nähe Quelle und Leuchte zu sein.

Wo Dich diese Zeilen finden, weiß ich nicht. Aber daß sie Dich froh und offen und gütig zu allen Dingen treffen, das ist mir herrliche Pfingstfreude.

M.

19 Martin Heidegger an Hannah Arendt

14. VI. 25.

Mein Liebes!

Ob ich je so froh war über einen Menschen wie am letzten Abend? Ich möchte diese Augenblicke unseres Lebens mir nie mehr entschwinden lassen, und sie sollen immer da sein, wenn wir schwanken, zögern und vergessen, gut zu sein.

Es stand nichts zwischen Dir und mir. Das schlichteste Zueinandersein – ohne Unruhe und Verlangen, ohne Fragen und

Bedenken – so ganz gelöst, daß ich hätte aufjubeln mögen, wenn nicht die Ehrfurcht vor diesem Augenblick mich noch seliger gemacht hätte.

Dann kam mir – als ich noch wach lag – Dein Tagebuch in den Sinn, und ich versuchte, das Bild, das es von Dir gibt, mit dem, das ich ganz lebendig in der Seele trage, zusammenzubringen. Nur die Scheu fand ich noch in jenem, die sich jetzt aber verklärte. Du hast einen anderen Ausdruck in Dein Gesicht bekommen – ich sah es schon im Kolleg – und stockte vor Betroffenheit. Die Reise, die Berge: sie wären stumm und arm geblieben, wenn Du nicht innere Freude und gelöstes Frei- und Sicher-Sein mitgebracht hättest. Seit Deiner Kindheit fühltest Du Dich nicht mehr so, sagtest Du. Nun *hast* Du sie wieder – die strahlenden Augen, die reine Stirn und die gütigen scheuen Hände.

Kind – so Du nun das Alles neu *gewonnen*, wirst Du es nicht mehr verlieren. Nicht als bloße Naturgabe wirst Du Deine Kindheit haben, sondern als Grund Deiner Seele und als Kraft Deines Seins.

In der Zeit als Du fern warst, habe ich oft in den Gedichten gelesen und Dein Leben wurde mir immer gegenwärtiger. Ich bin so froh und dankbar, daß Du da bist – wo ich selbst jetzt von meinen Dingen mitgerissen bin. Wenn es mir »schlecht« geht, dann ist es immer ein Zeichen, daß es »gut« geht.

Ich spüre fast Deine nachbarliche Nähe –

Du warst so gut zu mir neulich – und ich verdiene es eigentlich nicht.

Behalte Dein Herz gütig und froh.

Dein
M.

20 Martin Heidegger an Hannah Arendt

22. VI. 25.

Liebstes!

Ich danke Dir für Deinen Brief. Wenn ich Dir nur sagen könnte, wie ich mich an Dir freue – daß ich mit dabei sein kann, wie sich Dir Leben und Welt neu öffnen. Und ich vermag wohl nicht zu sehen, wie sehr Du Dich begriffen hast und *wie* alles Fügung ist. Die Menschen verkennen gerade, daß das Experimentieren mit sich selbst und alles Paktieren, alle Techniken, alles Moralisieren und alle Auswege im Fertigwerden mit sich selbst nur den Sinn hat, die Fügung des Daseins zu hemmen und zu verkehren. Und diese Verkehrung hängt daran, daß wir bei allen Surrogaten von »Glauben« keinen echten Glauben an das Dasein selbst haben und uns nicht einen solchen zu erhalten verstehen. Mit dem Glauben an die Fügung ist nichts »entschuldigt«, und es ist nicht ein Ausweg, mit mir bequem fertig zu werden.

Nur solcher Glaube, der als Glaube an den Anderen – die Liebe ist, vermag einzig das »Du« wirklich zu nehmen. Wenn ich sage, daß meine Freude an Dir groß ist und wächst, dann heißt das, daß ich all das mitglaube, was Deine Geschichte ist. Ich mache mir nicht ein Ideal zurecht – noch weniger könnte ich je versucht sein, Dich darauf hin zu erziehen oder dergleichen; sondern ganz Dich – so wie Du bist und mit Deiner Geschichte bleiben wirst – so lieb ich Dich. Nur dann ist die Liebe auch stark auf die Zukunft und nicht ein leichter Genuß einer Gelegenheit – dann ist die Möglichkeit des Anderen mitergriffen und stark gegen Krisen und Kämpfe, die nicht ausbleiben. Aber solcher Glaube ist dann auch behütet, in der Liebe das Vertrauen des Anderen zu mißbrauchen. Liebe, die sich in die Zukunft hinein freuen kann, hat Wurzel geschlagen.

Wirken und Sein der Frau – ist viel ursprünglicher für uns – Fügung, weil weniger durchsichtig – aber um so elementarer.

Wir wirken nur soweit, als wir zu *geben* vermögen – ob die Gabe immer gleich, oder überhaupt *genommen* wird, ist gleichgültig. Und wir haben nur soviel Recht zu sein, als wir es vermögen, achtzugeben. Denn wir selbst können nur geben, was wir von uns selbst uns abverlangen. Und einzig die Tiefe, in der ich von mir selbst mein Sein verlangen kann, entscheidet über mein Sein zu anderen.

Und daß die Liebe *ist*, das ist das beglückende Vermächtnis an das Dasein, daß es sein *kann*.

Und so ist die neue Ruhe, die über Dein Gesicht sich breitet, der Widerschein nicht einer freischwebenden Seligkeit – sondern der Festigkeit und Güte, in der Du ganz Du bist.

Dein
Martin.

21 Martin Heidegger an Hannah Arendt

26. VI. 25.

M. Lb.

Da das Wetter wenig schön ist und ich die nächste Woche allein hier hause, möchte ich Dich bitten, Sonntag (28. VI.) Abend nach 9 zu mir zu kommen.

Viel Liebes
Dein
M.

22 Martin Heidegger an Hannah Arendt

1. VII. 25.

Mein Liebes!

Eben dachte ich an Dich und war für eine kurze Arbeitspause bei Dir, da kamst Du mit Clärchen vorüber. Komm bitte *Freitag* abend wie das letzte Mal.

Und wenn Du nur da bist, auch wenn es Dir noch nicht »gut« gehen sollte, freu ich mich.

Ich bin in einer sehr ärgerlichen Lage, da mich einer mit einer fertigen Dissertation überfallen hat, die ich durcharbeiten muß – wenn auch nur, um sie abzulehnen.

Mitten in der schönsten Arbeit geht mir so eine halbe Woche verloren. Hoffentlich bin ich fertig, bis Du kommst. Ich will es wenigstens. Weil ich immer gern aus meiner Arbeit her Dir nahe bin.

Dein
M.

23 Martin Heidegger an Hannah Arendt

9. VII. 25.

Liebe Hannah!

Der Abend und Dein Brief. Hab Dank Du Gute! Beides sagt mir, daß ich noch nicht stark genug bin für *Deine* Liebe. »Die« Liebe gibt es ja nicht.

Wäre ich stark genug, dann hätte ich Dir vorigen Abend vielleicht nicht geholfen – aber doch mehr Güte geschenkt. So war es, als hätte ich irgend Anspruch darauf, daß es Dir gut geht, wenn Du kommst, statt daß Du kommen sollst, wenn es Dir nicht gut geht.

Daß ich im Augenblick nicht gewachsen war, zeigt, daß ich die Probe nicht bestand. Du aber doch bis zum Äußersten. Du willst nicht, liebste Hannah, daß wir weiter darüber reden. »Zergliedern« wollen wir das Geschehene nicht. Aber bitten darf ich Dich, Liebes, daß Du Dich nicht fürchtest vor solchen »müden« Stunden und Tagen und daß sie künftig nicht etwas für Dich sein sollten, was nicht auch mir gehörte.

Der Mensch ist nicht das langweilige Ding, das es ständig in den Höhen von Bewunderung, Glück und Wagnis aushielte. Und so laß Dich nicht durch mein Versagen zu einer Selbstbeschuldigung drängen.

Zu verzeihen hab ich nichts – nur noch mehr zu danken für Deine strahlende Güte am letzten Abend. In Deinem Reden und Erzählen klang so viel Heiterkeit mit und unbeschwerte Freude, daß ich froh um Dich war. Und weißt Du, daß das immer meine schönsten Augenblicke sind, wenn ich ganz froh um Dich bin? Aber bin ich Dir weniger nah, wenn ich traurig sein müßte um Deine Müdigkeit?

Ich sagte Dir schon einmal, daß ich leicht vergesse, wie sehr viel schwerer Ihr jungen Menschen heute lebt – womit ich mich nicht zu den »Alten« zählen möchte.

Aber Zeit und Milieu und Generationsstruktur bringen soviel in Euer Leben und so früh, daß es leichter und öfter müde werden muß in einer Zeit, die nichts zu geben vermag – die alles leicht alt werden läßt – wo nur die ganz Starken und Stillen sich noch einsetzen können für etwas, ohne daß es auffällt und Lärm macht.

Alles, was heute an Möglichkeiten sich herandrängt, vermag nur Kräfte zu lösen, wenn solche schon da sind.

Und sie entstehen nicht von außen – sondern werden gelöst aus dem stillen Vertrauen zu sich und anderen.

Du erzähltest, wie stark Ihr Jugend ein gemeinsames Leben und Sein entbehrt und sucht.

Ich schrieb Dir schon in den ersten Briefen, welche Aufgabe ich gerade hier der Frau an der Universität zuweise und wie wenig sie begriffen ist. –

Ich habe den *Zauberberg* angelesen — er ist für mich aufregend, weil ich alles aus Briefen meines einzigen Jugendfreundes kenne und diese Welt in meiner Studentenzeit aus der Ferne mitlebte.

Freilich die Größe der Darstellung — ist unerhört; was ich bislang von der »Zeit« zu lesen bekam, ist nicht überwältigend — aber es wäre lächerlich, wollte ich daraufhin das Werk absuchen.

Aber daß das Phänomen wie das Dasein von seiner Umwelt gelebt wird und nur vermeintlich selbst lebt, das ist mit einer Meisterschaft angesetzt, daß ich vorläufig einzig darauf konzentriert bleibe. Ich bin ein sehr schwerfälliger Leser und dazu jetzt durch mein »Horn« an der Stirn sehr gequält und in meinen Kräften reduziert.

Hoffentlich geht die Infektion nicht weiter und verdirbt mir noch die nächsten Wochen. Mittwoch Vormittag kam Bultmann zu mir und hat mir zugeredet, die Vorlesung ausfallen zu lassen. Und ich bin in der Tat jetzt wieder einmal ausgeruht, da ich schon mehrere Nächte nicht mehr schlief. Und ich weiß, auch Du wirst mit mir Geduld haben.

Als Du mich am Montag sprachst, da war es so ganz anders als früher. Die Sicherheit bei Dir selbst und dies klare und freie Zu-mir-Gehören.

Es war entzückend, wie Du vor Freude dem guten Jakoby auf die Schulter schlugst, während es doch mir galt!

Und so wie Du mir in dem kurzen Gespräch nahe warst, so bist Du es täglich in der Vorlesung.

Dein Leben wird reich sein und nie wird es scheitern können. Dieser Glaube gilt mehr als alles, was wir uns erraffen und leisten.

Freue Dich, Liebes —

Dein

Martin.

24 Martin Heidegger an Hannah Arendt

17. VII. [25]

Meine liebe Hannah!

Willst Du diesen Sonntag Abend (19. VII.) zu mir kommen? Ich lebe in der Freude dieser Stunden. Komm gegen 9 Uhr!

Wenn freilich die Lampe in meinem Zimmer brennt, dann bin ich durch eine Besprechung abgehalten. In diesem – unwahrscheinlichen – Fall komme am Mittwoch um dieselbe Zeit. Dienstag habe ich leider Graeca.

Wenn Du kommst, bring den *Zauberberg II* mit, falls Du ihn zur Verfügung hast. In den Tagen, als ich nicht arbeiten konnte, habe ich Band I in einem Zuge gelesen. Freilich müßte man das Buch »studieren«.

Ich bin sehr beladen mit Examens- und Sitzungs- und Gutachtenkram und mehr Beamter als Mensch.

Umso mehr freue ich mich auf ein Ausruhen mit Dir.

Dein
M.

25 Martin Heidegger an Hannah Arendt

24. VII. 25.

Liebe Hannah!

Ich danke Dir für Deinen lieben Brief. Er ist so sicher und frei, daß ich eine besondere Freude mit Dir haben durfte.

Die Theologie macht Dir zu schaffen. Das ist kein Wunder. Das gehört zu ihr. Und es ist nicht das schlechteste Zeichen, daß Du glaubst, das bisherige Bemühen sei vergeblich gewesen.

Es fragt sich nur, ob Du den Ernst dabei richtig verteilst – das ist eine »Kunst«. Vielleicht mußt Du noch viel mehr nur in Begeisterung kennen lernen wollen – das braucht weder »Neugier« zu sein noch ein äußerliches Rezipieren, sondern ein Sichoffenhalten für Möglichkeiten des Verstehens.

Nur keine Verkrampfung! Diese Gefahr liegt gerade in unserem Milieu besonders stark – wenn ich an die Arbeit Bultmanns und an meine denke. Ich habe immer den Eindruck des Versulzten, die jungen Leute sind zu ernst mit ihrem »Ernst«. Sie haben nichts von dem Draufgängertum, das wir hatten und glaub ich – nur modifiziert – noch haben. Sie kennen keine Abenteuer und vergessen immer, daß bei Bultmann sowohl wie bei mir – eine Entwicklungsgeschichte zwar ganz verschieden als Boden da ist, daß wir uns begeistern konnten bei unseren Irrfahrten und daraus auch die Kraft einer Arbeitsintensität schöpften, die heute abhanden gekommen ist.

Wer noch Blut und Leidenschaft in sich hat, wird ja notwendig eines Tages diesen greisenhaften verkehrten »Ernst« – der dazu noch weitgehend auf einer »Ernst«-ansteckung aus dem »man« her beruht – satt bekommen, und die werden auch nicht in das ebenso verkehrte Gegenteil einer müden Ironisierung von allem hineingeraten – die ja nun erst recht Hilflosigkeit ist.

Also, Du neckische Waldnymphe, das gibt es nicht ein »verlorenes Semester«, sondern nur ein Stück gelebten Lebens – d.h. gewonnenes Sein. Ich gäbe etwas darum, wenn ich noch einmal einige Semester »verlieren« könnte.

               Dein
                  Martin.

26 Martin Heidegger an Hannah Arendt

31. VII. [1925]

Liebe Hannah!

Ich bin noch hier und kann nun Husserl nicht sprechen wegen einer verfluchten Sitzung, die ich Montag noch mitmachen muß.

Eine etwas komische Wirtschaft, da unser Mädchen von morgen ab nicht mehr bei uns ist. Ich bin nun plötzlich Student geworden.

Willst Du morgen um ¾ 9 zu mir kommen. Wenn kein Licht in *meinem* Zimmer brennt, dann läute.

Auf Wiedersehen
Dein Martin.

27 Martin Heidegger an Hannah Arendt

2. VIII. 25.

Liebe Hannah!

Ich danke Dir für den »Abschied«.

Es war ein wundervolles Semester; und ich komme mit viel Schwung an meine Arbeit. Du hast Teil daran. Und meine Berge sollen mir Ruhe, Stille und Wucht geben, damit alles so werde, wie ich es bei mir trage.

Nun bin ich gar nicht traurig über die Verzögerung, weil sie mir noch den schönsten Abend brachte und Deine Worte.

Ich begleite Dich auf Deinen Wegen und in Deinen Träumen. Ich freue mich an Deiner Güte, Deinem Reifen und Starkwerden.

Und sag Deiner Mutter einen lieben Gruß.
Freu Dich und liebe das Leben und wirke viel Heiterkeit in Dir, damit dieses Jahr einen schönen Nachsommer bringen möge.
                Dein
                    Martin.

28   Martin Heidegger an Hannah Arendt

                                                  23. VIII. [1925]

Liebe Hannah!

Mein Aufenthalt hier oben hat mir erst eine schöne Erholung gebracht und darauf bekam ich eine böse Erkältung, so daß ich meine Arbeit längere Zeit unterbrechen mußte. So kam ich auch nicht ins Dorf an die Post.

    Inzwischen wirst Du mit einigen Stationen bei Deiner Mutter angekommen sein. Neulich kam es mir plötzlich, als mir Dein Gesicht erschien, wie ich es öfter sah, als wir von der Lahn zurückkamen, daß Du da ganz Deiner Mutter glichest.

    Ich möchte, daß Du auch so viel vom Semester und Semesterende mit in die Ferien genommen hast wie ich. Und ich hoffe, daß ich es erst noch in den nächsten Wochen recht nutzen kann. Jetzt hängt schwerer Nebel in den Bergen – nachdem gestern noch strahlende Sonne war und die ganze Alpenkette vom Berner Oberland bis zum Montblanc sichtbar war.

    Ich lebe hier wieder mit der Natur und mit heimatlichem Boden und spüre so gleichsam, wie die Gedanken wachsen. Nun ist es auch ein wundervolles Meditieren, wenn ich durch die Tannen streife. Ganz selten treffe ich einen Holzhauer – Kurgäste und dergleichen Zeug gibt es hier nicht. Jede Waldschneise oder kleine Quelle ist mir bekannt oder ein Rehwechsel – oder ein Auerhahnplatz.

In solchem Milieu hat die Arbeit eine andere Konsistenz, als wenn man sich unter zankenden und intrigierenden Professoren bewegt. –

Bultmann schrieb mir neulich begeistert von der See. Er hat mir einen langen Brief versprochen, aber bis jetzt kam er nicht. Den *Zauberberg* hab ich zu Ende gelesen. Eigentlich ist mir der Anfang des II. Bandes etwas schwach und unsicher – der Schluß entsprechend aufgemacht. Solche Szenen wie das nächtliche Gelage, das Peeperkorn veranstaltet, vermag nicht jeder zu gestalten. Diese Figur hat wirklich »Rasse«, und die Geschichte der Madame Chauchat ist glänzend geführt – weil es ein Ende ohne Ende ist, und so denke ich mir, daß Hans Castorp, wenn er später im Felde im nassen Graben mit seinem Gewehr lag, an sie »denken« mußte, und daß irgendwo – sie an ihn »dachte«, und daß sie das heute noch tun. Was so unausgesprochen im Ganzen steht, ist wirklich das Positivste.

Das Kriterium für das Werk liegt für mich darin, daß ich es bald wieder lesen werde – wenn auch nur in einzelnen Partien. Und diese muß man studieren. Die »Zeit« wird man nicht allzu hoch in Rechnung stellen. Aber vielleicht ist Kritik hier überhaupt sinnlos.

Ich bin oft in Königsberg – nicht nur, weil ich »zur Erholung« Kant lese und daran doch wieder sehe, wie sehr das, was heute unter dem Titel Philosophie sich breit macht, verludert ist – schon lediglich in Haltung und Stil.

Löwith schrieb mir dieser Tage aus München – er kann sich noch nicht wieder in die alte Welt zurückfinden. Er kommt im Herbst nach Marburg.

Ich möchte Dir raten, was ich noch vergaß, an eine Vorbereitung für Bultmanns Seminar zu denken, damit Du etwas davon hast. Über das engere Thema selbst gibt es fast nichts und jedenfalls nichts, was genügte. Eine kleine Schrift, die ich nur dem Titel nach kenne: Lüdemann, *Die Anthropologie des Paulus*, wird wohl nur eine Stoffsammlung sein, vielleicht kannst Du mal an der Leihbibliothek danach sehen.

Einseitig – aber mit vielen Qualitäten geschrieben ist Kabisch, *Die Eschatologie des Paulus*. Dann nannte ich Dir, glaub ich schon mal, Bousset, *Die Religion des Judentums im neutestamentlichen Zeitalter*, 2. Auflage 1906. Es ist ganz in der Methode der religionsgeschichtlichen Schule geschrieben, aber reich an Stoff und begriffsgeschichtlich lehrreich. –

Bald werden die Ferien wieder zu Ende sein – in einer Hinsicht für mich fast zu schnell. Ich hoffe aber noch auf einige gute Arbeitswochen. –

Die Liste mit mir an erster Stelle ist schon in Berlin. Dort wird sie nun vermutlich einen langen Winterschlaf tun und neuen Intrigen und Manövern ausgesetzt sein. Falls ich berufen werde, wird allerdings der Kampf um meine Nachfolge noch toller werden. Es gibt Leute, die in solchen Dingen den Hauptreiz einer Professorenexistenz sehen.

Wirst Du Deine Mutter überreden, daß Du zum Winter zu einer Skiausrüstung kommst? Zu den wenigen Büchern auf meinem »Schreibtisch« gehört Hölderlins *Hyperion*. Das mag Dir sagen, daß Du und Deine Liebe mir zur Arbeit und Existenz gehören. Und ich wünsche, daß heiligste Erinnerung so oft Dir naht wie mir. Sie wird mir dann immer zur Mahnung, würdiger zu werden dieses Lebens mit Dir.

Ich habe einen geheimen Plan. Wenn Clärchen im Winter in Deiner Nähe wohnt, werde ich mir doch zuweilen mal vorspielen lassen. Vielleicht kann Deine »Kunst« das zuwege bringen.

Ich werde voraussichtlich bald in meine Heimat fahren. Ich schreibe Dir dann meine Adresse, damit ich von Dir auch Nachricht haben kann.

Ich schreib Dir bald wieder.

Herzlich
Dein Martin.

29 Martin Heidegger an Hannah Arendt

Todtnauberg, 14. Sept. 25.

Meine liebe Hannah!

Hier oben ist schon der Herbst eingezogen mit kalten Nächten und wunderbar sonnigen Tagen. Ich habe mich mit viel Schwung in meine Arbeit gefunden und kann ungehemmt durch Beruf auf die Dinge los. Diesmal graut mir vor dem Semester – nicht nur weil es mehr Kram bringen wird, sondern weil es mich aus der Produktion herausreißt. Das Pensum, das ich mir vorgenommen habe, die nochmalige Durcharbeitung der »Zeit«, werde ich nicht bewältigen. Dafür bin ich aber auf neue Sachen gestoßen, die mich vorläufig festhalten. Meine »Logik« ist dadurch noch einmal ins Rutschen gekommen – so daß ich sie nicht in der vorliegenden Fassung vortragen kann. Vermutlich überhaupt nicht in einem geschlossenen Aufbau – sondern in der gesonderten Durcharbeitung einzelner Fragen, darunter das Problem der »Negation« einen besonderen Platz einnimmt.

Ich habe schon verlernt, wie die »Welt« aussieht, und werde mir vorkommen wie ein Gebirgler, der zum ersten Mal in die Stadt hinabsteigt. Aber in solcher Einsamkeit, die ungeahnte Kräfte hergeben kann, werden auch die menschlichen Dinge einfacher und stärker, und sie verlieren ihr Verhängnisvollstes – die Alltäglichkeit. Wir müssen uns immer wieder dahin bringen, daß alles neu ist, wie am ersten Tag – und das gibt die produktive Arbeit dadurch, daß sie isoliert.

Wenn ich oft ganz gepackt bin, springe ich auf den nächsten Berg und lasse mir den Sturm um die Ohren pfeifen. Ich brauche diese Nähe der Natur; und wenn ich oft in der Nacht gegen 2 Uhr am Ende der Arbeit in die Ruhe des Tales hinabblicke und den Sternenhimmel in seiner Nähe spüre – dann bin ich nur

Wirken und Leben. Und dann denke ich, daß Du Dich daran mitfreuen wirst und etwas davon vernehmen mußt.

Ich schrieb Dir schon, daß ich den *Hyperion* lese. Ich fange an, langsam zu verstehen.

Du mußt es an jeder Zeile spüren, Liebstes, wie es in mir stürmt und ich nur zusehen muß, in der rechten Weise damit fertig zu werden.

Von Husserl habe ich einen langen Brief. Er hat mich noch einmal eingeladen, zu ihm nach Tirol zu kommen. Aber ich mußte absagen, da mir die eigensten Sachen auf den Nägeln brennen. Husserl scheint nicht mehr vorwärts zu kommen, und ich fürchte, die Produktivität ist am Ende. Er braucht wissenschaftliche Anregung, und in Freiburg ist er damit sehr kurz gehalten.

Ich fahre am 1. Oktober in meine Heimat (Meßkirch, Baden) und bleibe dort acht Tage. Dann für 10 Tage nach Heidelberg zu Jaspers. Um den 20. werde ich in Marburg sein.

Wenn ich von der Arbeit loskomme, springe ich am 21. September nach Freiburg hinab – dort macht Gurlitt im Collegium musicum eine Aufführung von deutscher Barockmusik auf der Prätoriusorgel (Prätorius, Scheidt, Pachelbel, Buxtehude). Gurlitt hat mich eingeladen.

Hast Du fleißig gearbeitet für Bultmann? Im Hegelseminar werde ich zuerst noch Kant behandeln und zwar *Kritik der reinen Vernunft* (transzendentale Ästhetik über Zeit; ferner transzendentale Logik über Schematismus und die Analogien der Erfahrung). Vielleicht siehst Du Dir diese Dinge etwas näher an.

Wie steht es mit der Skiausrüstung? Auf meinen Gängen male ich mir schon aus, wo ich mit Dir herumstreifen werde.

Ich bin jetzt wieder herrlich auf Gebirge trainiert, und es wird mir komisch vorkommen, wenn ich wieder in der Ebene stapfe.

Eben kommt die ganze Alpenkette vom Montblanc bis zum Berner Oberland in die Abendsonne. Wäre noch Sommer, dann zeigte sich damit schlechtes Wetter an. Davon sind wir hier oben, von einigen stürmischen Tagen abgesehen, verschont. Schreib mir bitte nach Meßkirch.

>Herzlich
>> Dein
>>> Martin.

30 Martin Heidegger an Hannah Arendt

> Freiburg, 7. 10. 25.

Lb.H. Gestern bin ich wieder zu den »Flachländern« heruntergestiegen und blieb noch zwei Tage bei Husserl. Dann fahre ich bis zum 17. nach Meßkirch. Ich schreibe von dort ausführlich. Die letzten Wochen auf den Bergen waren unbeschreiblich schön! Ich bin ganz kupferbraun eingebrannt und sehr gut erholt.

> Herzl. Gruß M.

31 Martin Heidegger an Hannah Arendt

> Heidelberg, 18. X. 25.

Liebe Hannah!

Herzlich danke ich Dir für Deinen Brief nach Meßkirch. Ich kam dort mit einer starken Erkältung an, die sich zu einer Bronchitis entwickelte, die mich sehr quälte, den Aufenthalt verdarb und meine Erholung fast aufbrauchte.

Jetzt bin ich einigermaßen erholt – aber noch nicht frisch und völlig aus der Konzentration meiner Arbeit geraten. Was ich in der Einsamkeit der Berge gearbeitet, liegt wie etwas Fremdes vor mir. Und ich werde viel Zeit brauchen, um wieder ganz hineinzukommen. Und ich fürchte, dieses greuliche Wintersemester mit seinem amtlichen Kram wird mir das gar nicht erlauben.

Ich freue mich, daß es Dir gut geht und Du Geduld mit mir hast.

Ich beginne die Vorlesung am 2. November – am selben Tag das Anfängerseminar und Dienstag, dem 3., Vorbesprechung für das Seminar für Fortgeschrittene.

Du mußt mit Deiner lieben Gegenwart helfen, daß alles gut wird.

Hier, bei Jaspers kann ich leider auch nur kurz bleiben, da nächste Woche schon wieder eine Sitzung ist, bei der ich nicht fehlen darf.

Du wirst wohl erst Ende Oktober in Marburg sein – d.h. in wenigen Tagen. Mir ist, als wäre es gestern Abend gewesen, daß wir uns sahen. Vertraute Stunden, die so viel gegeben, bleiben so, daß sie sich wiederholen – und dabei erst sich offenbaren als unausschöpfbar.

Und Dein lieber Brief sagt mir, wie Du mit diesen Stunden lebst. So werde ich Dich wiedersehen – in der Geschichte dieser Stunden, und Deine lieben Augen werden Freude künden und das, was ganz Dir zu eigen ist in Deinem Sein zu mir – Deine dienende Freude.

Aber ich wünsche auch, daß Du erholt wiederkehrst und so heiter wie im Sommer. –

Ich hoffe, daß ich im Zusammensein mit Jaspers wieder in die Arbeit hineinkomme. Vorerst ist mir alles sehr unwirklich vor allem auch daß ich Vorlesung halten soll. Aber zugleich ist das ein Zeichen, daß die vergangenen Wochen der intensivsten Produktion wirklich solche waren.

Kurz vor meinem Abstieg bekam ich einen Brief von Herrn Dr. Stern, worin er mir schildert, daß er in einer peinlichen

Situation sei. Er habe nämlich im Sommer eine Arbeit verfaßt (über Umwelt – Zustand – Widerstand) und beim Ausarbeiten habe er nicht unterscheiden können, was *meine* »Gedanken« seien und was seine eigenen. Nun habe ihm Jonas meine Sommervorlesung vorgelesen und er sehe daraus, daß er mit mir ganz übereinstimme. Er bäte mich aber, vor der Publikation seine Arbeit zu lesen, damit er davor sicher sei, daß er mich nicht falsch interpretiere.

So etwas kann sich nur Herr Stern leisten, der seit Jahren alles sich verschafft hat, was ich in Übungen und Seminaren gesagt habe. Ich habe ihm kurz geantwortet »in einem Fall wo ich nicht entscheiden kann, was meine eigenen Gedanken sind und was die eines anderen, da denke ich nicht an eine Publikation. Mit freundlichem Gruß.« –

Vielleicht ist Herr Stern nun gerade einer der schlimmsten – aber bei solchen Erfahrungen wird man doch zuweilen stutzig, ob es sich lohnt, allzuviel Kräfte für die Lehrtätigkeit zu verausgaben und nicht vielmehr alles auf die Forschung zu konzentrieren. Doch bleibt am Ende die mögliche positive Wirkung verborgen, und es ist gut so.

Von Bultmann hatte ich kürzlich einen langen Brief – in dem er auch persönlich aus sich herausging. Unsere Freundschaft ist lebendig geworden. Aber ich konnte ihm leider auch nicht antworten, da ich zu kaputt war.

    Einen lieben Kuß . . Auf Wiedersehen

                          Dein Martin.

Ich fahre am 20. nach Marburg.

32 Martin Heidegger an Hannah Arendt

Marburg, 5. Nov. 25.

Meine liebe Hannah!

Heute hab ich Dich während meiner Vorlesung begrüßt und mich an Dir gefreut. Die Vorlesung strengt mich noch sehr an, aber ich hoffe, daß ich mich durchreiße und nicht so gepackt werde von der Grippe wie meine Frau. Es ist zur Lungenentzündung gekommen – die Tage und Nächte waren für mich sehr aufregend. Die ganze Erholung ist wie weggeblasen.

Die Kinder waren auch krank, so daß die letzten Tage gar nicht schön waren.

Meine Frau wird ziemlich lange zur Erholung brauchen, und ich sehe vorläufig noch nicht, wie das Haus weitergeleitet wird. Irgend eine Hilfe wird sich wohl noch finden.

Ich schreibe Dir davon – obzwar ich weiß, daß Du keine »Begründung« erwartest, warum ich geschwiegen. Ich freue mich, daß Du wieder da bist, und hoffe, daß wir uns bald sehen

Die Tage mit Jaspers waren für mich sehr wertvoll, und wir sind uns wieder näher gekommen. Obwohl wir uns im Ganzen schon haben, ist es doch ein schwerer Kampf um eine Freundschaft. –

Heute war ich für das Bultmann-Seminar noch zu müde und zu unruhig.

Bultmann erzählte mir kürzlich von der komischen Verwechslung mit Dir – ich konnte aber nicht erfahren, mit wem er Dich verwechselte. Es muß höchst komisch gewesen sein, als er Dich empfing mit »Sie wollen wohl Ihr Geld holen?«

Bultmann war rührend in diesen Tagen.

So belastend jetzt die Umstände sind, ich freue mich doch wieder über den Semesterbeginn und die kommende Arbeit.

Und Deine Nähe ist Sonnenschein.

      Viel Liebes
          Dein
             Martin.

33 Martin Heidegger an Hannah Arendt

Marburg, 10. XII. 25

Liebstes!

Komm bitte morgen (Freitag) gegen 8 ¼ abends an unsere Bank.
Ich freu mich sehr.
Wenn ich verhindert sein sollte, sage ich Dir Bescheid nach der
Vorlesung.

Dein
M.

34 Martin Heidegger an Hannah Arendt

Marburg. 9. Jan. 26.

Meine liebe Hannah!

Ich würde mich sehr freuen, wenn Du heute (Samstag) Abend ¾ 9
zu mir kämest. Wenn das Licht in meinem Zimmer brennt, bin ich
zu Hause.
 Aber vielleicht kommst Du erst morgen Abend hier an; das
wäre schade.

Auf Wiedersehen
Dein
M.

35 Martin Heidegger an Hannah Arendt

10. Jan. 26.

Meine liebe Hannah!

Der Abend – auf den ich mich seit Wochen freute – und Deine Briefe. Ich verstehe es, aber leichter wird es nicht zum Tragen. Um so weniger, als ich weiß, was meine Liebe von Dir fordert. Daß Du bis an die Grenze getrieben wurdest, den Glauben zu verlieren – das liegt auch für die lebendigste Treue nicht so fern, wie romantisches Idealisieren es wahr haben möchte.

Ich habe Dich vergessen – nicht aus Gleichgültigkeit, nicht weil äußere Umstände sich dazwischen drängten, sondern weil ich Dich vergessen mußte und vergessen werde, so oft ich auf den Weg der letzten konzentrierten Arbeit komme. Das ist keine Sache von Stunden oder Tagen, sondern ist ein Prozeß, der in Wochen und Monaten sich vorbereitet und wieder abklingt.

Und dieses Weg-Kommen von allem Menschlichen und Abbrechen aller Bezüge ist im Hinblick auf das Schaffen das Grandioseste, was ich an menschlichen Erfahrungen kenne – im Hinblick auf die konkreten Situationen das Verruchteste, was einem begegnen kann. Es wird einem bei vollem Bewußtsein das Herz aus dem Leibe gerissen.

Und was das Schwerste ist – diese Isolierung kann sich nicht etwa entschuldigen mit Berufung auf das, was sie leistet, weil dafür keine Maßstäbe sind und weil es nicht einfach mit dem Aufgeben menschlicher Bezüge zu verrechnen ist. Sondern all das ist zu tragen – und so, daß man möglichst wenig auch den Vertrautesten gegenüber davon redet.

Und unter der Last dieser notwendigen Isolierung wünsche ich mir jedesmal wieder auch die völlige äußere Isolierung – gleichsam eine nur scheinbare Rückkehr zu den Menschen – und die Kraft zu einer letzten und ständigen Ferne von ihnen.

Denn nur so könnten sie vor allen Opfern und dem notwendigen Zurückgestoßenwerden bewahrt bleiben.

Aber dieser quälende Wunsch ist nicht nur nicht erfüllbar, er wird sogar vergessen – so sehr, daß nun wieder die lebendigsten menschlichen Bezüge Quelle werden und Triebkräfte hergeben, um wieder erneut in die Isolierung getrieben zu werden. So wird alles wieder zur Rücksichtslosigkeit und Gewalttat gerade am Teuersten und Verbundensten – und ein solches Leben ist dann ein ständiges Nur-Fordern, ohne daß es je die Rechtfertigung dafür aufbrächte. Damit positiv fertig werden – nicht durch irgend eine Flucht sich auf eine der Seiten schlagen – heißt als Philosoph existieren.

Was ich Dir da sage – kann und darf keine Entschuldigung sein; aber ich weiß, daß ich Dich damit zugleich wieder erneut und stark zu mir ziehe, weil Du verstehen kannst – eine an den letzten Grenzen sich bewegende Kräftigung unserer Freundschaft, nur um ihren notwendigen Sinn eindringlicher zu machen. »Tragik« ist eine Phrase und hat für unser positives Existenzbewußtsein – d.h. das, darin der Bruch als die eigentliche Kraft ergriffen wird – allen Sinn verloren.

Würde ich Dir das Gesagte verschweigen und nur direkt versichern, daß Du Dich letztlich getäuscht hättest, dann wäre alles doch nur Verschleierung.

Und wenn ich Dir sagte, daß mir jetzt vor aller äußeren Tätigkeit graut – so ist das die Forderung des »Urlaubes«, den kein Ministerium geben kann, sondern nur durch Raub an sich zu reißen ist. Und es war gestern alles in einer fast unheimlichen Symbolik – daß Du mich einen »Seeräuber« genannt hast – ich habe lächelnd zugestimmt, aber zugleich in »Furcht und Zittern« die Kälte und den Sturm der Seefahrt gespürt.

Wenn Du mir erzählst von Euren Scherzen, Anekdoten und Verulkungen der »Philosophen« – so ist das sehr lustig, und es wäre albern und geheimrätlich dergleichen zu verurteilen oder auch nur wegzuwünschen. Wenn es freilich das Einzige wäre, was neben Absichten auf Lernen und Studienabschluß die Gemüter beschäftigte, dann wäre alles grauenhaft für die jungen Menschen.

Und Dein Entschluß – ich sage »nein« dazu, wenn ich an mich selbst denke, und sage »ja«, wenn ich an mich denke in der Isolierung der Arbeit. Aber das Positive muß eine konkrete Entscheidung sein – und das ist hier keine Kolleg- und Seminarphrase. Ganz unabhängig von Dir und mir in diesem Letzten – ist klar, daß Du in Deinen jungen Jahren und aufnahmefähigen Semestern hier Dich nicht festlegst. Es spricht immer gegen die jungen Menschen, wenn sie nicht die Kraft aufbringen, wegzugehen. Es ist ein Zeichen, daß die Freiheit der Instinkte erloschen ist, und daß sie deshalb auch, wenn sie bleiben, nicht mehr positiv wachsen – abgesehen davon, daß diese Art von Schülern am Ort alle Neuhinzukommenden über Nacht verderben und gerade mir selbst von vornherein aus der Hand nehmen. Ich kann mir sehr gut denken, daß »Heidegger-Schüler« eine recht wenig erfreuliche Erscheinung darstellen. Was sich breit macht und beängstigend wird, ist eine ganz verkrampfte Art des Denkens und Fragens und Disputierens. Solche Prägungen des Milieus sind hartnäckiger als der Einzelne, und man zerreibt sich nur im Widerstand dagegen.

Und vielleicht wird Dein Entschluß zum Beispiel und hilft mir die Luft freier machen. Wenn er Gutes wirkt, dann nur, weil er von uns beiden Opfer verlangt.

Der Abend und Deine Briefe geben mir erneute Gewißheit, daß alles beim Guten sich hält und zum Guten wird. So wie ich vergesse und vergessen muß in Zeiten der Gewalt, so sollst *Du* Dich aber auch in Deiner Lage freuen, wie man sich nur jungen Herzens und stark im Erwarten und Glauben freuen kann auf eine neue Welt – neues Lernen, frischen Wind und Wachstum. Daß jeder von uns der Existenz des anderen gewachsen bleibe und das heißt der Freiheit des Glaubens und der inneren Notwendigkeit eines ungetrübten Vertrauens, darin liegt die Bewährung unserer Liebe.

Mein Leben läuft – ohne mein Zutun und Verdienst – in

einer so unheimlichen Sicherheit, daß ich daran glauben will, daß diese neue Leere, die mit Deinem Weggang kommen wird, sein muß. Die seit Wochen wachsende Isolierung für die Produktion, Husserls Wunsch eines längeren Zusammenseins, Dein Entschluß – ganz verschiedene Mächte, die mir den Weg frei machen wollen für den Anlauf zu meinen ganz neuen Plänen und Arbeiten. Und so werden sie wieder kommen die einsamen, kalten Tage – wo das Dasein, krank an den Problemen, von einer unbezwinglichen Begeisterung und Notwendigkeit getrieben wird. Und zuweilen wirst Du, wenn Du Deinen Glauben behütest, in Deinem Herzen den Gruß und das Bitten der Einsamkeit vernehmen und daran froh werden und gläubig sein.

Dein Martin.

36 Martin Heidegger an Hannah Arendt

Marburg, 29. VII. 26.

Liebstes!

Ich danke Dir herzlich für Deine lieben Grüße. Oft war ich bei Dir in der Erinnerung – diesen Sommer, und dann war mir immer, als müßte es Dir gut gehen.

Ich war sehr erregt, als J. sich meldete, und ich hörte nur von Dir und Deiner Mutter. Ich nahm ihn nur als Boten von Dir – wenngleich ich auch sagen muß, daß J. sich gut entwickelt hat.

Ich habe mir öfters Wege ausgedacht, auf denen ich zu Deiner Adresse gelangen könnte. So aufs Geratewohl an die Universität zu schreiben wagte ich nicht.

Am liebsten möchte ich Dir mündlich erzählen. Ich habe einen Plan.

Mit meinem Buch stehe ich mitten im Druck; muß aber notwendig eine kleine Pause machen, da mich der »Kram« des

Semesters ziemlich mitgenommen hat. Husserl hat mich auf 8 Tage nach Silvaplana im Engadin eingeladen. Von da fahre ich zurück auf die Hütte an die Arbeit.

Ich habe hier noch zu tun bis Anfang nächster Woche. Ich fahre voraussichtlich Mittwoch, d. 4., nach Freiburg. Von wo ich am 6. in die Schweiz fahre. Könnten wir uns in Weinheim zum Beispiel treffen? Und Du würdest mir erlauben, daß ich Dich dahin einlade. Ich würde am 5. dann weiterfahren.

Nun sagte mir allerdings J., Du hättest eine Fahrt an den Main geplant, und vielleicht erreicht Dich dieser Brief schon nicht mehr.

Zunächst ist nur die Frage, ob Du so noch disponieren kannst. Wenn ja, dann schick mir eine offizielle Ansichtskarte mit einem Gruß vom Semesterschluß in Heidelberg. Ich werde Dir dann daraufhin noch genaues schreiben.

Ich fahre jedenfalls Mittwoch, d. 4., mit dem D-Zug, der ungefähr um 3 Uhr nachmittags in Freiburg ankommt. Ich bin im Augenblick nicht sicher, ob er in Weinheim hält.

Falls dieser Brief Dich verspätet erreichen sollte, aber doch noch vor Mittwoch und Du kommen könntest ohne mir Nachricht geben zu können, dann erwarte ich Dich auf alle Fälle entweder in Weinheim, Mannheim oder Heidelberg. Du mußt Dich nur genau vergewissern, wo der D-Zug durchfährt und wo er hält.

Ich schreibe in Eile. Wenn wir uns verfehlen, schreibe ich Dir aus dem Engadin nach Königsberg.

Mit einem ganz lieben Kuß
Dein

Martin.

37 Martin Heidegger an Hannah Arendt

Marburg a/L., 7. XII. 27.
Barfüßertor 15.

Meine liebe Hannah!

Volo, ut sis! Das ist die einzige Antwort, die ich für Deinen so lieben Brief finde.

Wenngleich Du immer wie am ersten Tag in meiner Gegenwart geblieben bist, Dein Brief hat Dich mir ganz nahe gebracht. Ich halte Deine lieben Hände in den meinen und bete mit Dir für Dein Glück.

Lies den Brief, den ich Dir in wundervollen Tagen über die »Schatten« schrieb – und Du weißt Alles. Nein, doch nicht Alles. Du weißt nicht um meine Freude über Dein Glück. Kind, Du liebes, hast Du nur »Hoffnung«, ich möchte zu Dir Vertrauen haben? Frage das Innerste Deines Herzens, das mir so oft aus Deinen wundertiefen Augen entgegenstrahlte; es sagt Dir: im Grunde bin ich dieses Vertrauens ganz und rein gewiß.

Dein Brief hat mich so erschüttert wie Deine erste Nähe. Daß jene Tage so elementar wiederkehren, danke ich Deinem heutigen Wort von Deiner Liebe. –

Als ich im August durch Jo[nas] hörte, Du seist im Herbst in Heidelberg, war meine einzige Sehnsucht, Dich dort wiederzufinden. Eine schwere und langwierige Mittelohrentzündung brachte mich um die schönste Arbeitszeit und verschob meine Pläne. Eine wichtige Arbeit mit Husserl hielt mich Anfang Oktober in Freiburg fest. Das Beseligende dieser Wochen war, daß ich täglich durch die Schwimmbadstraße gehen durfte, wo Du gegangen und, wie ich jetzt weiß, so frei und gelöst gelebt. Spät im Oktober erst, nach einem Besuch des Grabes meiner Mutter, die mir im Mai genommen wurde, kam ich für wenige Tage zu Jaspers.

Ich hielt es nicht mehr aus, das verlorene Umherirren in den

Straßen von Heidelberg, wo ich jeden Augenblick hoffte, Dir zu begegnen. Ich mußte mit einem Menschen von Dir sprechen und *fragte* Jaspers nach Dir. Und er hat so schön von Dir und Deiner Arbeit erzählt, daß ich kaum an mich halten konnte. Es war längst kein Gespräch mehr, in dem man nur von Anderen redet und Gehörtes weitergibt – als er mir sagte, er glaube aus dem, was er selbst gesehen, Du seist verlobt.

Ich drängte unvermerkt auf ein Ende des Gespräches, um allein zu sein.

Liebe Hannah, es war mir, als hätte ich die Gnade bekommen, ein letztes, Großes wegzuschenken, um es, das Geschenk und dieses Schenken, als neuen Besitz wieder zu bekommen. Ich vermag es noch nicht zu bewältigen, viel weniger begrifflich zu sagen, was ich in diesen Stunden an Ungeahntem in unserem Dasein gesehen.

Noch mehr begann ich, Dich ständig zu suchen, um mit Dir mich zu freuen – bis ich mich überfreute und wegfuhr.

Jaspers hat mir nur seinen »Glauben« mitgeteilt, und ich habe gar nicht weiter gefragt, »mit wem« und »seit wann« und dergleichen. Es blieb alles im Gespräch so fern von jeglichem Klatsch, daß ich mit dankbarer Freude sehen durfte, wie echt und ernst Jaspers Dich und Deine Arbeit schätzt.

Ich bin ihm durch dieses Gespräch noch näher gekommen.

Und Dein lieber Brief hat mir nun auch noch die Sorge abgenommen, wie ich Dir mein »Wissen« mitteilen sollte. Ein »Gespräch« hätte nur weniger oder gar keiner Worte bedurft.

Und jetzt bleibt mir der Schmerz darüber, daß Du Dich so geängstet.

Was ich erfuhr, habe ich keinen Augenblick genommen als von irgend»jemand« »zugetragen«, sondern als von Dir selbst mir anvertraut in den fernen und doch so nahen Gesprächen, in denen sich Deine liebe Gegenwart mir immer neu offenbart. Und so war mir wiederum trotz dieses »Wissens« Dein Brief ganz »neu«, weil *Du* es *mir* direkt zu Wissen gegeben.

Jetzt bleibt mir im Augenblick nur der Weg, die Sehnsucht

nach Dir und Deiner tiefen Freude umzuleiten in die Raserei der – Arbeit.

Du hast mein Buch [*Sein und Zeit*] gelesen – d.h. Du hast Deine Liebe mit Deinem neuen Glück verschmolzen.

Nimm alle Freude Deines Herzens in Deine Hände, daß diese einen Augenblick mir über die Stirn gleiten, auf daß ich die Macht Deiner Liebe unversehrt in mir bewahre.

Immer in Deiner Gegenwart
Dein
Martin.

Grüße herzlich Deine Mutter.
Schreib mir wieder, wenn ich darum bitte.

38 Martin Heidegger an Hannah Arendt

Marburg, 8. II. 28.

Meine liebe Hannah!

Willst Du mir in diesen Tagen mal von Dir erzählen? Dann ist auch mein stilles Zwiegespräch mit Dir in den ruhigeren Tagen der Ferien wieder geschichtlicher gesättigt.

Und hast Du Bilder von Dir: von der See? Ich möchte Deine liebe Gestalt ganz haben – so wie ich Scheu und Güte Deines Herzens tief in mir verwahre.

Behalte mich in Deiner Gegenwart.
Dein
Martin.

Kommst Du wieder bald nach dem Süden?

39 Martin Heidegger an Hannah Arendt

Marburg, 19. II. 28.

Meine liebe Hannah!

Du hast mir eine große Freude gebracht. Ich danke Dir herzlich dafür. Im Grunde ist es fast unmöglich, einen »bestellten« Brief zu schreiben. Aber so lieb er mir ohnehin ist, so wirkt doch das überfreute Nichtwissen, wo anfangen, so unmittelbar stark, daß Du nun doch Deine ganze Freude eigentlich direkt sagen konntest.

Du bist »einfach glücklich«. Das strahlt aus Deinem Brief. Alle »Schatten« sind fort. Ich bin so froh, daß ich an Deiner wundervollen starken Ruhe teilnehmen darf.

Liebes, ich weiß, daß Du oft da bist auf meinen einsamsten Wegen – so wie in den Bergen vor einem breiten Fels eine Blume wartet, oder mehr: nur da ist. Ich glaube, das ist dann die »Ewigkeit«; anders finde ich sie nicht.

Ich freue mich, daß Du mir beide Bilder geschenkt hast. Auf dem einen, wo Du den Kopf in die Hand legst, bist Du so »einfach glücklich«. Und das andere: da bist Du ganz so wie ich Dich im Platokolleg jedesmal sah, als ich hereinkam. Ganz so, d.h. Du bist beides zugleich: einfach froh und in Freudigkeit unterwegs.

Merkwürdig! – oder auch nicht – in den Weihnachtsferien las ich die *Landstreicher*. Hamsun ist ein Philosoph, aber so daß seine Kunst davon nicht beschwert wird. Und diese herrliche Nähe zum Boden, zur Landschaft, zu Instinkten, zum Elementaren – dieses bruchlose Ganze des Lebens, das bei ihm immer mit drei Sätzen schon da steht. Ich kenne noch wenig von ihm, da ich ja überhaupt ein sehr langsamer Leser bin. Aber nun habe ich mir schon *Die letzte Freude* bestellt und will mich daran freuen in den Ferien.

Du weißt ja – Semesterende ist nicht schön; aber ich freue

mich dabei auf den Schwarzwald, der mir nun noch lieber ist, seit ich weiß, daß Du ihn so liebst. Vielleicht will es unser Glück, daß ich ihn Dir mal zeigen kann.

Ich habe ein paar wunderbare neue Norwegerskier und freue mich wie ein richtiger Bub darauf. Hoffentlich ist wieder genug Schnee da.

Jaspers hat mich schon zu April eingeladen, und ich zittere schon vor Freude, wenn ich denke, daß ich Dich sehen darf. Ich schreibe zunächst nach Königsberg, wenn meine Ferienpläne einigermaßen feststehen. Denn es kann sein, daß die Ferien unruhig werden und von mir eine Entscheidung fordern: ich bin von der Freiburger Fakultät einstimmig unico loco vorgeschlagen, wenn es glatt geht, wird der Ruf im März kommen. Aber, Liebes, behandele das *ganz* vertraulich. Im Sommer werde ich auf jeden Fall noch hier sein. So kann ich mir die Verhandlungen nach Belieben ohne Gedränge einrichten. –

Für September bin ich nach Riga an die Herderuniversität zu Vorträgen eingeladen. Da mich irgend etwas treibt, die dortige Landschaft kennen zu lernen, werde ich wohl annehmen. Vielleicht kann ich Dich und Deine liebe Mutter auf der Rückreise besuchen.

Im Sommer lese ich »Logik« – ganz neu. Hoffentlich habe ich die Ruhe einer stetigen Konzentration. Es ist alles so herrlich – und zehn Leben vermöchten es nicht auszuschöpfen.

  Ich küsse Deine lieben Hände –
   Ganz Dir gehörig
       Dein Martin.

Grüße Deine liebe Mutter herzlich und sag ihr, daß ich mich *sehr* gefreut habe über ihren Gruß.

Ich schreibe Dir in der nächsten Woche vom Schwarzwald, *wohin* Du mir schreiben kannst, ob nach Freiburg oder hierher.

40 Martin Heidegger an Hannah Arendt

Todtnauberg, 2. April 28.

Liebe Hannah!

Ich habe gestern den Ruf nach Freiburg angenommen. Abgesehen von dem Ruf selbst sind die Bedingungen so ungewöhnlich günstig, daß ich gar nicht ablehnen konnte. Ich werde aber erst zum 1. Oktober umziehen, also den Sommer über noch in Marburg sein. Auf meiner Rückreise von Berlin, wo ich am 28. III. verhandelte, machte ich in Heidelberg einen Tag Station. Ich habe mich bei Jaspers für den 15. April angemeldet und werde bis zum 20. ungefähr bleiben. Es ist am besten, wenn Du Deine Heidelberger Adresse mir nach Heidelberg hauptpostlagernd mitteilst, dann können wir uns verabreden. *Ich freue mich sehr.*

Die verflossenen vier Wochen waren recht unruhig, und ich hoffe jetzt noch auf 14 Tage wirklicher Arbeit. Ich lese wieder »Logik«; aber ganz anders. In diesen Tagen habe ich in ganz kurzer Zeit den Unterschied von Berlin und Schwarzwald erfahren; ich weiß erneut, wo ich hingehöre. – Ich kann es noch nicht recht begreifen, daß ich Dich in wenigen Tagen wiedersehen soll. Ich ging neulich in dieser Stimmung durch Heidelberg ——

> Ich schließe Deine lieben Hände in die meinen
> und grüße Dich herzlich
>
> Dein Martin.

Herzlichen Gruß Deiner verehrten Mutter.

41 Martin Heidegger an Hannah Arendt

Heidelberg, 18. April [1928]

Liebes!

Gestern Abend bin ich erst angekommen, da sich meine Reise wegen Grundstückkauf in Freiburg verzögerte.

Ich bleibe voraussichtlich bis nächsten Montag, wenn ich nicht wegen Sitzungen (Nachfolge!) abberufen werde.

Wenn ich Dich nicht heute Nachmittag zwischen 2 und 4 Uhr besuche, dann erwarte mich bitte abends 10 Uhr vor der Universitätsbibliothek. Dann können wir uns verabreden.

Herzlich
Dein
Martin.

42 Hannah Arendt an Martin Heidegger

Heidelberg, 22. IV. 28.

Daß Du jetzt nicht kommst – ich glaube, ich habe verstanden. Aber dennoch ängstige ich mich, wie mich in all diesen Tagen immer wieder plötzlich eine fast rätselhaft eindringliche Angst befiel.

Was ich Dir jetzt sagen will, ist nichts anderes als eine au fond sehr nüchterne Schilderung der Situation. Ich liebe Dich wie am ersten Tag – das weißt Du, und das habe ich immer, auch vor diesem Wiedersehen, gewußt. Der Weg, den Du mir zeigtest, ist länger und schwerer als ich dachte. Er verlangt ein ganzes langes Leben. Die Einsamkeit dieses Weges ist selbstgewählt und ist die einzige Lebensmöglichkeit, die mir zukommt. Aber die Verlassenheit, die das Schicksal aufgehoben hat, hätte mir nicht nur die Kraft genommen, in der Welt und d.h. nicht in der Isoliertheit, zu leben, sondern hätte mir auch den Weg selbst, der, weil er weit ist und kein Sprung, durch die Welt geht, versperrt. Dieses zu wissen, kannst nur Du ein Recht haben, weil Du es immer schon gewußt hast. Und ich glaube, daß ich auch da, wo ich letztlich verschweige, nie unwahrhaftig werde. Ich gebe immer so viel, als man von mir verlangt, und der Weg selber ist nichts anderes als die Aufgabe, die unsere Liebe mir aufgibt. Ich hätte mein Recht zum Leben verloren, wenn ich meine Liebe zu Dir verlieren würde, aber ich würde diese Liebe verlieren und ihre *Realität*, wenn ich mich der Aufgabe entzöge, zu der sie mich zwingt.

»Und wenn Gott es gibt
Werd ich Dich besser lieben nach dem Tod.»

H.

43 Hannah Arendt an Martin Heidegger

[1929]

Lieber Martin,

Du wirst wohl schon durch andere und zufällige Quellen über mich erfahren haben. Das nimmt mir die Naivität der Mitteilung, aber nicht das Vertrauen, das unser letztes Wiedersehen in Heidelberg noch einmal neu und beglückend befestigte. So komme ich heute zu Dir in der alten Sicherheit und mit der alten Bitte: vergiß mich nicht, und vergiß nicht, wie sehr und tief ich weiß, daß unsere Liebe der Segen meines Lebens geworden ist. Dies Wissen ist nicht zu erschüttern, auch nicht heute, da ich Heimat und Zugehörigkeit von meiner Rastlosigkeit bei einem Menschen gefunden habe, von dem Du es vielleicht am wenigsten verstehen wirst.

Ich höre öfters einmal von Dir, aber alles in der eigentümlichen Fremdheit und Indirektheit, die schon im Aussprechen des berühmten Namens liegt – also für mich nur schwer identifizierbar. Und wüßte doch so gern – so fast quälend gern, wie es Dir geht, was Du arbeitest und wie Dir Freiburg bekommt.

> Ich küsse Dir Stirn und Augen
> Deine Hannah.

44 Hannah Arendt an Martin Heidegger

[Sept. 30]

Martin,

als ich Dich heute sah – verzeih, daß ich gleich arrangierte. Aber es durchzuckte mich im gleichen Moment das Bild, wie Du und Günther, Ihr zusammen am Fenster stehen werdet und ich selber auf dem Bahnsteig, daß ich der diabolischen Klarheit des so Gesehenen nicht auszuweichen vermochte. Verzeih.

Es kam so vieles zusammen, das mich bis ins Äußerste verwirrte. Nicht nur, wie stets, daß Dein Anblick mein Wissen um die klarste und drängendste Kontinuität meines Lebens immer wieder entzündet, um die Kontinuität unserer – laß mich *bitte* sagen – Liebe.

Sondern: ich stand schon sekundenlang vor Dir, Du hattest mich schon gesehen eigentlich – Du hattest flüchtig aufgeschaut. Und du erkanntest mich nicht. Als ich ein kleines Kind war, hat meine Mutter mich einmal töricht verspielt so erschreckt. Ich hatte das Märchen vom Zwerg Nase gelesen, dem die Nase so lang wird, daß ihn keiner mehr erkennt. Meine Mutter tat so, als ob das nun mit mir der Fall sei. Ich weiß noch genau den blinden Schrecken, mit dem ich immer nur rief: aber ich bin doch Dein Kind, ich bin doch die Hannah. – So ähnlich war das heute.

Und dann als der Zug fast schon fuhr. Und es so war, wie ich es ja auch gleich dachte, also wohl gewollt hatte: Ihr beide da oben und ich allein und ganz machtlos dem gegenüber. Es blieb nichts wie immer bei mir, als Geschehenlassen, als Warten, warten, warten.

45 Martin Heidegger an Hannah Arendt

[Winter 1932/33]

Liebe Hannah!

Die Gerüchte, die Dich beunruhigen, sind Verleumdungen, die völlig zu den übrigen Erfahrungen passen, die ich in den letzten Jahren machen mußte.

Daß ich Juden nicht gut von den Seminareinladungen ausschließen kann, mag daraus hervorgehen, daß ich in den letzten 4 Semestern *überhaupt keine* Seminareinladung hatte. Daß ich Juden nicht grüßen soll, ist eine so üble Nachrede, daß ich sie mir allerdings künftig merken werde.

Zur Klärung, wie ich mich zu Juden verhalte, einfach die folgenden Tatsachen:

Ich bin dieses Wintersemester beurlaubt und habe deshalb im Sommer schon rechtzeitig bekannt gegeben, daß ich in Ruhe gelassen sein möchte und Arbeiten und dergleichen nicht annehme.

Wer trotzdem kommt und dringlich promovieren muß und es auch kann, ist ein Jude. Wer monatlich zu mir kommen kann, um über eine laufende große Arbeit zu berichten (weder Dissertations- noch Habilitations-Projekt) ist wieder ein Jude. Wer mir vor einigen Wochen eine umfangreiche Arbeit zur dringenden Durchsicht schickte, ist ein Jude.

Die zwei Stipendiaten der Notgemeinschaft, die ich in den

letzten 3 Semestern durchsetzte, sind Juden. Wer durch mich ein Stipendium nach Rom erhält, ist ein Jude. –

Wer das »enragierten Antisemitismus« nennen will, mag es tun.

Im übrigen bin ich heute in Universitätsfragen genau so Antisemit wie vor 10 Jahren und in Marburg, wo ich für diesen Antisemitismus sogar die Unterstützung von Jacobsthal und Friedländer fand.

Das hat mit persönlichen Beziehungen zu Juden (z.B. Husserl, Misch, Cassirer und anderen) gar nichts zu tun.

Und erst recht kann es nicht das Verhältnis zu Dir berühren.

Daß ich mich seit längerer Zeit überhaupt zurückziehe, hat einmal seinen Grund darin, daß ich mit meiner ganzen Arbeit doch einem trostlosen Unverständnis begegnet bin, sodann aber in wenig schönen persönlichen Erfahrungen, die ich bei meiner Lehrtätigkeit machen mußte. Ich habe mir allerdings schon längst abgewöhnt, von den sogenannten Schülern irgendwelchen Dank oder auch nur anständige Gesinnung zu erwarten.

Im übrigen bin ich wohlgemut bei der Arbeit, die immer schwieriger wird, und grüße Dich herzlich,

M.

DER WIEDER-BLICK

46 Martin Heidegger an Hannah Arendt

Freiburg-Zähringen, 7. Febr. 50.
Rötebuckweg 47

Liebe Hannah!

Ich freue mich über die Gelegenheit, unsere frühe Begegnung als ein Bleibendes jetzt eigens in die spätere Lebenszeit aufzunehmen.

Es wäre schön, wenn Sie heute Abend gegen 8 Uhr zu mir herauskommen könnten. Meine Frau, die von allem Kenntnis hat, würde Sie gern begrüßen. Sie ist aber leider heute Abend verhindert.

Ihr Brief kam erst heute Mittag. Da wir in Zähringen weder eigenes Telephon noch die Möglichkeit haben, außer den Postdiensstunden zu telephonieren, bringe ich diese Zeilen in Ihr Hotel und komme dort nach ½ 7 Uhr vorbei.

M. H.

47 Martin Heidegger an Hannah Arendt

Freiburg i.B., 8. Febr. 1950.

Liebe Hannah!

Ein stilles Morgenlicht blieb, nachdem Du fortgefahren, in meiner Stube zurück. Meine Frau hatte es gerufen. Du hast geholfen, es zu bringen. Dein »vielleicht« war der antwortendlösende Wiederstrahl. In die Helle dieses Morgenlichtes aber trat *meine* Schuld des Verschweigens. Sie wird bleiben.

Aber das Morgenlicht hat jetzt ein Dunkles fortgenommen, das über unserem frühen Begegnen und über dem Warten in der Entfernung lag.

»Helle ist schön.« Dies Wort von Jaspers, das Du mir gestern abend sagtest, bewegte mich ständig, während die Zwiesprache zwischen meiner Frau und Dir vom Mißverstehen und Tasten zum Einklang der bemühten Herzen wuchs.

Nur dieses sollte die Zwiesprache bringen, daß *unser beider* Begegnung und ihr Bleibendes in das reine Element des gewußten Vertrauens zwischen uns dreien um Deinet- und meinetwillen gelange. *Nur darauf* drängten die Worte meiner Frau, nicht dahin, Dir ein Schuldbekenntnis ihr gegenüber abzufordern.

Meine Frau wollte in keiner Weise das Geschick unserer Liebe antasten. Ihr lag einzig daran, dieses Geschenk von dem Makel zu befreien, der durch *mein* Verschweigen daran haften mußte. Dieses Verschweigen war nicht nur ein Mißbrauch ihres Vertrauens. Gerade weil ich wußte, daß meine Frau das Beglückende und den Reichtum unserer Liebe nicht nur verstehen werde, sondern als ein schicksalshaftes Geschenk auch bejahen werde, stieß ich ihr Vertrauen überhaupt auf die Seite.

Meistens sprechen wir zu viel; bisweilen aber auch zu wenig. Ich hätte aus dem Vertrauen zu meiner Frau zu ihr und mit Dir sprechen müssen. Dann wäre nicht nur das Vertrauen gewahrt gewesen, sondern die Wesensart meiner Frau wäre Dir deutlich geworden und all dies hätte uns geholfen.

Jetzt ist doch der Augenblick gekommen, in dem dieses schwere Versäumnis nachgeholt und der Einklang lebendig wurde zu einem echten Wissen voneinander.

Wie das Haus, so ist auch meine Werkstatt samt ihrem Ausblick einem lange sinnenden Entwerfen meiner Frau entwachsen.

So mag der gewordene Einklang künftig eingetönt werden in den warmen Ton der Holzwände dieser Stube.

Ich bin froh, daß Dein Herdenken sich jetzt im Einblick in diese Werkstatt und durch ihren Ausblick auf die Wiesen und Berge bewegen kann.

Das Unversehene des gestrigen schönen Abends und des heutigen aufheyternden Morgens bleibt. Wesentliches geschieht immer jäh. Blitz sagt in unserer Sprache eigentlich: Blick. Doch das Jähe bedarf im Guten wie im Bösen einer langen Zeit, um ausgetragen zu werden. Darum bin ich traurig, daß die Stunden so kurz waren. Darum hoffe ich erfreuter noch auf Dein Wiederkommen, liebe Hannah. Es wird das schönste sein; denn nun ist das Frühe und das Späte gleich rein ins Offene gebracht. Ich weiß, daß Du selbst aus diesem Reinen freudiger freust und zu uns gehörst.

Ich grüße Dich herzlich und danke Dir noch einmal, daß Du kamst. Meine Frau läßt Dich herzlich grüßen.

Dein Martin.

Das Blatt ist von der Ranke, deren Stock meine Frau vor Jahren von Bauern im Schwarzwald mitgebracht hat. Sie schmücken ihre Stuben mit diesem Epheu, ohne mehr von den Kränzen des Gottes zu wissen, der ihn liebt. Das Blatt soll Dich als Gruß aus meiner Stube stets begleiten.

M.

48 Hannah Arendt an Martin Heidegger

Wiesbaden
Alexandrastraße 6–8
den 9. Februar 1950.

Seit ich aus dem Haus und in den Wagen trat, schreibe ich an diesem Brief. Und kann ihn nun, spät in der Nacht, doch nicht schreiben. (Mit der Maschine schreibe ich, weil mein Füllfederhalter kaputt und meine Handschrift unleserlich geworden ist.)

Dieser Abend und dieser Morgen sind die Bestätigung eines ganzen Lebens. Eine im Grunde nie erwartete Bestätigung. Als der Kellner Deinen Namen sagte (ich hatte Dich nicht eigentlich erwartet, hatte ja den Brief nicht bekommen), war es als stünde plötzlich die Zeit stille. Da kam mir blitzartig zu Bewußtsein, was ich vorher nicht mir und nicht Dir und keinem zugestanden hätte, daß mich der Zwang des Impulses, nachdem Friedrich mir die Adresse gegeben hatte, gnädig bewahrt hat, die einzig wirklich unverzeihliche Untreue zu begehen und mein Leben zu verwirken. Aber eines sollst Du wissen (da wir ja nicht viel und nicht übermäßig offen miteinander verkehrt haben), hätte ich es getan, so nur aus Stolz, d.h. aus purer reiner verrückter Dummheit. Nicht aus Gründen.

Ich bin gekommen, ohne zu wissen, was Deine Frau von mir erwartete. Den Brief hatte ich im Wagen gelesen, halb verschlafen. Hätte ich es gewußt, so hätte ich mich nie einen Augenblick geweigert. Meine ursprüngliche Weigerung beruhte nur auf dem, was ja dann auch mit »deutscher Frau« angedeutet war, und was man mir just am Nachmittag vorher beim Tee erzählt hatte. Bitte, mißversteh nicht; mir persönlich ist das ganz gleich. Ich habe mich nie als deutsche Frau gefühlt und seit langem aufgehört, mich als jüdische Frau zu fühlen. Ich fühle mich als das, was ich nun eben einmal bin, das Mädchen aus der Fremde.

Ich war und bin erschüttert von der Ehrlichkeit und Eindringlichkeit des Vorwurfs. Aber »vielleicht« sagte ich aus einem plötzlichen Gefühl der Solidarität mit ihr heraus; und aus einer plötzlich aufsteigenden tiefen Sympathie. Sachlich könnte ich hinzufügen, daß ich natürlich nicht nur aus Diskretion geschwiegen habe, sondern auch aus Stolz. Aber auch aus Liebe zu Dir – nichts schwerer machen als es zu sein hat. Weggegangen aus Marburg bin ich ausschließlich Deinetwegen.

Die *Holzwege* liegen auf dem Nachttisch, den Heraklit habe ich sehr glücklich angefangen. Selig bin ich mit dem polla ta deina [πολλὰ τὰ δεινά] – das ist vollendet gelungen. Ich hatte gewissermaßen Glück: als ich hier ankam, mußte ich den Wagen nebst Chauffeur zurückschicken, habe dadurch 2 Tage Ruhe hier. Kann alles verschieben und den 4./5. März ganz sicher machen. Fliege Sonnabend nach Berlin, wo ich bis Freitag bleibe (Adresse: Berlin-Dahlem, Parkhotel). Dann Sonnabend/Sonntag hier und dann nach der britischen Zone. Wenn Du nächsten Sonnabend/Sonntag herkommen könntest – sehr nördlich – mein Gast sein . . . .

Da Du Zeitschriften nicht liest und Bücher nur von hinten, schicke ich Dir ein paar herausgerissene Seiten, eigentlich nicht nur Dir, sondern auch Deiner Frau.

Hannah.

49 Hannah Arendt an Elfride Heidegger

den 10. Februar 1950.

Liebe Frau Heidegger –

eben kam Martins Brief, auf den ich das Bedürfnis habe, Ihnen zu antworten. Ich bin glücklich, daß ich gekommen bin und glücklich, daß alles gut geworden ist.

Es gibt eine Schuld aus Verschlossenheit, die mit mangelndem Vertrauen wenig zu tun hat. In diesem Sinne, scheint mir, haben Martin und ich aneinander wahrscheinlich ebensoviel gesündigt wie an Ihnen. Das ist keine Entschuldigung. Sie haben ja keine erwartet, und ich könnte auch keine geben. Sie haben den Bann gebrochen, und dafür danke ich Ihnen aus ganzem Herzen. Ich konnte deshalb gar nicht darauf kommen, daß Sie irgendetwas von mir erwarteten, weil ich im Zusammenhang dieser Liebesgeschichte so viel bösere Dinge verbrochen habe, später, daß ich auf diese frühen Dinge gar nicht mehr kam. Sehen Sie, ich war, als ich aus Marburg fortging, fest entschlossen, nie mehr einen Mann zu lieben und habe dann später geheiratet, irgendwie ganz gleich wen, ohne zu lieben. Weil ich mich ganz souverän dünkte, glaubte über alles verfügen zu können, gerade weil ich ja nichts für mich erwartete. Dies alles wurde erst anders, als ich meinen jetzigen Mann kennenlernte. Doch das ist ein anderes Kapitel.

Bitte, glauben Sie mir eines: was zwischen uns stand und wohl auch noch zwischen uns steht, waren niemals diese persönlichen Dinge, jedenfalls nicht für mein Bewußtsein. Sie haben doch aus Ihren Gesinnungen nie einen Hehl gemacht, tun es auch heute nicht, auch mir gegenüber nicht. Diese Gesinnung nun bringt es mit sich, daß ein Gespräch fast unmöglich ist, weil ja das, was der andere sagen könnte, bereits im vorhinein charakterisiert und (entschuldigen Sie) katalogisiert ist – jüdisch, deutsch, chinesisch. Ich bin jederzeit bereit, habe das auch Martin angedeutet, über diese Dinge sachlich politisch zu reden; bilde mir ein, ich weiß einiges darüber, aber unter der Bedingung, daß das Persönlich-Menschliche draußen bleibt. Das argumentum ad hominem ist der Ruin jeder Verständigung, weil es etwas einbezieht, was außerhalb der Freiheit des Menschen steht.

Eines möchte ich gerne wissen, aber wenn Sie es nicht sagen mögen, ist es auch gut. Wie kamen Sie darauf, Jaspers als eine Art Schiedsrichter anzurufen? Nur, weil Sie zufällig wissen, daß ich mit ihm befreundet bin? Oder vielleicht, weil Sie so viel Vertrauen zu ihm haben? Ich war zu verdutzt, um zu reagieren; nun geht mir die Frage immer nach.

Wir sehen uns bald wieder. Bis dahin nehmen Sie dies als Gruß und Dank.

Ihre
Hannah Arendt

[OHNE TITEL]*

In Jähen, raren, blitzt uns Seyn.
Wir spähen, wahren – schwingen ein.

DU

Wurf der Flamme,
Frühgefreyte!
Dies das Tor,
an dessen Tiefe
jäh empor
zur stillen Weite
– daß Es riefe –
Wiederfinden sich verlor.

DAS MÄDCHEN AUS DER FREMDE

Die Fremde,
die Dir selber fremd,
sie ist:
Gebirg der Wonne,
Meer des Leids,
die Wüste des Verlangens,
Frühlicht einer Ankunft.
Fremde: Heimat jenes einen Blicks,

* Siehe Abbildung 1.

der Welt beginnt.
Beginn ist Opfer.
Opfer ist der Herd der Treue,
die noch aller Brände
Asche überglimmt und –
zündet:
Glut der Milde,
Schein der Stille.
Fremdlingin der Fremde, Du –
Wohne im Beginn.

ENTSPRECHUNG

Gottlos der Gott
allein, sonst keins
der Dinge –
erst wieder Tod
entspricht
im Ringe
dem Frühgedicht
des Seyns.

TOD

Tod ist das Gebirg des Seyns
im Gedicht der Welt.
Tod entrettet Deins und Meins
an's Gewicht, das fällt –
in die Höhe einer Ruh
rein dem Stern der Erde zu.

                Für die Freundin der Freundin

51 Martin Heidegger an Hannah Arendt

Freiburg, 15. Febr. 1950.

Hannah,

Hören befreit. Daß Du der Stimme folgtest, löst alles ins Gute und verschenkt die neue Gewähr der retractatio. Das Gute bedarf der Güte des Herzens, die sieht, weil sie schon alles *ab-gesehen hat* auf die Rettung des Menschen in sein Wesen; der unergründliche Sinn des ἑώρακεν ὁρᾷ [heoraken hora], des gewahrten Blickes; lauter Wunder der Sprache, die denkender ist als wir; das französische re-garder.

»Retten« heißt und ist nicht erst nur: einer Gefahr gerade noch entreißen, sondern im vorhinein freimachen ins Wesen. Diese *unendliche Absicht* ist die Endlichkeit des Menschen. Aus ihr vermag er den Geist der Rache zu verwinden. Lange schon sinne ich darüber, weil dazu eine nur moralische Haltung nicht genügt, gleichwenig wie freischwebende Erziehung.

Der Mensch muß das innerste Gelenk des Seyns erfahren, damit er dorthin zu stehen kommt, wo er es aussteht, daß die Gerechtigkeit keine Funktion der Macht, sondern der Strahl der rettenden Güte ist. Das bloß Internationale und das »vereinigte Nationale« zehrt immer noch und nur, versteckterweise, von einem im Wesen unbefreiten Nationalen. Die Weltvölker müssen erst ihre eigenste Kraft in die unendliche Absicht der rettenden Güte verschenken, damit die Menschheit in geschichtlicher Würde dem Geschick des Seyns gewachsen ist und darin sich rettet.

Ich danke Dir, daß Du uns die Blätter geschickt hast. Der Aufsatz von 1944 enthält eine *wesentliche Einsicht*, die über den Fall des deutschen Volkes weit hinaus reicht. Er ist heftig und mutig. Aber wieder wurde mir dabei klar, worüber wir schon am Abend sprachen, daß »Organisation« in einen verborgenen Kern, zwar nicht der Technik, aber ihres *seynsgeschichtlichen*

Wesens, weist. Ich möchte Dir gern, wenn Du wieder da bist, hierüber einiges vorlesen.

Für uns beide und für unser beider Bezug zu denen, denen wir gehören, für das Ganze und den geschichtlichen Augenblick, ist es ein Geschenk, daß es Dir gewährt war, »ja« zu sagen und zu kommen. Der spontane Einklang zwischen meiner Frau und Dir ist ein Bleibendes; und es bedarf nur noch einer geringen Beseitigung eines Mißverständnisses, das vielleicht im oberflächlichen Gerede anderer seine eigentliche Wurzel hat. Du sollst so wiederkommen, wie Du Dich unter der Tür verabschiedet hast. Könntest Du nicht einen oder zwei Tage vor dem 4. März oder eher nach dem 5. dazugeben? Wir haben, Hannah, ein Vierteljahrhundert unseres Lebens nachzuholen; ich möchte noch mehr auch von Deinem jetzigen Weg und Wirken erfahren, damit sich dem beglückenden Einklang ein Gleichklang mitschwinge, der hier und dort in der Ferne zur Stimme wird und die Sprache, von der Du so schön und zustimmend gesprochen, die Fremde mildert.

Auch sollst Du nach den vielen Reisen in dem zerstörten Land den Glanz der Wege, Wälder und Berge mit Dir nehmen, im Herzen behalten und Deinem Mann mitbringen.

Martin.

Gib bitte rechtzeitig Nachricht, wann und wie Du wiederkommst!

Meine Frau läßt Dich herzlich grüßen, dankt Dir für Deinen Brief und hofft auf ein gutes Gespräch.

52 Martin Heidegger an Hannah Arendt

Freiburg, 27. Febr. 50.

Hannah –

Die Zeilen sollen Dich nur grüßen bei der Rückkehr.
Ich freue mich, wenn Du da bist.
Ich glaube, dass Alles gut wird.
Wenn die liebste Freundin *so* auf Dich warten muß, darf der liebste Freund nichts verzögern; selbst wenn auch ihm ein Abschied bevorsteht. Aber es ist, was immer kommen mag, ein Abschied in die Innigkeit.

Martin

Das Zimmer besorge ich, sobald Du telegraphierst.

53 Martin Heidegger für Hannah Arendt

A. STIFTER, KALKSTEIN

»Die zwei winzig kleinen Läppchen von weißer Farbe – das einzige Weiße, das er an sich hatte –, die über sein schwarzes Halstuch herabgingen, bezeugten seine Würde. Bei den Ärmeln gingen, wie er so saß, manchmal ein ganz klein wenig eine Art Handkrausen hervor, die er immer bemüht war, wieder heimlich zurückzuschieben. Vielleicht waren sie in einem Zustande, daß er sich ihrer ein wenig hätte schämen müssen.«

»Ich ging auf meinem Wege nach der Hochstraße dahin und dachte immer an den Pfarrer. Die ungemeine Armut, wie ich sie noch niemals bei einem Menschen oberhalb des Bettlerstandes angetroffen habe, namentlich nicht bei solchen, die andern als

Muster der Reinlichkeit und Ordnung vorzuleuchten haben, schwebte mir beständig vor. Zwar war der Pfarrer beinahe ängstlich reinlich, aber gerade diese Reinlichkeit hob die Armut noch peinlicher hervor und zeigte die Lockerheit der Fäden, das Unhaltbare und Wesenlose dieser Kleidung.«

»Diese Frau hatte auch ein Töchterlein, ein Kind, nein, es war doch kein Kind mehr – ich wußte eigentlich damals nicht, ob es noch ein Kind sei oder nicht. Das Töchterlein hatte sehr feine rote Wangen, es hatte feine rote Lippen, unschuldige Augen, die braun waren und freundlich um sich schauten. Über die Augen hatte es Lider, die groß und sanft waren, und von denen lange Wimpern nieder gingen, die zart und sittsam aussahen. Die dunkeln Haare waren von der Mutter glatt und rein gescheitelt und lagen schön an dem Haupte. Das Mädchen trug manchmal ein längliches Körbchen von feinem Rohre; über dem Körbchen war ein weißes sehr feines Tuch gespannt, und in dem Körbchen mochte ganz auserlesene Wäsche liegen, welche das Kind zu einer oder der andern Frau zu tragen hatte.

Ich sah es gar so gern an.« –

»›Freilich ist es schön, meine Mutter sagt: die Wäsche ist nach dem Silber das erste Gut in einem Hause, sie ist auch feines weißes Silber und kann, wenn sie unrein ist, immer wieder zu feinem weißen Silber gereinigt werden. Sie gibt unser vornehmstes und nächstes Kleid.‹ . . . Ich erinnerte mich bei diesen Worten [des Mädchens] wirklich, daß ich an dem Körper der Sprechenden immer am Rande des Halses und an den Ärmeln die feinste weiße Wäsche gesehen hatte, und daß ihre Mutter immer eine schneeweiße Haube mit feiner Krause um das Angesicht trug.« –

[Der Pfarrer erzählt weiter:]

»»In der langen Zeit ist mir mein Zustand zur Gewohnheit geworden, und ich liebe ihn. Nur habe ich eine Sünde gegen dieses Sparen auf dem Gewissen: ich habe nämlich noch immer das schöne Linnen, das ich mir in der Stube in unserem Gartenflügel angeschafft hatte. Es ist ein sehr großer Fehler, aber ich habe versucht, ihn durch noch größeres Sparen an meinem Körper und an anderen Dingen gut zu machen. Ich bin so schwach, ihn mir nicht abgewöhnen zu können. Es wäre gar zu traurig, wenn ich die Wäsche weggeben müßte. Nach meinem Tod wird sie ja auch etwas eintragen, und den ansehnlicheren Teil gebrauche ich ja gar nicht.‹

Ich wußte nun, weshalb er sich seiner herrlichen Wäsche schämte.«

So scheu ist keine andere Erzählung der Geschichte einer Liebe, so gewaltig keine Sanftmut des Nievergessens.

Ich lese den »Kalkstein« seit Weihnachten 1905, vermutlich seit den Tagen, da Du im Schoß der Mutter lebtest, jedes Jahr zu meinem Geburtstag.

Freiburg am 10. März 1950.   H / M

54 Martin Heidegger für Hannah Arendt

STÜRZTE AUS ENTZOGENEN GNADEN ...

H. A.   11. März 1950

NOVEMBER 1924

Stürzte aus entzogenen Gnaden
nur die eine mir noch zu!
  Daß auf allen künftigen Pfaden
bis ins Herz der reinen Ruh
immer wahrer ich bereue:
    mir erneue jene kindlich Scheue,
    deren Blick Vertrauen klagte,
    ahnend dann, wie ich versagte.

DER MENSCH

Wer kennt die Stille, der sich Welt entweitet?
Wer wagt zu wohnen, wo das Glück entgleitet?
Wer ruft die Jähe in ihr Jahr?
Wem neigt Ereignis zu die Wahr
des Seyns?
Wer entspricht
dem Gedicht?

DER RUF

Im fernen Gang der Nähe
wohne;

schone
ihrer wilden Jähe
milden Blick
ins überewigte Geschick,
dem *sie* gehören,
die den Ruf er-hören:
　»Das Geschenk!«
Dort birgt
sich, wirbt
des Seyns Gelenk.

WELT

Im Tausch der Blicke
durchs Geviert
ruhn die Geschicke
steht der Hirt
zieht der Riß
geht die Berufung
durchs Verließ
im Bau der Stufung

DIE STERBLICHEN

Ankunft sind wir
Gang im Weltspiel
Klang aus Neigen
Sang, der einfiel,
Rückkehr; blind schier,
bang im Reigen.

PERSONA

Ihr wollt vom Ich fort zur Person
und wißt nicht, daß ein *Ton*
erst klingen muß *durchs* Bild:
    Der Ton der Stille,
    stillend ohne Wille,
    mild im Tönen,
    weil erlitten aus Versöhnen,
    das ein Nievergessen gründet,
    fernstes Herz mit fernstem bündet.

DAS EREIGNIS

Aus Licht und Laut
ist Welt getraut.
Wer bleibt die Braut,
von wem er-schaut?
    Das Ereignis hat die Liebe
      – daß *ihre* Scheu
    die Herrin bliebe –
an den Unter-Schied enteignet,
ihm zur Treu
Getrenntestes geeignet
in ein Suchen, das nur findet,
wenn es jeden Fund verwindet
in den Kranz des Selben.
Licht: Lichten: Aufgehend – Hervorgehenlassen:
    Φύσις
Laut: Lauten: Brechen der Stille und Sammlung
    der Stille:
    Sammlung des stillenden Versammelns:
    (»Lesens«: Weinlese).
    Λόγος

[OHNE TITEL]

Weß' Ohr ist wach für dies Gedicht?
Bang herrscht noch das Gestell.
Zuvor kommt Wüste, bis es bricht.
Lang ruht Gedicht im Quell.

55 *Martin Heidegger an Hannah Arendt*

Bach, 3. Brandenburgisches Konzert   Freiburg, d. 19. III. 50
2. Satz. Allegro

Hannah,

das Geschenk der Rückkehr und Einkehr der fünf Jahrfünfte bestürzt immer wieder mein Denken. In ihm bist Du übers Meer weither nah und da, selber herdenkend zu den Liebsten hier und allen Dingen, die Dir mitgehören.

Jeder Stundengang in diesen Tagen trug Dich weiter fort zur großen Stadt und brachte durch die Entfernung Dein Eigenstes doch näher. Denn Du wirst den Blick nicht abwenden, sondern in die Ferne die Nähe erwecken.

Es ist ein eigentümliches Geheimnis um die Zeit, daß sie so wiederkehrt und alles verwandeln kann. Alles ist uns neu geschenkt. Wir werden nie damit zu Ende kommen: mit dem Dank für das, was uns geworden.

Ich wußte dies, als ich Dir am 6. Februar wieder gegenüber stand und »Du!« sagte. Ich wußte, daß jetzt für uns ein neues Wachstum beginne, aber auch die liebende Mühe, alles in ein offenes Vertrauen zu pflanzen.

Wenn ich Dir sage, daß meine Liebe zu meiner Frau jetzt erst wieder ins Klare und Wache gefunden, so danke ich es ihrer Treue und ihrem Vertrauen zu uns und Deiner Liebe.

Wenn ich von »schön« sprach, dann dachte ich an Rilkes Wort, daß das Schöne nichts sei als des Schrecklichen Anfang, dachte an Hölderlins Gedanken, daß das Schöne die äußerst Entgegengesetzten ins Innige zu einen vermöge. Wer reicht in die Tiefe des Schönen, wer anders als die Liebenden.

Hannah, bleib Elfride so nahe, wie es Dir hier geworden ist. Je schöner das Unsere das Unsere wird, um so heiler ist es das Ihre und das Meine. Ich brauche ihre Liebe, die still die Jahre hindurch alles getragen hat und zu wachsen bereit geblieben ist. Ich brauche Deine Liebe, die, in ihren frühen Keimen geheimnisvoll gewahrt, das Ihre aus ihrer Tiefe bringt. So möchte ich auch eine stille Freundschaft zu Deinem Mann im Herzen nähren, der Dir in diesen leidvollen Jahren Gefährte wurde.

Was in seinem Wesen jeweils einzig ist und seine Einzigkeit wahrt, ist auch einzig stark im Anerkennen des einzigen Anderen.

Wir sind, meine ich, immer noch unvertraut mit den stillen Gesetzen der Einzigkeit und der Herzensstärke, deren es bedarf, in ihnen groß zu bleiben. Aber vielleicht ist uns gerade dies noch aufgegeben, diese Gesetze zu denken und aus der Liebe zu stiften. Daß Liebe die Liebe braucht, ist wesenhafter denn alles Bedürfen und Stützen.

All die Tage war ich bei der Reinschrift des »Einblicks«. Im Schreiben schwangen unsere Gespräche auf den Wegen zum Waldtal und zur Burg. Wie schön ist dieses unmittelbar zündende, fast noch ungesprochene Verstehen aus einer früh gestifteten und durch Böses und Wirres nicht erschütterten weiterkommenden Verwandtschaft. Das Nichtmehrloslassen aus dem Vertrautesten, das helfe Dir und mir, jedem von uns nach seiner Not, seiner Bedrängnis, seiner Wehrlosigkeit.

Denke, Hannah, wenn die große Stadt allzu rasend an Dir reißt, an die steilen Tannen, die auf den winterlichen Bergen vor uns in die leichte Luft der mittaglichen Höhe ragten.

Ich danke Dir für Deine letzten Grüße aus Europa, für den aus Basel und für die herrliche Braque-Mappe aus Paris. Die

Margeriten, die Sonnenblumen und der *blaue Krug* sind die allerschönsten Blätter – aber überall diese großleuchtenden Farben.

Das ist mein erster und unbeholfener Gruß zu Deinem Herzen, Hannah, übers Meer. Er grüßt Dein sicheres Herz und Deinen hergewandten Blick.

Martin.

Grüße Deinen lieben Mann und grüße die Freundin.
Elfride läßt Dich von Herzen grüßen.

56 *Martin Heidegger für Hannah Arendt : Vier Gedichte*

    FÜNF JAHRFÜNFTE
      H. übers Meer

Ist denn diese
überwährte Form
im Geheimnis solcher Zeit
doch die Wiese
aller stillsten Sterne,
die den goldnen Herbst verleiht?

    MÄRZANFANG
      Für H.

Ihre Gebärde *ist* sein »entwerde«!
ins Wohnen aus ihr.
Sie blühen: die Zier
der Krone des Seyns:
Trunk dunkelsten Weins.

»HOLZWEGE«
für H.

Laß hier den Namen
Dir und mir
zur *einen* Zier:

daß früher Samen
späte Reife
sie begreife,

der wir verkamen,
die erst kommt:
als Glut, die frommt.

(eines Dinges verkommen: noch nicht ankommen bei . . .)

DENKEN

Ein Gegenblick zum Blitz des Seyns
ist Denken;
denn, von ihm erschlagen,
schlägt es in die Fuge
eines Wortes: Blick und Blitz,
die – nie Besitz –
sich überschenken
aus dem Kruge
eines Weins
verborgener Reben.
Sie entstreben
einer Erde,
die dem Hirten Himmel werde.

57 Martin Heidegger an Hannah Arendt

Beethoven, Opus 111.   Freiburg i.Br., 12. April 1950.
Adagio, Schluß.

Hannah –

Was ist schöner? Dein Bild oder Dein Brief? Nur Du selber und daß du beides geschickt. In dem Bild schwebt Etwas, was schon in den letzten Tagen Deines Hierseins zu leuchten begann und während der Überfahrt sich klarer noch in Deine Züge neigte. Nennen kann ich's nicht. Aber es ist das Liebende jener Liebe, die ihren Glanz in meine Stube warf, als Elfride und Du sich in den Armen hielten. Wir werden nur langsam aneignen, was uns geworden ist:

Daß Du kamst, daß unser Genahtes *nächste* Nähe wurde; daß in all dem Elfride half, daß unsere Liebe ihre Liebe braucht; daß alles, Dein gutes Nachhausekommen mit, sich in einander spiegelt, klärt und bewährt.

Ich muß bei all dem oft an ein Augustinus-Wort, das Du gewiß kennst, denken:

Nulla est enim maior ad amorem invitatio, quam praevenire amando.

Dieser praeventus ist das stille Echo eines verborgenen adventus; er reicht in das Geheimnis der Freiheit; er ist der Quell des sich bildenden Gesetzes.

Das Wunder, das geschah, hat hier seinen Ort. Dein Bild, und so wie Du in ihm bist, hat es versammelt. Aber auch alles, was Dich durch die Welt vertrieben und getrieben, ist darin aufgehoben: omnia et sublata et conservata et elevata. Darum, und weil jetzt Ruhe und Hilfe näher sind, kann nichts Künstliches in das Vertraute kommen.

Was Du nennst, lasse ich mir nicht fremd sein, noch weniger werde ich es vergessen. Unsere Briefe sollen nichts umgehen.

In den Aufzeichnungen über die Macht habe ich das noch

nicht gesehen, was Du mit dem »radikal Bösen?« andeutest. Einige Jahre später, als ich im Willen zur Macht den Willen zum Willen erkannte, dachte ich an den unbedingten Aufstand einer absoluten Eigensucht im Seyn.

Aber daß Du hier warst und aus *diesem* »hier« *da* bleibst, hat alles näher gebracht, uns und Dir. Zugleich zwingt uns jetzt die wachsende Bedrohung durch die Sowjets, heller zu sehen, heller auch als jetzt der Westen sieht. Denn jetzt sind *wir* die unmittelbar Bedrohten. Stalin braucht den Krieg, den Du meinst, nicht erst zu erklären. Er gewinnt jeden Tag eine Schlacht.

Ich mache mir auch darüber nichts vor, daß ich mit meinem Denken zu den Bedrohtesten gehöre, die zuerst ausgelöscht werden. Wir können nicht nur »physisch« in wenigen Tagen überrollt sein; es kann auch geschehen, daß auf lange Zeit hinaus kein Weitergeben des Großen und kein Wiederbringen des Wesenhaften mehr möglich ist; daß es dergleichen nicht mehr gibt: auf eine Zukunft hoffen, die jetzt Verborgenes erst entdeckt, die Ursprüngliches bewahrt. Vielleicht ist der planetarische Journalismus die erste Zuckung dieser kommenden Verwüstung aller Anfänge und ihrer Überlieferung. Also Pessimismus? Also Verzweiflung? Nein! Aber ein Denken, das bedenkt, inwiefern die nur historisch vorgestellte Geschichte nicht notwendig das wesentliche Menschsein bestimmt, daß Dauer und ihre Länge kein Maß ist für das Wesende; daß ein halber Augenblick *der Jähe* »seiender« sein kann; daß der Mensch auf dieses »Seyn« sich vorbereiten und ein anderes Gedächtnis lernen muß; daß ihm gar mit all dem ein Höchstes bevorsteht; daß das Schicksal der Juden und der Deutschen ja seine eigene Wahrheit hat, die unser historisches Rechnen nicht erreicht.

Wenn das Böse, was geschehen und geschieht, *ist*, dann steigt erst von da das Seyn für menschliches Denken und Tragen ins Geheimnis; dann ist dadurch, daß etwas *ist*, solches nicht schon das Gute und Rechte. Aber dies kann auch nicht eine nur moralisch, und menschlichem Wollen, erbrachte Zugabe zum Wirklichen sein.

Im Politischen bin ich weder bewandert noch begabt. Aber inzwischen lernte ich und künftig möchte ich noch mehr lernen, auch im Denken nichts auszulassen. So muß denn auch das Unsrige in dieser Weite bleiben. Als Du beim ersten Wiedersehen in Deinem schönsten Kleid auf mich zukamst, schrittest Du gleichwohl für mich durch die vergangenen fünf Jahrfünfte.

Hannah – kennst Du das Braun eines frisch umgepflügten Ackers im Licht der Abenddämmerung? Alles überstanden und zu allem bereit. Für jenen Augenblick des Wiedersehens bleibe Zeichen mir *Dein braunes Kleid*. Dieses Zeichen werde uns immer zeigender.

Wie tröstlich, daß Dein Nachhausekommen so schön und gut war. Mit dem »Gefährten« meinte ich das, was Du sagst. Es sagt: in jeder Gefahr auch schon mit da sein.

Und Hilde – grüße Deine Freundin. Daß ein Mensch in ihrem Leid ein paar Verszeilen von mir unter das Kopfkissen des Krankenlagers legt, gilt mir unendlich mehr als alle Berühmtheit zusammengenommen. Was ich beilege, magst Du gern der Freundin zeigen, wenn Du weißt, daß es sie freut.

Und nun hast Du, Hannah, zum Überfluß und mit einem lieben Wort noch Beethovens Opus 111 geschenkt. Sein Klang hat sich schon mit jenem Glanz verschwistert, den ich zu Anfang dieses Briefes nannte.

Elfride erwidert Dir den Gruß und den Kuß aus frohem Herzen und erfreut über Deine gute Heimkehr. Grüße Deinen lieben Mann von mir.

Hannah – alle Blumen des Vorgartens, den Elfride pflegt, Narzissen und Tulpen und die blühenden Kirschbäume grüßen und grüßen Dich.

Martin

Das Bild kommt, wenn es glückt, im nächsten Brief. –

Ich höre Dein Lachen über meine »Adresse«; aber ich dachte zur großen Stadt gehörten die Zahlen.

[OHNE TITEL]

Wahre in die tiefste Kluft
Deiner Seele alles Leid.
Denn *sie* öffnet sich der Luft
eines unbegangenen Hains,
Drin der Schmerz wohnt, das Geschmeid,
geschmiedet uns zum Hort des Seyns,
wo die Flamme in Kristall genesen,
wo Gesetz dem Feuer wurde: aus dem Wesen.

---

nesen: νέομαι , liebevoll wiederkehren.
    νόστος : Ein- und Heimkehr
ge-nesen: Die Sammlung in die Heimkehr.
Wesen: währen des Wahren

Die Freundin der Freundin grüßend   M.

[OHNE TITEL]

Oh wie weit
ist jeder Weg
durch Nähe!

Oh wie seid
ihr ohne Steg.
Wer sähe

Doch die Gunst
der hohen Huld
im Lichte

Einer Kunst,
die *als Geduld* :
Verzichte

Schüfe, frey
ins eine Mal
der Liebe,

Daß sie: — sey
wenn keine Wahl
mehr bliebe?

———

Mal : wie Denk-mal; zugleich: mal, μέτρον
Maß; zugleich: Fleck, ausgesparter Zeit-Raum.

59 *Martin Heidegger an Hannah Arendt*

Freiburg, 3. Mai 1950

Hannah,

dieser Gruß kommt aus der Eile. Ich habe die Möglichkeit, heute nach Meßkirch zu meinem Bruder mit dem Wagen zu fahren. Ich bleibe dort, um drei Wochen für das Kantbuch zu arbeiten, das ich weghaben möchte vor dem Sommeraufenthalt auf der Hütte. Dank für Brief, Wiederholungen, Heraklit und das Manuskript.

Ich schreibe Dir morgen von Meßkirch und schicke das Bild.

Alles Liebste

Martin

Als Anschrift genügt:
Prof. M. H. Meßkirch. Baden.
Französische Zone.
Deutschland

60 Martin Heidegger an Hannah Arendt

Meßkirch, 4. Mai 1950

Hannah

ich grüße Dich aus der »unangenehmen Entfernung von dreitausend Meilen«; *hermeneutisch* gelesen ist es der Abgrund der Sehnsucht. Und doch bin ich jeden Tag froh, daß es ist, wie es ist. Aber wie oft führ ich gern mit dem fünffingrigen Kamm durch Dein Wuschelhaar, vollends wenn Dein liebes Bild mir mitten ins Herz blickt. Du weißt nichts davon, daß es der *selbe* Blick ist, der am Katheder mir zublitzte – ach es war und ist und bleibt die Ewigkeit, weither in die Nähe. Alles mußte für ein Vierteljahrhundert wie ein Samenkorn in einem tiefen Acker ruhen, ruhen in eine Reife des Unbedingten; denn alles Leid und vielfältiges Erfahren hat sich in Deinen selben Blick gesammelt, dessen Licht über Dein Antlitz zurückleuchtet und die Frau erscheinen läßt.

Im Bildnis der griechischen Göttin ist dies Geheimnisvolle: im Mädchen ist die Frau verborgen, in der Frau das Mädchen. Und das Eigentliche ist: *dieses sich lichtende Verbergen selber. Das* ereignete sich in den Tagen der *Sonata sonans.* Alles Frühe wurde darin heil gewahrt.

Am 2. März, da Du wiederkamst, geschah »die Mitte«, die das Gewesene in das Währende brachte. Zeit versammelte sich in die vierte Dimension der Nähe, als sollten wir unmittelbar aus der Ewigkeit heraus – und in sie zurückkommen. Ob es wirklich sey, fragtest Du. Ach – auch das Seyn war durchschritten. Aber, Vertrauteste, Du sollst es wissen: »*gedacht* und zart« – nichts vergessen, rein das Gegenwendige dazu – all Dein Schmerz kaum ermessen, und all mein Fehlen, ohne es mir zu verhehlen, klangen aus einem langen Läuten der Weltglocke unserer Herzen. Es klang im Morgenlicht, das Tage darauf die Zeit des fernen jetzt Gehörens uns anbrechen ließ. Du – Hannah – Du

Dein Martin

61 *Martin Heidegger für Hannah Arendt*

AUS DER SONATA SONANS

In einem Sturm

DER TON

Im Erklingen
läßt der dunkle Ton
sich hell verschwingen
in das früheste Schon
in das längste Dann,
daran Eins das Andere gewann,
aus dem Selben fern entrückt
in das Selbe, nah verzückt
zum fernher sanften Finde-Kuß:
der Innigkeiten Überfluß.

Nur Dir

– UNS EREIGNEND –

Daß er ausklang
dieser Berg-Gang
in den höchsten Aufgang
Deiner tiefsten Ankunft . . .

Was ist – uns ereignend – Zu-kunft?

Andres nicht denn jene hohe
Flut der reinen Lohe,
heil gewahrt,
gedacht und zart.

Nur Dir

DAS LICHT

Nimmer bist Du auszufinden,
wo Dein unergründliches Umwinden
sich der holden Gunst ent-schließt,
Wilde in die Milde schießt.

Daß ein Lichtschein diesem Hort
des Seyns ent-springt ins hohe Wort,
weiht zum Opfer solches Schenken,
läßt uns in das Selbe *denken*.

Denkend fließt erfülltes Seyn
im eigenen Wesen aus und ein.

SCHÖNE ...

Im herben Duft des langen Leides
wuchs Deine Schönheit, daß sie Beides –
Milde, Wilde – in Dein hohes Lieben einte,
sich aus unvergossen aufbewahrten Tränen,
aus dem nie im »Du und Ich« gestillten Sehnen,
ihren Glanz erst, ihre Glut erweinte.

Nur Dir

ΠΥΡ ΑΕΙΖΩΟΝ

Πῦρ ἀείζωον
ἁπτόμενον μέτρα καὶ ἀποσβεννύμενον μέτρα
Heraklit Frg. 30.

Glut-Licht währig wahrendes
ent-zückend Maaße und ent-rückend Maaße

Dein – aus Schmerz erblitzter
Nähe – großgestöhntes,
im Vertrautesten Versöhntes
»Ja!«
bleibt da.

Und bringt als tiefgeschützter
Schrei gestillter Wonnen
mir zur Nacht den Schein
der unerlöschten Sonnen
aus dem fernsten Schrein,
darin das Eine Selbe –
– das ins Maaß entflammte Feuer –
sich verfremdet in das Selbe,
im Geheueren ungeheuer.

Nur Dir

»GEDACHT UND ZART«

»Gedacht« –
Oh hilf mir wagen,
dies zu sagen.

Hör! »Gedacht«
heißt jetzt:
entwacht:
entsetzt
in alle Klüfte jenes Grimms,
dem Klag um Klage
deines Blutes, oh vernimm's,
entstürzt und mein Zu-Dir
fortan ins »wehe! frage!«
wirft, deß' Scheit Du mir
mit jedem Kommen bürdest als die Last,
die nah, je näher, tiefer faßt,
am Schwingen jeder Rührung zerrt,
am Zarten der Berührung zehrt.

Gedacht: entwacht ...
die Ruh verwehrt,
das Glück versperrt.

»Gedacht *und zart*«
der Brand des Leides
schmiede, scheid' es,
frey im »und« zur Fahrt
geringt.

Erklungenes klingt.
Es sinkt
ins Nieerklagte,
singt ins Ungewagte,
das ereignend, aus dem Kranz geartet,
Liebes, Leides in das Selbe zartet.

Nur Dir

   [OHNE TITEL]

Und so nenn' es,
Du Vertraute,
Dir
in Deinem Herzen.

Dann verbrenn' es
mir,
der's schaute,
zwischen zwei Kerzen.

Uns der Kuß der Nähe
aus dem Guß der Jähe.

62   *Martin Heidegger an Hannah Arendt*

Meßkirch, d. 6. Mai 1950

Hannah –

Dein Brief mit den Potenzen von Klammern klang und klingt trotz der dreitausend Meilen nah. Alles, was Du schicktest, kam an. Aber wenn Du künftig etwas zu schicken hast, wähle den gewöhnlichen Postweg und spare die Ausgaben. Wie schön, daß Du mir eine Photokopie des Manuskripts herstellen ließest und schöner noch, daß Du's schon vor anderthalb Jahren schicktest. Aber zu jener Zeit habe ich vielfach ausländische Post – nicht einmal von Jaspers – nicht erhalten. Mir kamen hier gestern bei der Durchsicht meiner früheren Manuskripte zur Kantinterpretation (ich laboriere noch am Kantbuch) Entwürfe zu Deinem

Manuskript durch die Hände. Alles dreht sich um das »Dasein«, vom Subjekt und Bewußtsein weg, dorthin zu gelangen. Dazu gehört ein Vortrag, den ich im November 1924 in Köln gehalten: Dasein und Wahrsein (ἀλήθεια [aletheia]), der dann zum Teil auch in der Einleitung zum Sophistes-Kolleg vorkam. Der Ansatz wurde in meinem letzten Freiburger Privatdozenten-Kolleg im Sommersemester 1923 gemacht: »Ontologie des Daseins«. Heute wundere ich mich, daß ich durch dieses Bergwerk und seine Schächte hindurchkam. Es ist viel Arbeit »unter Tag«. Die Frage nach dem Sein selbst, noch in der Form der damals viel von mir durchdachten Aristotelischen Metaphysik (zwischen 1920 und 22) ließ ich über Tag stehen, in der Hoffnung, aus dem Dunkel wieder hinauf zu gelangen. Aber ich kam irgendwo anders ans Tageslicht und mußte nun erst durch viele Um- und Rückwege dem Sein und d.h. dem Bezug von Dasein und Sein nachgehen. Trotzdem ich die Ent-schlossenheit des Daseins von der ἀλήθεια her klar sah und festzuhalten versuchte, vermochte ich damals noch nicht aus der ᾽Α-Λήθεια [A-Letheia] zu denken – d.h. Dasein nicht nur, sondern »Sein« und das »*und*« von Sein »und« Dasein in die ᾽Α-Λήθεια zurück und dieses »Zurück« als das Vorauf zu denken.

Aus den hiesigen Entwürfen sah ich, wie die Analytik des Daseins noch eine ständige Gratwanderung ist, bei der zugleich ein Absturz sowohl nach der Seite eines nur modifizierten Subjektivismus droht, als auch nach der Seite der noch ungedachten ᾽Α-Λήθεια – die vom metaphysischen Denken her ganz unzugänglich bleibt. Das glückte mir erst 1935, als ich das Jahr vorher mich innerlich vom Rektoratsjahr freigemacht hatte und langsam wieder zu Kräften kam. Dann kam noch einmal ein Ruck 1937/38, wo mir die Katastrophe Deutschlands klar war und aus dieser Last einen Druck ausstrahlte, der mich noch zäher und freier aus der Sache denken ließ. Damals entstanden die Grundzüge des »Heraklit«. Aber den »Parmenides« brachte ich nicht in dieselbe Dimension. Sie gehören als Nicht-die-Selben gerade in das Selbe. Das ist der Grund, Hannah, weshalb ich mich zur Veröffentlichung nicht entschließen kann. Aber vielleicht hat das Ganze als Stück eines Weges noch sein Gewicht ebenso wie die dazu gehörigen Erörterungen über den Λόγος [Logos] des Heraklit, die Du noch nicht kennst.

Mit der »Chiffreschrift« ist Jaspers gemeint, aber nicht mit der »Logik«; überdies war damals von einer »Logik« von Jaspers nichts bekannt; mir gegenüber sprach er früher auch nie davon. Was Dir »hämisch« klingt, klingt »nur« verzweifelt: es ist der Gedanke der *Logik der Philosophie*, die Lask 1910 veröffentlichte, die in ganz verschiedener Weise Jaspers wie mich bestimmt hat. Es ist zugleich der aussichtslose Gedanke »der Philosophie der Philosophie«, wie ihn Dilthey versuchte. Es ist die Erinnerung an eigenes Irren. Aber Du hast ganz recht, diese Seitenhiebe taugen nichts. Mit dem Nichtnennen des Namens hat es seine eigene Bewandtnis. Ich sage es nicht zur Rechtfertigung, aber Jaspers hat in seiner *Philosophie* bei seiner Polemik gegen »die Ontologie« mich auch nicht genannt. Er hat es dann in der Neuauflage seiner *Psychopathologie* in einer etwas billigen Form nachgeholt. Aber das sind Kindereien, die wir einander nicht nachtragen.

Das schöne Gedicht von G. Keller kannte ich nicht; es gibt viel zum Nachdenken. Ich freue mich für Dich, daß Du Deine Bücher wieder um Dich hast. Das mit »der Last von Scheitern« steht in »Reif sind, in Feuer getaucht« – um die gleiche Zeit, da Du's wohl schriebst, dachte ich an die Last von Scheitern.

Hannah, Versöhnung ist solches, was einen Reichtum in sich birgt, den wir austragen müssen bis an die Kehre, wo die Welt den Geist der Rache verwindet.

Die schwebenden Dinge flattern mehr denn je wirr am Boden. Es ist alles beim alten; es waren keine schönen Wochen für uns. Ich bin auch zum Teil deshalb weggefahren, um der Universitätssphäre entzogen zu sein. Die Fakultät scheint sich zwar zu besinnen. Aber die maßgebenden Regierungs- und Kirchenstellen wollen mich nicht. Ich verstehe das durchaus. Aber man sollte den Mut haben, es klar zu sagen. Die Reinschrift ist handschriftlich fertig. Am 6. Juni soll ich im kleineren Rahmen noch einmal sprechen (über das Ding); nachher geht es an die Abschrift. Du bekommst dann den Text.

Der Baum im Waldtal ist von einem Duft der zartesten Blättchen überrieselt und grüßt Dich. Mit der »Zeit« fand ich mich auch nicht zurecht. Elfride, die Dir alles Liebe herzlich erwidert, sagt, daß wir hier sechs Stunden früher sind. Ob Du das Bild magst? Du schreibst nichts von Hilde?

    Sei behütet und reich an Stille.

                                          Martin

63 Martin Heidegger für Hannah Arendt : Fünf Gedichte

    SONATA SONANS

    Erklungenes klingt.
    Es sinkt
    ins Nieerklagte,
    singt ins Ungewagte,
    das ereignend, aus dem Kranz geartet,
    Liebes, Leides in das Selbe zartet.

    ———

    zartôn (ahd): liebkosend einladen

    DIE FLUH

    Oh wie fern
    Erde! ist Dein Stern?
    Rätselring der Ruh
    um den Firn der Fluh,
    die Welt verspart,

ein Spiel Dir zart
ein Sterben stillt,
das weitgewillt
ins Gunstgefild
des letzten Gottes:
ferner Gnaden
langes Lehen, lindes Laden.

    Die Fluh: der Fels (so genannt der Tod, der
                  Welt durchragt.)

    DAS GEHEIMNIS WÄCHST.

Fünf Jahrfünfte
lang um lang
verbarg die Zeit
uns in den Wirren
eins dem andern,
hieß Dich wandern,
ließ mich irren;
hielt's bereit
wohl. Immer bang,
ob noch eine ihrer Künfte
uns errette
in die Stätte,
die das einstig Zu-Getraute
rein verkläre ins Vertraute,
daraus ein neu Gesetz erblühe,
heilen Anfangs Saat und Frühe.

DER WIEDER-BLICK
Zum 6. Februar 1950

Wenn Liebe in das Denken steigt,
hat ihr schon Seyn sich zugeneigt.

Wenn Denken sich der Liebe lichtet,
hat Huld ihm Leuchten zugedichtet.

SPRACHE

»Ach!«

Du Wink der Wonne,
Laut des Leides,
Einfalt ihrer Innigkeit;
Riß der Stille,
Frühste Fuge nächster Nähe.

»Ach!«

Wie gäh entsprichst Du ihrer Jähe,
im Entsprechen nicht erst deutend
und gesprochen nichts bedeutend,
selbst erwinkt
zum wingen Lied,
dem Gespräch entklingt,
das zum Wort verschwingt,
dem Schmied,
der Stille erst zur Stille kettet,
Einfalt in die Dinge rettet.

»Ach!« Du »Ach!«

Kehr frey zurück
in Deinen Kranz
und tanz
den Schmerz des Seyns
am Herd der Welt,
deß' Glut verflammt,
dieweil sie hellt,
was ihr entstammt.

Du »Ach!«

Des Ungesprochenen ärmste Sage,
aber Hort dem Wort:
die erste Antwort
und die letzte Frage.

64 Martin Heidegger an Hannah Arendt

Meßkirch, 16. Mai 50.

Ach Du! Vertrauteste – wärst Du da – und bist doch da – aber ich möchte Dich durch Dein Wort hindurch herzaubern. Aber das große Wasser dazwischen. »Die Sprache« enthält mein Denken an die Sprache; es ist keine Philosophie darüber. Aber Du erinnerst Dich; wir sprachen auf einem Gang ins Waldtal von der Sprache. *Du hast recht mit Versöhnung und Rache.* Ich denke viel darüber nach. In all diesem Denken bist *Du* so nah. Und dann träume ich – Du möchtest doch hier wohnen, Waldwege, sich kreuzende, gehen, alles stille Walten der Dinge mittragen und in der Mitte der letzten Freude dasein. So habe ich »nur« Dein Bild – aber im Herzen Dein Herz und die Sehnsucht und das Hoffen, wir möchten immer einfacher in die reine Einfalt einander zuwachsen. Das zweite Bild ist anders; aber Du sollst es auch bei Dir haben.

Sey in der Fremde daheim, Du – Vertrauteste, Du Wiedergekommene, Ankünftige – Hannah – Du –
Martin

[Dem Brief war folgendes Blatt beigelegt:]

Ich muß wohl schon am 22. V. nach *Freiburg* zurück. Antworte mir dorthin in der unumgänglichen Hermeneutik auf meine hiesigen Briefe. Ich wüßte gern, welches der Bilder Dir besser gefällt; dann bekommst Du noch ein schöneres von dem gewünschten. Und wenn Du sonst einmal ein Bild hast, leg es bei. Es ist alles so weit weg. Wenn Du Tillich den »Heraklit« geben willst, freu ich mich. Aber sonst soll die Vorlesung nicht kursieren.

Vor der Abreise von Freiburg bekam ich Brochs *[Der Tod des] Vergil*. Hast Du Deine Besprechung noch? Hier hab ich mich gut gesammelt im Denken. Aber es wird alles immer sparsamer im Wort. Ich habe die *Einführung* von Jaspers mit.[x] »Die Geschichte« hast Du mir bei meinem Besuch in Heidelberg im Häuschen erzählt.

Du –
M.

[x] Hast Du sie gelesen? Über die Chiffreschrift kannst Du mir vielleicht eine kurze Aufklärung geben.

[Dem Brief war noch ein weiteres Blatt beigelegt:]

Dir
Du – Hannah,

Das *eigentliche* »Und« zwischen »Jaspers und Heidegger« bist nur Du.

Es ist schön, ein »Und« zu *seyn*. Aber es ist das Geheimnis der Göttin. Es ereignet sich *vor* aller Kommunikation. Es klingt aus dem tiefen Ton des »U« im »DU« –

M.

65 Martin Heidegger an Hannah Arendt

Freiburg i. B., 27. Juni 50.

Hannah,

Dein lieber Brief blieb lange ohne Antwort, wenigstens die geschriebene. Der Vortrag über das Ding war am 6. Juni in München; ich bin da etwas in die Höhle des bayerischen Löwen geraten, der im Unterschied zu den sonstigen Löwen ein schwarzes und außerdem ein sehr dickes Fell hat. Mit den überzähligen Sinnen spürte ich sogleich das Uneinheitliche und Beleidigte der Atmosphäre; zum Glück war auf meine besondere Bitte die Jugend mit da. Am Abend war im kleinsten Kreis ein gutes Gespräch; ich saß zwischen Guardini und Orff, gegenüber Max Pulver, der sich noch lebhaft an ein Gespräch in Zürich 1935 erinnerte. Man verursacht einige Wirbel, weckt diesen und jenen. Aber das Bedrückendste ist, daß nur wenige davon etwas ahnen, daß das Denken ein sehr strenges Handwerk ist, auch dann, wenn man die Werkstatthände und was dazu gehört nicht mit vorzeigt.

Du hast mit dem Wort von Valéry nur zu recht. Es ist nicht der Perfektionswahn, der mich zögern läßt, sondern die Erfahrung, daß Weniges mehr ist als Vieles. Freilich, wenn es durch die handwerkliche Erziehung nicht ergänzt und frisch gehalten wird, gerät alles zu leicht ins Starre.

Elfride und ich waren dann noch auf dem Lande eingeladen; das Ganze war zu viel und zu vielerlei, so daß es mir am Schluß nicht besonders gut ging. Außerdem bin ich mit dem »Kant« nicht zurecht gekommen; nach 20 Jahren, und gar solchen, Ergänzungen anbringen, führt zu einem vollkommenen Flickwerk. Ich möchte die Nachworte und Anhänge zu Nachworten nicht noch zu einer literarischen Form erheben. Darum geht das Buch unverändert mit einem kurzen Vorwort in den Satz.

Ich sinne ständig darüber nach, ob es noch einen Weg gibt,

zwei Dinge zusammen und unscheinbar gegenwärtig zu halten: einmal daß zum Denken das längste und strengste Handwerk gehört; zum andern, daß das Denken in sich das Handeln ist, insofern es dem Wesen des Seyns an die Hand geht. Der Meister Eckhart sagt einmal in seinem Johanneskommentar: ipsa cogitatio ... spirat ignem amoris. So weit mußten wir kommen.

Inzwischen trafen die Kafka-Bände ein. Ich danke Dir herzlich für dieses große Geschenk. Ich habe nur erst neugierig geblättert und merkte dabei, daß es eine große Arbeit sein wird, wirklich zu lesen.

Wir möchten Anfang Juli auf die Hütte, hoffentlich ist das Wetter in diesem gewittrigen Sommer einigermaßen günstig. Das erste Stück des »Einblicks« über das Ding ist jetzt an meinen Bruder zur Abschrift gegangen.

Nach Erfahrungen in München, auch mit den Jüngeren, merke ich, daß ich anderswoher spreche und in dem geläufigen Vorstellen, auch der Philosophie, keine Unterkunft mehr finde, kaum eine Stelle der Anknüpfung.

Was den Wenigsten aufgeht, ist vor allem dies: Seynsgeschichte von der Ἀλήθεια [Aletheia] bis zur ewigen Wiederkehr des Gleichen ist keine Verfallsgeschichte, innerhalb derer die Philosophie auf Abwege geraten sein könnte, von denen Heidegger gar sie zurückholt. Seynsgeschichte ist überhaupt nicht Geschichte im Sinne des Geschehens eines Wirkungszusammenhangs. Diese Meinungen sind vorerst wohl nicht zu überwinden.

Wie mag es Dir gehen? Hast Du denn nun Aussicht, bald mehr als nur vier Tage ins Gebirge und aus der Stadt herauszukommen? Wie mag es Hilde gehen? Mit meinen Wünschen bin ich fast unbescheiden; denkst Du noch an das schöne Bild Deiner Mutter? Für meinen Vortrag in München konnte ich Harder eine Eintrittskarte verschaffen. Er schrieb dann einen sehr beglückten Brief, der die ganze Helle und das echte Wissen dieses Kopfes verriet. Schadewaldt sitzt nun in Tübingen, und alles läuft auf hohen Touren. Den Heidelberger Vortrag habe ich abgesagt. Sonst ist alles unverändert kläglich hier. Aber es gibt Wichtigeres. Ein Gespräch über die Sprache auf dem Wiesenweg mit Dir wäre schön, doch es ist alles trotz der verwirrten Welt so gut, daß Es gut geworden ist.

Aus der Dankbarkeit für das Geschenk, das uns geworden, grüß ich Dich, Hannah.

Martin.

Elfride grüßt Dich herzlich. – Schick Deinen nächsten Brief nach *Todtnauberg, badischer Schwarzwald.*

66 Martin Heidegger an Hannah Arendt

Todtnauberg, 27. Juli 50.

Hannah,

Du mußt verzeihen, daß ich mit dem Schreiben so säumig bin. Aber es gäbe viele Bogen, wenn alles zu Dir Hin-Gedachte geschrieben wäre. Ungeschriebenes ist geheimnisvoll und trägt viel reifende Kraft bei sich.

So froh bin ich, Dich draußen zu wissen am Meer und zwischen Bäumen – und daß Du nach Herzenslust schwimmen kannst – *aus*schwimmen wirst Du Dich nie. Und wenn das Meer Dich trägt und Du in die Weite des Himmels blickst, dann ist Spiegelspiel der Welt.

Dank für das Bild der Mutter; ich lese gern darin. Auf dem Meßkircher Bildchen siehst Du den Kirchturm neben dem Schloß; dort oben hauste ich viel bei den Dohlen und Mauerschwalben und träumte in das Land. Links ist das Schloß, in dem der Graf Werner von Zimmern die Zimmersche Chronik geschrieben. Dahinter der Linden-Garten und dann links zum Bildrand hinaus führt der Feldweg. Das Zittergras, das Elfride

Dir in den letzten Brief beilegte, ging vielleicht verloren. Die Verse von Blake sind schön und aufschlußreich. Jaspers schweigt seit Wochen. Meine Pensionierung ist jetzt da, und die äußere Misere behoben. Aber ich glaube, ich gehöre doch nicht mehr an die Universität. Wir haben viel Sorge und Unruhe mit unserer Schwiegertochter. Und im Ganzen ist es ja auch nicht erfreulich. Wohin ich mit meinen Arbeiten der letzten Jahre, die noch nicht abgeschrieben sind und nur in der Urschrift da, soll, wenn die Walze kommt, weiß ich nicht. Lebendig werden mich die Russen beziehungsweise die N.K.W.D. nicht kriegen.

Der Münchner Vortrag betraf nur »Das Ding«, den ersten der vier Teile (das Ding, das Gestell, die Gefahr, die Kehre). Ich bin jetzt bei einer, was man so nennt, endgültigen Reinschrift; aber mein Schlaf ist schlecht, und das Herz tut bisweilen nicht mit. Und jeden Tag mit einem fast immer belanglosen Besuch überlaufen. Keine Klagen, Liebe, nur Feststellungen. Ich freu mich so auf die Bilder und lege auf die technische Perfektion *gar* keinen Wert.

Alles Liebste Dir, Hannah, in unablässiger Freude über Dein Wiederkommen in diesem Februar. Hab keine Sorge, wenn hier die Eruption losbricht. Es wird schon alles so zum Ende gehen, wie es muß. – Du –

       Martin.

Elfride läßt Dich herzlich grüßen.

Am Tag, da Hilde starb, sprach ich in München und dachte lieb an *Euch*.

67   Martin Heidegger an Hannah Arendt
mit beigelegtem Gedicht

14. September 1950.

Hannah,

Liebe, von den Bildern, dafür ich in den Verszeilen danke, habe ich keines »weggeworfen«. Sie haben uns sehr gefallen. Sie ergänzen sich schön. Wie Du im wehenden Mantel stehst im Meerwind, das spricht mir eine so reiche Sprache von der Geburt der Aphrodite. Ich kann plötzlich vor dem Bild bisher Verborgenes denken. Schade ist nur, daß Du offenbar in die Sonne blicken mußt und so sind die Augen nicht so offen strahlend wie die Gestalt und doch ist diese *ein* einziger Blick. (»Täglich geh ich hinaus«).

Aber das Fehlende bringt das Bild im Liegestuhl. Warum ich das besonders liebe? Weil Du hier da bist wie in meiner Stube in Freiburg. Die Tage sind darin aufbewahrt – mit aller lieben und liebsten Schelmerei.

Und in der Hängematte hast Du noch, wie es mir scheinen möchte, die ganze Müdigkeit von der großen Stadt um Dich, aber so, daß sie bereits verspricht, den Wellen und dem Wind und der Freiheit zu weichen.

Seltsam schön ist das Format der Bilder, das Dich so gemäß aufnimmt – besonders auf dem, wo Du stehst.

Ich bin froh, Gras und Bäume und Wind und Licht um Dich zu sehen, statt der Gehäuse und der Gestänge der Stadt, die das Gestell überall anbringt.

Aber Du magst es wohl eher verwinden und sogar als Element beherrschen.

Die Bilder *sind* ein lieber Gruß, so wie Du es sagst.

Martin.

[Beigelegt war ein Zettel mit Vers und Widmung:]

Dir

WELLEN

Eingestillt in das Geläut der Glocken,
die das Meer zu seinen Wellen prägt,
streift die Hand durch das Gedicht der Locken,
deren Duft in hohe Hellen trägt.

Zu den Bildern. H / M.

68 Martin Heidegger an Hannah Arendt

15. September 1950.

Hannah

Aus der Unruhe heraus wollte ich in dieser Woche keinen verzwungenen Brief schreiben. Inzwischen ist schon der Deine da vom 5. IX. Ich möchte auch kein Klagelied anstimmen; die Sorge mit unserer Schwiegertochter hat sich noch gesteigert, und wir alle sind dadurch ziemlich mitgenommen. Elfride besonders; für sie gewinnt das mütterliche Mitleid immer wieder die Oberhand; da kein rechter Arzt klar entscheidet, sind wir in großem Zwiespalt. So sind die Wochen für mich unergiebig, und die Störungen durch Besuche trotz aller Maßnahmen groß.

Meine Sache ist in einer sehr seltsamen Form entschieden; die Hochschulnachricht gibt kein rechtes Bild. Ich bin mit 80% pensioniert; d.h. ich gehöre nicht mehr zur Universität. Diesem pensionierten Individuum hat man gleichzeitig einen Lehrauftrag erteilt wie einem Dramaturgen des Theaters, der über Theaterwesen »lesen« soll. Das ist eine unwürdige Sache, obzwar ich keine Sucht habe, wieder eine besondere Stellung einzunehmen oder gar, was die Weltpresse als Faktum falsch meldet und entsprechend kommentiert, meinen »Lehrstuhl zurückzuerhalten«.

Im äußersten Fall werde ich Übungen halten; aber die fast unlösbare Schwierigkeit ist die Auswahl. Eine Übung mit mehr als 20 Leuten ist sinnlos. Aber vermutlich würden sich 200 melden. Ebenso unmöglich ist, nach einigen Stichproben, nur diejenigen Älteren aufzunehmen, die jetzt bei den jetzigen Ordinarien als die Besten empfohlen werden.

Ich habe das Gefühl, daß ich in das Universitätsmilieu nicht mehr passe, andererseits weiß ich wohl, daß das gesprochene und streng lenkende Wort durch nichts zu ersetzen ist. Ich weiß keinen Weg. Einladungen zu Vorträgen erhalte ich fast täglich, und ich könnte das nächste halbe Jahr mit Vortragsreisen vertun, wenn ich zu diesem Sensationsbetrieb Lust hätte. So bin ich ratlos und sehr skeptisch gegen alles unmittelbare Wirkenwollen. Die »Weltgeschichte« ist in ihrer Raserei schon zu weit vorgeprescht.

Du hast ganz recht: Die Sache wird auf dem Weg der Bürgerkriege besorgt. Das ist für Deutschland das Ende und für Europa überhaupt. Ich glaube nicht daran, daß Amerika die Sache schafft. Im ganzen ist es wohl überhaupt kindisch, angesichts der losgelassenen Gewalten mit historischen Vorstellungen sich zurechtfinden zu wollen. Bisweilen kommt mir der Gedanke, auch dies gehöre dem vergangenen Meinen an, wenn man noch darauf sinnt, seine Sachen in »Sicherheit« bringen zu wollen. Aber Du weißt, daß ich trotzdem, unabhängig von der Dauer meines persönlichen Lebens, viel Zeit habe.

Daß Jaspers Dir regelmäßig schreibt ist mir Freude und Beruhigung. Auf meine zwei Briefe vom April hat er nicht mehr geantwortet. Im *Monat* soll eine wenig erfreuliche Besprechung der *Holzwege* erschienen sein, hinter der man allgemein Jaspers vermutet. Aber ich lese keine Rezensionen; darum ist mir die Sache gleichgültig. In den *Basler Nachrichten vom 1. August 1950* steht, ich hätte meinen jüdischen Amtsvorgänger rücksichtslos aus seinem Amt vertrieben und mich an seine Stelle gesetzt. – Die Welt ändert sich im Grunde nicht; sie will überall das Gleiche und vergißt darüber das Selbe.

Ich danke Dir für Deinen lieben nahen Brief. Ich bin froh, daß Dein Leben in ruhiger Bahn geht. Elfride läßt Dich sehr herzlich grüßen aus einer Zuneigung, die Du gespürt haben mußt.

Alle Liebe denke ich zu Dir hin.

69 Martin Heidegger an Hannah Arendt

Freiburg, 6. Oktober 1950

Hannah,

Der Gruß zu Deinem Geburtstag ist schon einige Zeit unterwegs. Es ist eine Silberdistel von der Wiese um die Hütte.

Du sollst sie, wenn der Raum es zuläßt, an einem seidenen Faden an die Decke über Dein Ruhebett hängen. Sie spiegelt Dir von dort die Sonne wieder. Beim leisesten Hauch kommt sie ins Schweben und Drehen. Zuweilen bei trübem Wetter verschließt sie sich. Alles Gedenken und Grüßen ist in ihr. Wir hoffen nur, daß sie unversehrt im rechten Augenblick zu Dir gelangt.

Ich danke Dir für Deine Geburtstagsgrüße und daß Du an Stifter dachtest. Wir mußten den Hüttenaufenthalt vorzeitig abbrechen. Das Wetter war unfreundlich, naßkalt und stürmisch.

Ich gehe immer noch auf Holzwegen. Kennst Du den 4. (letzten) Satz vom ersten Brandenburgischen Konzert?

Wir beide grüßen Dich zu Deinem Geburtstag herzlich mit allen lieben Wünschen.

Martin

70 Martin Heidegger an Hannah Arendt

Meßkirch, 2. Nov. 50.
Hannah

Am Tag, bevor ich vor einigen Tagen hierher fuhr, kam über die Schweiz Dein schönes Geschenk, ganz unversehrt. Den Klang des herrlichen Quartetts habe ich noch mitgenommen. Ich danke Dir herzlich dafür, und auch Elfride läßt Dir herzlich danken. Es ist schön, wie Du dann immer besonders nahe bist, wenn diese großgedachten Klänge durch meine Stube ihre Wellen schwingen lassen.

Ich bin in Sorge, ob die Silberdistel ebenso unversehrt angekommen ist – es war schon schwer, in diesem September, der naß und stürmisch und kalt war, eine schöne und Dir gemäße Distel zu finden. Sie soll alles in sich bergen und Dich täglich grüßen als ein Gewachsenes in der Nähe meines Denkens.

An meinem Geburtstag mußten wir den Hüttenaufenthalt abbrechen; ich habe mir eine so hartnäckige Erkältung zugezogen, daß ich jetzt noch damit zu tun habe und so die Frische der Arbeit entbehre.

Der »Einblick« ist noch einmal in ein großes Rutschen gekommen, daß ich mit *der* Reinschrift, die einigermaßen stehen bleiben kann, immer noch zögere. Außerdem habe ich zur *Sprache* einiges zu sagen versucht bei Gelegenheit einer Gedenkfeier für Max Kommerell auf der Bühlerhöhe.

Hier in Meßkirch habe ich noch Vorarbeiten zur »Sprache« liegen aus den Jahren 1938/39. Alles gehört in einen einfachen Zusammenhang, dessen Grundzüge eine entsprechend unmittelbare Darstellung verlangen. Aber hier läßt sich nichts erzwingen; ich warte, weiterpflügend, bis sie glückt.

Oft denke ich, wie schön und fruchtbar es wäre, ein günstiges Gespräch mit Dir von all dem als Geschenk zu haben. Das Geschriebene wird sogleich steif und halbseitig, auch wenn Du es aus Deinem Vor-Denken zu ergänzen vermagst.

Übermorgen fahre ich nach Freiburg zurück, wo ich während des Semesters im kleinsten, mehr noch zufälligen Kreis und zuhaus eine Übung versuche. Aber ich habe das Gefühl, daß ich den Anschluß nicht mehr finde und daß die Zeitläufte zu unruhvoll sind, um jetzt von anderen eine Anstrengung des Denkens zu verlangen, die nicht mit Rezepten aufwartet und Befriedigung verschafft. Man will heute jedoch nur dies und kann vielleicht nichts anderes mehr wollen. Mir graut vor jeder Berührung mit dem »Akademischen« und der »Universität«. Man meint, das sei ein versteckter Groll und eine unüberwindliche Verärgerung. Ich muß die Leute bei dieser Meinung lassen. –

Du schreibst wenig von Dir. So behalte ich das sommerliche Bild bei mir und wünsche im stillen für Dich, daß Du auf Deinem Weg bleibst. Was weltgeschichtlich abrollt, ist die Machenschaft aus einem Geheimnis, von dem uns unsere kurztragenden Vorstellungen fernhalten. Aber zugleich sind Wellen und Nähen und ein Unerschöpfliches an Andenken, wofür *unser Jahrfünft* nur ein Wink bleibt.

Ich grüße Dich, Hannah –

Martin.

71 Martin Heidegger an Hannah Arendt

Freiburg i. Br., 18. Dez. 50

Hannah,

ich danke Dir für Dein Erzählen. Inzwischen wirst Du wieder daheim sein. Ich kann mir jetzt Dein Arbeiten und die Umgebung doch etwas deutlicher denken, wenngleich gerade in den wenigen Wochen seit Deinem Brief manches im Atmosphärischen sich geändert haben mag. Der Einzelne sieht nicht in den Kern des Weltwirbels, je mehr er darin umgedreht wird, desto weniger. Man hält sich, was das Nächste angeht, in Ansichten auf. Wie Europa und Deutschland im nächsten Spätsommer aussehen, weiß niemand. Jetzt vor einem Jahr warst Du schon in der Nähe, ohne daß ich davon wußte. Und jetzt ist es, als seist Du gestern hier gewesen. Am Fenster steht jetzt ein Plattenspieler; so können Deine Platten erst zum vollen schönen Klingen kommen. »Das Gestell« ist schon eine rätselhafte Sache; je weniger wir das Geheimnis zu umgehen versuchen, um so eher wird es glücken, einmal seinem Wesen zu entsprechen. Vorerst sieht es so aus, als müßte erst seine zerstörerische Seite zu einem vollendeten Austrag kommen. Mit der »Sprache« mußt Du noch Geduld haben. Ein Vortrag bringt zwar meist den Vorteil, daß er zur Sache hinführt, aber er muß auch darauf verzichten, die Sache aus ihrer Mitte sprechen zu lassen.

Inzwischen bin ich auf vielfachen Wegen bei den Griechen wie Du, aber in anderen Bezirken, falls man hier überhaupt trennen kann. Ich bin bei Heraklit, Fragment 16; es muß *noch* einfacher und zugleich weittragender sprechen. Die Rückgewinnung der anfänglicher erfahrenen Ἀ-Λήθεια [A-Letheia] scheint mir der Keim und das Samenkorn zu sein, die aufgehen müssen, um ein neues Wohnen des Menschen zu bereiten. Mit den Jahren lerne ich Goethe verstehen, den Du in der ersten Stunde unseres Wiedersehens zitiertest. Sein Kampf gegen Newton für die Phänomene ist auf dieser geschichtlich gegebenen Basis der Scheidung des »Ästhetischen« und »Noetischen« dennoch in der Richtung angelegt, die Erde für die Welt gegen die bloße Rechnung zu retten.

Im unausgesprochenen Hinblick auf dieses Anliegen behandle ich in meinen »Übungen im Lesen« die Kausalität (Aristoteles Phys. B 3). Wenn man gegeneinander hält, was Aristoteles und die Griechen zu αἰτία [aitia, Ursache] sagen, und was heutige Physiker darüber äußern (da gilt als »scharfe Formulierung« des Kausalgesetzes: »wenn wir die Gegenwart kennen, können wir die Zukunft berechnen«), wird es einem schwarz vor den Augen und doch zugleich hell im Herzen.

In den Übungen sage ich von meinen Sachen nichts; ich lerne mit den Studenten, ich habe Anfänger genommen, nur das Gehen und dies, daß sie lernen zu sehen, wie das Denken beim Unscheinbarsten schon am wesenhaftesten ist, so daß es sich vorerst erübrigt, über große Probleme anmaßend zu reden. Ich freue mich, daß ich heute dieses bloße Hinführen noch einfacher und mit mehr Übersicht kann als vor dreißig Jahren. Eine andere Frage ist freilich, ob die Studenten, die über Gott und die Welt, Kierkegaard und Pascal und Hegel vorgetragen bekommen und alles sogleich auf das Weltanschauliche abrechnen, den rechten Geschmack an solchen Gehübungen finden. Zuweilen sehe ich an den Augen, daß einer und der Andere an diesem Einleuchten einer einfachen Sache sich freuen kann. Wenn wir bis zu diesem Anfang des Denkens gelangen, bin ich zufrieden. – Das Kantbuch und die gesammelten Abhandlungen zu Hölderlin bekommst Du. Als Weihnachtsgruß lege ich Dir das kürzlich aufgenommene Bild bei. Über Weihnachten möchten wir mit den Söhnen auf die Hütte. Hier unten liegt auch schon Schnee. –

Du wirst in diesen unruhigen Tagen Dir schon die Ruhe bewahren und das Bleibende bedenken. So sind wir im Andenken zu einander. Ich grüße Dich.

Martin.

Elfride läßt danken und grüßen.
Grüße auch Deinen Mann und Tillich.

72 Martin Heidegger an Hannah Arendt

Freiburg, 6. Febr. 51.

Hannah,

dieser Gruß sollte zum 6. bei Dir sein. Im Nu flog dieses Jahr weg. Das gleiche Licht liegt jetzt wieder wie im Vorjahr über allem; das wachsende Jahr wird wieder heller, wenn auch das geschichtliche immer noch düsterer zu werden scheint. Ich bin froh, Dich wieder von der Reise zurückzuwissen. Die Hüttentage über Weihnachten, da wir seit vielen Jahren die Söhne wieder hatten, waren schön; draußen viel Schnee und ohne Wind; der Wald in Schnee und Raureif. Nur die Sonne fehlte, die sich bis jetzt überhaupt rar macht. Für Deinen feurigen Gruß aus Frankreich danke ich herzlich und Elfride ebenso für das schöne Tuch.

Anfang Januar waren wir nach München eingeladen zur Aufführung von Orffs *Antigone* – die ganze Hölderlinübersetzung in Musik. Seit langem habe ich Solches nicht erfahren. Wir waren zweimal in der Aufführung. An einem Tag dazwischen sprach Reinhardt über Hölderlins Übersetzung der *Antigone* des Sophokles – ein großartiger Vortrag; meiner Meinung nach hat Reinhardt zum ersten Mal einen Schlüssel gegeben, um das Dunkel der Hölderlinschen »Anmerkungen« zu seiner Übersetzung aufzuschließen.

Orff ist etwas geglückt, was in die ursprüngliche Einheit von Gebärde, Tanz und Wort zurückreicht und von dort elementar wächst. Orff ist durch Hölderlin hindurch auf einem eigenen Weg zum Griechischen gelangt. Augenblickweise *waren* die Götter da. Ich wünschte mir, Du hättest dies erfahren können.

Hier wächst etwas, das von allem Bisherigen ursprünglich weggeht und dennoch Überliefertes schöpferisch aneignet.

Hinterher habe ich eine Abhandlung über den Λόγος [Logos] des Heraklit in einem Zug geschrieben. Sie wird das Gegenstück zu meinem Sprachvortrag, der auch neu geschrieben ist; beides muß sich nun wechselweise in die Höhe tragen, damit ich eines Tages zufrieden bin. –

Meine Buben in den Übungen scheinen nun auch, einige wenigstens, aufzuwachen. Bisweilen denke ich, das jetzt Versuchte sollte ich mit denen zusammen durchsprechen, die vor bald 30 Jahren mir halfen, zu lernen. Die oft durchdachten Sachen werden immer geheimnisvoller. So kommt es noch dahin, daß wir im Sagen eines Tages das ganz Unverständliche wagen müssen, ohne uns um die immer handgreiflicher um sich greifende Verständlichkeit zu kümmern. –

Nach unserer Rückkehr von München tauchte unsere Schwiegertochter, von ihren Tübinger Verwandten weggelaufen, plötzlich hier auf und suchte bei allen möglichen Leuten nach einer Stelle. Sie ist noch da. Aber wir hoffen, daß sie nun zu ihrer Schwester fährt.

Die amtsärztliche Untersuchung ist durchgeführt; aber bisher traf kein Bescheid ein. Für uns alle ist das eine große Sorge, mit jedem Entschluß und Rat tappt man im Unsicheren und das Ganze reißt gehörig an den Nerven. –

Einen erfreulichen Briefwechsel hatte ich mit dem Züricher Literaturhistoriker Staiger über einen Vers des Mörike-Gedichts »Auf eine Lampe«. Er ist nun abgeschlossen worden in den Weihnachtsferien und soll veröffentlicht werden. Du bekommst einen Sonderdruck. Staiger ist übrigens jetzt für ein Semester in USA. Ich freue mich, daß Du lebendiges Fragen und Dichten um Dich versammelst und weckst. Schreib bald wieder, auch wenn ich etwas lahme. Grüß Deinen Mann und Tillich herzlich. Dir selber sag ich nur, was Du schon weißt.

Elfride läßt Dich herzlich grüßen   Martin.

     Der Baum grüßt.

73 Martin Heidegger an Hannah Arendt

Freiburg, 1. April 51

Hannah —

Ich danke Dir für Deinen lieben Brief und die schöne Stelle aus M. Claudius, die alle Kunst der Hermeneutik in Anspruch nimmt ob ihrer einfachen dichterischen Schönheit. — Orffs Musik ist auch keine Musik in unserem Sinn, auch nicht modern im Sinn der heutigen Moderne.

Wie Du richtig vermutest, Sprachgesang und ganz aus dem Rhythmischen gewachsen. Reinhardt soll seinen Vortrag in einem Münchner Jahrbuch veröffentlichen; aber ob er dazu zu bringen ist, weiß ich nicht.

Ich habe ihn vor allem auch gedrängt, seine Heraklitstudien zu veröffentlichen; er scheint auch solche Pläne zu haben, da er sich jetzt emeritieren ließ. Übrigens soll Hermann Fränkel, der an der Stanford-Universität liest, dort ein großes Werk in deutscher Sprache über frühgriechisches Denken und Dichten veröffentlichen. Das wird sicher eine ausgezeichnete Sache.

Du nennst Plato. Er steht bei mir in Griffnähe; aber erst muß ich noch mit einigen Fragen ins reine kommen, bis ich mir die Freude erlaube, ihn noch einmal ganz neu zu lesen. Bei meinen Leseübungen mit den Studenten, die schon am 17. IV. beginnen, werde ich mit Aristoteles fortfahren und dann einen Sprung zu Leibniz versuchen.

In der Woche vor Ostern war Beaufret bei uns zu Gast. Die Präzision seiner Fragen, sie kommen jetzt schon aus einer freien Beherrschung meiner Versuche, ist erfrischend. Zuletzt lasen wir zusammen Valéry, »La jeune Parque« und »Ébauche d'un serpent«.

Von Rilke ist jetzt aus dem Nachlaß ein Bändchen erschienen »Aus Taschen-Büchern und Merk-Blättern 1925«. Daraus wird deutlich, daß das Jahr 1924 für ihn noch einmal ein Anfang war, der sehr schöne Gedichte brachte. Ich lege Dir zwei in der Abschrift bei.

Neulich war ich im Tal bei der Birke, die Dich grüßt, [so auch] die ersten Schlüsselblumen, gegenüber dem Hang, wo wir gingen. Das Frühjahr ist sehr zögernd. Im Hochschwarzwald liegen noch zwei Meter Schnee.

Hoffentlich bist Du wieder ganz hergestellt und von zu viel Kram verschont.

Entstehen bei H. Broch neue Dinge, oder darf man darüber nichts erfahren?

Unsere Schwiegertochter ist nach dem amtsärztlichen Gutachten für geistesgestört erklärt. Alles geht schleppend und für alle Teile traurig. Elfride wollte Dir schon längst danken für das Tuch. Da unsere frühere Hilfe fort ist, läßt der Haushalt noch nicht so viel Freiheit, wie es nötig wäre. Heraklits Λόγος [Logos] und meine »Sprache« kommen langsam in die nötige Entsprechung, und beides gibt mir einen besseren Boden für die Frage nach dem Verhältnis von Denken und Dichten.

Alles Liebe über die weiten Wellen hin.

Martin

Elfride läßt herzlich grüßen.

2. IV. 51.

H –

Ich hatte den Brief noch nicht geschlossen, da kamen Deine Zeilen mit der Ankündigung Deines Buches, in das ich trotz der »Gegenständlichkeit« und meines unzureichenden »Englisch« hineinsehen werde.

Meiner Schriften wegen wollte ich schon im vorigen Brief anfragen, weil ich mich wunderte, daß Du nichts erwähntest. Dann und auch jetzt dachte ich: es sind ja Sachen, die Du kennst.

Beide gingen in einem Abstand von ungefähr 10 Tagen vor Weihnachten hier weg, jedesmal als sie vom Verlag kamen; der »Hölderlin« zuerst – mit gewöhnlicher Post. Schreib bitte gleich, welchen Weg Du für den sichersten hältst. Übrigens *steht fest*, daß meine Aus- und Inlandspost heute noch zensiert wird. Neulich sagte mir Beaufret noch, es sei besser, wenn ich ihm Bücher *nicht* schicke, sondern sie Freunden, die hierher kämen, mitgäbe.

Dir und Deinem Mann herzliche Grüße.

M.

74 *Martin Heidegger an Hannah Arendt*

Freiburg, 14. Juli 51

Hannah

Hab Dank für Deine beiden Briefe, deren jeder seine Freude brachte. Verstummt bin ich nicht. Erst recht hat es keine Gründe, daß ich das Schreiben unterließ, nein nur: ließ. Durch die *eine* Aristoteles-Übung (Physik B 1), bei der mir manches für die jungen Menschen glückte, kam doch eine erhebliche Verschiebung und Zerstreuung in den Gang meines Denkens. Und seit Wochen bohre ich an meinem Vortrag für das Darmstädter Gespräch (Der Mensch und der Raum) am 5. August. Ich wählte zum Thema: »*Bauen – Wohnen – Denken*«. Da ich alles einfach und nicht zu lang halten möchte, ist die Arbeit um so größer. Wenn es nur der Vortrag wäre, aber bei solchen Gelegenheiten kommt immer der ganze Denkweg ins Rutschen. Vieles fällt ab; die Sachen sind ganz schlicht und dennoch gar nicht sichtbar für die gewöhnliche »natürliche Einstellung«. Da stehst Du nun, gibst das Wort weg und kannst ihm nie mehr helfen auf seinen abenteuerlichen Wegen. Dann denke ich oft an unser Gespräch über die Sprache auf dem Weg zur Birke (das Tal liegt still zwischen den Bergen und grüßt und grüßt –). Auch wenn ich jetzt nur ganz am Rande die Lehrtätigkeit streife, habe ich oft das Gefühl, daß sie mir, so gewichtig sie für sich sein mag, das Eigentliche im Wachstum seines Stils erheblich stört. Da wäre ein weitblickendes Gespräch gut, auch wenn Du – der Gliederschmerzen wegen und den Kopf in den Arm gestützt – neben meinem Schreibtisch liegen müßtest. Dann habe ich noch einmal den Λόγος [Logos] Heraklits durchdacht für meinen Bremer Vortrag. Der Text ist abgeschrieben und das Griechische eingetragen. Du bekommst ihn mit gewöhnlicher Post.

Obwohl ich Hermann Broch nicht kannte, wußte ich von Vietta, der einen schönen Nachruf schrieb, genug, um diesen Tod nicht leicht zu nehmen. Solche Zu-Fälle geben erst in den folgenden anscheinend wieder beruhigten Monaten viel innere Mühe. Aber es ist gut, daß Ihr wenigstens im Äußeren alles überstanden habt. – Gewiß sind im Nachlaß noch wertvolle Sachen, die der Autor meist unterschätzt. Aber wenn der große Wind des Lebenden nicht mehr hindurchweht, ist doch alles verändert.

Wir danken Dir für Dein Buch, das ich bei meinen mangelhaften englischen Sprachkenntnissen nicht lesen kann. Elfride wird sich dafür sehr interessieren; aber vorerst ist die Zeit und das Haus zu unruhig. Die Scheidung ist jetzt ausgesprochen (wegen geistiger Störung, deren Verlauf man nicht unmittelbar übersieht, aber vermuten kann).

Alles bleibt doch sehr schmerzlich, denn die Sache läßt sich *nach* der gerichtlichen Entscheidung nicht einfach wegstoßen. –

Es wäre schön, wenn Du zum Kantbuch »lästige« Fragen stelltest. Fragen werden so rar und die Glaubenssätze immer häufiger.

Hast Du für diesen Sommer nicht mehr die schöne Möglichkeit eines Aufenthalts am Meer? Im vorigen Jahr bist Du doch sehr erfrischt in die große Stadt zurückgekehrt. –

Bis zum Vortrag in Darmstadt gehen wir auf die Hütte. Um den 8. VIII. herum fahre ich für zwei Wochen in die Gegend von Salzburg, falls ich das Visum erhalte. Der August im vorigen Jahr auf der Hütte war durch Besuche sehr gestört. In diesen

Wochen ist es mit der Einsamkeit oben gänzlich aus. Jeder Neugierige kommt angefahren. –

>   Elfride läßt Dich sehr herzlich grüßen.
>   Grüße Deinen Mann.
>   Ja – und »Das Heimgewicht des Balles« –
>   Dir alles Liebe
>
>   Martin

Schreib bald wieder trotz meiner scheinbaren Stummheit. Die Λόγος-Abschrift geht mit einer kleinen Überraschung gleichzeitig ab.

75 Martin Heidegger für Hannah Arendt

Dir

>   ZU EINER ZEICHNUNG
>   VON HENRI MATISSE*
>
>   Verrätseltes der edlen Weite –
>   Oh Du groß Gesicht –
>
>   Verhalten flicht
>   aus reinem Flug
>   in einen Zug
>   der Bahn gewiß
>   Dich jäh *ein* Riß.
>
>   Er sah
>   das Ferne nah.
>   Er freyte.

(freyen: schonen ins Wesen)

* Siehe Abbildungen 10 und 11.

76 Martin Heidegger an Hannah Arendt

Hütte, 2. Okt. 51.

Hannah,

Zum Geburtstag kommt dieser Gruß etwas zu früh; aber die Pause zwischen meinen Briefen soll nicht *noch* größer werden. Ich war sehr in der Arbeit vergraben und bin es noch. Aber zuvor für Dich der aufrichtige Wunsch, daß es schön und ruhig um Dich bleibe – und Du Deine Gaben ohne allzu große äußere Sorgen rein entfalten darfst.

Dem Vortrag, der zu Deinem Geburtstag kommt, habe ich in einer anderen jetzt dem Ende zugehenden Ausarbeitung noch mehr die Wendung ins Prinzipielle gegeben. Ich schicke ihn dann.

Dein Fragen zum Λόγος ist alles andere, nur nicht lästig. Aber ich muß darauf demnächst ausführlich und in Ruhe antworten, wenn ich demnächst wieder in der griechischen Gegend bin.

Zu meinem Geburtstag kam jetzt die ordnungsgemäße Emeritierung. Alles erwartet nun, daß ich wieder lese oder jedenfalls intensiver mich beteilige. Nun steh ich da. Im Augenblick kommt mir eine Vorlesung als das schwerste vor, was mir aufgetragen werden könnte. Die Sachen werden einfacher, dadurch schwieriger, man selber wird noch vorsichtiger und steigert die Ansprüche. Was soll da herauskommen?

Jedenfalls etwas Langsames; aber diese Gangart entspricht auch eher einem Emeritus, wenngleich ich gar kein Gefühl von Alter habe, wie Du weit über's Meer weg gespürt hast.

Aber die jetzige Luft an der Universität, eine pseudotheologische, macht mir wohl am meisten zu schaffen. Man kann die Sachen nicht klar ins Freie stellen. Daß heute noch einer allein eine Atmosphäre schaffen könnte, ist wohl ein Irrtum zu meinen. –

Meinen Darmstädter Vortrag bezeichnete Dolf Sternberger als »Philosophie der Urgemütlichkeit«. Findest Du das auch?

Wann und wo erscheinen die Sachen von Broch? Übrigens fängt Benn an, mich zu enttäuschen.

Der Vortrag »Bauen – Wohnen – Denken« wird vermutlich etwas später ankommen.

Dann habe ich noch eine Überraschung – kein Produkt von mir –, aber etwas, was uns beide betrifft und was Dir gewiß Freude macht.

Sonst ist mir jetzt sehr unbehaglich bei Gedanken, daß ich im nächsten Semester irgendwie auftreten soll. Aber die bisherige Art der Übung, besonders die mögliche Auswahl der Leute, war auch nicht das Rechte. Ich hoffe noch auf einen guten Herbst und freue mich, daß es Dir gut geht.

Alles Liebe.

Martin.

Elfride dankt für die Grüße und grüßt herzlich wieder. Grüße ebenso Deinen Mann.

77 *Martin Heidegger an Hannah Arendt*

Freiburg, 14. Dez. 51.

Hannah,

Nun wird es fast Weihnachten, bis ich Dir antworte. Ich freue mich, daß es ruhiger um Dich geworden ist und daß Du Lieblingsplänen nachgehen kannst. Hölderlin-Gedichte ins Englische übersetzen – ich könnte mir denken, daß dies in hohem Maße glücken könnte, zumal ich seit einiger Zeit wieder einmal Keats (engl. mit Übersetzung) gelesen habe. Weißt Du, daß jetzt der zweite Band der großen Stuttgarter Hölderlin-Ausgabe erschienen ist – in großem Format mit einem umfangreichen textkritischen Ergänzungsband? Mir ist allerdings fraglich, ob *dieser* Aufwand an Philologie wesentlich über Hellingrath hinausgelangt.

Neulich waren wir in Zürich; ich sprach vor der Studentenschaft beider Hochschulen. Thema: ». . . dichterisch wohnet der Mensch . . .« Die Sache ist noch nicht abgeschrieben. Aber das Ganze glückte; andern Tages hatte ich ein Seminar mit den Schülern von Staiger und Spoerri, dem Romanisten. Ich merkte dabei, daß ich es noch kann –; ein Protokoll soll privat gedruckt werden. Du bekommst es dann.

Jetzt ist mit gesonderter Post an Dich ein Separatum »Das Ding« und die endlich eingetroffene Überraschung unterwegs. Hoffentlich kommt alles gut über das weite Meer hinüber.

Inzwischen lese ich wieder einstündig Freitag 5–6 »Was heißt Denken?« Das Auditorium maximum wird schon um 1 Uhr belegt, und um 4 Uhr kommt niemand mehr hinein – ich selber kaum; die Vorlesung wird noch in zwei andere Hörsäle übertragen; im ganzen werden es 1200 Hörer sein, die aushalten. Unter diesen Vielen trifft es wohl einen oder den anderen Unbekannten. Ich spreche einfacher, unmittelbarer – aber dies macht mir weit mehr Mühe der Vorbereitung, wobei ich Gelegenheit habe, die Kunst des *Weglassens* zu üben. Viele Hörer werden sich durch das Einfache täuschen lassen; *denn ich komme jetzt erst in die rechte Nähe der eigentlich denk-würdigen Sachen.*

In den Übungen (Aristoteles Phys. Γ. über die κίνησις [kinesis]) sehe ich, daß die Leute in den letzten fünf Jahren nicht viel gelernt haben. Was »sehen« heißt, wissen sie gar nicht; sie argumentieren, sie stecken so in den Wissenschaften, daß ihnen die freie Luft des Denkens unvertraut ist. Genau besehen – halte ich meinen alten »Kindergarten« und – lerne immer noch *dazu*. Im Sommer werde ich das Kolleg fortsetzen.

Elfride geht es gut. Wir hatten herrliche Herbstwochen auf der Hütte. Hier im Haus ist viel Arbeit, da Hermann, der auf der hierher verlegten Lehrerakademie ist, hier wohnt und außerdem ein Neffe, der Forstwissenschaft studiert. Jörg studiert an der T. H. in Karlsruhe; die Scheidung ist ausgesprochen; die arme Frau ist krank, und alles bleibt schmerzlich. Jörg arbeitet an seiner großen Konstruktion und kommt langsam wieder in seinen Bereich hinein; er möchte im nächsten Jahr das Studium abschließen. Aber wir drängen nicht.

Über Weihnachten sind wir auf der Hütte. Vor Neujahr räumen wir aber der Jugend das Feld.

Sonst sieht die Welt nicht erfreulich aus; und man scheint überall nichts zu lernen. Wie soll man auch, da wir vermutlich erst das Lernen lernen müssen.

Ich lege Dir zwei Zettel bei zum Einkleben in die beiden Drucksachen.

Ich grüß Dich über die Wellen des Meeres hinweg.

Martin

Elfride läßt herzlich Deine Grüße erwidern.

78 Martin Heidegger an Hannah Arendt

Freiburg, 17. Febr. 52

Hannah

Meine Antwort hat sich verzögert aus verschiedenen Gründen. Bei uns war die Grippe; ich mußte die Vorlesung ausfallen lassen. Jetzt geht es wieder – von einigen Beschwerden abgesehen, die bei diesem schneereichen und sonnenlosen Winter nicht verwunderlich sind.

Dann lagen unsere Pläne und Zeiten noch nicht fest. Wir sind von ungefähr 20. März bis 6. April zu einer Italienfahrt eingeladen. Ende April, um den 24., ist Hochzeit in der Verwandtschaft und anderes, so daß ich bis Anfang Mai nicht da bin.

Du hast wohl eine halbe Weltreise vor, wirst dies freilich

nach den Proben leichter erledigen als unsereiner eine Italienreise, die nur bis zur Toskana führen soll.

In diesem Winter bin ich mit meinem Kolleg »geschwommen«, möchte aber für den Sommer vorbereiteter sein. Die Hörer in drei Hörsälen haben ausgehalten –; aber die Sache bleibt schwierig, weil die Voraussetzungen, die die Hörer mitbringen, fast unbekannt sind.

Was ich davon in den Übungen erfahre, deutet auf viel Eifer und Bereitwilligkeit – aber ich habe keinen von mir selbst erzogenen Nachwuchs, so daß beinahe alles zu schwierig bleibt. Durch die englische Physikausgabe in der Aristoteles-Edition von Ross ist wenigstens ein guter Text da; und eine Reihe von Leuten haben sich diesen trotz der hohen Kosten beschafft. Aber ich müßte wohl, um wieder etwas in Gang zu bringen, vierstündig lesen und zwei Übungen halten. Das geht heute kräftemäßig nicht mehr, vollends wenn die anderen Sachen nicht liegen bleiben sollen.

Eine zweite Auflage der *Holzwege* ist jetzt heraus, leider auf schlechterem Papier. Die Arbeit an den Vorträgen der letzten Zeit und dem, was dazu gehört, mußte ich fast ganz liegen lassen.

Inzwischen »mehren sich« die kritischen Stimmen. Wenn es wenigstens »Kritik« wäre; aber es ist immer das Gleiche, was ich nun schon seit 1927 genügend kenne.

Löwith hat sich mit seinem Artikel in der *Neuen Rundschau* einen schlechten Start geleistet. Er hat offenbar nichts gelernt. 1928 war *Sein und Zeit* für ihn »verkappte Theologie«; 1946 reiner Atheismus und heute?

Ich frage mich, was dies alles soll. Martin Buber ist in der Haltung anders – aber von der Philosophie hat er offenbar keine Ahnung; er braucht sie für sich wohl auch nicht.

Jetzt ist der II. Band der großen Stuttgarter Hölderlinausgabe erschienen – fast überphilologisch; – und es bedarf eines besonderen Studiums, um die »Fortschritte« gegenüber Hellingrath, die gewiß da sind, herauszufinden. –

Sonst sieht es in Europa wenig schön aus. Man muß auf Überraschungen gefaßt sein, da heute alles jäh und unvermutet hereinbricht. Es scheint, als ob die Horizonte der Europäer immer mehr einschrumpfen wollten.

Nietzsche sagt von den »letzten Menschen«, die am längsten leben, daß sie »blinzeln«. –

Hast Du schon ein festes Reiseprogramm?

Dir und Deinem Mann herzliche Grüße von uns
Martin.

79 Martin Heidegger an Hannah Arendt

Freiburg, 21. April 52

Liebe Hannah –

Nun weiß ich doch, wo Du bist. Italien war für uns herrlich; mit dem Wagen sieht man anders – Florenz war am schönsten; wir wohnten draußen in Fiesole. Es paßt uns sehr gut, wenn Du vom 19. V. ab kommst; vielleicht kannst Du ein Kolleg hören; ich lese Freitag 17–18 Uhr; in diesem Semester habe ich keine Übung, weil ich anderes vorhabe. Ich danke Dir für die »Druckfehler« – die zweite Auflage ist im Manuldruck und auf schlechtem Papier erschienen. Vielleicht lernst Du in Paris Jean Beaufret kennen, der neulich einige Tage hier war.

Es liegt mir sehr daran, von Basel zu hören.

Jetzt ist gewiß die schönste Zeit in Paris, das ich immer noch nicht kenne.

Die Beilage für den persönlichen Gebrauch.

Wir grüßen herzlich
Martin.

80 Martin Heidegger an Hannah Arendt

Meßkirch, 5. VI. 52

Hannah,

ich bin leider nur bis übermorgen hier und muß wieder nach Freiburg zurück. Meine Erkältung hat sich verschlimmert. Auch sonst fühle ich mich müd.

Es ist gut, wenn Du jetzt *nicht schreibst* und auch *nicht vorbei* kommst. Es ist alles *schmerzlich und schwierig*. Aber wir müssen es tragen.

Etwas über den Λόγος [Logos] kommt demnächst.

Martin

81 Martin Heidegger an Hannah Arendt

Freiburg, 15. Dez. 52

Hannah,

nun kommt als Weihnachtsgruß, was Dich zum Geburtstag grüßen sollte. In der Eile vor der Abreise zu einem längeren Arbeitsaufenthalt in Meßkirch schickte ich Dir versehentlich ein Heft, das mir zugeschickt war; die Unterstreichungen darin stammen auch nicht von mir. Drum möchte ich Dich bitten, mir gelegentlich das Heft als Drucksache zurückzusenden.

Inzwischen ist die Abschrift meiner Vorlesung des SS 1935 »Einführung in die Metaphysik« druckfertig gemacht. Die gesonderte Veröffentlichung bei Niemeyer soll im Frühjahr gleichzeitig mit der neugedruckten, aber unveränderten Auflage von *Sein und Zeit* erscheinen, als eine Art Einleitung, die zugleich etwas vom Weg zwischen *Sein und Zeit* und den *Holz-*

wegen sichtbar macht. Jetzt bin ich dabei, die Sommervorlesung »Was heißt Denken?«, von der Du einige Stunden hörtest, für den Druck vorzubereiten. Die schwierige Parmenidesauslegung, mit der die Vorlesung endet, habe ich nur zum Teil vorgetragen, im Gedruckten soll sie erscheinen. Ich denke, daß ich den Sachen wieder etwas näher gekommen bin. In Wahrheit ist alles unerschöpflich. Dennoch bleibt es heute schwer, diesen einfachen Reichtum dem herrschenden Vorstellen gegenwärtig zu halten.

Anfang Oktober hielt ich auf Bühlerhöhe zu Prof. Stroomanns 65. Geburtstag auf dessen besonderen Wunsch einen Vortrag über Georg Trakl. Herr von Ficker, der Herausgeber des *Brenner* und Freund und Beschützer Trakls, war auch da. Es war eine schöne Begegnung. Ich wurde in das Jahr 1912 versetzt, wo ich als Student in der Freiburger Akademischen Lesehalle den *Brenner* las und dabei zum ersten Mal auf Gedichte Trakls stieß. Seitdem haben sie mich nicht mehr losgelassen. Der Vortrag (Eine Erörterung des Gedichtes) soll zum Frühjahr erscheinen.

August und September verbrachten Elfride und ich auf der Hütte. Freilich war das Wetter so wüst und mißgünstig wie noch nie um diese Jahreszeit. Doch wir haben es ausgehalten. –

Jaspers hat mir vor einiger Zeit geschrieben. Aber ich wurde aus dem Brief nicht klug. Es wäre wohl das beste, eine gute Gelegenheit zu einem Gespräch abzuwarten. Du übersiehst die Verhältnisse besser und wirst mir zustimmen, wenn ich mich *zurückhalte*. Daß Du im August, wie Du sagtest, mit Jaspers in den Bergen zusammen warst, ergab gewiß Schönes und Gutes.

Ich lese in diesem Winter nicht, weil ich die genannten Veröffentlichungen hinter mich bringen will. Was ich im Sommer mache, ist noch unbestimmt. Die Massen schrecken ab. Wenige und Geeignete zu Übungen sind schwer zu finden.

Inzwischen wird die Welt immer düsterer. Bei uns ist die Streitsucht über allem. Bei der verhängnisvollen Lage in der großen Zange sollte man das Gegenteil erwarten. »Europa« ist nur noch ein Name, den man kaum nachträglich mit einem Inhalt auffüllen kann. Das Wesen der Geschichte wird immer rätselhafter. Die Kluft zwischen der wesentlichsten Bemühung des Menschen und der unmittelbaren Wirkungslosigkeit wird immer unheimlicher. Dies Alles deutet darauf, daß unser gewohntes Vorstellen hinter Verhältnissen herhinkt, die es nicht mehr einholt.

So bliebe nur die Resignation. Doch ich sehe im Gegenteil trotz gesteigerter äußerer Bedrohung in allem eine Ankunft neuer, besser gesagt ältester Geheimnisse. Diese Ausblicke liegen meinen Vorträgen aus den letzten Jahren zugrunde, und ich hoffe, es gelingt mir noch, sie aus einer deutlicheren Einheit darzustellen.

Noch stehen unsere Wälder und Berge und sind ihres Wesens noch nicht müde. Sie grüßen Dich um diese Weihnachtszeit in eine Welt, die wir uns hier kaum vorstellen können. Was arbeitest Du jetzt?

Demnächst soll in der Stuttgarter Hölderlinausgabe der Band mit den Übersetzungen aus dem Griechischen erscheinen.

Ich grüße Dich in herzlichem Gedenken.

Martin.

Elfride läßt herzlich grüßen.
Grüße auch Deinen Mann und bei Gelegenheit Tillich.

82 Martin Heidegger an Hannah Arendt

Meßkirch, 6. Okt. 53

Hannah –

Dein liebes Gedenken war eine große Freude im Stunden- und Tages-Gang steten Erinnerns.

Ich bin in die Arbeit vergraben und immer noch bei den Griechen und immer wird es heller – so meine ich wenigstens.

Möge es Dir gut gehen.
Wie soll es anders – im Bleibenden –
    Martin.

Kennst Du die schöne *Divan*ausgabe in der Manesse-Bücherei Zürich mit dem Kommentar von Max Rychner?
Weißt Du noch, welche Verse Du beim ersten Wiedersehen in Freiburg aus dem *Divan* zitiertest?
    M.

83   Martin Heidegger an Hannah Arendt

Freiburg i.B., 21. Dez. 53

Hannah,

Mit den beiden Bildern, die in ihrer Weise echt und ausgezeichnet sind, hast Du mich sehr erfreut.

Später schicke ich Dir einiges, was in den nächsten Monaten erscheint, unter anderem auch den Münchner Vortrag über die Technik, von dem Du vielleicht gehört hast.

Am 9. Dez. war ich mit Elfride in Marburg, wo ich in der Aula (mit Übertragung zum Auditorium maximum ins Landgrafenhaus) über »Wissenschaft und Besinnung« sprach. Leider war Bultmann nicht da; er hält in diesem Winter Gastvorlesungen in Zürich. Am 11. Dez. sprach ich in Kassel in derselben Gesellschaft, bei der ich vor 28 Jahren Vorträge über Dilthey und die Geschichtlichkeit hielt. –

Zur Zeit bin ich wieder bei Heraklit; das Gespräch mit ihm und Parmenides läßt mich nicht los, um so weniger, je klarer mir wird, welcher Art (und d.h. wie begrenzt und auf welche Weise Anders und das Selbe fragend) diese Gespräche sind, die man so oder so mißversteht, wenn man sie als »Interpretationen« nimmt. Was ich in meinem Technikvortrag zur τέχνη [techne] sagte, geht weit zurück, nämlich bis zur Einleitung in die Sophistes-Vorlesung, die erste, die Du bei mir hörtest.

Grüße Deinen Mann.
Elfride und ich grüßen Dich herzlich

Martin

84 Martin Heidegger an Hannah Arendt

21. April 54

Hannah,

Dein Brief war eine große Freude, und ich muß Dir von Herzen danken, daß Du Dich der Übersetzungsaufgabe so intensiv angenommen hast. Es wäre natürlich eine großartige und weittragende Sache, wenn der Übergang meines Denkens in die angelsächsische Sprachwelt durch *Deinen* überprüfenden Blick hindurch ginge und von ihm überwacht bliebe. Aber ich wage kaum daran zu denken, daß Du bei Deiner sonstigen Inanspruchnahme auch nur diese letzte und doch maßgebende Überprüfung Dir aufladen dürftest.

Du beherrschst die maßgebenden Sprachen ebenso gut wie vor allem die Sache und die Denkwege. Ich bin da in der größten Verlegenheit und kann nicht urteilen. Fast jeden Monat kommt jetzt aus U.S.A. diese oder jene Anfrage wegen Übersetzungen; in den lateinamerikanischen Ländern übersetzen sie ohne zu fragen, was ihnen unter die Augen kommt. –

Robinson hat mir einen sehr sympathischen Eindruck gemacht; die Sache liegt ihm wirklich am Herzen. Aber er bedarf offensichtlich der Hilfe; nach den Proben, die Du anführst, können da freilich große Irrtümer sich festsetzen, ähnlich jenem, der durch die ersten französischen Übersetzungen sich – jetzt fast unausrottbar – verbreitete: »Sein zum Tode«: être pour la mort, statt vers la mort.

Prof. Jäger hat mich auch besucht, sehr bemüht und als Germanist sprachlich sicherer, aber, wie er selbst sagt, in der Philosophie nicht hinreichend bewandert.

Dann sind zwei jüngere Leute, die zusammen den Humanismusbrief übersetzten und jetzt einiges aus den *Holzwegen*. Ihre Arbeiten machten uns einen starken Eindruck. Ihre Anschrift

Henry E. *Beissel*
John W. *Smith*   303 Glan Road
                   Toronto 5, Ont. Canada.

Ferner hat mehrfach angefragt eine Frau
Edith *Kern*   c/o Butler Hall, Apt. 3D,
                   88 Morningside Drive N. Y. 27.
und zweite Anschrift: c/o 857 Yale Station
                   New Haven, Conn.

Ferner: Elizabeth Williams
                   133 East 56th Street
                   New York, 22.

Gern hätte ich gehört, wie es Dir geht und was Du arbeitest. Ich bin jetzt dabei, die in den letzten Jahren vereinzelt erschienenen Vorträge und Abhandlungen zusammen zu veröffentlichen, aber so, daß die innere Einheit eigens und deutlich sichtbar gemacht wird. Diese Retractatio ist ganz heilsam.

Anfang Februar hielt ich in Zürich den Vortrag »Wissenschaft und Besinnung« – er soll am 2. Mai im Schweizer Rundfunk gesendet werden. Bei dieser Gelegenheit traf ich Bultmann, der im vergangenen Winter Gastvorlesungen über den Galaterbrief in Zürich hielt. Er war arg niedergeschlagen über den Angriff von Jaspers – ich fand ihn sehr gealtert. Über den Zerfall in Marburg ist er natürlich auch traurig.

Elfride freut sich mit mir sehr darüber, daß Du Dich auf eine so maßgebende Weise der Übersetzungen annimmst, und läßt Dich herzlich grüßen.

Meine Vorlesungen »Was heißt Denken?« sind jetzt im Satz

korrigiert und gehen dieser Tage in Druck, sodaß sie zum Mai herauskommen in der selben Form wie die *Einführung*. Du bekommst ein Exemplar.

Schreib auch gelegentlich, welche Veröffentlichungen von mir Dir noch fehlen.

Die »Vorlesungen« habe ich aufgegeben und mit den Vorträgen werde ich noch sparsamer werden als bisher.

Der Berg des Ungedruckten wirkt beängstigend und mahnend. Andererseits habe ich noch gar keine Lust, mich nur mit meinem »Nachlaß« abzugeben. In Meßkirch werde ich demnächst mit meinem Bruder die Vorlesung vom SS 34 vornehmen, die ich nach der Niederlegung meines Rektorates gehalten habe: »*Logik*« als die Frage nach dem Wesen der Sprache.

Du weißt aus unseren Gesprächen auf den Wegen um Zähringen, wie entschieden diese Frage in der Mitte meines Denkens steht, die Frage, ohne die auch die Besinnung auf das Verhältnis von Denken und Dichten ohne Raum und Boden bleibt.

Ein Schüler von E. Staiger hat jetzt eine ausgezeichnete Arbeit veröffentlicht *Hölderlin und Heidegger* im Atlantisverlag. Er bringt eine ganz neue, mich überzeugende Auslegung des späten Hölderlin, vor allem der »vaterländischen Umkehr«. Die bisherigen Deutungen – auch die meine – sind unhaltbar. Wenn Du Interesse an der Arbeit des 26jährigen Verfassers hast, der zur Zeit mit einem Stipendium aus der Schweiz sich hier aufhält, werde ich Dir ein Exemplar besorgen.

Im Andenken
Martin

P.S.
Durch die Buchhandlung Schulz lasse ich Dir mit gewöhnlicher Post von meinen Separaten und Schriften folgende senden:
1. *Der Feldweg* – jetzt im Buchhandel
2. *Aus der Erfahrung des Denkens* – ebenso
3. Die Frage nach der Technik (Vortrag von der Münchener Tagung im Herbst)

4. »... dichterisch wohnet der Mensch ...« im 1. Heft der wahrscheinlich mißglückenden Zeitschrift *Akzente*
5. *Vom Wesen der Wahrheit*, 3. Aufl.
6. Eine französische Übersetzung des Humanismusbriefs in »Cahiers du Sud«. Der Übersetzer ist ein junger Jesuit, der vor einem Jahr aus dem Orden ausgetreten ist.

M.

85 Hannah Arendt an Martin Heidegger

April 29, 1954.

Herrn Professor Martin Heidegger
Rötebuck 47
Freiburg/Br. Zähringen, GERMANY

Lieber Herr Heidegger –

Mit großer Freude erfuhr ich vor einigen Wochen, daß Prof. Robinson von der Kansas Universität eine englische Ausgabe von *Sein und Zeit* vorbereitet. Ich habe eines seiner Kapitel recht gründlich gelesen (pp. 52-63) und ihm ausführlich geantwortet. Wie Herr Robinson selbst weiß und in seinem Brief an mich ausdrücklich betont, ist die Übersetzung, so wie sie vorliegt, nicht druckfertig. Sie enthält noch einige Fehler und, wie mir scheint, unnötige Umständlichkeiten. Dies liegt in der Natur der Sache und ist zum Teil auch darauf zurückzuführen, daß Herr Robinson sich stets bemüht, so wortgetreu wie möglich zu sein. Ich bin überzeugt, daß nur auf diesem Wege eine Übertragung wirklich gelingen kann und habe mich gefreut zu sehen, daß Herr Robinson in allen Fällen den schwierigeren Weg dem leichteren (und dann leicht banalisierenden) vorgezogen hat. Ich habe mir erlaubt, ihn auf einige Unstimmigkeiten aufmerksam zu machen und denke, dies ist in Ihrem Sinne.

Das Bedürfnis hier nach einer Übersetzung und wenn irgend möglich nach einem zweisprachigen Text (viele der Philosophie-Studenten und Professoren können genug deutsch, um sich damit dann selbst weiterzuhelfen) ist sehr groß und wie mir scheint im Wachsen. Das wurde mir auf Vorlesungsfahrten an einige der größeren Universitäten während des letzten Winters besonders deutlich. Man fragte mich überall nach Ihrer Philosophie. Das ist aber auch genau der Moment, wo Mißverständnisse besonders leicht vorkommen. Daher war und bin ich vielleicht ein wenig übergenau gewesen bei der Durchsicht des Textes. Ich hoffe, Herr Robinson wird verstehen, wie es gemeint ist – als Ermutigung und nicht als Abschreckung. Von dem Wenigen, was ich bisher gesehen habe, möchte ich denken, daß das Endresultat vorzüglich werden könnte.

Mit den besten Grüßen an Sie und Ihre Frau,
Ihre
Hannah Arendt

86 Hannah Arendt an Martin Heidegger

den 8. Mai 1954.

Martin –

Dein guter Brief, der mich so verblüfft hat. Nun weiß ich wenigstens, wie Du es möchtest; und Du weißt, hoffe ich, daß Du mir schwerlich eine größere Freude hättest machen können. (Damit kommt, wenn es gelingt, etwas in die Reihe, was schon sehr früh nie recht in Ordnung war, und sich dann natürlich noch erheblich komplizierte.) Ich habe oft gedacht, Dir etwas Ähnliches für den englischen Sprachbereich anzubieten; es lag ja so nahe; aber ich mochte Dich nicht in die Verlegenheit setzen, nein sagen zu wollen (»in der Philosophie nicht hinreichend bewandert«) und Ausflüchte zu suchen. (»Oh, wie weit / ist jeder Weg / durch Nähe.« ??)

Robinson hat noch nicht geantwortet. Hoffentlich ist er nicht gekränkt. Aber so ging es wirklich nicht. Ich habe es so ausführlich gemacht, weil ich aus Erfahrungen mit Übersetzern weiß, daß eine gründliche Überprüfung am Anfang sehr viel Arbeit weiterhin sparen und alles in ein anderes Geleis bringen kann. – Mit den anderen Übersetzern habe ich mich nicht in Verbindung gesetzt. Haben die beiden jungen Leute in Toronto für einen bestimmten Verleger oder eine Zeitschrift gearbeitet? *Partisan Review*, eine der besten nicht-akademischen Zeitschriften (etwa wie die *Nouvelle revue française* in Paris), wollte des öfteren etwas bringen, fürchtete sich aber immer vor dem Übersetzungsproblem. Das Richtigste wäre vielleicht, wenn Du bei Anfragen an Dich einfach an mich weiter verweist. Wenn es klappt, ist es schön; wenn nicht, kann man schwerlich etwas machen. – Der Humanismusbrief war hier schon einmal übersetzt worden; ich habe es nicht gesehen, aber der Herausgeber von *Partisan Review*, dem die Übersetzung angeboten wurde, und der gut deutsch kann, sagte mir, es sei ganz unmöglich gewesen.

Du fragst, was ich arbeite. Seit etwa drei Jahren versuche ich an drei Sachen heranzukommen, die vielfach miteinander verbunden sind. 1. Von Montesquieu ausgehend eine Analyse der Staatsformen mit der Absicht, dahinter zu kommen, wo der Begriff der Herrschaft in das Politische eingedrungen ist (»in jedem Gemeinwesen gibt es Herrscher und Beherrschte«) und wie sich jeweils verschieden der politische Raum konstituiert. – 2. Vielleicht von Marx einerseits und Hobbes andererseits ausgehend, eine Analyse der grundverschiedenen Tätigkeiten, die von der vita contemplativa aus gesehen in den einen Topf der vita activa gewöhnlich geworfen wurden: also Arbeiten – Herstellen – Handeln, wobei Arbeiten und Handeln am Modell des Herstellens verstanden wurden: die Arbeit wurde »produktiv« und das Handeln im Mittel-Zweck-Zusammenhang interpretiert. (Dies könnte ich nicht, wenn ich es kann, ohne das, was ich in der Jugend bei Dir gelernt habe.) – Und 3. vom Höhlengleichnis (und Deiner Interpretation) ausgehend eine Darstellung des traditionellen Verhältnisses von Philosophie und Politik, eigentlich die Stellung von Plato und Aristoteles zur Polis als die Grundlage aller politischen Theorie. (Entscheidend scheint mir, daß Plato das agathon [ἀγαθόν] zur höchsten Idee macht – und nicht das kalon [καλόν]; ich glaube aus »politischen« Gründen.)

Das klingt auf dem Papier anspruchsvoller, als es gemeint ist. Um so mehr, da ich es nicht konkretisieren kann, ohne ins Endlose zu geraten. Ich bin da so hineingeraten, als ich Zeit hatte, den Dingen nachzugehen, die mich schon während des Buches über totalitäre Herrschaft ständig beunruhigten; und jetzt kann ich da nicht mehr recht heraus. Während dieses Winters habe ich zum ersten Mal versucht, die Sachen experimentierend vorzulegen – in Vorlesungs-Serien in Princeton und Notre Dame und einigen Einzelvorträgen. In Princeton nur vor Mitgliedern der Fakultät und des Institute for Advanced Studies. (Maritain war auch da; auch sonst eigentlich recht befriedigend.) – Den Mut dazu hole ich mir unter anderem aus den bösen Erfahrungen in diesem Lande in den letzten Jahren und aus dem komisch-hoffnungslosen Stand der politischen Wissenschaften.

Uns persönlich geht es gut. Heinrich hat seit zwei Jahren eine College-Professur neben seiner einwöchentlichen Vorlesung und Seminar an der New School. Von Montag bis Donnerstag ist er nicht in New York während des Semesters. Das ist nicht sehr angenehm, aber ich habe viel Zeit und Ruhe. Augenblicklich allerdings habe ich alles auf die Seite legen müssen, weil ich die deutsche Übersetzung meines Buches machen muß – was mich gräßlich langweilt.

Jaspers' Angriff auf Bultmann – ganz unbegreiflich. Daß es Bultmann so gekränkt hat, tut mir sehr sehr leid. Jaspers erwartete, glaube ich, eine Antwort. Ich sah Bultmann 1952 in Marburg; er war bereits sehr gealtert.

Veröffentlichst Du den Vortrag »Wissenschaft und Besinnung«? Läßt Du es mich wissen? Auf die »Logik« warte ich sehr. Ich habe oft den Gesprächen über Sprache noch nachgehangen. Besonders gefreut hat mich in Deinem Winterbrief, was Du über »Gespräche« schreibst, die man so oder anders als »Interpretationen« mißversteht. Auch weil ich so etwas Ähnliches gerade dem guten Friedrich, der leider ein bißchen dumm ist, in einer Streitkorrespondenz über Deine Interpretationen klar zu machen versucht hatte. Vermutlich ohne Erfolg. Ja, und wie steht es mit Heraklit und Parmenides? Sehr froh bin ich, daß ich den Technik-Vortrag bekomme. Ich werde ihn, glaube ich, für ein Referat auf der [Jahrestagung der American] Political Science Association im September brauchen.

Grüße Elfride herzlich. Dir alle guten Wünsche für den Sommer.

87 Martin Heidegger an Hannah Arendt

Freiburg, 10. Okt. 54

Hannah,

ich dank Dir herzlich für die Grüße und Wünsche und Dein treues Gedenken und nicht zuletzt für Deine unschätzbare Hilfe in der Übersetzungsarbeit.

Dein guter Vorschlag mit den zwei Buchdeckeln ist bereits verwirklicht; und das erste Exemplar *Vorträge und Aufsätze* kam zum Geburtstag auf die Hütte. Einiges kennst Du noch nicht. Alles ist noch einmal durchgesehen. Zu Deinem Geburtstag wird das Buch noch nicht bei Dir sein. Dafür grüße ich Dich jetzt über die Wellen des Ozeans hinweg herzlich und wünsche Dir die Arbeit, die Dich aus dem Innersten erfüllt.

Was ich mache? Immer das Selbe. Und ich möchte meine

Platon-Arbeiten, angefangen vom »Sophistes« 1924/5, noch einmal durchgehen und Platon neu lesen. Überhaupt – ich fange jetzt gerade an, das immer Gesuchte um einiges klarer und freier zu sehen. Indes bleibt das Sagen immer noch eine Mühsal, was nur bedeutet, daß auch das Sehen noch seine Not hat. Ob es noch gelingt, die Sprache aus der Dialektik herauszulösen?

Wenn *Du* die Sammlung im neuen Buch durchgehst[x]), wirst Du merken, wie gebaut es ist, wie das erste zum letzten Stück hinüberruft und umgekehrt. Zeitweise dachte ich, dem Leser eigens noch auf die Sprünge zu helfen. Aber es ist besser, wenn die, die es angeht, selber springen.

Elfride und ich waren im September und die erste Oktoberwoche bei durchschnittlich schlechtem Wetter auf der Hütte. Vom 16.–18. Oktober ist die 350. Jahresfeier meines Gymnasiums in Konstanz, und wir hoffen auf einige herbstliche Bodenseetage.

Bist Du immer in der großen Stadt?

Im Echo des »Immer«
          Martin

Elfride läßt herzlich grüßen.
Grüß Deinen Mann

[x]) Die Sachen, die die Sprache angehen, sind noch gespart.

88 Martin Heidegger an Hannah Arendt

Freiburg, 17. Dez. 59

Liebe Hannah,

Durch den Neske-Verlag kommen meine beiden zuletzt erschienenen Schriften zu Dir. Das Sprachbuch mag Dich an Gespräche erinnern, die sich auf diesen ›Gegenstand‹ bezogen, der keiner ist. Ich danke Dir für Deinen Glückwunsch und die Grüße. Nach Basel habe ich mit Absicht nicht geschrieben.

Neulich sah ich im *Spektrum* ein sehr schönes Bild von Dir. Es zeigt weit zurück.

Möchtest Du Freude haben an Deiner Arbeit.

Einen herzlichen Gruß
        Martin

                Elfride läßt herzlich grüßen.
N.S.
Die Blättchen sind zum Einkleben.

89   Hannah Arendt an Martin Heidegger

den 28. X. 1960

Lieber Martin,

ich habe den Verlag angewiesen, Dir ein Buch von mir zu schikken. Dazu möchte ich Dir ein Wort sagen.

Du wirst sehen, daß das Buch keine Widmung trägt. Wäre es zwischen uns je mit rechten Dingen zugegangen – ich meine *zwischen*, also weder Dich noch mich –, so hätte ich Dich gefragt, ob ich es Dir widmen darf; es ist unmittelbar aus den ersten Freiburger Tagen entstanden und schuldet Dir in jeder Hinsicht so ziemlich alles. So wie die Dinge liegen, schien mir dies unmöglich; aber auf irgendeine Weise wollte ich Dir doch wenigstens den nackten Tatbestand sagen.

    Alles Gute!

90 Martin Heidegger an Hannah Arendt

[Gedruckte handschriftliche Dankeskarte für Glückwünsche zum 75. Geburtstag]

Die Grüße, Wünsche und Geschenke, die mir auf die letzte Wegstrecke des Denkens mitgegeben wurden, sind Ermunterung, Zeichen zugleich ins Unverdiente. Wie soll einer dies Erfreuende gebührend verdanken? Es sei denn, er frage unentwegt:
Was heißt Denken? Heißt es:
Bringen den Dank?

                                Martin Heidegger

[Handschriftlicher Zusatz auf der Rückseite]

                                          Freiburg, 13. April 1965.

Liebe Hannah,

mein Dank für Dein Gedenken kommt spät, weil ich über Deine Anschrift im Ungewissen war. Jetzt gab sie mir Gadamer im Jahrbuch der Deutschen Akademie für Sprache und Dichtung. Ich denke, daß Du auch trotz der vielfältigen anders gerichteten Veröffentlichungen immer noch bei der Philosophie geblieben bist. Diese muß nun freilich bei uns der Soziologie, Semantik und Psychologie weichen. Indes könnte das Ende der Philosophie der Anfang eines anderen Denkens werden. Ich denke noch oft an unser Spaziergangsgespräch über die Sprache.

        Herzlich grüßend   Martin

DER HERBST

91 Martin Heidegger an Hannah Arendt mit zwei Beilagen

Hütte, 6. Okt. 1966.

Liebe Hannah,

zu Deinem sechzigsten Geburtstag grüße ich Dich herzlich und wünsche Dir für den kommenden Herbst Deines Daseins alle Fördernis für die Aufgaben, die Du Dir selbst gestellt hast, und für diejenigen, die noch unerkannt auf Dich warten.

Die Freudigkeit des Denkens wird sich von selbst immer neu einstellen und von der Besinnung darüber begleitet sein, was heute in dieser wirren Welt der Gedanke noch vermag. Aber es ist schon genug, wenn ihm gleichsam eine unterirdische Überlieferung gegönnt ist.

Lang scheint die Zeit zu sein seit dem Auslegungsversuch von Platons *Sophistes*. Und doch ist mir oft, als sammele sich auf einen einzigen Augenblick, der das Bleibende birgt, das Gewesene.

Im kommenden Wintersemester beteilige ich mich – nach langer Pause – an einem Seminar von Fink über Heraklit und Parmenides.

Inzwischen haben mir drei Aufenthalte in Griechenland mit Elfride – zum Teil Kreuzfahrten, zum Teil Wohnen auf Ägina – dies Eine, immer noch kaum Gedachte, bezeugt, daß die Ἀ-Λήθεια [A-Letheia] kein bloßes Wort und kein Gegenstand des Etymologisierens ist – sondern die noch waltende Macht der Anwesenheit aller Wesen und Dinge. Und kein Ge-stell kann sie verstellen.

    An Dich denkend
    Martin

Elfride grüßt gleichfalls in herzlichem Gedenken.

[Beilage 1]

Hölderlin

DER HERBST

Das Glänzen der Natur ist höheres Erscheinen,
Wo sich der Tag mit vielen Freuden endet,
Es ist das Jahr, das sich mit Pracht vollendet,
Wo Früchte sich mit hohem Glanz vereinen.

Das Erdenrund ist so geschmückt, und selten lärmet
Der Schall durchs offne Feld, die Sonne wärmet
Den Tag des Herbstes mild, die Felder stehen
Als eine Aussicht weit, die Lüfte wehen

Die Zweig' und Äste durch mit frohem Rauschen,
Wenn schon mit Leere sich die Felder dann vertauschen,
Der ganze Sinn des hellen Bildes lebet
Als wie ein Bild, das goldne Pracht umschwebet.

                              d. 15ten Nov.
                                    1759
(entstanden ein Jahr vor seinem Tod, am 12. Juli 1842)

[Beilage 2: Privatpostkarte, auf der Rückseite handschriftlich]

Blick aus der Arbeitsstube auf der Hütte

Für
Hannah
              zum sechzigsten Geburtstag
                                  Martin

92 Hannah Arendt an Martin Heidegger

New York, den 19. Oktober 66

Lieber Martin,

Dein Herbstbrief war die größte Freude, nämlich die größtmögliche Freude. Er begleitet mich – mit dem Gedicht und mit der Aussicht auf den schönen lebendigen Brunnen aus dem Schwarzwälder Arbeitszimmer – und wird mich lange begleiten. (Denen der Frühling das Herz bracht und brach, denen macht es der Herbst wieder heil.)

Hie und da höre ich von Dir. Du schriebest den zweiten Band von *Sein und Zeit*, genannt »Zeit und Sein«. Dann gehen meine Wünsche in Dein Dreieck, Freiburg – Meßkirch als Hypothenuse und darüber Todtnauberg. Und nun auch Aegina, wo auch wir immer wieder waren. Auch meine Gedanken waren oft in der Sophistes-Vorlesung. Das Bleibende, scheint mir, ist wo man sagen kann – »Anfang und Ende immerfort dasselbe«.

Grüße Elfride von mir. Heinrich grüßt sehr herzlich.

Wie immer –

Hannah

93 Martin Heidegger an Hannah Arendt

Freiburg i.Br., 10. August 1967.

Liebe Hannah,

am Tag nach unserem Zusammensein, am Freitag, d. 28. Juli, fand ich die Stelle, an die das Mallarmé-Zitat bei Benjamin gehört. Ich folgte dabei früheren Notizen, die Stellen über Denken und Dichten bei Mallarmé verzeichnen.

Das Zitat gehört in den Text *Variations sur un sujet* (Éditions de la Pléïade p. 355 sqq.) und steht p. 363 sq. Der Text ist sehr schwer und verdiente eine genaue Übersetzung.

Als Du Deinen Vortrag mit der Anrede begannst, befürchtete ich sogleich eine ungute Reaktion. Sie kam dann auch und wird Dich freilich nicht berühren. Seit Jahren ermahne ich junge Leute, sie möchten, falls sie vorankommen wollten, es vermeiden, Heidegger zustimmend zu zitieren.

Aber Dein Vortrag hat bei den Einsichtigen einfach schon durch das Niveau und den Aufbau gewirkt. Dergleichen verschwindet immer mehr aus unseren Universitäten, aber auch der Mut, die Sachen zu sagen, wie sie sind.

Unserem Nachmittagsgespräch über Sprache und Dialektik war leider eine zu knappe Zeit verfügbar. Könntest Du nicht noch einmal vor dem 19. August für einen Nachmittag herüberkommen, oder bist Du zu sehr beansprucht?

Ich versuchte, am 29. August [Juli] vormittags Dich im Hotel anzurufen. Du warst aber schon abgereist.

In der vergangenen Woche war dann hier viel Besuch.

Ich bekam gestern einen Sonderdruck mit einer Übersicht über die gegenwärtige »Sowjetphilosophie« – eine beelendende Sache, wenn man bedenkt, daß diese Leute sicher begabt sind. Das erfuhr ich hier als Student vor dem ersten Weltkrieg.

Falls Du knapp mit der Zeit bist, könnte ich auch für einige Stunden nach Basel kommen.

    Ich grüße Dich wie immer
                  Martin

Elfride läßt Dich herzlich grüßen.

94 Hannah Arendt an Martin Heidegger

Basel, den 11. August 1967

Lieber Martin –

wie schön, daß Du noch geschrieben hast. Und schade, daß Du die Klee-Ausstellung nun nicht siehst. Es sind einige sehr schöne Bilder dabei, von denen es offenbar keine Reproduktionen gibt.

Natürlich kann ich vor dem 19. noch einmal herüber kommen. Am besten am 16. oder 17. oder 18. Schreib mir eine Zeile oder ruf im Hotel an, am besten am Morgen bis gegen 10 Uhr. (Tel. Nr. 24.45.00)

Die »ungute Reaktion« – die habe ich gesehen; hätte ich sie vorausgesehen, so hätte ich die Sache vielleicht etwas dramatischer gestaltet. Eins macht mir nun aber doch Sorgen: War Dir die Anrede unangenehm? Mir schien sie das Natürlichste von der Welt.

Und Dank für das Mallarmé-Zitat. Ich freue mich sehr, Dich noch einmal zu sehen.

Grüß Elfride, Heinrich läßt grüßen.
Wie immer
Hannah

95 Martin Heidegger an Hannah Arendt

Freiburg i. B., 12. August 1967

Liebe Hannah,

daß Du noch einmal kommst, ist eine große Freude. Es soll am Donnerstag, d. 17. VIII. sein und möglichst früh am Nachmittag, damit wir etwas Spielraum haben für das Gespräch, aber Du wirst Dich nach den günstigen Zügen richten müssen.

Wie sollte ich mich nicht sehr gefreut haben über Deine Anrede! Besorgt war ich nur, es könnte eine für Dich unangenehme Mißstimmung sich breit machen. Aus der Reaktion kannst Du nachträglich entnehmen, daß die Anrede »objektiv« betrachtet, sehr mutig war.

Grüße Heinrich von mir, Elfride läßt Dich grüßen.
Wie immer
Martin

96 Martin Heidegger an Hannah Arendt

18. VIII. 67

Lb. Hannah

Es war schön, daß da Du warst.
Heute früh habe ich diese Bogen noch gefunden.

Wie immer
Martin

Grüße von Elfride
Grüße Heinrich

97 Hannah Arendt an Martin Heidegger mit Beilage

den 24. September 1967

Lieber Martin,

Kants These über das Sein ist eine herrliche Arbeit. Sie fügte sich, als ich sie auf der Rückfahrt las, so schön in die Erinnerung an das Vorgelesene und die Gespräche ein. Ich lege Dir einen Aphorismus von Kafka bei, an den ich dachte, als Du das Raum- und Zeitfreie erwähntest und dann wieder, in dem Kant-Text, in den ersten Absätzen über Zukunft als das, was »im Kommen ist« und »uns erreicht«. Denn die beiden »Gegner« der Kafkaschen Parabel sind doch sicher Vergangenheit und Zukunft. (Ich lege auch einen Bogen bei, der doppelt war. Vielleicht kannst Du damit noch ein Exemplar komplettieren.)

Ich hätte schon Fragen, von denen mir aber nur eine, vermutlich periphere, dringlich ist (auf p. 23): »Wirkliches ist jeweils das Wirkliche eines Möglichen; *und daß es Wirkliches ist, weist zuletzt auf ein Notwendiges zurück* .« Sagst Du das oder ergänzend Kant? Wenn das Wirkliche die Wirklichkeit eines *Möglichen* ist, wie kann es dann auf Notwendiges weisen? Denken wir das Wirkliche – das Unumgehbare, Nichtzuleugnende – als notwendig, weil wir keine andere Möglichkeit sehen, uns mit ihm zu »versöhnen«?

Von der Verlagssache weiß ich noch nichts Näheres. Glenn Gray schrieb, will in den nächsten Tagen anrufen. Es scheint, daß sich noch nichts entschieden hat. Ich habe Wieck vorläufig nicht angerufen, weil ich erst Gray gesprochen haben möchte. Es soll nicht so aussehen, als mischte ich mich ein.

Ich bin froh und dankbar, daß ich in Freiburg war. Alles, alles Gute zum nächsten Jahr. Grüß Elfride. Heinrich grüßt herzlich.

Wie immer –

Hannah

[Beilage]

Er hat zwei Gegner: Der erste bedrängt ihn von hinten, vom Ursprung her. Der zweite verwehrt ihm den Weg nach vorn. Er kämpft mit beiden. Eigentlich unterstützt ihn der erste im Kampf mit dem Zweiten, denn er will ihn nach vorn drängen und ebenso unterstützt ihn der zweite im Kampf mit dem Ersten; denn er treibt ihn doch zurück. So ist es aber nur theoretisch. Denn es sind ja nicht nur die zwei Gegner da, sondern auch noch er selbst, und wer kennt eigentlich seine Absichten? Immerhin ist es sein Traum, daß er einmal in einem unbewachten Augenblick – dazu gehört allerdings eine Nacht, so finster wie noch keine war – aus der Kampflinie ausspringt und wegen seiner Kampferfahrung zum Richter über seine miteinander kämpfenden Gegner erhoben wird.

> Kafka, »Er«. Aufzeichnungen aus
> dem Jahre 1920. Bd. V, 287

98 Martin Heidegger an Hannah Arendt

Meßkirch, 29. Spt. 1967

Liebe Hannah,

mein Dank für die Kafka-Briefe und für das Hegel-Buch von Kojève kommt spät. Beides hat mich bereichert. In den Briefen spiegelt sich das Werk – oder gilt eher das Umgekehrte? Kojève zeigt eine seltene Leidenschaft des Denkens. Das französische Denken der letzten Jahrzehnte ist ein Nachhall dieser Vorlesungen. Der Abbruch dieser Mitteilungen ist selbst noch ein Gedanke. Aber Kojève liest *Sein und Zeit* nur als Anthropologie.

Schön war es und gut, daß Du kamst. Hier bin ich für wenige Tage zur Ordnung unveröffentlichter Manuskripte. Das ungewöhnliche Herbstwetter ruft auf frühe Wege des heimatlichen Landes zwischen dem Bodensee und der oberen Donau.

Gestern zeigte mir mein Bruder eine Notiz aus der Presse, wonach die Darmstädter Akademie Deine Prosa auszeichnet. Das entspricht Deinem Verhältnis und d.h. Deiner Liebe zu unserer Sprache.

Ich freue mich für Dich. Bisweilen treffen sie nicht nur das Richtige sondern sogar das Wahre.

Ich grüße Dich und Heinrich.
Wie immer

D. Martin

99 Martin Heidegger an Hannah Arendt mit Beilage

Meßkirch, 30. Oktober 1967.

Liebe Hannah,

ich dachte, Du kämest nach Darmstadt, obgleich ich mir sagte, daß Du nicht schon wieder eine Europareise unternehmen würdest. Solche Gedanken gehören in den Bereich des Spiels, dem wir nicht ausweichen können.

Dank für die so schön geglückten Aufnahmen, die zugleich Phasen unseres Gesprächs, Unsichtbares im Sichtbaren, festhalten.

Ich freue mich, daß Dir der Aufsatz über Kant gefällt. Die Stelle über die Modalitäten ist im Sinne Kants gesagt. Meine eigenen Gedanken darüber sind seit 30 Jahren in ständigem Aufruhr. Mit der Erörterung der Seinsfrage wird dieses Bestandstück der Metaphysik zerfallen und andere Bestimmungen verlangen, angefangen von der griechischen – nicht scholastisch-römischen Auslegung von δύναμις – ἐνέργεια [dynamis – energeia]. Mit der »Übersetzung« durch potentia und actus beginnt schon die Bodenlosigkeit und das Heillose aller Dialektik.

Aber es ist immer noch zu früh, darüber etwas zu sagen.

Der Kafka-Text ist sehr aufschlußreich. Ich stimme Deiner Deutung zu. Nur handelt es sich in dem, was mich umtreibt unter dem Titel »Lichtung« nicht bloß um das Raum- und Zeit-Freie, sondern um das, was Raum *und* Zeit – dem Zeit-Raum als solchem gewährt und dabei gerade nicht das Überzeitliche und Außerräumliche ist. Die Ausflucht der Unterscheidung von Zeit und Ewigkeit ist zu billig. Sie reicht für die Theologie vielleicht aus, bleibt aber für das Denken eine zu grobe Sache.

Die Beispiele für den transitiven Gebrauch des Verbums, die ich vergeblich suchte, lege ich Dir bei.

Die *Wegmarken* lasse ich Dir durch den Verlag schicken. Ich habe bei Gelegenheit der Korrekturen viel gelernt – davon deutet die Vorbemerkung einiges an.

Der zweite Brief von Glenn Gray verspricht eine günstige Aussicht auf die Fortführung der Übersetzungsarbeit.

Bleib gesund und froh der Arbeit.
    Wie immer
               Martin

Grüße Heinrich herzlich. Elfride ist bis morgen zur Kur in Badenweiler. Übermorgen fahre ich nach Freiburg zurück.

[Beilage]

IM DUNKEL

Es schweigt die Seele den blauen Frühling.
Unter feuchtem Abendgezweig
Sank in Schauern die Stirne den Liebenden.

ABENDLIED

Frühlingsgewölke steigen über die finstere Stadt,
Die der Mönche edlere Zeiten schweigt.

New York, den 27. 11. 67.

Lieber Martin –

Dank für die Briefe, Dank für die »Beispiele« des transitiven Gebrauchs des Schweigens (sehr schön, ich glaube ich verstand es gleich; bei Mallarmé geht es doch nicht, weil *tacite* nur Adjektiv ist, das Verb taire kann auch transitiv sein, taire la vérité), und Dank für die obere Donau. Nach Darmstadt konnte ich nicht kommen, wäre natürlich gern *gekommen*, nur nicht gerade nach Darmstadt; wenn ich solchen Dingen aus dem Weg gehen kann, ohne Ärgernis zu erregen, bin ich immer ganz froh. Dennoch kann ich nicht leugnen, daß mir dieser Preis Freude gemacht hat, und zwar genau aus dem Grund, den Du nennst.

Was Du über die »Modalitäten« schreibst, ist mir wichtiger, als ich sagen kann. Die Sache plagt mich seit vielen Jahren; die Konsequenzen für unser Denken scheinen mir in mancherlei Hinsicht ganz außerordentlich. Alle Welt scheint sich doch darüber einig, daß nur das sinnvoll sein kann, was auch notwendig ist. Dies halte ich für eine schäbige Meinung. Dein Wahrheitsbegriff ist einzig, weil er eben mit Notwendigkeit nichts zu schaffen hat. Mir war bei der Stelle in dem Kant-Essay nicht klar, ob Du nur im Sinne Kants sprachst.

Den Kafka-Text schickte ich nur wegen des Zukunftsbegriffs – die Zukunft kommt auf uns zu. Der letzte Satz – mit dem Entspringen – fällt natürlich ganz in die Tradition zurück; es ist der Sprung des Parmenides und des Höhlengleichnisses, nur eben im Ton der modernen dramatischen Verzweiflung. Bemerkenswert aber doch, daß die Gleichnisse dieselben bleiben; denn daß Kafka Parmenides oder Plato kannte, halte ich für so gut wie ausgeschlossen. Ich weiß, »die Lichtung« ist gerade mitten im Wald.

Übrigens – kennst Du das Wort von Klopstock: »Überhaupt wandelt das Wortlose in einem guten Gedichte umher, wie in Homers Schlachten die nur von wenigen gesehenen Götter.«

Hier ist es im Moment nicht ganz leicht zur Ruhe zu kommen und sie zu bewahren. Das Land ist in einer Art von Aufruhr, berechtigterweise, und man wird von allen Seiten dauernd zu Stellungnahmen gedrängt. Sofern sie [Bitten um Stellungnahme] von Studenten kommen, kann man sich nicht entziehen. Die Gewissenskonflikte dieser Generation sind sehr ernst, und wenn man auch nicht direkt raten kann und wohl auch nicht soll, sind Gespräche doch nützlich.

Ich sprach mit Fred Wieck, er war bei mir. Daraus ging zumindest hervor, daß Harper fest entschlossen ist, das Heidegger-Projekt weiterzuführen. Alles Übrige von dieser philosophischen Abteilung aber wollen sie offenbar liquidieren. Veränderungen in der Leitung des Verlages, die hier leider sehr häufig sind. Dieser Verlag, der noch bis vor ganz kurzem den größten Wert auf das Akademische legte, zieht es offenbar jetzt vor, sich mit sensationellem Quatsch zu beschäftigen – das Manchester-Buch über den Kennedy-Mord, die sogenannten Memoiren der Stalin-Tochter usw. Das einzig Tröstliche daran ist, daß die Herren sich offenbar verkalkuliert haben; trotz der unbeschreiblichen Propaganda hat das Publikum nicht sehr angesprochen. Bei ihrem Entschluß, Heidegger auf keinen Fall aus der Hand zu geben, dürfte auch mitgesprochen haben, daß *Sein und Zeit* sich sehr gut verkauft, und der Absatz dauernd steigt. Von Glenn Gray hatte ich einen kurzen Brief, in dem er sich für den nächsten Monat ankündigt.

Du schriebst, Du hättest in Meßkirch Manuskripte geordnet und mir fiel wieder schwer auf die Seele, daß es davon keine Kopien gibt.

Auf die *Wegmarken* warte ich und freue ich mich.

Laß es Dir gut gehen, grüß Elfride; Heinrich, der gerade Deinen *Nietzsche* liest, grüßt doppelt herzlich.

Wie immer

Hannah

101 Hannah Arendt an Martin Heidegger

New York, den 17. 3. 68.

Lieber Martin,

wie lange schon schreibe ich Dir in Gedanken, auf dem Sofa liegend, diesen Brief. Die *Wegmarken* waren ein Trost und Lichtblick in diesem reichlich trüben Winter. Ich habe alles sehr langsam noch einmal gelesen; nur die beiden letzten Kapitel über Leibniz und die Physik kannte ich nicht. Ich glaube, ich weiß, was Du meinst mit dem Lernen bei Gelegenheit der Korrekturen. Liest man das Buch so, wie es jetzt zusammengestellt ist, erscheint Jegliches noch einmal in einem anderen Licht, und es wird ein Zusammen wie ein Zusammenhang klar, der anders kaum zu erreichen ist. Ich habe das Buch noch auf dem Schreibtisch, teils als Talisman aus Aberglauben, teils aber auch, weil ich nun, da ich das Ganze halbwegs im Griff habe, sehr gern einfach aufschlage und herauslese.

Vor ein paar Tagen schickte Harper die Korrekturfahnen von *Was heißt Denken?* Ich habe Teile davon mit dem deutschen Text sorgfältig gelesen, und es macht auf mich einen sehr guten Eindruck. (Aber ich bin noch nicht fertig, habe auch Glenn Gray noch nicht geschrieben.) Die Übersetzung ist sehr sorgfältig, oft erstaunlich einfallsreich und glücklich in der Wortwahl. (Z.B. thought-provoking für »bedenklich«.) Es liest sich leicht und gleichsam unverrenkt. Die weitere Übersetzung scheint gesichert; der Anklang dieser Dinge bei den heutigen Studenten ist sehr stark.

Der trübe Winter: erst war Heinrich krank, Venenentzündung (vermutlich eine Thrombose), ist aber ganz gesund wieder. Dann das Politische, worüber Du ja ungefähr unterrichtet sein wirst. Seit ein paar Tagen sieht es besser aus, und ich tauche munter aus meiner Depression auf. Das Beste, was diesem Lande, nämlich der Republik, passieren kann, ist, den Krieg zu verlieren. Das wird sehr unangenehme Folgen haben, die aber den imperialistischen Abenteuern und der blutigen Pax Americana vorzuziehen sind. Der Widerstand im Lande ist außerordentlich, und zwar nicht nur bei den Studenten, sondern im Senat und in der Presse und ganz allgemein auf den Universitäten. Wir könnten noch einmal mit einem blauen Auge davonkommen, vor allem auch weil jetzt zum ersten Mal die außerparlamentarische Opposition, vor allem der »Jugend«, mit der parlamentarischen, vor allem im Senat, zusammengeht.

Ich frage mich, wie es bei Euch geht. Wie es Dir geht. Woran Du arbeitest. Sommerpläne sind noch ganz im Ungewissen. Schön wäre es, Dich wiederzusehen. – Schön wäre ein Gespräch. Jedenfalls denke ich, es geht Dir gut. Und werde fröhlich, wenn ich es denke.

Heinrich läßt grüßen; grüß Elfride.

Dich grüßt wie immer –

Hannah

102 Martin Heidegger an Hannah Arendt

z.Zt. Meßkirch, 12. April 1968

Liebe Hannah,

seit drei Tagen bin ich hier zur Arbeit mit meinem Bruder. Vorher war ich mit Elfride zwei Wochen in Badenweiler, zum ersten Mal in meinem Leben in einem Kurort, der bewirkte, daß ich wirklich faul wurde. Anfang Januar, am 10. I., befiel mich abends gegen 20 Uhr plötzlich eine – wie sich dann herausstellte – Virus-Grippe. Unversehens hatte ich einen starken Husten und 39.6° Fieber. Anderentags als der Arzt kam, war ich schon wieder bei 38.4, was er als gutes Zeichen deutete. Um aber bei meinem Alter Komplikationen zu verhüten, bekam ich ein

Penizillin-Derivat drei Tage lang, was mir sehr zu schaffen machte. Inzwischen hatte sich bei der Pflege auch Elfride angesteckt. Wir hatten wochenlang mit dieser Sache zu tun – darum Badenweiler. Jetzt bin ich wieder frisch und Elfride auch. Diese Krankheitsgeschichte soll nur – gegen die Regel – die Antwort auf Deinen Brief vom 17. 3. einleiten, der mich sehr erfreute. Mein erster Wunsch ist, daß Du Dich inzwischen aus der Niedergeschlagenheit herausgearbeitet hast, unabhängig von den »Verhältnissen«, die überall immer dunkler werden. Daß Heinrich wieder gesund ist, mag Dir auch geholfen haben.

Ich danke Dir, daß Du die Übersetzung von *Was heißt Denken?* überwachst. In Freiburg kolportiert man, sie sei ganz schlecht. Ich habe mich dagegen vom wirklichen Verständnis der Sache bei Glenn Gray überzeugt. Ich bin sehr froh, daß gerade *diese* Vorlesung übersetzt und der jungen Generation zugänglich gemacht wird.

Durch die Krankheit wurde die Arbeit unterbrochen. Aber ich finde mich langsam wieder zurück und bin immer noch unterwegs zum Selben mit der Anstrengung, dieses *einfach* zu sagen – auf vielleicht sechzig Seiten. Dicke Bücher und mehrbändige Werke schreibt man auf dem Felde des Denkens nur, wenn man noch außerhalb sich herumtreibt und der Gedanke verworren bleibt.

Ich sah, erst nur flüchtig, daß Du im *Merkur* Wichtiges mitzuteilen hast.

Beim Internationalen Philosophenkongreß in Wien unter der Prominenz aufzutreten, habe ich abgelehnt; ich war nie bei solchen Veranstaltungen.

Gibt es zum Unheimlichen der »Öffentlichkeit« noch eine »Alternative«? Deutlicher gesagt: gibt es *vor* diesem Gerede von »Alternativen« noch ein Maß für die wesenhaften Dinge? Durch welche Höllen muß der Mensch noch hindurch, bis er erfährt, daß er nicht sich selbst macht? –

Die *Wegmarken* sind ein Experiment; sie *so* zu lesen wie Du, kann nur bereit sein, wer sie schon kennt. Das sind wenige. Aber diese Wenigen wären schon genug. Sie vermöchten das Warten. Dies ist abgründig verschieden vom Hoffen. Hoffnung gehört in den Umkreis der Machenschaft und der Herstellung von »Seligkeit«.

Wenn Du kommst, schreib rechtzeitig (d.h. vorzeitig) von Deinen Plänen. Grüße Heinrich. Elfride läßt grüßen.

Dich grüßt wie immer –
Martin

103 Hannah Arendt an Martin Heidegger

den 23. August 1968

Lieber Martin,

da ich von Dir nichts mehr hörte, habe ich auch nicht mehr geschrieben. Es erübrigte sich ohnehin, da Heinrich krank war und ich nicht fort konnte – wie Dir wohl Glenn Gray mitgeteilt hat. Nun habe ich mich plötzlich entschlossen, doch noch für 10 bis 14 Tage nach Europa zu kommen. Ich werde ab 1. oder 2. September in Basel sein, Hotel Euler, und dort vermutlich eine Woche bleiben. Falls wir uns sehen können, schreib mir dorthin eine Zeile. Ich bin flexibel und könnte wahrscheinlich es auch noch in der zweiten Septemberwoche einrichten. Nur müßte ich es schnell wissen. Daß Glenn nicht vor Oktober zu erwarten ist, weißt Du sicher.

Heinrich läßt grüßen. Grüß Elfride.

Dich grüßt wie immer
Hannah

104 Martin Heidegger an Hannah Arendt

Le Thor (Avignon), 1968-IX-6

= MADAME HANNAH ARENDT HOTEL EULER BASEL =

BIN BIS 9 SEPTEMBER BEI RENE CHAR BESUCH 12 SEPTEMBER ZAHRINGEN WILLKOMMEN GRUSS = MARTIN =

105 Martin Heidegger an Hannah Arendt

Freiburg, 11. Spt. 68.

Liebe Hannah,

wir erwarten Dich morgen um 16 Uhr zum Tee und möchten, daß Du zum Abendbrot bleibst.

   Wie Du freu ich mich
                Martin

106 Hannah Arendt an Martin Heidegger

Freitag [28. Februar 1969]

Lieber Martin –

ich bin hier zu Jaspers' Beerdigung. Nur für wenige Tage. Ich möchte Dich sehr gerne sehen. Gibt es eine Möglichkeit? Mittwoch nächster Woche wäre für mich am besten.

      Wie immer
         Hannah

Bin am einfachsten hier telefonisch am Morgen erreichbar.

107 Martin Heidegger an Hannah Arendt

Freiburg, 1. März 1969

Liebe Hannah

der nächste Mittwoch ist mir recht – am besten nachmittags – da ich den Vormittag zur Arbeit brauche.

Wie immer
Martin

108 Elfride Heidegger an Hannah Arendt

20. April 69

Liebe Hannah,

Heute von mir eine Bitte an Dich: nach einer abscheulichen Grippe neulich haben wir uns entschlossen, das große *zweistöckige* Haus aufzugeben und auf unserem hinteren Gartenstück ein einstöckiges kleines Haus mit ebenerdigen Ausgang zum Garten zu bauen. Das würde etwa 80–100 000 DM kosten, die wir natürlich nicht haben, aber Wertobjekte. Martin zeigte mir gleich die von *ihm selbst handgeschriebene* Druckvorlage für *Sein und Zeit.* Aber da wir nichts vom Geld verstehen, haben wir keine Ahnung, was dieses Manuskript wert ist und wo man es eventuell zum Kauf anbieten könnte. Glenn und Ursula Gray, mit denen wir gestern sprachen, meinten, sie wollten Dich fragen; was ich hiermit aber selbst tue. Bitte behandle die Angelegenheit ganz diskret. Wir wären dankbar für eine kurze Antwort.

Im übrigen geht es uns jetzt wieder gut, Dir und Deinem Mann
hoffentlich auch.

    Wir grüßen Dich herzlich
                       Elfride
                       Martin

Martin sagt eben noch:
die Handschrift der Nietzschevorlesungen sei ebenso zum Kauf
anzubieten.

109 Hannah Arendt an Elfride Heidegger

                                  den 25. April 1969

Liebe Elfride,

ich schreibe Dir umgehend auf Deine Anfrage das, was ich weiß
– was nicht viel ist. Zweifellos ist natürlich, daß das Manuskript
von *Sein und Zeit* einen erheblichen Wert darstellt, zweifellos
auch, daß dieser Wert sich im Laufe der Zeit noch erheblich
erhöhen wird. Das Gleiche gilt natürlich für den *Nietzsche*,
obwohl da der augenblickliche Wert vermutlich geringer ist.
Die Manuskripte kommen daher nicht nur für öffentliche Institute, sondern auch für Sammler als Vermögensanlage in
Frage. Das Einfachste, aber nicht notwendigerweise das Beste,
wäre, sich an das in Deutschland größte (m.W.) und im Ausland
bekannteste Haus zu wenden, das solche Objekte verauktio-
niert.
    Das ist: J. A. Stargardt
           355 Marburg
           Universitätsstraße 27
Die handeln mit Handschriften aller Art und aller Jahrhunder-
te, auch mit denen zeitgenössischer Autoren – z. B. Ernst

Jünger, Hofmannsthal usw. Sie versenden ihre umfangreichen Kataloge in alle Welt. Von »Diskretion« kann da natürlich keine Rede sein, wiewohl Ihr, wie das häufig geschieht, durch einen Euch geeignet scheinenden Mittelsmann an die Leute herantreten könnt. Vielleicht laßt Ihr Euch von den Leuten einen Katalog schicken, um erst einmal einen Eindruck zu gewinnen.

Zweifellos gibt es noch andere Möglichkeiten. Ich kann versuchen, mich hier zu erkundigen. Die Schwierigkeit ist die Sache der Diskretion. Da es sich hier wirklich um etwas handelt, das *sui generis* ist, kann keiner urteilen, der nicht weiß, worum es sich handelt. Ich kann mich bei einem mir bekannten, in Fachkreisen außerordentlich geschätzten Bibliothekar erkundigen, den ich um Diskretion bitten würde. Er ist jetzt hier in Columbia als Professor, stammt aus Deutschland und war bis vor kurzem (Pensionierung) der Direktor der Hebräischen Bibliothek in Jerusalem. Er weiß Bescheid wie kaum einer. Ferner könnte ich mich an die Witwe von Kurt Wolff, Helene Wolff, wenden, mit der ich befreundet bin. Sie hat Erfahrung mit solchen Sachen und ist ebenfalls zuverlassig, wenn man sie um Diskretion bittet.

Schließlich – ich könnte mich vermutlich auch an den Chef der Handschriftenabteilung der Library of Congress wenden, da ich ihn flüchtig kenne. Dies aber täte ich nur, wenn Wormann (der oben erwähnte Bibliothekar) es mir raten würde, und natürlich wenn Ihr zustimmt. Diese Beamten sind gewöhnlich zuverlässig, was Diskretion anlangt; aber eine persönliche Garantie hätte ich da nicht. Der Haken dabei wäre, daß dies kein desinteressierter Rat wäre, wiewohl ich meine, daß die Library of Congress nur an amerikanischen Autoren interessiert ist.

Glenn Gray hatte mir von der bösen Grippe bereits geschrieben. War es das Gleiche wie voriges Jahr? Hat es Euch sehr erschöpft zurückgelassen? Heinrich hatte die sog. Hong-Kong-Grippe im Winter, aber nicht schlimm; fünf Tage hohes Fieber und dann Schluß, ohne Medikamente und ohne Nachwirkungen.

Wir kommen Ende Mai nach Europa für mehrere Monate. Ich melde mich dann. Hier sind die Dinge wenig erfreulich.

Euch beiden von Herzen alles Gute. Heinrich grüßt herzlich.

110 Elfride Heidegger an Hannah Arendt

28. April 1969

Liebe Hannah,

wir danken Dir herzlich für Deine schnelle Antwort. Das Manuskript in den Handel zu geben, scheidet aus. Wir dachten daran, es einer öffentlichen Sammlung oder Stiftung anzubieten etwa wie die Library of Congress, die Du erwähnst. Wir bitten Dich, wenn es Dir nicht zuviel Mühe macht, den von Dir als besonders erfahrenen Bibliothekar bezeichneten Professor zu fragen, wieviel eventuell eine solche Handschriftensammlung bezahlen würde. Weitere Anfragen und auch Deine schriftliche Antwort sind nicht nötig; wir freuen uns, Euch bald hier zu sehen; wir können dann mündlich weiter davon reden.

»Erfreulich« ist's hier auch nicht, aber die Studierstube ist heil. Die Grippe ist auch überwunden.

Ende Mai sind wir noch hier, dann verreisen wir für einige Zeit, von der letzten Juni-Dekade an trefft Ihr uns immer hier an.

Nochmals Dank und herzliche Grüße Dir und Deinem Mann
Elfride

[Handschriftlicher Zusatz von M.H.]

Herzliche Grüße wie immer und auch für Heinrich

Martin

Dank auch noch für die Photos und den Film, was aus Basel kam.

111 Hannah Arendt an Elfride Heidegger

New York, den 17. Mai 1969

Liebe Elfride,

Wormann, der mir befreundete Bibliothekar, war vorgestern hier, und ich schreibe doch noch rasch, damit die Einzelheiten nicht in Vergessenheit geraten. Alles was nun folgt, sind seine Ratschläge:

1. Bibliotheken die besonders in Frage kommen: in Deutschland vor allem das Schiller-Archiv in Marbach, das auch Philosophie kauft und reichliche Geldmittel zur Verfügung hat. In Frankreich die Bibliothèque Nationale, die mitunter auch deutsche Manuskripte kauft (z.B. vor einigen Jahren eine große Heine-Sammlung), wenn sie für Frankreich relevant sind – was ja besonders von *Sein und Zeit* gilt. Sie würden aber, so meinte er, momentan kein Geld haben.

In Amerika: An erster Stelle Yale – in dessen Verlag ja auch die *Einführung in die Metaphysik* erschienen ist. Sie haben die größte (?) Sammlung von deutschen Manuskripten, vor allem auch sehr viel Rilke. Große deutsche Sammlungen haben ferner Princeton und Harvard.

Den höchsten Preis würde man vermutlich in Texas erzielen, das auf diesem Gebiet neu ist und sehr viel zu sehr hohen Preisen kauft. (Die Library of Congress kommt nicht in Frage, kauft nur Americana.)

2. Das Manuskript soll nicht in den Handel kommen. Also wie bietet man es an? Wormann wies darauf hin, wie leicht unerfahrene Leute betrogen werden oder Fehler machen. Das Beste sei, es durch Stargardt – den ich schon erwähnte – anbieten zu lassen; denn diese Firma auktioniert nicht nur, sondern vermittelt solche Angebote. Natürlich bekommen sie dafür Prozente, aber das zahle sich aus. An die Firma wiederum sollte am besten jemand aus der Familie herantreten, der ja sagen kann, er habe die Manuskripte geschenkt bekommen oder gewissermaßen geerbt. Wormann meinte auch, das gäbe steuerliche Erleichterungen – was ich nicht genau verstanden habe.

3. Wenn Ihr aber doch direkt anbieten wollt, so sollte dies auch durch einen Mittelsmann geschehen. In Amerika käme Glenn Gray in Frage, der ja ohnehin durch seine Position als Editor der Übersetzungen gewissermaßen legitimiert wäre. Für Deutschland war er nicht so sicher, vor allem auch nicht wem man alles ein Angebot machen solle, um einen vernünftigen Preis zu erzielen. Die größte Erfahrung auf diesem Gebiet und auch ganz vertrauenswürdig sei Professor Köster von der Deutschen Bibliothek in Frankfurt. Er ist der Nachfolger von Eppelsheimer, den ich kenne und der mir vor Jahren, als ich nach herrenlosem jüdischen kulturellen Eigentum fahndete, sehr behilflich gewesen ist. Er ist im Ruhestand, aber noch sehr munter und vielfach tätig. Ein weltläufiger, sehr angenehmer Mann.

4. Was nun den Wert betrifft – ein iustum pretium gibt es natürlich nicht. Durch vielfache Angebote kann der Preis sehr in die Höhe gehen. Er gab Beispiele: Ein nicht sehr interessanter Briefwechsel mit Einstein – 52 Briefe waren in London (das größte Auktionshaus in Europa Sotheby, Bond Street) auf 5,000 englische Pfunde geschätzt worden und brachten dann das Dreifache. Aber dies Haus kommt nicht in Frage, weil sie nur auktionieren. (Also anders als Stargardt.) Berlin hat den Nachlaß von Gerhart Hauptmann für mehr als 2½ Millionen Mark gekauft.

Er mochte also nicht gern schätzen, meinte aber dann doch

spontan, daß *Sein und Zeit* mindestens 70.000 bis 100.000 Mark bringen müßte, also ohne das Nietzsche-Manuskript. Es könne auch sehr viel mehr sein.

5. Schließlich: Wormann warnte noch, daß solche Sachen vertraulich nur bleiben können bis zur Tätigung des Verkaufs. Die Institution, die schließlich kauft, veröffentlicht ihre Käufe. Danach fühlen sich dann die anderen Institute, denen auch ein Angebot gemacht worden ist, nicht mehr zur Diskretion verpflichtet. So habe z. B. Schocken seine sehr wertvolle deutsche Sammlung vor einigen Jahren liquidiert – durch mehrere Mittelsmänner; heute aber wisse dennoch jedermann Bescheid.

Ich schreibe in Eile. Wir stehen vor der Abreise, und das Semester ist noch nicht zu Ende. Wir sind am 28. Mai in der Schweiz: Adresse: Casa Barbatè, 6652 Tegna, Ticino, Tel. 093-65430. Ich denke wir sehen uns Ende Juni oder Anfang Juli.

Alle Gute von Haus zu Haus – Hannah

112 Martin und Elfride Heidegger an Hannah Arendt

4. Juni 1969

Liebe Hannah,

ich danke Dir sehr, daß Du trotz Deiner großen Beanspruchung mir so ausführlich schriebst. An Marbach hatten wir zuerst gedacht, auch an das Goethehochstift in Frankfurt; ich fürchte nur, daß die Angebote von dort zu gering sein werden.

Übrigens: wenn ein Verkauf zustande kommt, ist vertrauliche Behandlung nicht vonnöten; wir wollten mit der Bitte an Dich nur vermeiden, daß es *vor* einem Verkauf zu einem Run auf dieses Manuskript käme auf dem internationalen Autographenmarkt.

Wir freuen uns, Dich – vielleicht Ende Juni? – hier zu sehen.

Bis dahin wünschen wir Dir und Deinem Mann die nach New York sicher dringend nötige Erholung.

Wir grüßen sehr herzlich
Martin und Elfride

113 Martin Heidegger an Hannah Arendt

Freiburg i. Br., 23. Juni 1969

Liebe Hannah,

Wir freuen uns auf Deinen Besuch und erwarten Dich am Donnerstag, d. 26. Juni, am frühen Nachmittag.

Wie immer
Martin

114 Martin Heidegger an Hannah Arendt

Freiburg i. Br., 2. August 1969

Liebe Hannah,

wir erwarten Euch also am 16. August nachmittags. Die Adresse von Dominique *Fourcade* lautet: 16 rue Théodule Ribot, 75 Paris 17e. Er ist ein sehr sympathischer junger Mann und Freund von René Char. Er besuchte uns vor einigen Jahren mit Jean Beaufret zusammen auf der Hütte.

Mit Marbach ist inzwischen eine günstige Vereinbarung zustande gekommen, so daß Du Dich nicht weiter zu bemühen brauchst.

Wir wünschen Euch für den Rest des Aufenthalts dort weiterhin eine gute Erholung.

Wir grüßen Euch herzlich und freuen uns auf das Wiedersehen und Kennenlernen.

Wie immer   Martin

N.S. Das Gespräch mit H. Jonas war sehr erfreulich. Er ist offenbar von der Theologie ganz abgekommen.

115   Hannah Arendt an Martin Heidegger

                              Tegna, den 8. August 1969
Lieber Martin,

dies nur um nochmals den 16. zu bestätigen. Wir sind gegen vier Uhr bei Euch. Für den Fall des Falles: Wir sind ab 15. abends in Zürich, Waldhaus Dolder.

Ich las erst jetzt das Séminaire du Thor. Es ist ein außerordentliches Dokument. In jeder Hinsicht. Für mich von besonderer Bedeutung, weil es mir die Marburger Zeit, Dich als Lehrer, so nahe brachte, aber nun eben mit Deinem heutigen Denken aufs innigste vereinigt. Ich lese anschließend die Urfassung der Logik, auf die Du mich aufmerksam machtest. (Die Differenzschrift kenne ich nicht, habe hier auch keine Möglichkeit.) Erstaunlich wie einfach die Dinge ursprünglich waren.

An Fourcade werde ich nun schreiben. Er hat mir zwei Gedichtbändchen mit einer rührenden Widmung nach New York geschickt. Ohne Adresse. Jonas war hier – überglücklich über das Züricher Treffen, von dem er so ausführlich, wie es seine Art ist, berichtete. Er ist von sehr viel mehr als der Theologie »ganz abgekommen«.

Euch beiden alles Gute.

                              Wie immer Hannah

Hannah Arendt für Martin Heidegger

Für Dich
    zum 26. September 1969
       nach fünfundvierzig Jahren
         wie seit eh und je
            Hannah

Meine Damen und Herren!
Martin Heidegger ist heute achtzig Jahre alt und feiert mit dem achtzigsten Geburtstag das fünfzigjährige Jubiläum seiner öffentlichen Wirkung als Lehrer. Plato hat einmal gesagt: ἀρχὴ γὰρ καὶ θεὸς ἐν ἀνθρώποις ἱδρυμένη σῴζει πάντα [arche gar kai theos en anthropois hidrymene sozei panta] – »denn der Anfang ist auch ein Gott, solange er unter den Menschen weilt, rettet er alles.«[1]

Lassen Sie mich also mit diesem Anfang in der Öffentlichkeit beginnen, nicht mit dem Jahre 1889 in Messkirch, sondern mit dem Jahre 1919, dem Eintritt des Lehrers in die deutsche akademische Öffentlichkeit an der Universität Freiburg. Denn Heideggers Ruhm ist älter als die Veröffentlichung von *Sein und Zeit* im Jahre 1927, ja es ist fraglich, ob der ungewöhnliche Erfolg dieses Buches – nicht nur das Aufsehen, das es sofort erregte, sondern vor allem die außerordentlich nachhaltige Wirkung, mit der sich sehr wenige Veröffentlichungen des Jahrhunderts messen können – möglich gewesen wäre ohne den, wie man sagt, Lehrerfolg, der ihm vorangegangen war, und den er, jedenfalls in der Meinung, derer, die damals studierten, nur bestätigte.

Um diesen Ruhm war es seltsam bestellt, seltsamer vielleicht noch als um den Kafkas in den frühen zwanziger Jahren oder den Braques und Picassos in Paris in dem davor liegenden Jahrzehnt, die ja auch dem, was man gemeinhin unter Öffentlichkeit versteht, unbekannt waren und dennoch eine außerordentliche Wirkung ausübten. Denn es lag in diesem Falle nichts vor, worauf der Ruhm sich hätte stützen können, nichts Schriftliches, es sei denn Kollegnachschriften, die von Hand zu Hand gingen; und die Kollegs handelten von Texten, die allgemein bekannt waren, sie enthielten keine Lehre, die man hätte wieder- und weitergeben können. Da war kaum mehr als ein Name, aber der Name reiste durch ganz Deutschland wie das Gerücht vom heimlichen König. Dies war etwas völlig anderes als die um einen »Meister« zentrierten und von ihm dirigierten »Kreise«, wie etwa der George-Kreis, die, der Öffentlichkeit wohl bekannt, sich von ihr durch die Aura eines Geheimnisses abgrenzen, um das angeblich nur die Mitglieder des Kreises wissen. Hier gab es weder Geheimnis noch Mitgliedschaft; diejenigen, zu denen das Gerücht gedrungen war, kannten sich zwar, weil sie alle Studenten waren, es gab gelegentliche Freundschaften unter ihnen und später kam es dann wohl auch hie und da zu Cliquenbildungen, aber es gab nie einen Kreis, und es gab keine Esoterik.

Wen denn erreichte das Gerücht, und was sagte es? Es gab damals, nach dem ersten Weltkrieg, an den deutschen Universitäten zwar keine Rebellen, aber ein weitverbreitetes Unbehagen an dem akademischen Lehr- und Lernbetrieb in all den Fakultäten, die mehr waren als bloße Berufsschulen, und bei all den Studenten, für die das Studium mehr bedeutete als die Vorbereitung auf den Beruf. Philosophie war kein Brotstudium, schon eher das Studium entschlossener Hungerleider, die gerade darum recht anspruchsvoll waren. Ihnen stand der Sinn keineswegs nach Welt- oder Lebensweisheit, und wem an der Lösung aller Rätsel gelegen war, dem stand eine reichliche Auswahl in den Angeboten der Weltanschauungen und Weltanschauungsparteien zur Verfügung; um das zu wählen, bedurfte es keines Philosophiestudiums. Was sie nun aber wollten, das wußten sie auch nicht. Die Universität bot ihnen gemeinhin entweder die Schulen – die Neu-Kantianer, die Neu-Hegelianer, die Neo-Platoniker usw. – oder die alte Schuldisziplin, in der Philosophie, säuberlich in Fächern aufgeteilt als Erkenntnistheorie, Ästhetik, Ethik, Logik und dergleichen, nicht so sehr vermittelt als durch bodenlose Langeweile erledigt wurde. Gegen diesen eher gemütlichen und in seiner Weise auch ganz soliden Betrieb gab es damals, noch vor dem Auftreten Heideggers, einige wenige Rebellen; es gab, chronologisch gesprochen, Husserl und seinen Ruf »Zu den Sachen selbst«, das hieß »Weg von den Theorien, weg von den Büchern« und Etablierung der Philosophie als einer strengen Wissenschaft, die sich neben anderen akademischen Disziplinen würde sehen lassen können. Das war natürlich ganz naiv und ganz unrebellisch gemeint, aber es war etwas, worauf sich erst Scheler und etwas später Heidegger berufen konnten. Und dann gab es noch in Heidelberg, bewußt rebellisch und aus einer anderen als der philosophischen Tradition kommend, Karl Jaspers, der, wie Sie wissen, lange mit Heidegger befreundet war, gerade weil ihn das Rebellische in Heideggers Vorhaben als etwas ursprünglich Philosophisches inmitten des akademischen Geredes *über* Philosophie ansprach.

Was diese Wenigen miteinander gemein hatten, war – um es in Heideggers Worten zu sagen – , daß sie »zwischen einem gelehrten Gegenstand und einer gedachten Sache« unterscheiden[2] konnten, und daß ihnen der gelehrte Gegenstand ziemlich gleichgültig war. Das Gerücht erreichte damals diejenigen, welche mehr oder minder ausdrücklich um den Traditionsbruch und die »finsteren Zeiten«, die angebrochen waren, wußten, die daher die Gelehrsamkeit gerade in Sachen der Philosophie für ein müßiges Spiel hielten und nur darum bereit waren, sich der akademischen Disziplin zu fügen, weil es ihnen um die »gedachte Sache« oder, wie Heidegger heute sagen würde, um »die Sache des Denkens«[3] ging. Das Gerücht, das sie nach Freiburg zu dem Privatdozenten und etwas später nach Marburg lockte, sagte, daß es einen gibt, der die Sachen, die Husserl proklamiert hatte, wirklich erreicht, der weiß, daß sie keine akademische Angelegenheit sind, sondern das Anliegen von denkenden Menschen, und zwar nicht erst seit gestern und heute, sondern seit eh und je, und der gerade weil ihm der Faden der Tradition gerissen ist, die Vergangenheit neu entdeckt. Technisch entscheidend war, daß z. B. nicht *über* Plato gesprochen und seine Ideenlehre dargestellt wurde, sondern daß ein Dialog durch ein ganzes Semester Schritt für Schritt verfolgt und abgefragt wurde, bis es keine tausendjährige Lehre mehr gab, sondern nur eine höchst gegenwärtige Problematik. Heute klingt Ihnen das vermutlich ganz vertraut, weil so viele es jetzt so machen; vor Heidegger hat es niemand gemacht. Das Gerücht sagte es ganz einfach: Das Denken ist wieder lebendig geworden, die totgeglaubten Bildungsschätze der Vergangenheit werden zum Sprechen gebracht, wobei sich herausstellt, daß sie ganz andere Dinge vorbringen, als man mißtrauisch vermutet hat. Es gibt einen Lehrer; man kann vielleicht das Denken lernen.

Der heimliche König also im Reich des Denkens, das durchaus von dieser Welt doch so in ihr verborgen ist, daß man nie genau wissen kann, ob es überhaupt existiert, dessen Bewohner aber dann doch zahlreicher sind, als man glaubt. Denn wie könnte man sich sonst den einmaligen, oft unterirdischen Einfluß Heideggerschen Denkens und denkenden Lesens erklären, der so weit über den Kreis der Schüler und über das, was man gemeinhin unter Philosophie versteht, hinausgeht?

Denn es ist nicht Heideggers Philosophie, von der man mit Recht fragen kann, ob es sie überhaupt gibt,[4] sondern Heideggers Denken, das so entscheidend die geistige Physiognomie des Jahrhunderts mitbestimmt hat. Dies Denken hat eine nur ihm eigene bohrende Qualität, die, wollte man sie sprachlich fassen und nachweisen, in dem transitiven Gebrauch des Verbums »denken« liegt. Heidegger denkt nie »über« etwas; er denkt etwas. In dieser ganz und gar unkontemplativen Tätigkeit bohrt er sich in die Tiefe, aber nicht, um in dieser Dimension – von der man sagen könnte, daß sie in dieser Weise und Präzision vorher schlechterdings unentdeckt war – einen letzten und sichernden Grund zu entdecken oder gar zutage zu fördern, sondern um, in der Tiefe verbleibend, Wege zu legen und »Wegmarken«[5] zu setzen. Dies Denken mag sich Aufgaben stellen, es mag mit »Problemen« befaßt sein, es hat ja natürlich immer etwas Spezifisches, womit es gerade beschäftigt oder genauer wovon es gerade erregt ist; aber man kann nicht sagen, daß es ein Ziel hat. Es ist unaufhörlich tätig, und selbst das Wegelegen dient eher der Erschließung einer Dimension als einem im Vorhinein gesichteten und darauf ausgerichteten Ziel. Die Wege dürfen ruhig »Holzwege« sein, die ja gerade, weil sie nicht zu einem außerhalb des Waldes gelegenen Ziel führen und »jäh im Unbegangenen aufhören«[6], demjenigen, der den Wald liebt und in ihm sich heimisch fühlt, ungleich gemäßer sind als die sorgsam angelegten Problemstraßen, auf denen die Untersuchungen der zünftigen Philosophen und Geisteswissenschaftler hin- und hereilen. Die Metapher von den »Holzwegen« trifft etwas sehr Wesentliches, aber nicht, wie es erst scheint, daß jemand auf den Holzweg geraten ist, von dem es nicht weitergeht, sondern daß jemand dem Holzfäller gleich, dessen Geschäft der Wald ist, auf Wegen geht, die von ihm selbst gebahnt wurden, wobei das Bahnen der Pfade nicht weniger zum Geschäft gehört als das Schlagen des Holzes.

Heidegger hat in dieser erst von seinem bohrenden Denken erschlossenen Tiefendimension ein großes Netz solcher Denkpfade angelegt; und das einzige unmittelbare Resultat, das verständlicherweise beachtet worden ist und Schule gemacht hat, ist, daß er das Gebäude der überkommenen Metaphysik, in dem sich ohnehin schon geraume Zeit niemand so recht wohl fühlte, so zum Einsturz gebracht hat, wie eben unterirdische Gänge und Wühlarbeiten das zum Einsturz bringen, dessen Fundamente nicht tief genug abgesichert sind. Dies ist eine historische Angelegenheit, vielleicht sogar erster Ordnung, aber es braucht uns, die wir außerhalb aller Zünfte, auch der historischen, stehen, nicht zu kümmern. Daß man Kant aus einer spezifischen Perspektive mit Recht den »alles Zermalmenden« nennen konnte, hat mit dem, wer Kant war – im Unterschied zu seiner geschichtlichen Rolle – wenig zu tun. Und was Heideggers Anteil an dem Einsturz der Metaphysik, der ohnehin bevorstand, anlangt, so ist ihm, und nur ihm, zu danken, daß dieser Einsturz in einer dem Vorangegangenen würdigen Weise vonstatten gegangen, daß die Metaphysik zu Ende *gedacht* worden ist und nicht nur von dem, was nach ihr folgte, gleichsam überrannt wurde. »Das Ende der Philosophie«, wie Heidegger sagt,[7] aber ein Ende, das der Philosophie Ehre macht und sie in Ehren hält, bereitet von dem, der ihr am tiefsten verhaftet war. Ein Leben lang hat er seinen Seminaren und Vorlesungen die Texte der Philosophen zugrunde gelegt und erst im Alter sich so weit hervor- und herausgewagt, daß er ein Seminar über einen eigenen Text hielt.[8]

Ich sagte, man folgte dem Gerücht, um das Denken zu lernen, und was man nun erfuhr, war, daß Denken als reine Tätigkeit, und das heißt weder vom Wissensdurst noch vom Erkenntnisdrang getrieben, zu einer Leidenschaft werden kann, die alle anderen Fähigkeiten und Gaben nicht so sehr beherrscht als ordnet und durchherrscht. Wir sind so an die alten Entgegensetzungen von Vernunft und Leidenschaft, von Geist und Leben gewöhnt, daß uns die Vorstellung von einem *leidenschaftlichen* Denken, in dem Denken und Lebendigsein eins werden, einigermaßen befremdet. Heidegger selbst hat einmal dies Einswerden – einer gut bezeugten Anekdote zufolge – in einem einzigen lapidaren Satz ausgedrückt, als er zu Beginn einer Aristoteles-Vorlesung statt der üblichen biographischen Einleitung sagte: »Aristoteles wurde geboren, arbeitete und starb.« Daß es so etwas gibt, ist zwar, wie wir im Nachhinein erkennen können, die Bedingung der Möglichkeit von Philosophie überhaupt, aber es ist mehr als fraglich, daß wir dies ohne Heideggers denkende Existenz zumal in unserem Jahrhundert je erfahren hätten. Dies Denken, das als Leidenschaft aus dem einfachen Faktum des In-die-Welt-geborenseins aufsteigt und nun »dem Sinn nachdenkt, der in allem waltet, was ist,«[9] kann so wenig einen Endzweck – die Erkenntnis oder das Wissen – haben wie das Leben selbst. Das Ende des Lebens ist der Tod, aber der Mensch lebt nicht um des Todes willen, sondern weil er ein lebendiges Wesen ist; und er denkt nicht um irgendwelcher Resultate willen, sondern weil er ein »denkendes, d.h. sinnendes Wesen«[10] ist.

Dies hat zur Folge, daß das Denken sich zu seinen eigenen Resultaten eigentümlich destruktiv beziehungsweise kritisch verhält. Gewiß, die Philosophen haben seit den Philosophenschulen des Altertums eine fatale Neigung zum Systembauen gezeigt, und wir haben heute oft Mühe, die erstellten Gebäude zu demontieren, um das eigentlich Gedachte zu entdecken. Aber diese Neigung stammt nicht aus dem Denken selbst, sondern aus ganz anderen und ihrerseits durchaus legitimen Bedürfnissen. Will man das Denken in seiner unmittelbaren, leidenschaftlichen Lebendigkeit an seinen Resultaten messen, so erginge es ihm wie dem Schleier der Penelope – es würde von sich aus das am Tage Gesponnene unerbittlich des Nachts wieder auftrennen, um am nächsten Tage aufs neue beginnen zu können. Jede von Heideggers Schriften liest sich, trotz der gelegentlichen Bezugnahmen auf bereits Veröffentlichtes, als finge er von Anfang an und übernähme nur jeweils die bereits von ihm geprägte Sprache, das Terminologische also, wobei aber die Begriffe nur »Wegmarken« sind, an denen sich ein neuer Gedankengang orientiert. Heidegger erwähnt diese Eigentümlichkeit des Denkens, wenn er anläßlich Nietzsches von »der je wieder anfangenden Rücksichtslosigkeit des Denkens« spricht, wenn er betont, »inwiefern die *kritische* Frage, welches die Sache des Denkens sei, notwendig und ständig zum Denken gehört«, wenn er sagt, daß das Denken »den Charakter eines Rückgangs« habe; und er praktiziert den Rückgang, wenn er *Sein und Zeit* einer »immanenten Kritik« unterwirft oder feststellt, daß eine bestimmte Interpretation der platonischen Wahrheit »nicht haltbar sei« oder ganz allgemein von dem »Rückblick« auf das eigene Werk spricht, »der stets zu einer retractatio wird«, nicht etwa zu einem Widerruf, sondern zu einem Neudenken des schon Gedachten.[11]

Jeder Denker, wenn er nur alt genug wird, muß danach trachten, das eigentlich Resultathafte seines Gedachten aufzulösen, und zwar einfach dadurch, daß er es aufs neue bedenkt. (Er wird mit Jaspers sagen: »Und nun, da man erst richtig anfangen wollte, soll man gehen!«) Das denkende Ich ist alterslos, und es ist der Fluch und der Segen der Denker, sofern sie nur im Denken wirklich sind, daß sie alt werden, ohne zu altern. Auch ist es mit der Leidenschaft des Denkens wie mit anderen Leidenschaften – was wir gemeinhin als die Eigenschaften der Person kennen, deren vom Willen geordnete Gesamtheit dann so etwas wie den Charakter ergibt, hält dem Ansturm der Leidenschaft, die den Menschen und die Person ergreift und gewissermaßen in Besitz nimmt, nicht stand. Das Ich, das denkend in dem entfesselten Sturm »innesteht«, wie Heidegger sagt, und für das die Zeit buchstäblich stillsteht, ist nicht nur alterslos, es ist auch, obwohl immer ein spezifisch anderes, eigenschaftslos. Das denkende Ich ist alles andere als das Selbst des Bewußtseins. Zudem ist Denken, wie Hegel gelegentlich von der Philosophie bemerkt, »etwas Einsames«[12], und dies nicht nur weil in dem, wie Plato sagt, »tonlosen Zwiegespräch mit mir selbst«[13] ich allein bin, sondern weil in dem Zwiegespräch immer etwas »Unsagbares« mitschwingt, das durch die Sprache nicht voll zum Tönen, nicht eigentlich zum Sprechen gebracht werden kann, sich also nicht nur anderen, sondern auch dem Betroffenen nicht mitteilt. Es ist vermutlich dies »Unsagbare«, von dem Plato im *Siebenten Brief* spricht, was das Denken so sehr zu etwas Einsamem macht und was doch den jeweils verschiedenen Nährboden bildet, aus dem es aufsteigt und sich ständig erneuert. Man könnte sich gut vorstellen, daß – was bei Heidegger wohl keineswegs der Fall ist – die Leidenschaft des Denkens unversehens den geselligsten Menschen befällt und ihn infolge des Einsamen zugrunde richtet.

Der erste und, soweit ich weiß, auch der einzige, der von dem Denken als einem »pathos«, einem erleidend zu Ertragenden, das einen befällt, gesprochen hat, war Plato, der das Erstaunen den Anfang der Philosophie nennt,[14] und damit natürlich keineswegs das bloße Sichwundern meint, das in uns aufsteigt, nicht aber uns pathos-gleich befällt, wenn uns etwas Fremdartiges begegnet. Denn das Erstaunen, das der Anfang des Denkens ist – wie das Sichwundern wohl der Anfang der Wissenschaften – gilt dem Alltäglichen, dem Selbstverständlichen, dem durchaus Gekannten und Bekannten; dies ist auch der Grund, warum es durch keine Erkenntnis beschwichtigt werden kann. Heidegger spricht einmal ganz im Sinne Platos von dem »Vermögen, vor dem Einfachen zu erstaunen«, aber er fügt anders als Plato hinzu: »*und dieses Erstaunen als Wohnsitz anzunehmen*«[15]. Dieser Zusatz scheint mir für eine Besinnung auf den, der Martin Heidegger ist, entscheidend. Denn das Denken und das mit ihm verbundene Einsame kennen, wie wir doch hoffen, vielleicht nicht alle, aber doch viele Menschen; aber ihren Wohnsitz haben sie dort zweifellos nicht, und wenn sie das Erstaunen vor dem Einfachen überfällt und sie sich, dem Erstaunen nachgebend, auf das Denken einlassen, so wissen sie, daß sie aus ihrem angestammten Aufenthalt in dem Kontinuum der Geschäfte und Beschäftigungen, in welchen die menschlichen Angelegenheiten sich vollziehen, herausgerissen sind und nach einer kurzen Weile wieder dahin zurückkehren werden. Der Wohnsitz, von dem Heidegger spricht, liegt metaphorisch gesprochen abseits von den Behausungen der Menschen, und wiewohl es auch an diesem Orte sehr stürmisch zugehen kann, so sind doch diese Stürme noch um einen Grad metaphorischer, als wenn wir von den Stürmen der Zeit sprechen; gemessen an anderen Orten der Welt, den Orten der menschlichen Angelegenheiten, ist der Wohnsitz des Denkens ein »Ort der Stille«[16].

Ursprünglich ist es das Erstaunen selbst, das die Stille erzeugt und verbreitet, und es ist um dieser Stille willen, daß die Abgeschirmtheit gegen alle Geräusche, auch das Geräusch der eigenen Stimme, zur unerläßlichen Bedingung dafür wird, daß sich aus dem Erstaunen ein Denken entfalten kann. Darin liegt bereits eine eigentümliche Verwandlung beschlossen, die allem geschieht, was nun in den Umkreis dieses Denkens gerät. In seiner wesentlichen Weltabgeschiedenheit hat es das Denken immer nur mit Abwesendem zu tun, mit Sachen oder Dingen, die der unmittelbaren Wahrnehmung entzogen sind. Steht man etwa einem Menschen von Angesicht zu Angesicht gegenüber, so nimmt man ihn zwar in seiner ganzen, immer beglückenden Leibhaftigkeit wahr, aber man denkt nicht an ihn. Tut man es doch, so schiebt sich bereits eine Wand zwischen die einander Begegnenden, man entfernt sich heimlich aus der unmittelbaren Begegnung. Um im Denken einer Sache oder auch einem Menschen nahe zu kommen, muß sie für die unmittelbare Wahrnehmung in der Ferne liegen. Das Denken, sagt Heidegger, ist »das In-die-Nähe-kommen zum Fernen«[17]. Man kann sich das leicht an einer bekannten Erfahrung vergegenwärtigen. Wir gehen auf Reisen, um fern entlegene Sehenswürdigkeiten in der Nähe zu besichtigen; dabei geschieht es oft, daß uns erst in der rückblickenden Erinnerung, wenn wir nicht mehr unter dem Druck des Eindrucks stehen, die Dinge, die wir gesehen haben, ganz nahe kommen, als erschlössen sie erst jetzt ihren Sinn, da sie nicht mehr anwesend sind. Diese Umkehrung der Verhältnisse und Relationen, daß das Denken das Nahe entfernt beziehungsweise sich aus dem Nahen zurückzieht und das Entfernte in die Nähe zieht, ist ausschlaggebend, wenn wir uns über den Wohnsitz des Denkens klar werden wollen. Die Erinnerung, die im Denken zum Andenken wird, hat eine so eminente Rolle in der Geschichte des Denkens über das Denken als einer mentalen Fähigkeit gespielt, weil sie uns verbürgt, daß Nähe und Ferne, wie sie sinnlich gegeben sind, einer solchen Umkehrung überhaupt fähig sind.

Heidegger hat sich über den ihm angestammten »Wohnsitz«, den Wohnsitz des Denkens, nur gelegentlich, andeutungsweise und zumeist negativ ausgesprochen – so wenn er sagt, daß das Fragen des Denkens »nicht in der gewöhnlichen Ordnung des Alltags steht«, nicht »im Umkreis der dringlichen Besorgung und Befriedigung herrschender Bedürfnisse«, ja daß »das Fragen selbst außer der Ordnung ist«.[18] Aber diese Nähe-Ferne-Relation und ihre Umkehrung im Denken durchzieht wie ein Grundton, auf den alles gestimmt ist, das ganze Werk. Anwesen und Abwesen, Verbergen und Entbergen, Nähe und Ferne – ihre Verkettung und die Bezüge, die zwischen ihnen walten, haben mit der Binsenwahrheit, daß es Anwesen nicht geben könnte, wenn Abwesen nicht erfahren wäre, Nähe nicht ohne Ferne, Entbergen nicht ohne Verbergen, so gut wie nichts zu tun. Aus der Perspektive des Wohnsitzes des Denkens gesehen waltet in der Tat in der Umgebung dieses Wohnsitzes, in der »gewöhnlichen Ordnung des Alltags« und der menschlichen Angelegenheiten, der »Seinsentzug« oder die »Seinsvergessenheit«, der Entzug dessen, womit das Denken, das sich seiner Natur nach an das Abwesende hält, es zu tun hat. Die Aufhebung dieses »Entzugs« ist immer mit einem Entzug der Welt der menschlichen Angelegenheiten bezahlt, und dies auch dann, wenn das Denken gerade diesen Angelegenheiten in der ihm eigenen abgeschiedenen Stille nachdenkt. So hat auch Aristoteles bereits, das große Beispiel Plato noch lebendig vor Augen, den Philosophen dringend geraten, nicht die Könige in der Welt der Politik spielen zu wollen.

»Das Vermögen«, wenigstens gelegentlich »vor dem Einfachen zu erstaunen«, ist vermutlich allen Menschen eigen, und die uns aus Vergangenheit und Gegenwart bekannten Denker dürften sich dann dadurch auszeichnen, daß sie aus diesem Erstaunen das Vermögen zu denken beziehungsweise das ihnen jeweils gemäße Denken entwickeln. Mit dem Vermögen, »dieses Erstaunen als Wohnsitz anzunehmen«, steht es anders. Es ist außerordentlich selten, und wir finden es einigermaßen sicher belegt nur bei Plato, der sich über die Gefahren dieses Wohnsitzes mehrmals und am drastischsten im *Theaitet* geäußert hat. Dort berichtet er auch, offenbar als erster, die Geschichte von Thales und der thrakischen Bauernmagd, die mitansah, wie der »Weise«, um die Sterne zu beschauen, den Blick nach oben gerichtet, in den Brunnen fiel, und lachte, daß einer, der den

Himmel kennen wolle, nicht mehr wisse, was zu seinen Füßen liegt.[19] Thales, wenn wir Aristoteles trauen wollen, ist gleich sehr beleidigt gewesen, zumal seine Mitbürger ihn ob seiner Armut zu verspotten pflegten, und er hat durch eine groß angelegte Spekulation in Ölpressen beweisen wollen, daß es den »Weisen« ein leichtes sein würde, reich zu werden, wenn es ihnen damit ernst wäre.[20] Und da Bücher bekanntlich nicht von Bauernmädchen geschrieben werden, hat das lachlustige thrakische Kind sich noch von Hegel sagen lassen müssen, daß es eben keinen Sinn für das Höhere habe. Plato, der bekanntlich im *Staat* nicht nur den Dichtern das Handwerk legen, sondern auch den Bürgern, zum mindesten der Klasse der Wächter, das Lachen verbieten wollte,[21] hat das Gelächter der Mitbürger mehr gefürchtet als die Feindseligkeit der Meinungen gegen den Absolutheitsanspruch der Wahrheit; vielleicht hat gerade er gewußt, daß der Wohnsitz des Denkers von außen gesehen leicht dem aristophanischen Wolkenkuckucksheim gleicht. Jedenfalls hat er gewußt, daß das Denken, wenn es sein Gedachtes zu Markte tragen will, unfähig ist, sich des Lachens der Anderen zu erwehren; und dies mag unter anderem ihn dazu bewogen haben, in bereits vorgerücktem Alter dreimal nach Sizilien aufzubrechen, um dem Tyrannen von Syrakus durch Mathematikunterricht, der als Einführung in die Philosophie ihm unerläßlich schien, auf die Sprünge zu helfen. Daß diese phantastische Unternehmung aus der Perspektive des Bauernmädchens gesehen sich noch erheblich komischer ausnimmt als das Mißgeschick des Thales, hat er nicht bemerkt. Und gewissermaßen zu Recht; denn so viel ich weiß, hat niemand gelacht, und ich kenne keine Darstellung dieser Episode, die auch nur lächelt. Wozu das Lachen gut ist, haben die Menschen offensichtlich noch nicht entdeckt, vielleicht weil ihre Denker, die seit eh und je auf das Lachen schlecht zu sprechen waren, sie dabei im Stich gelassen haben, wenn auch hie und da einmal einer über seine unmittelbaren Anlässe sich den Kopf zerbrochen hat.

Nun wissen wir alle, daß auch Heidegger einmal der Versuchung nachgegeben hat, seinen Wohnsitz zu ändern und sich in die Welt der menschlichen Angelegenheiten »einzuschalten« – wie man damals so sagte. Und was die Welt betrifft, so ist es ihm noch um einiges schlechter bekommen als Plato, weil der Tyrann und seine Opfer sich nicht jenseits der Meere, sondern im eigenen Lande befanden.[22] Was ihn selbst anlangt, so steht es, meine ich, anders. Er war noch jung genug, um aus dem Schock des Zusammenpralls, der ihn nach zehn kurzen, hektischen Monaten vor 35 Jahren auf seinen angestammten Wohnsitz zurücktrieb, zu lernen und das Erfahrene in seinem Denken zu verwurzeln und anzusiedeln. Was sich ihm daraus ergab, war die Entdeckung des Willens als des Willens zum Willen und damit als des Willens zur Macht. Über den Willen ist in der Neuzeit und vor allem der Moderne viel geschrieben, aber über sein Wesen trotz Kant, trotz Nietzsche nicht sehr viel gedacht worden. Jedenfalls hat niemand vor Heidegger gesehen, wie sehr dieses Wesen dem Denken entgegensteht und sich zerstörerisch auf es auswirkt. Zum Denken gehört die »Gelassenheit«, und vom Willen aus gesehen muß der Denkende nur scheinbar paradox sagen: »Ich will das Nicht-Wollen«, denn nur »durch dieses hindurch«, nur wenn wir »uns des Willens entwöhnen«, können »wir uns ... auf das gesuchte Wesen des Denkens, das nicht ein Wollen ist, einlassen«.[23]

Wir, die wir die Denker ehren wollen, wenn auch unser Wohnsitz mitten in der Welt liegt, können schwerlich umhin, es auffallend und vielleicht ärgerlich zu finden, daß Plato wie Heidegger, als sie sich auf die menschlichen Angelegenheiten einließen, ihre Zuflucht zu Tyrannen und Führern nahmen. Dies dürfte nicht nur den jeweiligen Zeitumständen und noch weniger einem vorgeformten Charakter, sondern eher dem geschuldet sein, was die Franzosen eine »déformation professionnelle« nennen. Denn die Neigung zum Tyrannischen läßt sich theoretisch bei fast allen großen Denkern nachweisen (Kant ist die große Ausnahme), und wenn diese Neigung in dem, was sie taten, nicht nachweisbar ist, so nur, weil sehr Wenige selbst unter ihnen über

»das Vermögen, vor dem Einfachen zu erstaunen«, hinaus bereit waren, »dieses Erstaunen als Wohnsitz anzunehmen«.

Und bei diesen Wenigen ist es letztlich gleichgültig, wohin die Stürme ihres Jahrhunderts sie verschlagen mögen. Denn der Sturm, der durch das Denken Heideggers zieht – wie der, welcher uns nach Jahrtausenden noch aus dem Werk Platos entgegenweht – stammt nicht aus dem Jahrhundert. Er kommt aus dem Uralten, und was er hinterläßt, ist ein Vollendetes, das wie alles Vollendete heimfällt zum Uralten.

117   Hannah Arendt für Martin Heidegger

»und wenn die reißende Zeit mir
Zu gewaltig das Haupt ergreift, und die Not und das Irrsal
Unter Sterblichen mir mein sterblich Leben erschüttert,
Laß der *Stille* mich dann in *deiner* Tiefe gedenken!«
                                                                        Hölderlin

An seinem achtzigsten Geburtstag denken die Zeitgenossen des Meisters, des Lehrers und manche wohl auch des Freundes. Sie halten inne und versuchen, sich Rechenschaft davon zu geben, was dies Leben, das in seiner gesammelten Fülle nun als ein präsent Gegenwärtiges zum Vorschein gekommen ist – ist dies nicht der Segen des Alters? – wohl für sie und für die Welt und für die Zeit bedeute. Auf diese Frage mag jeder eine andere Antwort bereit halten und dann hoffen, die Antwort möge der leidenschaftlichen Erfülltheit dieses Lebens, von der das Werk zeugt, einigermaßen gerecht werden.

Mir will scheinen, daß Leben und Werk uns gelehrt haben, was DENKEN ist, und daß die Schriften dafür paradigmatisch bleiben werden, paradigmatisch auch für den Mut, sich ins unbetreten Ungeheure zu wagen, dem noch Ungedachten sich ganz und gar zu exponieren, der dem eigen sein muß, der seine

Sache auf nichts anderes gestellt hat als eben auf das Denken und seine unheimliche Tiefe.

Mögen diejenigen, die nach uns kommen, wenn sie unseres Jahrhunderts und seiner Menschen gedenken und ihnen die Treue zu halten versuchen, auch der verwüstenden Sandstürme nicht vergessen, die uns alle, jeden auf seine Weise, umhergetrieben haben, und in denen dennoch so etwas wie dieser Mann und sein Werk möglich waren.

118 *Martin Heidegger an Hannah Arendt*

Freiburg i. Br., 27. Nov. 1969

Liebe Hannah,

mein Dank für Dein vielfältiges Gedenken zu meinem 80. Geburtstag und für Euer Wein-Geschenk kommt spät. Aber ich habe Dir in der Zwischenzeit andenkend oft gedankt: für den maschinengeschriebenen Text Deiner Rundfunkrede mit der handschriftlichen Widmung, für den von Paeschke geschickten Text im *Merkur*, für den Aufsatz in der *Süddeutschen Zeitung*, für Deinen Beitrag in der Tabula gratulatoria.

Ich fange jetzt erst nach der Erledigung der sonstigen, durch Fernsehsendungen veranlaßten und so vermehrten Geburtstagspost an, die mich angehenden Glückwünsche – wie es in der Schweiz heißt – zu verdanken.

Du hast vor allen anderen die innere Bewegung meines Denkens und der Lehrtätigkeit getroffen. Sie ist seit der Sophistes-Vorlesung dieselbe geblieben.

Das Geschriebene übertrafen Deine Besuche, zuletzt mit Heinrich zusammen. Ich denke noch gern an mein Gespräch mit Heinrich über den *Nietzsche*. So viel Einsicht und Weitblick sind selten.

Die Feiern in Meßkirch und Amriswil waren erfreulich. Die in Amriswil erfreute auch unsere Kinder und Enkel. Aber vier Tage nach meinem Geburtstag starb die Frau meines Bruders an einem Herzschlag. Nach den Feiern verbrachten wir ungewöhnlich schöne und milde Oktobertage ausruhend auf der Hütte.

Die kleinen Zeichen meines Dankes kommen mit gesonderter Post. Noch nicht dabei sind, weil erst in Vorbereitung: 1. Der Text des Kolloquiums in der Heidelberger Akademie der Wissenschaften. 2. Der Text der Reden in Meßkirch. 3. Der Text der Sendung im Zweiten Deutschen Fernsehen. 4. Der Text der Reden in Amriswil. Die bei Klostermann herausgegebene Festschrift *Durchblicke* enthält Beiträge von Autoren unter 40 Jahren; ausgenommen ist der Beitrag von H. Jonas. Nach den Stichproben in den Fahnen zeigt sich da ein erfreuliches Niveau.

Von Glenn Gray haben wir seit seiner Abreise keine Nachricht. Es soll ihm aber, nach Mitteilung seiner Schwägerin, gut gehen.

Wir grüßen Euch herzlich mit unseren guten Wünschen.

  Wie immer

    Martin

Die gesonderte Sendung enthält:
1. Das von der Heimatstadt herausgegebene Bändchen.
2. *Zur Sache des Denkens* (Niemeyer),
   eingelegt zwei Ausschnitte aus der *NZZ*, 21. IX. und 5. X. 1969.
3. *Die Kunst und der Raum*, Erkerpresse St. Gallen.
4. Den Vortrag »Theologie und Philosophie« (1928) und ein Text aus dem Jahr 1964.

119 Hannah Arendt an Martin Heidegger

Schönes, weißes, ruhiges Weihnachten 1969.

Lieber Martin,

Dank für Deinen Brief! Nun dürfte das Verdanken bald geschafft sein, und ein wenig hat Dich doch wohl so alles gefreut, und wenn nicht alles, so doch einiges hier und da. Der Tod Deiner Schwägerin gleich danach – das Leben hat so seine Art, Akzente zu setzen. Wie wird das nun mit Deinem Bruder? Heißt es, daß Du nicht mehr nach Meßkirch kannst?

Die schöne Sondersendung, die Du ankündigst, ist noch nicht angekommen. Vor dem Flugverkehr brauchte Schiffspost von drüben, sagt man mir, etwa 10 Tage; jetzt ca. 6 Wochen. Das ist so der Fortschritt. Ich muß gleich nach Neujahr für zwei Wochen nach Chicago, werde also bis zur zweiten Hälfte Januar damit warten müssen. *Zur Sache des Denkens* (Du gabst mir die korrigierten Fahnen) habe ich mehrmals sehr eingehend gelesen. Ich kannte »Zeit und Sein«, und das darauf folgende Seminar ist außerordentlich aufschlußreich. (Immer wieder: der Lehrer.) »Das Ende der Philosophie«: wenn wir über die nächsten paar Jahrzehnte einigermaßen heil hinwegkommen, was natürlich keineswegs gesagt ist, wird sich erst herausstellen, wie viel Gutes dies Ende hat und wie viel Gutes es denen, die nach uns kommen, hinterläßt. Ich habe immer gemeint, statt *Sein und Zeit* nach der Kehre: Sein und Denken. Nun sagst Du: »Lichtung und Anwesenheit«. Das klingt sehr überzeugend und gibt viel zu denken.

Du besinnst Dich, daß ich, als wir in Freiburg waren, ein verlorenes Gedicht Pindars erwähnte. Ich kenne es aus Snell, *Entdeckung des Geistes*, p. 125:

»Der Bericht eines spätantiken Redners überliefert Folgendes (Aristides 2, 142; vgl. Choric. Gaz. 13, 1 entspricht fr. 31):
›Pindar erzählt, bei der Hochzeit des Zeus hätten die Götter

selbst, als Zeus sie fragte, ob sie noch etwas vermißten, gebeten, er möge sich einige Götter schaffen, die diese großen Werke und all das, was er eingerichtet hätte, mit Worten und Musik schmückten.‹«

Und Snell fügt interpretierend (p. 126) hinzu: »Alle Schönheit ist unvollkommen, wenn niemand da ist, sie zu preisen.«

Berichten möchte ich auch noch, daß ich vor Monaten einen reizenden Brief von Fourcade hatte, in dem stand, daß Du mich gelobt hättest, »de vive voix«. Ich bin immer noch ganz rot vor Freude.

Natürlich, Schreiben und Lesen sind ein kläglicher Ersatz für Sehen und Sprechen. Ich denke, wir kommen im Frühjahr wieder, vermutlich wieder Tegna; aber ganz sicher ist es noch nicht. Dann, bald, sehen und sprechen wir uns. Joan Stambaugh war mehrmals hier; auch Heinrich hat sich mit ihr angefreundet. Sehr, sehr nett und sehr begabt; eine richtige Freude. Ende der Woche kommt Glenn Gray; es geht ihm gut. Er hat sich bei uns ein Dinner bestellt mit Joan und Robert Lowell, einem amerikanischen Dichter und alten Freund von mir, mit dem er sich auch angefreundet hat, da Lowell Grays Buch, *The Warriors*, gefiel und er sich dort kräftig bedient hat.

Uns geht es gut. Heinrich bekommt der tägliche Ärger, den das Zeitungslesen so mit sich bringt, ausgezeichnet, und ich erfreue mich meines Urlaubs von dem Lehren für dieses Jahr.

Euch beiden alle guten Wünsche zum Neuen Jahr. Heinrich grüßt herzlich.

    Wie immer –

        Hannah

119 a   Hannah Arendt an Elfride Heidegger

den 25. 12. 69

Liebe Elfride,

ich schrieb gerade einen langen Brief an Martin, mochte aber das Beiliegende nicht einlegen. Die ganze Sache ist zu dumm, um ihn damit zu behelligen. Du siehst, daß die Dame Blumenthal Martins Brief in der Tat publiziert hat – wenn ich recht erinnere, korrekt, wenn auch nicht gerade sehr schön, übersetzt. Dann hat sie, um sich aus der Affäre zu ziehen, die Sache von einer anderen Seite aufgezogen. Ich dachte einen Moment daran zu antworten. Aber da sie ganz unbekannt ist (ich habe mich erkundigt) und die Zeitung auch nicht gerade berühmt ist, bin ich der Meinung, daß jede Antwort ihr nur eine Publizität gibt, die sie sonst nicht erreichen kann. Das Beste ist wirklich, es einfach laufen zu lassen.

Wie geht es Dir? Wie hast Du den Geburtstag überstanden? Und was macht der Hausbau?

Herzliche Grüße –
Hannah

120 Hannah Arendt an Martin Heidegger

New York, den 12. März 1970

Lieber Martin,

seit langem will ich Dir schreiben und Dir danken, für die herrliche Sendung, habe Dir auch oft lange Briefe geschrieben – viel zu lang, um richtig aufgeschrieben zu werden, schon weil das ja verlangt, daß man vom Denkplatz (Sofa oder Schaukelstuhl) sich an die Maschine begeben muß. Und richtig lange Denk- und Dankbriefe unterbricht man nur ungern.

Immer wieder lese ich *Zur Sache des Denkens*, vor allem den Abschnitt von dem »Ende der Philosophie und der Aufgabe des Denkens«. Natürlich ist dies auch das Ende des Positivismus und der vielen neo-positivistischen Versuche. Ich bin schon seit vielen Jahren der Meinung – seit ich die *Einführung in die Metaphysik* las – daß Du mit dem Zu-Ende-Denken der Metaphysik und der Philosophie nun wirklich Raum gemacht hast für das Denken – ohne Geländer, vermutlich auch ohne Spekulation, aber in Freiheit.

Der Essay über den Raum ist sehr schön. Mir scheint, er paßt noch erheblich besser für Architektur, griechische Tempel, als für Skulptur. Mir klingt er, als hättest Du ihn abgelesen von dem Aphaia Tempel, oder auch Bassai, aber selbst Sunion – von diesen unerhörten, frei in der Landschaft errichteten Gebilden, die jedesmal die Landschaft so markieren, wie es in ihr selbst liegt.

Vor allem wollte ich Dir über das Meßkirch-Büchlein schreiben, und zwar den Brief des Bruders. Der gehört nun wirklich in dieser noblen, erdnahen Einfachheit in die Reihe jener großen deutschen Briefe, wie sie [Walter] Benjamin in den dreißiger Jahren gesammelt hat. Kennst Du den Brief des Bruders von Kant? Ganz anders hier, so viel weniger steif, so ungezwungen und mit diesem liebevollen Spott, aber doch irgendwie ähnlich. Auch das Photo ist sehr schön.

Ich war im Januar in Chicago zu ein paar Vorlesungen mit anschließenden Seminaren – sehr erfreulich. Erstaunlich gute, gescheite und aufgeschlossene Gesellschaft. So aber ist es auch nur in Chicago. Im Februar war ich zu ein paar Vorträgen in Colorado (mehr wegen Geld), auch bei Glenn Gray, dem es gut geht, der aber sehr besorgt war, daß er von Dir nichts gehört hatte. Hier habe ich mehrmals Joan Stambaugh gesehen und sie mit einigen unserer Dichterfreunde zusammengeladen, was sie gern mochte. Diese begabten Mädchen haben es schwer, desto schwerer je weniger sie willens sind, sich diese ganzen Frauenfragen, die ja auch von der Frauenbewegung ganz schön in Unordnung gebracht worden sind, einmal ernsthaft zu überlegen. Hier geht dieser Unfug im Zusammenhang mit den Befreiungsbewegungen auch wieder los, und die Studentinnen fragen einen, wie man es macht, bei den Männern beliebt zu bleiben. Wenn man ihnen dann sagt, gut kochen, Arbeit schändet nicht, usw., sind sie ganz verblüfft.

Wir hatten ursprünglich vor, schon Mitte März noch einmal nach Tegna zu gehen. Aber Heinrich hat sich eine Phlebitis geleistet, die jetzt im Abklingen ist. Aber wann wir werden fahren können, wissen wir noch nicht. Ich lasse es Dich dann wissen.

Ich hoffe, Dein Schweigen gegenüber Glenn Gray besagt nur Arbeit oder auch den Rest des »Verdankens«. Ich hoffe, es geht Euch beiden gut. Wie steht es mit dem Häuschen? Wird es schon gebaut? Grüß Elfride von Herzen.

Euch Beiden alles Gute und herzliche Grüße von Heinrich.

Wie immer –

Hannah

121 Fritz Heidegger an Hannah Arendt

779 Messkirch, 27.4.70.

Sehr geehrte Frau Hannah Arendt!

Am Dienstag (21. 4.) mußte ich für vier Tage verreisen; vorsichtshalber rief ich am Montagabend in Augsburg an; da hieß es, daß es meinem Bruder »ausgezeichnet« gehe. Seit Samstag ist er wieder zu Hause. Ein kleines Sanatorium wäre nun vielleicht der geeignetste Aufenthalt; ich werde den Patienten Ende dieser Woche besuchen.

Mit freundlichem Gruß
Ihr Fritz Heidegger

122 Elfride Heidegger an Hannah Arendt

16. Mai 1970

Liebe Hannah,

Dank für Deine Grüße. Es geht Martin wirklich besser; außer einer geringen Gehemmtheit bei den Bewegungen der rechten Hand ist nichts von der Lähmung zurückgeblieben. Nur muß sich Martin mit Rücksicht auf sein Alter jetzt sehr schonen. Wir freuen uns, Dich sehen zu können, bitten aber, mit dem Besuch noch bis etwa Juli zu warten. Wenn es irgend möglich ist, wollen wir in der zweiten Hälfte des Juni für zwei Wochen auf den Schwarzwald.

Möchte es Euch in der südlichen Schweiz gut gehen!

Herzliche Grüße von uns beiden an Euch beide.
Elfride

123 Elfride Heidegger an Hannah Arendt

2. Juli 1970

Liebe Hannah,

ich möchte Dir gleich – für Deinen Gruß dankend –
Dienstag, den 21. Juli, oder
Mittwoch, den 22. Juli,
zu einem Besuch vorschlagen. Bitte wähle den für Dich passenden Termin.

Wir sind seit vorgestern erholt zurück. Martin muß natürlich jetzt vorsichtiger leben.

Herzliche Grüße von uns beiden Euch beiden.
Elfride

124 Hannah Arendt an Martin Heidegger

Tegna, den 28. Juli 1970

Lieber Martin,

ich hoffe, der Besuch hat Dich nicht überanstrengt und danke Euch beiden herzlich. Anbei das Manuskript zurück; ich habe mir hier eine Photokopie machen lassen. Das zweite handschriftliche Manuskript, das Du mir in Photokopie auch mitgeben wolltest, hat sich bei mir hier nicht eingefunden. Ich muß es bei Dir auf dem Schreibtisch liegen gelassen haben, denn im Hotel, wo ich gleich anrief, war es auch nicht. Bin sehr betrübt.

Ich wollte erst den *Heraklit* lesen, bevor ich schreibe. Ein sehr eigentümliches Buch, bei dem ich schließlich nur noch Dich mit großer Aufmerksamkeit gelesen habe. Die Finksche Art ist mir doch eher fremd. Du bist da viel mehr der Lehrer als in dem

Séminaire du Thor, und ich habe viel gelernt; aber die französischen Versuche sind einheitlicher und auch konzentrierter. Das liegt in der Natur der Sache.

Sehr schön das Beiliegende [Manuskript »Die Herkunft der Kunst und Die Bestimmung des Denkens«]. Es sollte bald veröffentlicht werden, vor allem auch wegen der Seiten über Kybernetik, die ganz außerordentlich sind. Mit der sinnenden Athene meinst Du doch das kleine Relief, dessen Abbildung bei Dir auf dem Schreibtisch steht? Bist Du sicher, daß es im Akropolis-Museum ist? Heinrich und ich glauben uns beide zu erinnern, daß es sich im Nationalmuseum befindet.

Noch ein Wort zur Kybernetik – pp. 10–11: Du sagst die Zukunft wird (von der Kybernetik) als das vorgestellt, was »auf den Menschen zukommt«. Bist Du sicher, daß das stimmt? Du sagst selbst auf der nächsten Seite, daß die Futurologie es immer nur mit einer »verlängerten Gegenwart« zu tun hat – und das wäre doch das gerade Gegenteil von dem, was auf uns zukommt. Oder? Da sie es immer nur mit einer »verlängerten Gegenwart« zu tun haben, irren sich die Herren ja auch meist ganz gewaltig. Worauf es im Grunde herausläuft, scheint mir, ist, die Zukunft abzuschaffen – und dies, fürchte ich, ist gar nicht so utopisch, wie es klingt.

An Glenn Gray habe ich sofort geschrieben. Ich fand hier einen Brief von ihm vor, demzufolge er bereits am 29., also morgen, von New York abfliegt, erst nach Sils Maria geht und diesen Sonnabend, am 1. 8., hier eintrifft. Ich schrieb ihm, wie entscheidend wichtig es sei, daß er seine Fragen schriftlich vorbereitet, bin aber nicht sicher, daß er den Brief noch erhalten hat. Jedenfalls werde ich es ihm und Joan noch hier sagen, und Du kannst es dann ohnehin so einrichten, wie Du willst.

Ich habe ebenfalls an Saner geschrieben und ihn gebeten, mir sofort – d.h. nächste Woche – eine Photokopie der Jaspers-Kritik per Eilpost herzusenden. Ich hoffe sehr, es klappt und ich kann Dir am 9. August (wieder gegen 4 Uhr, wenn es Euch recht ist) berichten.

Zu unserem Gespräch über den griechischen »Pessimismus« fiel mir nachher noch ein, wonach ich suchte – nämlich Xenophanes: *dokos d'epi pasi tetyktai [δόκος δ'ἐπὶ πᾶσι τέτυκται]*.

Hier nähert sich unser Aufenthalt wieder seinem Ende. Wir fahren am 8. nach Zürich (Hotel St. Gotthard) und fliegen am 10. nach New York – leise klagend.

    Auf bald und alles Gute Euch beiden.

                  Hannah

125 Martin Heidegger an Hannah Arendt

                            Freiburg, 4. VIII. 70

Liebe Hannah,

Dank für die Sendung und den Hinweis auf die Kybernetik-Stelle. Der Text ist nicht deutlich genug. Zukunft als »das, was auf uns zukommt«, steht in Anführungszeichen, ist heute eine nichtssagende Phrase des »man«. In der »verlängerten Gegenwart« ist die Zu-kunft blockiert, d.h. im Grunde schon, wie Du richtig vermerkst, »abgeschafft«. (Vgl. dazu Séminaire du Thor 1969, p. 43, über »Bestellbarkeit«.)

Die Photokopie von »Das Gedicht« ist hier und wird vervielfältigt. Das Athena-Relief hängt im Akropolis-Museum. Das Heraklit-Seminar habe ich nicht fortgesetzt wegen der allgemeinen Zerfahrenheit.

Wir erwarten Deinen Besuch am 9. VIII. um 16 Uhr.

    Herzliche Grüße von uns für Euch beide
                          Martin

Dank für das Xenophanes-Zitat.
δόξα θεοῦ [doxa theou] heißt auch »die Herrlichkeit Gottes«.

126 Martin Heidegger an Hannah Arendt mit Beilage

Freiburg i. Br., 9. XI. 70

Liebe Hannah,

nun ist auch dieser Abschied Dir abverlangt. Heinrichs Nähe hat sich verwandelt. Du wirst, was sich da begibt und wofür wir keinen Namen haben, bereit-willig tragen und den Schmerz selbst der Verwandlung ins Stille anheimgeben.

Unsere Teilnahme kommt auch aus einer Nähe, seitdem wir Heinrichs freundliches und klares Wesen bei Eurem gemeinsamen Besuch kennen lernen durften.

Mit derselben Post, die Glenn Grays Nachricht heute brachte, kam ein Brief von Bultmann, worin er schreibt: »ich wage auch nicht, Dich zu einem Besuch in Marburg aufzufordern. Du würdest einen leidenden, müden Greis antreffen, der zu einem ausgiebigen Gespräch nicht mehr fähig ist.«

Ich hatte vor kurzer Zeit Bultmann den eben erschienenen Marburger Vortrag *Phänomenologie und Theologie* gewidmet und geschickt. Du bekommst ihn, sobald die weiteren Exemplare von Klostermann eintreffen.

Anderes soll in diesem Brief nicht stehen; nur noch: daß es uns beiden hier gut geht und daß das Haus im Rohbau unter Dach ist.

Herzlich an Dich im Andenken denkend
Martin und Elfride

[Beilage]

Aus »Gedachtes«

> ZEIT
>
> Wie weit?
> Erst wenn sie steht, die Uhr
> im Pendelschlag des Hin und Her
> hörst Du: sie geht
> und ging und geht
> nicht mehr.
> Schon spät am Tag
> die Uhr
> nur blasse Spur
> zur Zeit,
> die, nah der Endlichkeit,
> aus ihr ent-steht.
>
> M. H.

127 *Hannah Arendt an Martin Heidegger*

New York, den 27. Nov. 1970

Lieber Martin,

seit Tagen, Wochen will ich Dir schreiben, Dir wenigstens sagen, wie gut mir Dein Brief tat, Deine Anteilnahme, das Zeit-Gedicht als Hilfe beim Nachdenken. Zusammen mit dem andern vor vielen, vielen Jahren

> Tod ist das Gebirg des Seyns
> in dem Spiel der Welt.
> Tod entrettet Deins und Meins
> ans Gewicht das fällt.

> In die Höhe einer Ruh
> Rein dem Stern der Erde zu.

(Ich hoffe, ich habe nicht falsch zitiert, mag nicht nachsehen.)

Aber ich kann nicht schreiben; vielleicht könnte ich sprechen, schreiben kann ich nicht. Zwischen zwei Menschen entsteht manchmal, wie selten, eine Welt. Die ist dann die Heimat, jedenfalls war es die einzige Heimat, die wir anzuerkennen bereit waren. Diese winzige Mikro-Welt, in die man sich vor der Welt immer retten kann, die zerfällt, wenn einer weggeht. Ich gehe und bin ganz ruhig und denke: *weg.*

Ich danke Dir und Elfride. Wann zieht Ihr in das Haus ein? Neben mir liegt das letzte Séminaire du Thor – »la finitude est peut-être la condition de l'existence authentique.«

Pläne kann ich jetzt nicht machen. Aber es wäre doch gut zu wissen, wo Ihr im Frühjahr sein werdet.

> Wie immer –
> Hannah

128   Hannah Arendt an Martin Heidegger

New York, den 20. März 1971

Lieber Martin –

Mein Dank für die Theologie-Schrift kommt spät. Mir war nicht nach Schreiben zumute. Die beiden Texte, durch mehr als 35 Jahre voneinander getrennt, so zusammen zu lesen, ist sehr lehrreich und auf eigentümliche Weise spannend. Es wäre gut, sie bald auch in Übersetzung zur Hand zu haben. Zwar ist das Interesse bei den Studenten an theologischen Fragen in den letzten Jahren sehr zurückgegangen, aber alles, was von Dir kommt, findet das allergrößte Interesse. Ich kenne viele Studenten, die Deutsch lernen, um »Heidegger lesen zu können«.

Überhaupt sind die Studenten hier augenblicklich sehr erfreulich, aber eben auch so ziemlich das einzige, was einen hier im Augenblick freuen kann.

Ich habe ein paar Fragen mit Bezug auf den zweiten Text – das »nichtobjektivierende Denken und Sprechen«. Sprechen, sagst Du (S. 43) ist »ein Sagen . . . dessen, was sich das Hören . . . sagen läßt«. Wie ist es nun aber, wenn man auf ein Sprechen hört, im Gespräch der Menschen untereinander, und auf ein solches, das sich etwas anderes hat »sagen lassen«? Wie verhalten sich Sagen und Sprechen? Aus dem Denken, will mir scheinen, kommt das Sagen, aber nicht, wenigstens nicht unmittelbar, das Sprechen. Kommt das Sprechen aus dem Sagen? Wie verhalten sich Sprechen und Sagen zueinander?

Zum objektivierenden Denken: Kann man nicht sagen, daß dies eigentlich gar nicht denken ist? Zwar aus der Erfahrung kommt sowohl das Denken als das auf das Objekt bezogene Wissen-wollen, nur geht das Denken dem Unsichtbaren nach, das in jeder Erfahrung spezifisch mitgegeben ist – das »Rotsein der Rose [, das] weder im Garten [steht], noch . . . im Wind hin und her« schwankt –, während das Wissenwollen sich direkt mit der Rose beschäftigt. Aber ohne Erfahrung kann auch das Denken nicht auskommen; es braucht den Garten und die Rosen, nimmt aber etwas anderes in ihnen wahr. Wie seltsam, daß wir sehen müssen, um das wahrzunehmen, was wir nicht sehen können. Was ist eigentlich Erfahrung und ihr Janus-Gesicht?

Noch eine Kleinigkeit. Du sagst, daß wir im Sprechen, ausdrücklich oder nicht, überall »ist« sagen. Nun weißt Du natürlich, daß das im Hebräischen nicht der Fall ist. Der Sprache fehlt die Copula. Was hat das eigentlich für Folgen?

Laß das alles fallen, wenn es Dir lästig ist. Denn eigentlich schreibe ich heute, um Euch zu fragen, ob Euch mein Besuch in der zweiten Hälfte April oder auch im Mai recht wäre. Ich fliege hier am 4. April mit Freunden über Paris nach Sizilien und werde ab 18. April vermutlich in Zürich sein und dort bis Ende des Monats bleiben. Von dort kann ich jederzeit herüberkommen. Danach werde ich vermutlich noch nach München und Köln gehen, um dann über England zurückzufliegen. Ich muß hier spätestens wieder am 25. Mai sein.

Ich habe eine letzte Frage, die ich mir mündlich wohl doch nicht leisten könnte. Es ist immerhin möglich, daß mir ein Buch, das ich unter den Händen habe – eine Art zweiter Band der *Vita Activa* –, doch noch gelingt. Über die nicht-tätigen menschlichen Tätigkeiten: Denken, Wollen, Urteilen. Ich habe keine Ahnung, ob es wird und vor allem, wann ich damit fertig sein werde. Vielleicht niemals. Sollte es aber gehen – darf ich es Dir widmen?

Mit herzlichen Grüßen Euch beiden –
Hannah

P.S. Bis zum 3. April bin ich hier zu erreichen. Dann vom 5.–8. in Paris, bei West, 141 rue de Rennes, Paris 6e. Ab 18. Zürich am besten: American Express.

H.

Ich schicke mit getrennter Post einen alten Artikel von Kojevnikoff, der immerhin 16 Jahre nach der Hegelinterpretation geschrieben ist. Ich fand ihn interessant, weil er da die Katze aus dem Sack läßt.

129   Martin Heidegger an Hannah Arendt

Freiburg i. Br., 26. III. 71

Liebe Hannah,

längst hätte ich schreiben sollen; aber ich nutzte die günstigen Stunden für die Arbeit. Als ich in Deinem letzten Brief Deine Zeile las: »Ich bin ganz ruhig und denke: *weg*«, verstand ich das letzte Wort als »Weg«. Das trifft eher. Dank für Deinen heutigen Brief und die Photokopie des Textes von Kojève, der mir sehr wichtig ist für meinen Streit mit der Dialektik. Du rührst in Bezug auf den II. Teil von *Phänomenologie und Theologie* an alte Fragen, die wir am besten besprechen, wenn Du uns besuchst. Dies ist möglich ab 20. April; zwar ist für das letzte Drittel des Monats ein Besuch von Biemel und ein Hausbesuch angekündigt; doch wir können uns verständigen, wenn Du von Zürich aus nach 19 Uhr hier anrufst.

Elfride hat den Bau und die Einrichtung des bequemeren Gartenhauses schon weit vorangebracht. Wir werden erst im Verlauf des Sommers umziehen.

Während Deines Pariser Aufenthalts hörst Du vielleicht von einer Publikation für René *Char*, von seinen Freunden zusammengestellt; der Band enthält auch etwas von mir. Du bekommst dann den bis dahin hier hoffentlich eingegangenen Sonderdruck, ebenso die *Erläuterungen zu Hölderlin*.

Dein zweiter Band *Vita activa* wird so wichtig wie schwierig sein. Ich denke da an den Beginn des »Humanismusbriefes« und an das Gespräch in *Gelassenheit*. Aber dies alles bleibt unzureichend. Wir müssen uns abmühen, wenigstens dem Unzureichenden zu genügen. Du weißt, daß ich mich über Deine Widmung freuen werde.

Elfride und ich sind gut durch diesen Winter gekommen. Wir leben sehr zurückgezogen und finden kaum noch in die Stadt. Neulich kam zu einem erfreuenden Besuch: Friedrich.

Hoffentlich hast Du schöne Tage in Sizilien.

Andenkend grüßen wir Dich herzlich

Martin

130 Martin Heidegger an Hannah Arendt

Freiburg i. Br., 17. V. 71

Liebe Hannah,

Wir danken für den schönen Blumengruß und für das Benjamin-Brechtbändchen. Die Zusammenstellung ist schon für sich aufschlußreich. Beide Texte erörtern Wesensfragen; ob die Leser dies merken?

In Deiner Widmung hast Du wohl mit Absicht für – dies und das – die Anführungszeichen weggelassen.

Hoffentlich warst Du mit Deinen weiteren Aufenthalten in Europa zufrieden.

Vielleicht kannst Du gelegentlich unser kurzes Gespräch zur Sprache durch weitere Fragen fortsetzen.

Die Fertigstellung des Hauses geht stetig voran. Ich werde in mein Arbeitszimmer »Wenig« mitnehmen.

In den Tagen der Gedenkfeier für Heinrich werden wir als Mit Andenkende dabei sein.

Alles Gute und herzliche Grüße
Martin

Elfride läßt Dich grüßen.
Grüße an Gl. Gray und J. Stambaugh und die anderen Mitarbeiter.

131 Hannah Arendt an Martin Heidegger

New York, den 13. Juli 1971

Lieber Martin,

es war schön bei der Rückkehr hierher Deinen Brief vorzufinden. Seither wollte ich oft schreiben, konnte mich aber nie recht entschließen. Du weißt, wie das ist. Deine Sachen begleiten mich, sie werden zu einer Art ständiger Umgebung. Ich las gerade nochmals den ganzen Hölderlinband, mit besonderer Aufmerksamkeit auf das, was Du darin über das Denken und das *deinon [δεινόν]* sagst – pp. 60, 102, 113, 129. Lese jetzt nochmals *Zur Sache des Denkens*, da ich Joans Übersetzung vor dem Druck nochmals durchsehen muß. Sie wird ja bald in Freiburg sein. Ob Ihr wohl schon umgezogen seid??

Schreiben aber tue ich heute wegen des folgenden Ärgers mit Piper. Saner schrieb gerade und das Beste ist, ich schreibe Dir die entscheidenden Sätze einfach ab:

»Nun der Ärger: Piper hat einen Tag vor meiner Ankunft (i.e. in München) einen Brief an Heidegger geschickt. In ihm erklärt er sich bereit, ein Honorar von DM 4.000,– zu geben, interpretiert dieses Honorar aber so: DM 2.000,– für die Publikation im Reflexionsband (dies der Titel der wichtigsten Rezensionen und Auseinandersetzungen mit Jaspers, die zu seinen Lebzeiten erschienen sind), weitere DM 2.000,– als vorausgeleistete à conto Zahlung für eine Publikation in der Serie Piper. Das Gespräch darüber war äußerst unerfreulich. Ich machte Piper auf den Trick aufmerksam, durch den er das Honorar faktisch halbiere und bat ihn, solche Dinge in einem Klartext zu äußern. . . . Ich habe Piper gesagt, daß Heidegger vermutlich nicht zustimmen wird. Für diesen Fall ist er bereit, die 4.000,– DM zu bezahlen. Er hat es halt noch einmal versucht, wie ich im Verlag hörte, selbst gegen den Rat von Dr. Rössner. Mir scheint es das Vernünftigste zu sein, daß Sie sofort an Heidegger schreiben und ihn bitten, er solle bei den früheren Vereinbarungen bleiben: DM 4.000,– für den Abdruck im Reflexion-Band. Ich werde meinerseits Piper unter Druck setzen (Saner ist Herausgeber des Bandes): Entweder mit Heidegger oder gar nicht. Er wird nachgeben.«

Ich hoffe, Du hast noch nicht geantwortet. Als ich mit Piper sprach, war davon noch keine Rede. Er ist leider pathologisch geizig. Warum solltest Du auch seinetwegen den Verleger wechseln? Dein großer Essay ist der einzige Originalbeitrag des Bandes. Alles andere von Saner zusammengestellt, ist schon mal gedruckt. Du mußt also darauf sehen, daß Du das Copyright behältst, wobei man Piper eventuell zugestehen sollte, daß Du den Essay erst nach etwa 2 Jahren in einem anderen Verlag herausbringen würdest. Falls Du seinem Wunsch, ihn in der Piper-Serie zu veröffentlichen zustimmen solltest, soll er Dir halt einen dementsprechenden Vertrag geben. Jaspers hatte auch immer Ärger mit ihm wegen der Honorare. [...]

Dir und Elfride die herzlichsten Grüße –
Hannah

P.S. Die beiliegenden Photos: das griechische Theater ist das kleine Kammertheater bei Syrakus, Palozzolo Acreide, das erst vor einigen Jahren ausgegraben wurde, aus grauem, schwarzgefleckten Stein. Die beiden Photos von Dir aus dem Jahre 1970.

132 Martin Heidegger an Hannah Arendt

Freiburg, 15. VII. 71.

Liebe Hannah,

seit Deinem letzten Besuch bei uns und Deinem anschließenden Gespräch mit Piper wartete ich lange auf dessen Antwort. Jetzt kam sie Anfang des Monats: »Verrechnung des Honorarbetrages von DM 4.000 folgender Vorschlag:
 DM 2.000 für den Abdruck in dem Jaspers-Sammelband,
 DM 2.000 zur Verrechnung mit dem Verkaufshonorar aus einer eventuellen Veröffentlichung des Beitrages in der *Serie Piper*.«
Das Letztere ist ganz ausgeschlossen. Meine »prinzipielle Zusage« habe ich nur gegeben unter der Voraussetzung einer einmaligen Veröffentlichung. Jetzt soll dieser als »*Reflexions*band« erscheinen; u. a. mit einem Beitrag von »Habermas«, der jetzt seine unreife Polemik, vor Jahren in der FAZ, *wieder* bei Suhrkamp erscheinen ließ. Dies läßt mich mit der endgültigen Zusage zögern; es sind freilich samt der Honorarfrage nur sekundäre Rücksichten.

Du hast bei unserem letzten Gespräch selbst von der Andersartigkeit meines Textes gesprochen; ich habe Dir, als die mögliche Publikation zum erstenmal erörtert wurde, gesagt, daß ich mit Absicht in der Rezension nicht auf das *Griechische*, und besonders auf *Aristoteles* eingegangen sei.

Jetzt habe ich bei der Ordnung der Manuskripte meine Aristotelesversuche seit 1919 wiedergefunden, mit denen meine Rezension zusammenhängt. Darum möchte ich beides zusammen für eine Veröffentlichung in späterer Zeit zurückbehalten und die Jaspers-Rezension nicht einer literarischen Umgebung ausliefern, in die sie nicht paßt und die den Leser ratlos läßt. Wer soll die isolierte Rezension nach 50 Jahren heute bei der Verwilderung des Denkens noch nach-denken können?

Ich möchte Dir aber vorher dies berichten, bevor ich meine Zusage zurücknehme.

Anfang September werden wir umziehen.

Hoffentlich geht es Dir einigermaßen gut.

Wie immer

Martin

Elfride läßt grüßen.

133 Hannah Arendt an Martin Heidegger

c/o West
Main Street
Castine, Maine 04421
den 28. Juli 1971

Lieber Martin,

unsere Briefe haben sich gekreuzt, und ich schreibe heute etwas verspätet, weil ich inzwischen für den Rest des Sommers zu Freunden nach Maine aus der New Yorker Hitze geflohen bin; ich bin da bis Ende August, Anfang September zu erreichen. Hier ist es sehr schön, ein winziger sehr alter Ort (Anfang des 17. Jahrhunderts bereits besiedelt) mit schönen alten Häusern, einem kleinen entzückenden Fischerhafen, Wald, der bis ans Meer geht (wie im Samland), aber die Küste so tief ins Land gegliedert wie in den Fjorden Norwegens, nur ohne Berge und natürlich viel südlicher mit reichlicher Sonne und morgens schneeweißem Nebel. Das Land noch recht unbevölkert mit wenig Touristen, leeren Landstraßen, überhaupt kein Vergnügungstrubel, 40 Kilometer entfernt von der nächsten größeren Stadt mit Flughafen, ohne Omnibus und ohne Eisenbahnverbindung. Die wenigen Sommergäste in eigenen Häusern zumeist Professoren und ein paar Schriftsteller. Es ist beschlossen, ein wenig Französisch zu treiben und Montaigne zusammen zu lesen.

Du weißt aus meinem ersten Brief, daß Piper der Dreh mit

seiner Serie erst nach meinem Münchener Gespräch mit ihm eingefallen ist, daß ich auch keine Ahnung hatte, daß er Dir nicht, wie verabredet, *sofort* geschrieben hat. All das erfuhr ich erst durch Saners Brief. Daß Du diesem Angebot, von dem nie die Rede war, nicht zustimmen konntest, ist ja offensichtlich; Saner hat es ihm ja sofort gesagt. Vermutlich hat er selbst nicht daran geglaubt, hat nur eben mal probieren wollen und aus schierer Dummheit – nämlich Unfähigkeit sich vorzustellen, wie eine Sache aus der Perspektive des Anderen ausschaut – nicht gedacht, daß ihm dabei etwas Ernstliches passieren könne. Und diese Seite der Sache, muß ich schon sagen, freut mich eher. Im übrigen würde ich glauben, daß die ganze Angelegenheit zu dem mehr oder minder üblichen Verlegerärger gehört, der allerdings oft beträchtlich ist.

Aus Deinem Brief geht nicht klar hervor, ob Du Piper bereits endgültig abgesagt hast.(Du schreibst an einer Stelle: »Dies läßt mich mit der endgültigen Zusage zögern« und dann am Ende des Briefes, Du wolltest mir »berichten, bevor ich meine Zusage zurücknehme«.) Für den Fall, daß das nicht geschehen ist, möchte ich zu Deinen anderen Bedenken noch etwas sagen.

Da ist erstmals doch von erheblicher Bedeutung die »literarische Umgebung«. Ich brachte Dir damals die Namen der Mit-Autoren, und Du hattest keine Bedenken; ich glaube mich zu entsinnen, daß Habermas bereits auf der Liste stand, bin aber nicht sicher. Ich kenne seine Polemik gegen Dich nicht, auf keinen Fall aber repräsentiert er eine Umgebung – als solltest Du da zwischen lauter Artikeln aus der Frankfurter Schule erscheinen. Wenn Du nun meinst, Du wolltest nur unter Deinesgleichen erscheinen, dann kannst Du allerdings die Arbeit nur gesondert und allein veröffentlichen; Du weißt ja selbst, daß es Deinesgleichen nicht gibt. Es gibt auch keinen Kreis, und wäre es der Kreis Deiner Schüler, in den Du paßtest. Die Mitautoren sind sachlich ausgewählt – der Bezugspunkt ist Jaspers. Das scheint mir ganz in Ordnung. Warum Du so gegen den Titel »Reflexionsband« (ein sogenannter Arbeitstitel) bist, weiß ich nicht recht.

Du schreibst, dies sei von sekundärer Bedeutung, und erwähnst meine Bemerkung über die Anders- und Einzigartigkeit Deines Textes. Ich meinte damit Verschiedenes – der einzige Originalbeitrag, das außerordentliche Gewicht des Textes; aber ich meinte damit auch, daß der Bezugspunkt hier natürlicherweise ein doppelter ist: als ein Text von Dir kann der Bezugspunkt nicht nur Jaspers sein, vor allem nicht, da es sich hier um ein Manuskript handelt, das m.E. von entscheidender Bedeutung für ein Verständnis Deiner Entwicklung ist. Du unterstreichst das, wenn auch in anderer Form in Deinem Brief. Es dürfte wohl der Grund gewesen sein, warum Du ursprünglich zögertest, Deine Einwilligung zu geben.

Dagegen wäre sachlich nur zu sagen, was Du wohl selbst schon erwogen hast, daß nämlich es andererseits auch kein Zufall war, daß gerade die *Psychologie der Weltanschauungen* Dich veranlaßte, mit Dingen herauszurücken (wenn auch nicht an die Öffentlichkeit zu treten), für welche Du in der damaligen akademischen Öffentlichkeit sonst kaum einen Anlaß gefunden hast. Schließlich ist es dieses Manuskript gewesen, das eine jahrelange Freundschaft mit Jaspers gewissermaßen begründete. Und abgesehen von allem Persönlichen, abgesehen auch von dem weiteren Verlauf dieser Freundschaft, gehört dies alles zu der Geschichte der Philosophie in Deutschland in unserem Jahrhundert. Und in diesem Sinne, möchte ich meinen, gehört Deine Arbeit in einen Band, dessen Bezugspunkt notwendigerweise Jaspers ist.

Ich hoffe, Du verübelst mir dies nicht. Ich habe absichtlich noch ein paar Tage mit dem Brief gezögert, weil ich nicht den Anschein erwecken wollte, ich versuchte Dich zu drängen. Das liegt mir ganz fern. Du mußt entscheiden, wie Du es für richtig hältst.

Alle guten Wünsche für den Umzug und herzliche Grüße Dir und Elfride
    wie immer
     Hannah

134 Martin Heidegger an Hannah Arendt mit Beilage

Freiburg i. Br., 4. Aug. 71

Liebe Hannah,

für Deine beiden Briefe vom 13. und 28. Juli danke ich Dir herzlich, ebenso für das gute Photo. Wir freuen uns, daß Du einen stillen und schönen Aufenthalt zum Ausruhen gefunden hast. Dem Piper-Verlag habe ich noch nicht geantwortet. Dein zweiter Brief trifft die maßgebenden Bezüge. Gleichzeitig mit Deinem Brief vom 28. VII. kam ein Schreiben der Piper-Verlagsleitung, das mich zur Beantwortung des unmöglichen Piper-Briefes gemahnt (gez. Dr. Rössner). Ich antworte jetzt, indem ich einen Vertragsentwurf verlange, auf der Grundlage der im ersten Piper-Brief gegebenen Zusicherung, daß es sich um einmalige Veröffentlichung meines Textes in dem geplanten Sammelband handeln könnte; mit der in Deinem Münchener Gespräch mitgeteilten Honorarforderung; mit Angabe von Gestalt und Anzahl der Sonderdrucke. Eine Veröffentlichung in der Piper-Serie kommt nicht in Betracht.

Und der andere Verleger – Harper und Row? Niemeyer schreibt unter dem 29. VII. 71:

»Als Originalverleger nehme ich für mich das Recht in Anspruch, meinerseits den zu schließenden Vertrag über die Übersetzungsrechte aufzusetzen. Der Entwurf von Harper enthält eine Menge Bedingungen, die nicht Gegenstand der zwischen Ihnen und Harper getroffenen Vereinbarungen, noch der zwischen uns getroffenen Verabredungen waren. Zudem ist die einzige Bedingung, auf die Sie besonderen Wert legten, nicht enthalten, daß nämlich die Übersetzung Ihres Buches von Frl. Stambaugh und Herrn Hofstadter unter den Auspizien von Frau Prof. Arendt vorgenommen wird.« Niemeyer legte die Kopien des letzten Briefwechsels mit Harper und Row bei, die ich Joan Stambaugh bei ihrem Besuch hier Ende des Monats zeigen werde.

Elfride hat noch viel Mühe gehabt mit dem kleinen Haus; es wird aber sehr schön, still und bequem; Ende August oder spätestens Anfang September ziehen wir um. Ich nehme nur Weniges mit hinüber. Ich bin mit Ordnen und *Sieben* der Manuskripte beschäftigt.

Einiges von »Gedachtes« versuchte ich ins Engere und Strengere zu denken.

Ich wünsche Dir, daß Du bald wieder Freude am Denken findest und arbeiten kannst.

Wir grüßen Dich herzlich.
    Wie immer
        Martin

[Bemerkung am linken Rand des Briefes]
Zu: »*Reflexion*« vgl. *Vorträge und Aufsätze*, S. 85
          vgl. *Nietzsche II*, 465
          vgl. *Holzwege*, 222

[Beilage]
    CEZANNE

Gerettet die drängend-bezweifelte Zwiefalt
des »Anwesend«,
verwandelt im Werk zur Einfalt.ˣ⁾

Kaum noch bemerkliches Zeichen des Pfades,
der in das Selbe verweist
das Dichten und Denken.

    Das nachdenksam Gelassen,
    das inständig Stille
    der Gestalt des alten Gärtners Vallier
    am chemin des Lauves.

ˣ⁾ vgl. *Was heißt Denken?*, 1954, S. 144
  vgl. *Unterwegs zur Sprache*, 1959, S. 269

135 Hannah Arendt an Martin Heidegger

Castine, den 19. 8. 1971

Lieber Martin,

Dein Brief mit den Beilagen, dem Cézanne-Gedicht und der alten Zeichnung von Jonas, war eine große Freude. Hast Du Jonas auch ein Photo geschickt? Er klagte, daß ihm die Zeichnung verloren gegangen sei. Gehört das Cézanne-Gedicht in den Zyklus des »Gedachten«? Es gehört zu den schönsten. Leider kann ich hier nicht den von Dir angegebenen Referenzen nachgehen, keine Bücher; aber dabei fiel mir ein, daß es doch recht wichtig wäre, eine Art Sach-Index zu all Deinen veröffentlichten Werken herstellen zu lassen. Damit könnte sich doch ein Student noch sehr schön seinen Doktorhut verdienen.

Nach Erhalt Deines Briefes schrieb ich gleich an Glenn Gray, weil ich von der anderen Verlagsgeschichte – Niemeyer-Harper & Row – kaum etwas weiß. Gestern kam Glenns Antwort: er hat gleich an Joan und Carlson, den zuständigen Lektor bei Harper, geschrieben, damit er sich die Verträge beziehungsweise die Korrespondenz oder Vertragsvorschläge nochmals ansieht. Ich nehme an, daß dieser Brief Dich noch rechtzeitig für Dein Gespräch mit Joan Stambaugh erreicht.

Ich habe gewisse Bedenken bezüglich der von Dir gestellten Bedingungen. Ich halte es für bedenklich, vertraglich Bedingungen, die bestimmte Personen betreffen, festzulegen. (Hofstadter z.B. ist bei dem Band, um den es sich handelt, gar nicht beteiligt.) Menschen sind sterblich, und wenn erst einmal so ein Vertrag existiert, kann es einmal sehr schwierig werden, Bedingungen, die sinnlos geworden sind, wieder rückgängig zu machen. So wie es jetzt ist, nämlich mit Glenn Gray als Editor und neuerdings mit Joan Stambaugh als Co-editor, ist für das Wesentliche Sorge getragen. Ich brauche in dem Vertrag nicht erwähnt zu werden; solange Glenn und Joan die Leitung haben, nämlich offiziell, bekomme ich ohnedies jedes Manuskript vor Veröffentlichung zu sehen. Zudem halte ich es für sehr unwahrscheinlich, daß Harper sich auf eine solche Festlegung für immer und ewig einlassen wird. Was die Auswahl der Übersetzer betrifft, so ist dies an und für sich Sache des Verlags, die dann von ihm an den Editor einer Serie vergeben wird. Falls dieser Editor aus gleich welchem Grund ausfällt, muß dies Recht an den Verlag zurückfallen. Mit anderen Worten: Harper ist vermutlich auf Deine Bedingungen stillschweigend nicht eingegangen, eben aus diesen Gründen. Dies ist eine Vermutung von mir; ich weiß es nicht, bin aber der Meinung, daß diese Art der Festlegung auch nicht in Deinem Interesse ist.

Mit Niemeyer zu verhandeln scheint nicht gerade angenehm zu sein, und Glenn meinte, Joan solle vielleicht nach Tübingen fahren und versuchen, die Leute ein wenig zu charmieren. (So hat sich Glenn nicht ausgedrückt.)

Nun zieht Ihr bald um, und Du nimmst nur Weniges mit. Daran denke ich oft. Wirst Du in dem großen Haus einen Raum behalten, wo Du Bücher und Manuskripte, die Du dann vielleicht doch vermißt, halten kannst?

Mit allen guten Wünschen und Grüßen an Elfride und Dich
Hannah

136 Hannah Arendt an Martin Heidegger

[24. September 1971]

ALLES GUTE FUER DAS NEUE HAUS DAS NEUE JAHR.
HANNAH.

137 Hannah Arendt an Martin Heidegger

New York, den 20. Okt. 1971

Lieber Martin,

ich habe eine Bitte. Ernst Vollrath in Köln sagte mir vor einigen Monaten, daß Du einige seiner Arbeiten kennst und ihn »gelobt« habest. Ich wüßte gern, was Du denkst. Natürlich bliebe das, wenn Du es willst, ganz vertraulich. Es handelt sich um Besetzungsfragen an der New School, wo Werner Marx versucht hat, wieder unterzukommen. Ich habe mich geweigert, dem zuzustimmen. Vollrath käme, meiner Meinung nach, in Frage; aber es kennt ihn hier niemand. Auch ich kenne ihn nicht gut. Er hat irgend einen schweren Krach mit Biemel gehabt, worauf ich aber angesichts der deutschen Universitätsverhältnisse nichts gebe. Sage mir, was Du meinst, und, falls es positiv ist, laß mich auch wissen, ob ich Dich unter Umständen zitieren darf.

Außerdem erhielt ich heute einen Brief von Patrick Lévy aus Paris, der eine Reihe Deiner Essays in Frankreich herausgeben will. Er hat meinen Aufsatz über Dich in *Critique* übersetzt und veröffentlicht. Er schreibt nun, Beaufret habe ihm vorgeschlagen, diesen Aufsatz von mir als Vorwort der Sammlung mitzuveröffentlichen. Ist Dir das recht?

Schließlich: Du schicktest mir ein Photo der Zeichnung von Jonas aus Marburg, hast aber Jonas selbst vergessen. Er hätte gern das Original leihweise zurück, da er meint, er könnte hier ein besseres Photo davon machen lassen. Wäre das möglich?

Dir und Elfride alles nur erdenklich Gute
    Deine
        Hannah

138 *Martin Heidegger an Hannah Arendt*

Freiburg, 24. X. 71

Liebe Hannah,

in unserem Alterssitz, den Du im Frühjahr noch uneingerichtet vorfandest, haben wir uns inzwischen gut eingewohnt. Anfang dieses Monats waren wir für 14 Tage zur dringenden Erholung auf der »Halde« am Schauinsland. Das Hotel liegt genau so hoch wie die Hütte, die – im nächsten Jahr 50 Jahre alt – wir in unserem Alter nicht mehr auf längere Zeit bewohnen können.

Du wirst inzwischen von Deinem Erholungsaufenthalt bei den Freunden in die einsam gewordene Umgebung Deiner Arbeitstage zurückgekehrt sein.

Vom Piper-Verlag habe ich bis heute keine Antwort auf meine Bitte, mir den Entwurf eines Vertrags zu senden. Das Jahrzehnte hindurch zurückgehaltene Manuskript der »Anmerkungen« hätte ich bei der gegebenen Gelegenheit zum Gedenken an Karl Jaspers gern veröffentlicht. Dr. Saner schrieb mir vor Wochen, daß der von ihm redigierte Text bereit läge.

Neulich schickte mir Patrick Lévy das Heft der Zeitschrift *Critique*, worin seine mit Deiner Hilfe ausgearbeitete Übersetzung Deines Textes zu meinem achtzigsten Geburtstag abgedruckt ist.

Gleichzeitig ist die französische Übersetzung des *Nietzsche* I und II bei Gallimard erschienen; aber ich habe sie noch nicht nachgeprüft. Auch hier wird die alte Schwierigkeit des *Über*setzens von der deutschen Sprache in eine romanische sich geltend machen.

Über die Differenzen zwischen Harper und Row und Niemeyer habe ich seit dem kurzen Besuch von Joan Stambaugh nichts mehr gehört.

Am nächsten Wochenende kommt W. Biemel für einige Tage

hierher, um mit mir die endgültige Ordnung und Einteilung des Manuskript-Bestandes zu klären.

Ob Du inzwischen mit Deinen Studien zur θεωρία [theoria] weiter gekommen bist? Auf dem Gebiet der philosophischen Literatur wird ungewöhnlich viel und immer gleich Umfangreiches produziert, aber ich habe darüber kein Urteil.

Wir denken gern an Deinen letzten Besuch.

Wir grüßen Dich mit unseren guten Wünschen und andenkend an Heinrich herzlich.

Martin

[Am Rand der ersten Seite des Briefes]
Liebe H. Eben kommt Dein Brief, den ich sogleich *(positiv)* beantworte, sobald ich Vollraths Schriften noch einmal durchgesehen habe. Sie sind mit der übrigen Literatur »über H.« drüben im alten Haus. Herzlich D. Martin

139   Martin Heidegger an Hannah Arendt

Freiburg, 28. X. 71
Fillibach 25

Liebe Hannah,

ich habe versucht, auf den beiliegenden zwei Seiten einiges zu Ernst Vollraths Leistung zu sagen. Du kannst den Text mit Namensnennung verwenden. Gut wäre es, wenn Du den Zeitschriftenaufsatz *selbst* läsest; er ist gewiß in den dortigen Bibliotheken zu beschaffen.

Der Vorschlag von J. Beaufret an P. Lévy ist auch der meine.

Leider haben wir das Original der Zeichnung von Jonas noch nicht gefunden. In den vergangenen 50 Jahren hat sich *zu* viel angesammelt.

Wir waren 14 Tage auf der »Halde« (Schauinsland) und haben uns gut erholt.

Wir grüßen herzlich mit guten Wünschen für Dich
Martin und Elfride

140 Hannah Arendt an Martin Heidegger

New York, den 2. Februar 1972

Lieber Martin –

so spät kommt mein Dank für den Vollrath-Brief! Joan Stambaugh rief gestern an und las mir Deinen Brief vor. Daraus entnahm ich, daß es Euch gut geht. Hier hatten wir erhebliche Schwierigkeiten an der Fakultät, die noch keineswegs behoben sind, und ich lerne zum ersten Mal die sogenannte Universitätspolitik kennen. Ich hatte immer gehofft, die Vollrath-Angelegenheit zu einer Entscheidung zu bringen – aber Pustekuchen. Es wird wohl noch geraume Zeit dauern, bis sich da etwas entscheidet. Aber wenigstens habe ich erst einmal die engeren Kollegen überzeugen können; Dein Brief machte großen Eindruck. Dann erhielt ich auch gestern einen Brief von Saner, der recht glücklich über seinen Besuch bei Dir schrieb. Ich bin froh, daß Du ihn gesehen hast; ich habe ihn sehr gern, und er hatte sich diesen Besuch so sehr gewünscht.

Ich habe ein ziemlich arbeitsames Semester hinter mir und bin ein wenig erschöpft. Ich las und hielt Seminar über die Geschichte des Willens – von Paulus/Römerbrief bis Heideggers *Gelassenheit* – womit ich mich weidlich abgeplagt habe. Die Studenten waren sehr zufrieden, ich erheblich weniger. Und dazu die dauernden Sitzungen; laut Vertrag brauche ich zu keiner Sitzung zu erscheinen, aber wenn es brennt, nützt einem das nicht viel.

Dann habe ich immer gedacht, daß das Schelling-Buch herauskäme, und versucht, es hier zu bekommen, wo niemand davon wußte. Darauf warte ich sehr; ich habe mit Schelling immer Schwierigkeiten gehabt. Er scheint mir viel schwerer zu verstehen als Hegel. In den letzten Wochen habe ich mich ausgeruht und zum ersten Mal Merleau-Ponty gelesen, den Du wohl kennst. Viel besser und interessanter als Sartre, scheint mir. Was denkst Du?

Und da wir gerade bei Büchern sind. Kennst Du den Namen Uwe Johnson? Der hat vor Jahren ein schönes Buch geschrieben, *Mutmaßungen über Jakob*, und schreibt jetzt ein seltsames Buch in drei Bänden, von denen die ersten beiden erschienen sind: *Jahrestage*, das ich beinahe geneigt bin, für ein Meisterwerk zu halten. Der erste deutsche Nachkriegsroman, von dem ich etwas halte jedenfalls. Ich hätte es Euch gerne geschenkt zum neuen Haus, aber ich habe Angst: Bücher sind immer eine solche Zumutung. Schreib, wenn Du es gerne hättest. Es handelt von der Nazizeit in einem Mecklenburgschen Dorf, aus der Erinnerung gesehen gegen den Hintergrund von New York und aus der Perspektive der Nachkommen. Sehr besinnlich und oft an Hamsun gemahnend im Ton.

Nun noch der eigentliche Zweck dieses Briefes: Wann wäre Euch ein Besuch recht? Ich bin bestimmt von Ende Juli ab in Europa bis Ende September, könnte aber, wenn das besser wäre, auch vorher kurz herüberkommen – März oder April. Im Mai bin ich wieder einige Wochen an der Universität in Chicago. Mir liegt viel an einem Wiedersehen.

Von Herzen
Hannah

141 Martin Heidegger an Hannah Arendt mit Beilage

Freiburg, 15. II. 72

Liebe Hannah,

Dank für Deinen Brief. Wir sind ab 1. März bis gegen Ende des Monats in Badenweiler (Haus Anna). Uns geht es gut, aber Elfride soll einmal vom Haushalt weg, wenngleich der »Alterssitz« sich ausgezeichnet bewährt. Im April sind Familienbesuche da; so muß es Sommer werden für Deinen Besuch, den wir rechtzeitig verabreden müßten.

Wenn Du aber dringende Fragen hast, kannst Du auch schreiben; doch ist dies immer umständlich. Was macht die θεωρία [theoria]? Wo jetzt überall von »Theorie« gefaselt wird, müßte Dein Buch dazwischen fahren. (Bei einem Vortrag von Horkheimer in der Schweiz ist der Kardinal Döpfner dort erschienen.)

Mein *Schelling* ist jetzt endlich ausgeliefert; leider der Satzspiegel um eine Zeile zu hoch gesetzt, trotz meines rechtzeitigen Hinweises. Du hast recht: Schelling ist viel schwerer als Hegel; er wagt mehr und verläßt bisweilen jedes sichernde Ufer. Dem Hegel kann auf den Schienen der Dialektik nichts passieren.

Gadamers Hegelstudien und den 3. Band seiner *Kleinen Schriften* mußt Du lesen. Er ist zur Zeit in Syracuse [USA]. Saners Besuch war sehr erfreulich; ich kann mir vorstellen, daß er für Jaspers eine große und verläßliche Hilfe war.

Uwe Johnson kenne ich nur dem Namen, den Buchtiteln und dem Bild nach. Dicke Bücher lesen wir beide nicht mehr, danken Dir aber, daß Du an uns gedacht hast.

Merleau-Ponty war auf dem Weg von Husserl zu Heidegger. Er starb zu früh, acht Tage vor seiner geplanten Reise nach Freiburg. Aber ich kenne seine Arbeiten nicht genügend; es ist auch ein Nachlaßband erschienen. Die Franzosen tun sich schwer mit ihrem eingeborenen Cartesianismus.

Die bundesdeutschen Universitäten treiben mit Beschleunigung der Verwahrlosung zu. Vermutlich gibt es da nicht einmal mehr die übliche Universitätspolitik.

Kennst Du den ausgezeichneten Aufsatz von Schelsky »Die Strategie der Systemüberwindung« in der *FAZ* vom 10. XII. 71; er ist bei der Redaktion als Sonderdruck zu haben.

Den Aufsatz »Politik und Metaphysik« von Ernst Vollrath habe ich erst nur angelesen; das Thema ist schwer und reicht in die Fundamente des Denkens.

Friedrich hielt neulich in einer hier tagenden Sitzung der Heidelberger Akademie der Wissenschaften einen guten Vortrag über Mallarmé's Prosagedicht »Le Nénuphar blanc«; wir hatten vorher darüber verhandelt.

    Dein Grüßen erwidernd
                Martin

Elfride läßt grüßen.
Grüße an Joan Stambaugh und an Gray's.

[Beilage]
    DANK

                                    2. Fassung
    Gelassen gehören der rufenden Eignis,
    rufend den Weg vor die Ortschaft
    des fugsamen Denkens
    gegen sich selber – –
    verhaltnes Ver-Hältnis.

Armselig verwahrt ein Geringes
ungesprochen Vermächtnis:
    Sagen 'Αλήθεια,
    Nennen die Lichtung:
        Entbergen den Vorenthalt
        alter Befugnis
        aus währendem An-Fang.

142 Hannah Arendt an Martin Heidegger

New York, den 21. Febr. 1972

Lieber Martin,

ich schreibe heute in einer Verlagsangelegenheit, die Dich vielleicht interessiert. Vor einigen Wochen war Herr Wolf Jobst Siedler bei mir, der Leiter des Propyläen Verlags. Er kam als Freund und Verleger eines seiner Autoren, den ich gut kenne, Joachim Fest, der vor Jahren ein gutes Buch, *Das Gesicht des Dritten Reichs*, geschrieben hat und auch mit den Speer-Memoiren zu tun hatte. Während des Abends kam das Gespräch auf Dich, und Siedler erzählte – ohne zu wissen, meine ich, daß ich Dich kenne –, wie sehr er immer daran interessiert gewesen sei, Dich für seinen Verlag zu gewinnen. Vor allem aber läge ihm daran, daß eine Gesamtausgabe zustande käme; darüber habe er mit Neske gesprochen, der ihm erklärt habe, daß das doch viel zu teuer sei. Er habe gesagt, daß er das sofort machen würde, inklusive alles dessen, was nicht veröffentlicht sei (von dessen Umfang er allerdings nichts wußte), mit einem Vorschuß an Dich von DM 100.000,–. Ich habe Dir von all dem nichts geschrieben, weil er selbst vorschlug, seine Vorschläge schriftlich zu fixieren. Er sagte immer wieder, er habe Neske gebeten, Dich zu informieren, aber nie wieder etwas von Neske gehört. Er betonte ebenfalls, daß er an Rentabilität nicht interessiert sei.

Sein Brief an mich vom 7.2. erreichte mich erst heute, da ich nicht in New York war. Er schreibt wie folgt:

»Inzwischen habe ich die Heidegger-Angelegenheit recherchiert. Am 1. 7. 71 hatten wir Herrn Niemeyer für eine Taschenbuchausgabe von *Sein und Zeit* einen Vertragsvorschlag gemacht, der eine Garantie-Vorauszahlung von DM 10.000,– vorsah; das Angebot war von Herrn Niemeyer mit einem Brief vom 5. 7. 71 abgelehnt worden. Einige Monate zuvor, also im Mai, war ich bei Herrn Neske in Pfullingen

und hatte ihn gebeten, Heidegger selbst von meiner Bereitschaft zu erzählen, ohne Rücksicht auf kommerzielle Rentabilität eine Gesamtausgabe seines Werkes mit Einschluß des zu veröffentlichenden Manuskriptes (?) herauszugeben. Auf dieses Angebot habe ich niemals etwas gehört.«
Da ich Siedler nicht kannte, rief ich Helene Wolff (die Witwe von Kurt Wolff, die den Kurt Wolff Verlag jetzt bei Harcourt, Brace, Jovanovich fortführt und die eine gute Freundin von mir ist) an und bat um Auskünfte – natürlich ohne zu sagen, worum es sich handelt. Sie sprach sehr freundlich von ihm – ehrlich, sehr intelligent und großzügig. Allerdings irgendwie mit der Springer-Presse verbunden. Ich selber hatte einen sehr guten Eindruck – der erste deutsche Verleger, den ich kennen lerne, mit dem man ein normales Gespräch führen kann. Sicher gibt es mehr solche, aber ich kenne sie nicht.
Natürlich habe ich keine Ahnung, ob Ihr überhaupt interessiert seid und ob sein Verdacht, daß Neske Dich nie informiert habe, zutrifft. Falls Du interessiert bist, wird er sicher gerne kommen, um mit Dir zu sprechen. Falls Du willst, daß er sich an Dich wendet, schreibe mir eine Zeile, und ich lasse es ihn wissen. Falls Du Dich mit ihm direkt in Verbindung setzen willst, seine Adresse: 1 Berlin 61, Lindenstraße 76, Telefon: 1911 (1).
Dir fällt wahrscheinlich auch auf, daß er den mündlich erwähnten Vorschuß schriftlich nicht wiederholt. Der Mann machte einen ehrlichen Eindruck, und ich glaube nicht, daß das etwas besagt.

    Alles Gute Euch beiden
                        Hannah

143 Martin Heidegger an Hannah Arendt

Badenweiler, 10. III. 72

Liebe Hannah,

Dank für Deine Bemühung in der Verlegersache. Ich kann mich nicht mit einer Gesamtausgabe vorstellen; diesem Klassizismus möchte ich entgehen. Dies wissen auch meine drei Verleger; darum hat vermutlich Neske auch nicht geantwortet. Die Veröffentlichung des Ungedruckten und des Gedachten als Ungedachtes (dies die Haupt-Sache) wird nicht leicht sein; darüber gibt es mancherlei Aufzeichnungen.

Von dem, was ich mit dem Gesagten meine, enthält der *Schelling* bereits manches; ich griff nach ihm, nachdem ich mit der »Kehre« einigermaßen durch war. Du mußt das Buch inzwischen bekommen haben. Wenn Du Zeit findest, darin zu lesen und mir Deine Gedanken dazu zu sagen, wäre mir dies sehr wichtig. – Herrn Siedler bitte ich zu grüßen und für das Interesse an meinen Sachen zu danken.

Wir sind seit einer Woche hier; unfreundliches, halbwinterliches Wetter und viel Krach und Lärm im Dorf – das neue Kurhaus im Stadium des nahezu Fertigen, viel Autobetrieb – aber Elfride ist für eine Zeit vom Haushalt weg und kann sich endlich von den Strapazen des Hausbaues ausruhen. Ich denke nebenher und finde, ein Nachfahre des Parmenides sollte – dem *Umfang* nach nicht *mehr* sagen als die erhaltenen Fragmente; dem *Inhalt* nach wird es notwendig *weniger*. Der spätere und heutige Aufwand an Büchern und »Gesammelten Werken« ist ein fatales Zeichen.

Es gibt, vermute ich, nicht so viel Denkwürdiges, wie es nach Bibliotheken und Büchermärkten den Anschein hat.

Vor Palmsonntag sind wir wieder daheim.

Dir wünsche ich Ruhe und Sammlung und grüße Dich wie immer

Martin

Elfride läßt Dich grüßen.

144 Hannah Arendt an Martin Heidegger

New York, den 27. März 1972

Lieber Martin,

Dein schöner Brief aus dem Februar mit dem Gedicht hat sich, wie Du wohl weißt, mit meinem gekreuzt. Dein Antwortbrief kam dann im März, und ich habe noch etwas gewartet in der Hoffnung, der *Schelling* würde ankommen, da Jonas den seinen schon erhalten hat. Ist aber nicht gekommen – vermutlich wegen der Postverhältnisse in New York. Daß Du eine Gesamtausgabe nicht willst, hätte ich mir eigentlich an meinen fünf Fingern abzählen können. Nur war ich damals gerade so wütend auf die Verleger – vor allem auch Piper –, daß ich dachte, bei der Gesellschaft muß man auf alles gefaßt sein. Daher meine Anfrage.

Über das Gedicht hätte ich Dich gern einiges gefragt. Für mich sind die in der Mitte stehenden Zeilen
>gegen sich selber –
>verhaltnes Verhältnis

die entscheidenden, und gerade diese Zeilen verstehe ich nicht ganz oder weiß nicht, ob ich sie recht verstehe. Und dann die »Ortschaft des Denkens«. Darüber gerade habe ich mir viel in letzter Zeit den Kopf zerbrochen – wo wir eigentlich sind, wenn wir denken: den *topos* des Philosophen im *Sophistes*. Kennst Du Valérys gelegentliche Bemerkung: »Tantôt je pense, tantôt je suis«? Daran ist etwas ganz und gar Wahres.

Dank auch für die Lesehinweise; ich bin noch nicht dazu gekommen, hatte und habe immer noch viel unnötigen Kram mit der New School, dazu Dissertationen und ähnliches akademisches Zeug. Im Mai bin ich wieder in Chicago, im Juni zurück in New York, wo ich mich mit Ehrendoktoraten abgeben muß, von denen ich dieses Jahr fünf Stück erhielt – eine Inflation, die der völlig verrückt gewordenen Frauenbewegung zu verdanken ist. Nächstes Jahr, nehme ich an, kommen die Homosexuellen dran.

Sehr interessiert hat mich Deine Bemerkung über Merleau-Ponty. Den Sonderdruck von Schelsky habe ich mir bestellt. Ja, die Universitäten gehen wohl zugrunde. Hier liegen die Dinge anders als in Deutschland, Frankreich und Italien; aber à la longue dürfte es auch auf Zerstörung hinauslaufen. Ich kenne unter meinen Kollegen und unter den Universitätspräsidenten einen einzigen, der weiß, was er will und eine Vorstellung von einer Universität hat – den Präsidenten der Chicago-Universität. Da sieht man auch, wie viel man machen und wie viel man verhindern kann, mit ein bißchen Mut und Verstand.

Aber zurück zu meinen Sommerplänen: Ich möchte Mitte Juli kommen, mich wieder für zwei Wochen nach Zürich setzen. Ich weiß, daß Joan auch um die Zeit in Freiburg sein wird. Vielleicht kann man es doch einrichten. Denn im August bin ich am Comer See, wo die Rockefeller-Foundation ein Haus für ruhige und erholsame Arbeit unterhält und danach will ich noch für einige Wochen nach Tegna (Locarno), wo ich auch ruhig arbeiten kann. Natürlich kann ich auch von da raufkommen; aber Zürich wäre bequemer.

Eben kommt hier die Post an und bringt Dein Schelling-Buch!! Vielen Dank. Nun mag ich nicht mehr weiterschreiben, sondern will lesen. Ich habe schon gesehen, wie wesentlich es mir sein wird für meine Willensprobleme und jetzt nach der gründlichen Lektüre Deines Nietzsche-Buches.

Nun noch eines: Vor einigen Tagen rief mich hier Heinz Lichtenstein an; Du erinnerst Dich vielleicht, er war in Marburg, gehörte zu der Gruppe aus Königsberg, war eigentlich der sympathischste von uns damals. Er ist Psychiater geworden, ich habe von ihm seit Jahrzehnten nichts gehört und war erstaunt, als er plötzlich anrief. Es handelt sich um Folgendes: Er habe aus der Marburger Zeit Kollegnachschriften, und zwar die folgenden:

Wintersemester 1924/5: Sophist [*Platon: Sophistes*],
    den 2. Band der Nachschrift

Sommersemester 1925: Zeitbegriff [*Prolegomena zur Geschichte des Zeitbegriffs*], 2 Bände, vollständig
Wintersemester 1925/26: Logik [*Logik. Die Frage nach der Wahrheit*], 2 Bände, vollständig
Sommersemester 1927: *Grundprobleme der Phänomenologie*, 1 sehr dicker Band, vollständig
Wintersemester 1928–29: *Einleitung in die Philosophie*, 2 Bände

Er weiß nicht, was er damit tun soll, ist nun selbst alt, will sich bald pensionieren lassen, seine Erben wüßten nichts damit anzufangen. Er fragte mich um Rat. Ich sagte ihm, ich würde Dich anfragen, ob Du irgendwelche Wünsche bezüglich der Bände hast. Schreib mir eine Zeile. Und laß mich dann auch wissen, wie es im Sommer steht.

Badenweiler – Ich hoffe, es war doch noch ein wenig frühlingsmäßig. Hier heult gerade der Wind, und das einzige Frühlingshafte sind ein paar Hyazinthen im Zimmer. Jedenfalls hat Elfride sich hoffentlich gut erholt – Haushalt und überhaupt die Bürde des Lebens, von der Männer zumeist nicht viel wissen.

Mit allen guten Wünschen und herzlichen Grüßen –
Hannah

145 Martin Heidegger an Hannah Arendt

Freiburg, 19. IV. 72

Liebe Hannah,

Du legst Deinen Besuch bei uns am besten in die Zeit Deines Zürcher Aufenthaltes, da wir den ganzen Juli hier sind.

An die Königsberger in Marburg erinnere ich mich genau. Die im Besitz von Heinz Lichtenstein, den ich grüßen lasse, befindlichen Nachschriften finden die fruchtbarste Verwendung, wenn sie zunächst Joan Stambaugh übergeben werden und später an das Archiv in Marbach gehen. Vermutlich hast Du selbst die Nachschriften.

Von der wichtigen Vorlesung SS 1924 über Aristoteles, Rhetorik, Buch II, fehlt mir sowohl mein Manuskript wie auch jede Nachschrift. Vielleicht erinnerst Du Dich oder Lichtenstein daran, daß von dieser Vorlesung gesprochen wurde. −

Zu viele »Hüte« entwerten die verdiente Ehrung. −

Noch einiges zu Deinen Fragen.

Bei der »Ortschaft« handelt es sich um die Ortschaft des »Seins«, das jedoch, in das Ereignis zurückgebracht, die Zugehörigkeit des Menschen zu diesem einschließt (vgl. »Topologie des Seyns«, in *Aus der Erfahrung des Denkens*, 1947, S. 23, und *Wegmarken*, S. 240). »Verhaltnes Ver-Hältnis« − ist zu verstehen aus den vorangehenden Zeilen: »gelassen gehören« − d. h. ansichhaltend warten auf den Zuspruch; diese Weise des Denkens kennt keine Be-Griffe und »Eingriffe«, keinen *conceptus*, der bereits den ὁρισμός [horismos] umdeutet. Die Griechen kannten keine »Begriffe«; aber mit dieser Ketzerei befreundet sich das heutige »Denken« in »Modellen« am allerwenigsten. »Gegen sich selber denken« − d. h. gegen den Vorrang der Metaphysik, die nach Kant zur »Natur des Menschen« gehört.

»Ver-Hältnis« halten i. S. von bewahren, hüten; »Ver-Hältnis« nicht bloße Beziehung, eher im Sinne von »Bezug« (*Wegmarken*, S. 213 ff.).

Im »Ver-Hältnis« spricht das »fügsam«.

»Entbergen den Vorenthalt« nur möglich im ansichhaltenden Sichsagenlassen.

»Dank« − als Grundzug von Dichten und Denken, das Denken jedoch als Denken die Ἀλήθεια [Aletheia] (*Wegmarken*, 272). Der »andere Anfang« ist nicht ein zweiter, sondern der erste und einzige, in anderer Weise.

All dieses ein stammelnder Versuch vielleicht eines Denkens, das »auf Taubenfüßen« kommen muß und darum im heutigen Weltlärm notwendig ungehört bleibt. –

Badenweiler haben wir nach 14 Tagen verlassen zugunsten unseres ruhigen Alterssitzes.

Herzliche Grüße von uns
Martin und Elfride

146 Hannah Arendt an Martin Heidegger

New York, den 18. Juni 1972

Lieber Martin,

Das Schelling-Buch: Ich habe es nun zusammen mit der Freiheits-Schrift zweimal durchgearbeitet. Und bin mir dabei vorgekommen wie vor bald fünfzig Jahren, als ich bei Dir das Lesen lernte. Wie sich die seltsame und tiefsinnige Opakheit des Schellingschen Denkens darin lichtet und schließlich ganz transparent wird, ist unvergleichlich. Niemand liest oder hat je gelesen wie Du. Ich bin recht erleichtert, daß Joan Stambaugh nun als Übersetzer gesichert ist; in welchem Verlag das Buch herauskommt, ist ja demgegenüber egal. Übrigens wird sie es verhältnismäßig leicht haben, da es eine sehr gute Übersetzung des Textes gibt. Ich habe im letzten Jahr viel über den Willen gearbeitet; in Kolleg und Seminar mit Deiner *Gelassenheit* geendet. Schelling habe ich nicht erwähnt, weil ich mit ihm allein nie zurecht kam. Nun scheint mir, als habe er, vermutlich ohne sie zu kennen (?), die Willens-Spekulationen von Augustin und Duns Scotus auf ihre höchste Höhe gedacht.

Vieles bleibt fraglich. Mir am meisten die Spekulationen über das Böse. Höchst respektloserweise fallen mir dazu immer zwei Zeilen von Stefan George ein – »Wer nie am Bruder den Fleck für den Dolchstoß ermaß, / Wie arm ist sein Leben und wie dünn das Gedachte.« – und dies halte ich für ein christliches (Luzifer, superbia, etc.) Vorurteil, und zwar ein schlimmes.

Ich schulde Dir noch den Dank für Deinen Aprilbrief, und die Antworten auf meine Fragen. Besonders hilfreich sind die Stellenangaben aus den Büchern. Statt der vielen Dissertationen »über« Heidegger sollte man einmal einen gelehrsamen Studenten an einen vernünftigen Index des Veröffentlichten setzen. Ich sehe aus dem Schellingbuch, daß Du jetzt Hilfe hast. Vielleicht kann man jemand bewegen, sich auf so anständig-bescheidene Weise den Doktorhut zu erwerben.

Joan hat die Nachschriften von Lichtenstein schon erhalten. Selbiger erwidert Deine Grüße aufs herzlichste – hochzufrieden, daß Du Dich noch erinnerst. Ich habe die Nachschriften nicht, da ich mit den Urhebern (ich glaube, es war Poldi Weizmann) nicht gut stand. Ich werde mir von Joan die Sophist-Vorlesung ausleihen und kann von ihr natürlich auch sonst jederzeit haben, was ich will. Von der Aristoteles (Rhetorik)-Vorlesung wußte Lichtenstein nichts. Wie ärgerlich!

Meine Reisepläne stehen jetzt ziemlich fest. Ich werde in der zweiten Julihälfte in Zürich sein und, wenn Euch das recht ist, gerne um den 20. Juli vorbeikommen. Wollen wir es für den 20. festmachen – nachmittags wie immer? Ich wohne wieder im Hotel Ascott, General Wille Straße, wo ich natürlich auch telephonisch zu erreichen bin – 051-36.18.00. Ich bin hier mit Sicherheit bis zum 4. Juli zu erreichen.

Dir und Elfride alles Herzliche

Hannah

147 Martin Heidegger an Hannah Arendt

Freiburg, 22. VI. 72.

Liebe Hannah,

Dank für Deinen Brief. Über Schelling dann gesprächsweise am 20. Juli ab 15 Uhr.

Ich hatte angenommen, Du besäßest die Marburger Nachschriften, sonst hätte ich sie natürlich an Dich schicken lassen.

»Hotel Ascott« gilt doch für Zürich?

Frau Dr. Feick hat einen Index zu *Sein und Zeit* verfaßt, er ist zugleich eine von *Sein und Zeit* her gesehene, und darum beschränkte, Konkordanz mit allen späteren Schriften (2. Aufl. 1968 Niemeyer-Verlag).

Auch ich bin sehr froh, daß Joan Stambaugh die Schelling-Vorlesung übersetzt.

Ich hoffe über Deine eigene Arbeit einiges zu hören; sonst habe ich keine Gelegenheit, noch zu lernen.

Im Informationszeitalter sind die Möglichkeiten, noch lesen zu lernen, ausgelöscht.

Wir grüßen Dich herzlich
    Martin

148   Hannah Arendt an Martin Heidegger

den 21. Juli 1972

Lieber Martin,

erst die Adressen:

1. August bis 23.: c/o Rockefeller Foundation
Villa Serbelloni
22021 Bellagio (Como) ITALIEN
Tel. 031-950.105

24. August bis 17. September:
Casa Barbatè
6652 Tegna, Ticino SCHWEIZ
Tel. 093-65430

Es war schön gestern, und ich freue mich auf den September. Gerade fällt mir ein, daß ich aufpassen muß, Euch nicht am 26. unter die Füße zu geraten.

Ich habe noch viel hin und her gedacht. Wenn das Denken, wie bei Dir, jeden Morgen eigentlich neu anhebt, kann es gar nicht anders als Resultate zudecken. Das ist der Preis, den die ursprüngliche »Mündlichkeit« der denkenden Tätigkeit dem Schreiben abverlangt. Es gibt dazu eine lustige Bemerkung von Kant, die ich Dir zuschicken werde, wenn ich wieder in den Besitz meiner Papiere komme. Kant sagt etwa: Der Vernunft sind Resultate zuwider, sie löst sie immer wieder auf. (Sokrates)

Mir ist gerade das Juni-Heft des *Merkur* in die Hände gekommen. Wegen des Weizsäcker-Besuchs: Du kennst vermutlich sein kürzlich erschienenes Buch »Die Einheit der Natur«. Im *Merkur* ist eine längere Besprechung von einem gewissen Gernot Böhme unter dem Titel: »Die Physik zu Ende denken«. Vielleicht interessiert es Dich.

Um den Melville, *Billy Budd*, habe ich mich bemüht und werde das Buch vermutlich morgen hier erhalten. Ich lasse es dann direkt von der Buchhandlung an Dich gehen.

Mit allen guten Wünschen, vor allem für die »60 Seiten«,
>wie immer
>>Hannah

Grüße an Elfride

149 Martin Heidegger an Hannah Arendt

>>>Freiburg, 12. 9. 72.

Liebe Hannah,

durch einen schrecklichen Unglücksfall in unserer Familie ist unser Terminkalender durcheinandergeraten. Wir freuen uns auf Deinen Besuch und bitten Dich, von Dir aus den Besuchstag zu bestimmen. Wir sind außer dem 16. 9. in diesem Monat frei.

Dank für den Melville, den ich erst nur anlesen konnte. In diesen Tagen sind die ersten Exemplare der *Frühschriften* eingetroffen.

>Herzlich grüßend
>>Martin

Elfride läßt herzlich grüßen

150 Martin Heidegger an Hannah Arendt

Freiburg, 17. IX. 72

Liebe Hannah,

Dank für Deine Karte. Wir erwarten Dich am 24. IX. zur üblichen Zeit. –

Meine Nichte, die einzige Tochter meiner frühverstorbenen Schwester, machte mit ihrem Mann und zwei Kindern eine Schwarzwaldwanderung. Dabei wurde ihr Mann von einem Kieslastwagen – diese fahren im Akkord – überfahren und war sofort tot. Wir wollen darüber, wenn Du kommst – nicht mehr sprechen.

> Wir grüßen Dich herzlich
> Martin

151 Martin Heidegger an Hannah Arendt

Freiburg, 8. XII. 72

Liebe Hannah,

Dank für die Vergrößerungen, von denen die im kleineren Format besser ausgefallen sind. Es tut mir leid, daß Du mit der Sache soviel Mühe hattest. Als ich kürzlich mein Handexemplar *Die Technik und die Kehre* nachsehen wollte, griff ich dabei nach dem Dir gehörenden Heft. Du hast es bei Deinem letzten Besuch offenbar hier liegen lassen, und ich habe es unbesehen als das meinige zu meinen Texten zurückgestellt. –

Du wirst jetzt ganz in der Ausarbeitung Deiner Vorlesungen für Schottland stecken und jede Ablenkung fernhalten.

Eine solche wäre vermutlich der Hinweis auf das 900 Seiten

starke im Lexikonformat gedruckte Buch von Walter Schulz, das er mir vor einigen Wochen schickte: *Philosophie in der veränderten Welt* (Neske-Verlag), also: eine »veränderte« Philosophie.

Es ist »dialektisch« gearbeitet im Sinne eines »Schaukelsystems«. Der letzte Teil »Verantwortung«, eine »veränderte« Ethik, könnte Dich vielleicht interessieren.

Ich kann nicht urteilen, weil eine Durcharbeitung dieser Bestandsaufnahme für mich nicht möglich ist.

Nur eindrucksmäßig: ein geköpfter Hegel und eine Kapitulation vor der »Gegenwart«.

Wogegen ich meine: Die Philosophie ist notwendig »unzeitgemäß«; und wenn sie ins »Gerühm« gerät (ein Wort von Jacob Burckhardt), beruht dies auf einem hartnäckigen Mißverständnis.

Sonst leben wir in der gewohnten Zurückgezogenheit und grüßen Dich herzlich

Martin und Elfride

152 Martin Heidegger an Hannah Arendt

Freiburg, 24. Febr. 73

Liebe Hannah,

Dank für Deinen Brief. Dein Urteil über den Wälzer trifft. Weil wir die stabilitas loci pflegen, sind wir im Mai hier und freuen uns auf Deinen Besuch.

Jetzt ist noch spät der Winter eingekehrt, auf den Bergen liegt viel Schnee.

Mit Deinen Vorträgen wirst Du inzwischen zu Ende gekommen sein, so daß Du ausgeruht nach Schottland reisen kannst.

Das Informationszeitalter entwickelt unaufhaltsam überall-

hin seinen »Stil«; vermutlich ist es nicht einmal mehr zum
großen Katzenjammer fähig.

Von Joan Stambaugh kam ein Brief, dem ich, wie schon Deinem, entnehme, daß Glenn Gray großen Erfolg hat. Das ist erfreulich.

Wir leben ganz zurückgezogen; ich bin froh, jeden Tag bei der Sache zu sein. Ihr Unscheinbares ist freilich schwer zu sagen, wenn dabei nicht viel Worte gemacht werden dürfen – dies im wörtlichen Sinne zu nehmen.

Wir grüßen Dich herzlich mit guten Wünschen für den Verlauf der Vorlesungen –
              Martin

Grüße an Glenn Gray und Joan Stambaugh

153 Martin Heidegger an Hannah Arendt

Freiburg, 5. Mai 1973

Liebe Hannah,

Dank für Deinen Brief, der heute ankam. Der günstigste Tag ist Dienstag, der 22. Mai. Wir erwarten Deinen Besuch zur gewohnten Zeit zwischen 15 und 15^{30}. Hier ist Sommer, vor 10 Tagen noch 1½ Meter Schnee im Schwarzwald.

In diesen Tagen wollten wir Sherry Gray einladen. In den vergangenen Monaten habe ich viel gearbeitet.

Wir freuen uns auf Deinen Besuch und grüßen herzlich
              Martin

Auch an Sherry einen Gruß,
wenn sie noch dort ist.

154 Martin Heidegger an Hannah Arendt

Freiburg, 9. Juli 73

Liebe Hannah,

mein Dank für die beiden Cornford-Bände, für die Autobiographie von N. Mandelstam und für den Aufsatz über das Verbum εἶναι [einai] kommt spät. Aber der Monat Juni und der Anfang Juli waren etwas bewegt: viele Besuche bei gleichzeitigem Ausfall der gewohnten Hilfen für Elfride.

Glenn Gray wird Dir inzwischen geschrieben haben. Wir fanden ihn – besonders nach der Rückkehr von Italien – sehr angegriffen.

Die oben genannten Schriften habe ich nur erst angeblättert. Hoffentlich hast Du in Tegna die nötige Sammlung für die Arbeit gefunden. Wie lange wirst Du dort bleiben? Wir wüßten gern, wann Du uns noch einmal besuchst.

In diesem Sommer ist die schwüle Hitze ziemlich lästig und hemmt die Arbeit.

Ich bin immer wieder im Gespräch mit Parmenides, und die philosophische Literatur erscheint mir bei all ihren Ergebnissen als überflüssig.

Doch wie soll einer die Heutigen zu den einfachen Fragen hinführen, zu den nutzlosen?

Noch fehlen alle Voraussetzungen, um auch nur die Vorbereitung für den Schritt *zurück vor* τὸ γὰρ αὐτὸ νοεῖν ἐστίν τε καὶ εἶναι auszuarbeiten.

In dieser Lage sage ich mir täglich: »mach Dein Sach« – das Übrige und Größere hat sein eigenes uns verborgenes Geschick.

       Herzlich grüßend
          Martin

Auch Elfride läßt grüßen.

155 Hannah Arendt an Martin Heidegger

Casa Barbatè
6652 Tegna, Ti.
Tegna, den 18. Juli 1973

Lieber Martin,

ich denke, ich werde hier bis Ende August bleiben und Anfang September nach New York fliegen. Wann würde es Euch passen – wenn es Dir nicht überhaupt zu viel ist? Mir wäre es zwischen dem 31. August und 4. September recht.

Ich möchte Dir auch noch zu dem Ro-ro-ro-Buch von Biemel gratulieren; es ist bei weitem das Beste, was ich je über Dich gelesen habe. Außerdem ist das Buch im Stil – gleichsam un commentaire raisonné – ganz originell. Ich jedenfalls kenne nichts Derartiges. Ferner – falls es Dich interessieren sollte – von Kojève, über dessen sehr einflußreiche Hegel-Interpretation wir gelegentlich sprachen und der zu Lebzeiten nie ein Buch veröffentlicht hat, sind jetzt aus dem Nachlaß zwei Bände: *Essai d'une histoire raisonné de la philosophie païenne* bei Gallimard herausgekommen. Wahrscheinlich haben sie Dir die Bände schon zugesandt. Ich finde sie recht enttäuschend.

Herzliche Grüße Euch beiden –

Hannah

156 Martin Heidegger an Hannah Arendt

Freiburg, 29. VII. 73

Liebe Hannah,

Dank für Deinen Brief. Du hast recht: Biemels Buch ist ausgezeichnet und mutig; ganz anders als das Buch von Pöggeler über meinen »Denkweg«. Es findet viel Zustimmung. Es öffnet den Weg meines Fragens und hält ihn offen, zumal am Schluß. – Die Kojève-Bände wurden mir nicht geschickt. Ich habe auch weder Zeit noch Lust, noch übrige Kraft, um die einfallende »Literatur« zu lesen.

In den letzten Ferien- und Reisewochen sind wir von einer Flut von Besuchen heimgesucht worden; außerdem hatte Elfride Anfang des Monats ihren achtzigsten Geburtstag. Wir verbrachten aus diesem Anlaß mit den beiden Söhnen und der Tochter einen schönen Tag auf der Hütte.

Für die von Dir genannte Zeit haben wir einen Besuch in Meßkirch vorgesehen. Wir beide bedürfen nach den unruhigen Wochen, in denen auch noch die gewohnten Hilfen ausfielen, der Ausspannung.

Darum bitten wir, Du möchtest Deinen Besuch auf das nächste Frühjahr – nach Deinen Gifford-Vorlesungen – verschieben.

Hoffentlich wirst auch Du nicht zu sehr durch Besuche gestört.

Wir wünschen Dir noch eine gute Arbeitszeit und grüßen Dich herzlich.

Martin

157 Martin Heidegger an Hannah Arendt

Freiburg, 19. Nov. 73

Liebe Hannah,

Dank für Deine Lebenszeichen. Ende August und Anfang September waren mit der Vorbereitung zu meinem letzten Seminar mit den französischen Freunden und dessen Ausführung (an 3 Tagen je 2 bis 2¹/₂ Stunden) so ausgefüllt, daß ich für Deinen Besuch zu angestrengt war. Ich brauche Dir nicht weitläufig zu versichern, daß ich ihn ungern absagte.

Beim letzten Seminar ist mir ein Licht über Parmenides aufgegangen, an dessen Text ich mich oft in Vorlesungen und Übungen abgemüht habe. Wenn Du im Frühjahr kommst, kann ich Dir einiges zeigen. –

Der Hausarzt, der jeden Monat kommt, ist mit meinem Zustand zufrieden.

Für die schwierige Frage nach dem »Willen« gibt immer noch das III. Buch von *De anima* des Aristoteles die erste Erleuchtung, von der die ganze nachfolgende Metaphysik zehrt.

Gutes »Material« bringt das Buch eines Schülers von mir, Gustav Siewerth, der 1929/32 bei mir arbeitete: *Thomas von Aquin. Die menschliche Willensfreiheit*, Textsammlung Verlag Schwann, Düsseldorf 1954. –

Daß Joan Stambaugh eine neue Übersetzung von *Sein und Zeit* auf sich nimmt, ist überaus verdienstvoll und von großer Tragweite. Jede andere Lösung wäre ein Flickwerk geblieben.

Freude macht mir das Denken immer noch. Man muß alt werden, um auf diesem Feld einiges zu erblicken. Und der Über- und Rückblick auf den ganzen Weg lassen erkennen, daß der Gang durch das Wegfeld *von unsichtbarer Hand* geführt ist und daß man selbst nur Weniges dazutut.

Hoffentlich kommst Du mit der Ausarbeitung Deiner Vorlesungen gut voran.

Sonst leben wir still in unserem Alterssitz, bekümmert freilich über die Wirrnis des Weltalters.

Von Herzen Dich grüßend
                                    Martin
Auch Elfride läßt Dich grüßen.

158   Martin Heidegger an Hannah Arendt

                                    Freiburg, 14. III. 74

Liebe Hannah,

Dank für Deinen Brief, der mir bestätigt, was ich vermutete, daß Du ganz auf die Ausarbeitung Deiner Vorlesungen im Mai gesammelt bist.

Von einer kleinen Reise im Mai abgesehen, sind wir die ganze Zeit hier und freuen uns auf Deinen Besuch *nach* Deinen Vorträgen. Vielleicht kannst Du schon von Schottland aus genauere Termine Deines Aufenthalts in Europa, das im Verfall begriffen ist, angeben.

Daß Du den Meister Eckhart studierst, ist erfreulich. Was er in seinen deutschen Texten an Sprachschöpfung niedergelegt hat, ist erstaunlich, aber in unserem Zeitalter der linguistischen Sprachzerstörung nicht mehr zu erblicken. Aber vielleicht wird sein Denken auf diese Weise am ehesten gerettet; doch für wen? Die deutschen Schriften in der Pfeifferschen Ausgabe, die mir Elfride 1917 zum Geburtstag schenkte, sind auch heute noch brauchbar. Die große kritische Ausgabe der lateinischen und deutschen Schriften von Koch und Quint besitzt teilweise mein Bruder.

Im Unterschied zu Dir schenke ich der Politik nur ein geringes Interesse. In der Hauptsache ist die Weltlage doch klar. Die

Macht des Wesens der Technik wird freilich kaum erfahren. Alles bewegt sich im Vordergründigen. Gegen die Aufsässigkeit der »Massenmedien« und der Institutionen vermag der Einzelne nichts mehr – und schon gar nichts, wenn es sich um die Herkunft des Denkens aus dem Anfang des griechischen Denkens handelt.

Dennoch wird da und dort der Sinn für das Nutzlose noch wach bleiben. Darum freue ich mich über die rastlose Arbeit des kleinen Kreises um Dich und über seine Übersetzungen.

Wir sind gut durch den Winter gekommen und leben zurückgezogen in unserem stillen Haus.

Dich grüßend und das Beste wünschend
Martin

Elfride läßt auch grüßen.
Grüße die Freunde; an Joan Stambaugh schreibe ich in diesen Tagen. Ihre Arbeitskraft ist erstaunlich.

159   Martin Heidegger an Hannah Arendt

Freiburg, 20. Juni 1974

Liebe Hannah,

Wir freuen uns auf das Wiedersehen und erwarten Deinen Besuch am Mittwoch, d. 10. Juli, um die gewohnte Zeit.

Nach Deinem Bericht über Schottland im vorigen Jahr hat mich die Nachricht, die Joan Stambaugh brachte über den Abbruch Deiner diesjährigen Vorlesungen, nicht überrascht. Auch Dein Brief vom Februar dieses Jahres zeigte Müdigkeit und Freudloses, was ich nur zu gut verstand. Ungünstige Grundstimmung ist noch belastender als das Übermaß an Anstrengung, das Du Dir bei dem ohnehin schwierigen Thema zugemutet hast.

Nun hoffe ich aber, daß Du Dich in Tegna inzwischen erholt hast und von Besuchern nicht zu sehr belästigt wirst.

Altsein und Altwerden stellen ihre eigenen Forderungen an uns. Die Welt zeigt ein anderes Gesicht, und Gleichmut ist nötig.

Ich bin seit Wochen mit der Neuordnung der Manuskripte, der Abschriften und der Nachschriften der Vorlesungen beschäftigt und habe zum Glück eine verläßliche und echt teilnehmende Hilfe an dem Dozenten von Herrmann, einem Schüler von Fink. Dabei gibt es viel zu überlegen und die rechten Weisungen zu finden für spätere Veröffentlichungen.

Sonst leben wir still zurückgezogen in unserem Alterssitz.

Daß Joan Stambaugh die Übersetzung von *Sein und Zeit* übernommen hat, ist mir eine große Beruhigung.

Ich denke, daß Du bei Deiner Besuchsreise in Basel eine Pause einlegst, damit Du Dich nicht überanstrengst.

Herzlich grüßend – auch im Namen von Elfride – und gute Genesung wünschend

Martin

160 Martin Heidegger an Hannah Arendt

Freiburg, 23 Juni 1974

Liebe Hannah,

unsere Briefe haben sich gekreuzt. Es bleibt beim 10. Juli zur gewohnten Zeit. Da Du in der Phase des Ent-faulens bist, geht es offenbar wieder aufwärts, worüber ich sehr beruhigt bin. Gleichwohl möchte ich raten, langsam und gleichmütig an die Arbeit zu gehen. Der Siewerth ist stofflich wichtig; sonst natürlich dogmatisch.

Wir danken Dir herzlich für die Einladung; aber wir möchten

es auch hier bei der Tradition belassen; denn wir gehen abends nicht mehr aus – weder zu Vorträgen noch zu Einladungen. Ich bin seit Monaten nicht mehr in die Stadt gekommen und auch Elfride sehr selten.

Herzliche Grüße von uns und
auf ein gutes Wiedersehen
Martin

161 Hannah Arendt an Martin Heidegger

Tegna, den 26. Juli 1974

Lieber Martin,

hab Dank für die beiden Vorlesungsabschriften, die Herr von Herrmann mir geschickt hat. Ich habe sie gleich vorgenommen und schicke sie Dir mit getrennter Post zurück.

Entscheidend wichtig für mich war die ausführliche Kant-Interpretation im Freiheits-Manuskript. Wie Du liest, liest keiner und hat auch niemand vor Dir gelesen. Ich habe Kant beim Willensproblem vorläufig ziemlich beiseite gelassen; im Gegensatz zu Denken und Urteilen schien er mir da eher unergiebig. Nun werde ich mir dies alles noch einmal überlegen müssen. Ich bin davon ausgegangen, daß die griechische Antike weder den Willen noch das Freiheitsproblem (als Problem) gekannt hat. Ich fange also die eigentliche Erörterung zwar mit Aristoteles (proairesis [προαίρεσις]) an, aber nur um zu zeigen, wie sich bestimmte Phänomene darstellen, wenn der Wille als selbständiges Vermögen unbekannt ist, und gehe dann von Paulus, Epiktet, Augustin, Thomas zu Duns Scotus. Ich lege Dir hier den sogenannten Syllabus, eine kurze Inhaltsangabe, bei, die man für die Gifford Vorlesungen bereiten muß und die ich keine Gelegenheit fand, Dir in Freiburg zu zeigen.

Was mich außerdem besonders interessiert hat und wovon ich noch nie etwas bei Dir gehört oder gelesen habe, ist der »Angriffscharakter der Philosophie«, daß sie uns »an die Wurzeln geht«. Habe ich überlesen?

Ich sitze wieder in der Arbeit und bin froh des endlich guten Wetters.

Dir alles Gute,

Hannah

162 Martin Heidegger an Hannah Arendt

Freiburg, 17. IX. 74.

Liebe Hannah,

heute schreibe ich die späte Antwort nur kurz; denn dieser Monat ist und wird etwas unruhig. Dank für den »Syllabus« Deiner Gifford-Vorlesungen; da steckt viel Arbeit in den einzelnen Themen; ob die Hörer dies alles verkraften?

In der Vorlesung von 1930 [*Vom Wesen der menschlichen Freiheit*] beschäftigte mich mehr die Kausalität als die Freiheit; durch die Informationstheorie ist das Ganze noch fragwürdiger geworden, d.h. dem Ge-Stelle-Charakter noch entsprechender; die »Wissenschaft« wird so immer flacher und in *ihrem* Sinne ergiebiger.

Mit dem »Angriffscharakter« der Philosophie ist im Grunde die Auseinandersetzung mit der »Seinsvergessenheit« gemeint, die heute sich ins Äußerste steigert, aber durch den »Angriff« des Denkens weder gebrochen, noch auch nur zur Erfahrung gebracht werden kann.

Inzwischen hast Du vermutlich vernommen, daß ich mich zu einer Gesamtausgabe entschlossen habe, genauer: zur Verzeichnung der Richtlinien für sie. Das verlangt viel Überlegen und

Aufzeichnen, damit eine so chaotische Edition wie die der »Husserliana« vermieden wird.

Das Denken kommt bei diesen Verzeichnungen nur scheinbar zu kurz. Störender sind die Besuche, auch wenn sie auf das Unabweisbare eingeschränkt werden.

Wir sind froh, wenn der September hinter uns liegt. Ich hoffe, daß Du Dich inzwischen weiter erholt und gekräftigt hast. Der wetterwendische Sommer und der schon eingetretene Herbst störten und stören die nötige Frische für die Arbeit.

Ich wünsche Dir einen guten Anfang des Studienjahres und viel Sammlung auf das Wesentliche.

Grüßend, auch im Namen von Elfride,
                      Martin

Grüße an Joan Stambaugh und Glenn Gray.

163   Martin Heidegger an Hannah Arendt

                        Nach dem 26. September 1974

Allen Teilnehmenden am Bemühen einer
Besinnung im gegenwärtigen Weltalter sei für
ihr Gedenken der Dank zu-gedacht:

  Stiftender als Dichten,
     Gründender als Denken,
        bleibe der Dank.
          Die in's Danken gelangen,
             bringt er zurück vor
                die Gegenwart des Unzugangbaren,
                   der wir – die Sterblichen alle –
                      vom Anfang her
                        ge-eignet sind.

                    Martin Heidegger

[Persönlicher Zusatz]

Für
Hannah
herzlich grüßend
 M.

164 Martin Heidegger an Hannah Arendt

Freiburg, 6. VI. 75
Tel. 52151
am besten um die Mittagszeit

Liebe Hannah,

von Glenn Gray erfuhren wir, daß Du für längere Zeit in Marbach bist und dort arbeitest. Ich dachte, Du seist in Schottland, um den zweiten Teil Deiner Vorlesungsreihe zu erledigen.

Die Briefpause hat allzulange gedauert. Aber die Überlegungen für die »Gesamtausgabe« beanspruchen doch mehr Kraft und Zeit, als ich annahm. –

Weil Du aber jetzt unvermutet in der Nähe bist, wäre es das Günstigste, wenn Du einen Tag von Marbach »herüber«-kommen könntest, uns zu besuchen – am besten zwischen dem 10. und 15. Juni.

Es gibt Vieles zu erzählen und mehr noch zu bedenken. Wir würden uns sehr freuen, wenn Du Dich in der genannten Zeit freimachen könntest.

Weil ich nur wenig und flüchtig die Zeitung lese – das hiesige Lokalblatt, haben wir auch nichts von der großen Auszeichnung erfahren, die Dir in Dänemark zuteil wurde. Dies können wir nachträglich hier bei einem guten Glas Wein feiern, der übrigens Glenn Gray bei seinen zwei Besuchen besonders schmeckte. Er hat – so scheint mir – mit Dr. Krell – wieder ausgezeichnete Übersetzungsarbeit geleistet.

Auf ein gutes Wiedersehen herzlich grüßend auch im Namen von Elfride
Martin

Grüße auch an Prof. Zeller

165 Hannah Arendt an Martin Heidegger

CH 6652 Tegna, den 27. Juli 1975
Tel. 093 – 81.14.30
Casa Barbatè

Lieber Martin,

nun ist es schon beinahe August, und ich wüßte gern bald, wie es mit einem Besuch in Freiburg steht. Hier ist herrlicher Sommer, nicht zu heiß, ganz klare Luft mit warmen Abenden. Nach Marbach, wo es jeden Tag kalt war und regnete, sehr schön und erfrischend.

Den zweiten Teil meiner Vorlesungen in Schottland erledige ich im Oktober. Hier komme ich langsam in die Arbeit. Ob ich bis Oktober fertig werde – Urteilskraft – ist fraglich, beunruhigt mich aber nicht, da ich die Vorlesung für Schottland so gut wie fertig habe.

Hat Zeller Dir eine Hilfe für die Gesamtausgabe verschaffen können? Der Index von Frau Feick ist vorzüglich und eine große Hilfe. Kann Krell Dir helfen? Wenn sein Deutsch inzwischen in Ordnung ist, sollte das möglich sein. Glenn war sehr zufrieden mit ihm.

Ich hoffe, es geht Dir gut und Ihr werdet nicht zu sehr von Besuchen geplagt.

Herzliche Grüße Euch beiden –

166 Martin Heidegger an Hannah Arendt

Freiburg, 30. Juli 1975

Liebe Hannah,

Dank für Deine Zeilen. Wir freuen uns auf Deinen Besuch; am günstigsten wäre der Dienstag, den 12. August, oder der Freitag, den 15. d. M. Der erstgenannte Termin paßte besser. Wir erwarten Dich zwischen 15 und 16 Uhr. Du bleibst wie üblich zum Abendbrot.

Während des Juli waren wir von einem lästigen Schnupfen und Husten geplagt – die Folge eines umlaufenden Infekts.

Alles andere mündlich, nur: die Urteilskraft ist eine schwierige Sache.

Daß Eugen Fink gestorben ist, wirst Du inzwischen gelesen haben.

Herzliche Grüße von uns beiden.
Martin

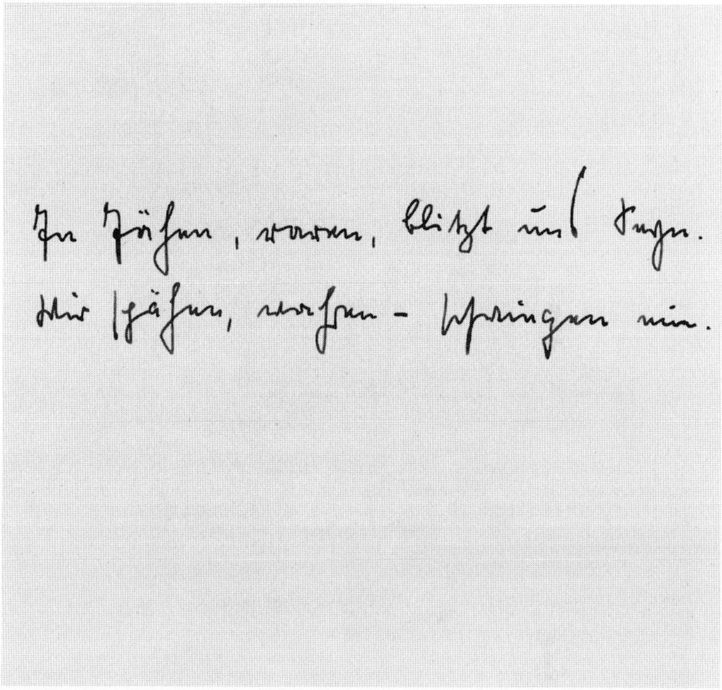

Abb. 1 Martin Heidegger, Autograph Februar 1950 *(siehe in dieser Ausgabe Seite 79)*

Abb. 2   Hannah Arendt um 1925 *(siehe in dieser Ausgabe Seiten 62, 279)*

Abb. 3 Martin Heidegger um 1920

Hannah Arendt in der *New York Times* (18.12.1948) aus Anlaß der Unterzeichnung der Gründungsurkunde der Judah L. Magnes Foundation und als »cover girl« (Arendt an Jaspers), auf dem Titelblatt der *Saturday Review of Literature* (24.3.1951) – dem Heft, in dem ihr gerade erschienenes Buch *The Origins of Totalitarianism* von Hans Kohn besprochen wird *(vgl. zu den Bildern im* Arendt-Jaspers Briefwechsel *Seiten 161, 165 bzw. 207)*

Abb. 4 und 5

Hannah Arendt mit
Heinrich Blücher um 1950

Im Ferienort Manomet an
der Atlantikküste von Massachusetts im Sommer 1950
*(siehe in dieser Ausgabe
Seite 296)*

Abb. 6 und 7

Im Juli 1950 schickte Martin Heidegger eine Fotografie seiner Heimatstadt Meßkirch, er schrieb dazu: »Auf dem Meßkircher Bildchen siehst Du den Kirchturm neben dem Schloß; dort oben hauste ich viel bei den Dohlen und Mauerschwalben und träumte in das Land. Links ist das Schloß, in dem der Graf Werner von Zimmern die Zimmersche Chronik geschrieben. Dahinter der Linden-Garten und dann links zum Bildrand hinaus führt der Feldweg.« *(siehe in dieser Ausgabe Seite 113)*

Abb. 8

Abb. 9 Martin Heidegger 1950 – Der Hannah Arendt übersandte Postkartenabzug trägt auf der Rückseite die hier abgebildete Widmung *(siehe in dieser Ausgabe Seite 299)*

Abb. 13 und 14

Hannah Arendt, fotografiert von Fred Stein, 1966

Hannah Arendt fotografierte Martin Heidegger am 17. August 1967 mit ihrer eigenen Minox-Kamera. Die Fotos sind hier im Uhrzeigersinn (Foto 2 oben links) abgebildet, vom ersten (Abb. Mitte) gibt es auch Abzüge in Postkartengröße.

Martin Heidegger schrieb nach Erhalt der Abzüge: »Dank für die so schön geglückten Aufnahmen, die zugleich Phasen unseres Gesprächs, Unsichtbares im Sichtbaren, festhalten.« *(siehe in dieser Ausgabe Seiten 161, 324–325)*

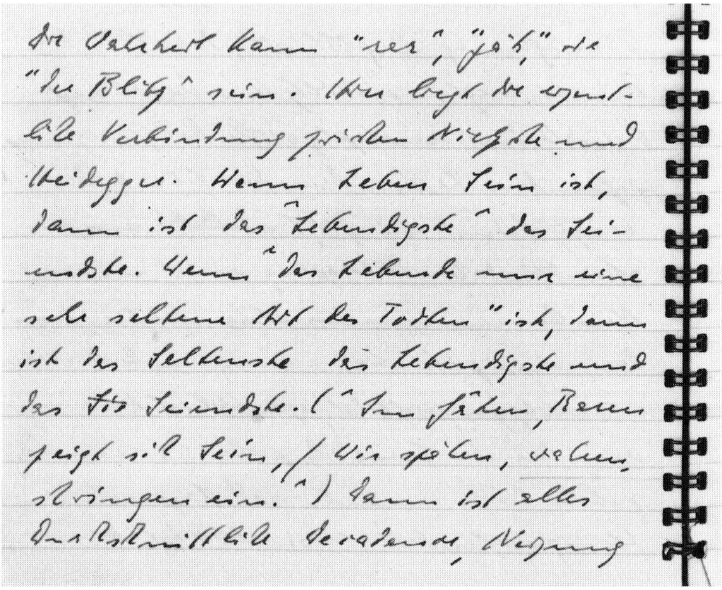

Abb. 16 Hannah Arendt, Autograph 1951 – aus dem *Denktagebuch*, Heft VI, Seite 44–45
(siehe in dieser Ausgabe Seite 387)

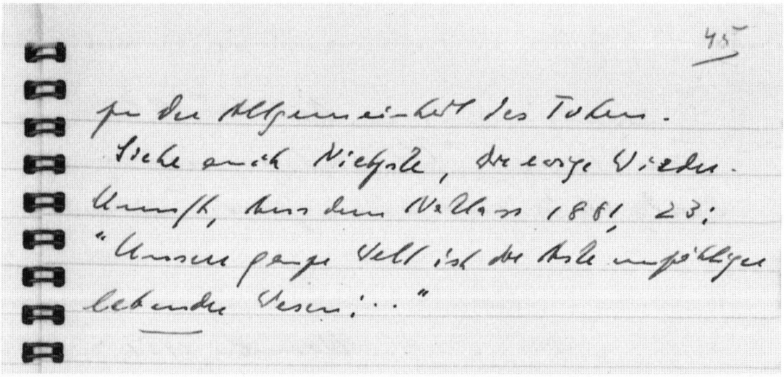

EPILOG

167 Martin Heidegger an Hans Jonas

6. Dezember 1975

DEM FREUNDESKREIS IN TIEFER TRAUER VERBUNDEN.
MARTIN HEIDEGGER

168 Martin Heidegger an Hans Jonas

Freiburg, 27. Dez. 1975

Lieber Herr Jonas,

Für Ihren ausführlichen Brief über den Tod Hannah Arendts, über die Trauerfeier und für Ihren allem Geschehenen angemessenen Nachruf danke ich Ihnen herzlich. Es war ein gnädiger Tod. Nach menschlichem Rechnen kam er freilich zu früh.

Ihr Brief machte mir erst deutlich, wie entschieden und stetig Hannah die Mitte eines großen vielgestaltigen Kreises war.

Jetzt laufen seine Radien ins Leere; es sei denn – was wir alle erhoffen, sie fülle sich neu durch die verwandelte Gegenwart der Abgeschiedenen. Daß dies in reichem Maße auf eine inständige Weise geschehen möge, ist mein einziger Wunsch.

Sonst aber vermögen jetzt Worte nur wenig. –

Im August dieses zu Ende gehenden Jahres hatte Hannah vom Deutschen Literatur-Archiv in Marbach kommend uns besucht, um dann im Tessin ihre Vorträge für Schottland fertig zu machen und anschließend die Veröffentlichung des Ganzen vorzubereiten. Ich war der Meinung, so sei es geschehen und wartete auf entsprechende Nachrichten. Nun war offenbar alles Erwartete anders verlaufen. Ein höheres Geschick hat gewaltet, entgegen menschlichem Planen. Uns bleibt nur die Trauer und das Andenken. –

Ihr Einverständnis vorausnehmend werde ich Ihren Brief und Ihre Trauerrede Hugo Friedrich zum Nachlesen schicken. H. Friedrich gehörte während der Heidelberger Studienjahre zum Freundeskreis um Hannah. –

Ich danke Ihnen noch besonders dafür, daß Sie Ihre Nachschriften meiner Marburger Vorlesungen für die Bearbeitung der Gesamtausgabe zur Verfügung stellen.

Mit dankend andenkenden Grüßen
    Ihr
        Martin Heidegger

ANHANG

ANMERKUNGEN ZU DEN DOKUMENTEN 1 BIS 168

1

M.H., 10. Februar 1925; Originalbrief, handschriftlich, NLArendt

Daß Sie meine Schülerin wurden und ich Ihr Lehrer:
H.A. hatte im Wintersemester 1924/25 ihr Studium der Philosophie, (protestantischen) Theologie und Altphilologie an der Universität Marburg begonnen, wo M.H. seit dem Wintersemester 1923/24 Philosophie lehrte. Er war im Juni 1923 als ordentlicher Professor »ad personam« auf das dortige Extraordinariat für Philosophie berufen worden.

2

M.H., 21. Februar 1925; Originalbrief, handschriftlich, NLArendt

3

M.H., 27. Februar 1925; Originalbrief, handschriftlich, NLArendt

Dem Brief war wahrscheinlich ein ebenfalls im NLArendt überlieferter handschriftlicher Zettel (undatiert und ohne Anrede und Unterschrift) beigelegt: *Willst Du Deinen Brief im Kugelhaus abgeben – Kugelgasse 2, bis 7 Uhr. Eingang an der Treppe zur Barfüßerstraße bei der Pförtnerin des wissenschaftlichen Prüfungsamtes.*

dieses kleine Buch:
Nicht bekannt.

Ich freu mich so auf Deine Mutter:
M.H. hat H.A.s Mutter Martha Beerwald (verwitwete Arendt, geborene Cohn [1874–1948]) wahrscheinlich persönlich kennengelernt. Genaueres konnte aber nicht herausgefunden werden.

4

M.H., 2. M[ärz] 1925; Originalansichtskarte »Freiburg i. Br. Günterstal«, adressiert an Fräulein stud.phil. Hannah Arendt, Königsberg/Ostpr., Busoltstr. 6; ohne Absender; handschriftlich, NLArendt

der Weg unseres Aufstiegs:
Der von M.H. in die Ansichtskarte eingezeichnete Weg führt von Günterstal auf den Schauinsland, einen Berg im südlichen Schwarzwald. Diesen Weg hatte M.H. nach dem Semesterende zusammen mit Studenten zurückgelegt. Übernachtet wurde auf der Paßhöhe Notschrei.

Husserl:
Edmund Husserl (1859–1938), Lehrer, väterlicher Freund und Förderer von M.H., war seit 1916 Ordinarius für Philosophie an der Universität Freiburg. Heidegger ist von 1919 bis 1923 sein Assistent gewesen. Zu einigen Details der Geschichte der Beziehung M.H.s zu Husserl siehe in dieser Ausgabe S. 17 f., 19, 59, 69, 117 f.

5

M.H., 6. März 1925; Originalansichtskarte »Wintersportplatz Todtnauberg (1021 m ü.d.M.)«, adressiert wie Dok. 4; ohne Absender; handschriftlich, NLArendt

Von Notschrei (siehe die vorangehende Postkarte), wo M.H. seine Frau und den älteren Sohn Jörg (geb. 1919) traf, ging die Reise auf Skiern beziehungsweise zu Fuß weiter. Ziel war die oberhalb des Dorfes Todtnauberg auf einer Bergwiese gelegene Hütte der Familie Heidegger, die ohne Weg nur über Viehweiden erreichbar war (und ist). Elfride Heidegger (geb. Petri, 1893–1992) hatte die Hütte 1922 bauen lassen und ihrem Mann als Ort, wohin er sich mit seiner Arbeit zurückziehen konnte, geschenkt. Mit Martin Heidegger ist auch »die Hütte« berühmt geworden, siehe Petzet, *Auf einen Stern zugehen*, S. 201 ff.

6

M.H., 21. März 1925; Originalbrief, handschriftlich, NLArendt

Lichtenstein:
Heinz Lichtenstein aus Königsberg hatte schon in Freiburg bei dem Privatdozenten Heidegger studiert. Er ist Psychiater geworden, siehe unten S. 232 ff.

Husserl-Abende:
Über das im Brief Gesagte hinaus ist hierzu aus Heideggers Marburger Jahren nichts bekannt; für die Freiburger Privatdozentenzeit siehe M.H., »Mein Weg in die Phänomenologie«, S. 87, sowie Theodore Kisiel, *The Genesis of Heidegger's* Being and Time, Berkeley-

Los Angeles-London: University of California Press, 1993, S. 556 (Anm. 13). – Siehe auch M.H.s Auseinandersetzung mit dem Denken Husserls in seiner ersten Marburger Vorlesung im Wintersemester 1923/24: *Einführung in die phänomenologische Forschung.*

»die Jungen«:
Gemeint sind die ersten Semester, siehe auch *Heidegger-Jaspers-Briefwechsel*, S. 50.

Freiburger Semester:
Im Jahre 1915 hatte sich M.H. an der Universität Freiburg habilitiert, wohin 1916 Edmund Husserl als Nachfolger von Heinrich Rickert berufen wurde. Als Privatdozent und Assistent Husserls in den Jahren 1919 bis 1923 hat sich M.H. – wie er selbst schreibt: »lehrend-lernend« – vor allem mit Husserl und Aristoteles beschäftigt; siehe Heidegger, »Mein Weg in die Phänomenologie«, S. 86. – Die frühen Freiburger Vorlesungen (1919–1923) sind in der HGA als Bde. 56/57 bis 63 erschienen, ausgenommen der noch in Arbeit befindliche Band 62 (*Phänomenologische Interpretationen ausgewählter Abhandlungen des Aristoteles zu Ontologie und Logik*, Sommersemester 1922).

Ob bei Euch auch noch ein verspäteter Winter wurde? Oder ob Du wirklich an die See gegangen bist?:
Eine private Fotografie, aufgenommen im April 1925 in Rauschen bei Königsberg, zeigt H.A. offenbar an einem warmen, sonnigen Tag im Freien mit ihrem Vetter Ernst Fürst, dessen späterer Frau Käte (geb. Levin) und zwei Freunden. Sie ist veröffentlicht in: *Hannah Arendt: »Lebensgeschichte einer deutschen Jüdin ...«*, hrsg. von der Alten Synagoge, Essen: Klartext Verlag (Studienreihe der Alten Synagoge, 5), S. 97.

Briefwechsel der Rahel mit Alexander von der Marwitz:
1925 war im Verlag Leopold Klotz (Gotha/Stuttgart) der folgende Titel erschienen: *Rahel und Alexander von der Marwitz in ihren Briefen: Ein Bild aus der Zeit der Romantiker*, nach den Originalen hrsg. von Heinrich Meisner. – Später wird H.A. sich eingehend mit Rahel Varnhagen beschäftigen und ein Kapitel ihres Buches *Rahel Varnhagen* ... (S. 151 ff.) der Freundschaft Rahels mit Alexander von der Marwitz widmen.

7

M.H., 24. März 1925; Originalbrief, handschriftlich, NLArendt

Unser Kleiner:
Der Sohn Jörg.

8

M.H., 29. März [1925]; Originalansichtskarte »Freiburg i.B. Das Münster«, adressiert wie Dok. 4; ohne Absender; handschriftlich, NLArendt

Die Tage mit Husserl waren eine Enttäuschung, da er sehr müde ist und auffallend schnell altert:
Husserl, geboren am 8. April 1859, stand kurz vor der Vollendung seines 66. Lebensjahres, er ist 79 Jahre alt geworden (Tod am 27. April 1938).

9

M.H., 12. April 1925; Originalbrief, handschriftlich, NLArendt

Ich bin umgezogen in das frühere Besuchszimmer nebenan:
Die Familie Heidegger wohnte seinerzeit in der Schwanallee 21.

Jakoby:
Paul Jakoby (stud.jur.) aus Königsberg.

Geheimrat Dr. Boehlau:
Johannes Boehlau (1861–1941), seinerzeit Direktor des »Fridericianum«, hatte M.H. im Rahmen des Vorlesungsprogramms der von ihm gegründeten »Kurhessischen Gesellschaft für Kunst und Wissenschaft« zu den Vorträgen (fünf jeweils zweistündige Veranstaltungen) nach Kassel eingeladen. Zu Einzelheiten siehe Frithjof Rodi, in: *Dilthey-Jahrbuch* 4, 1986–87, S. 164 ff.; ferner ders., in: *Dilthey-Jahrbuch* 8, 1992–93, S. 178 ff.

10

M.H., 17. April [1925]; Originalbrief, handschriftlich, NLArendt – Das Datum ist mit Bleistift geschrieben –

Bröcker:
Walter Bröcker (1902–1992), Schüler und in den dreißiger Jahren Assistent Heideggers, wurde 1937 Privatdozent in Freiburg, 1940

nach Rostock berufen und lehrte von 1948 bis 1970 Philosophie an der Universität Kiel. Zusammen mit seiner Frau Käte Bröcker-Oltmanns hat er den Band 61 der HGA herausgegeben.

11

H.A., April 1925; Originalmanuskript, handschriftlich und maschinenschriftlich, HAPapers

H.A.s frühe Selbstreflexion (das einzige Dokument dieser Art, das wir von ihr kennen) ist in zweifacher Form erhalten: handschriftlich und maschinenschriftlich. Bei dem handschriftlichen Exemplar, das der vorliegenden Veröffentlichung zugrundegelegt wurde, handelt es sich um eine Reinschrift auf einmal gefalzten Bögen (Format ca. 21 x 16 cm), die, mit einem Umschlag aus dünnem, blau-lila Büttenkarton versehen, zu einem Heft gebunden sind. Das Deckblatt trägt den handschriftlichen Titel »Schatten«. Mit ziemlicher Sicherheit kann behauptet werden (siehe den folgenden Brief von M.H.), daß H.A. dieses Heft im April 1925 von Königsberg mit nach Kassel genommen und dort M.H. überreicht hat. Wie es wieder in ihren Besitz kam, ist nicht bekannt.

Die maschinenschriftliche Fassung, auf der »Schatten« in »Die Schatten« verbessert wurde und die am Schluß, von H.A.s Hand, den Hinweis »Geschrieben für M.H.« enthält, unterscheidet sich von der handschriftlichen nicht. Nur wurden darin ein Nebensatz und zwei Absätze, die in der handschriftlichen Fassung enthalten sind, durchgestrichen.

12

M.H., 24. April 1925; Originalbrief, handschriftlich, NLArendt

daß Du das Manuskript mitbrachtest:
Im NLArendt befindet sich ein zehnseitiges handschriftliches Manuskript »III. Dasein und Zeitlichkeit« mit der handschriftlichen Widmung von M.H.: »Zur Erinnerung an den 20. und 21. April 1925«. Gleichfalls vorhanden ist eine maschinenschriftliche Abschrift. So ist die Annahme berechtigt, daß M.H. dieses Manuskript am Semesterende H.A. übergeben, daß sie es in Königsberg abgeschrieben und nach Kassel mitgebracht hat. »III. Dasein und Zeitlichkeit« ist zur Veröffentlichung in Bd. 64 der HGA vorgesehen. Siehe auch S. 290.

»scheuen zurückhaltenden Zuneigung«:
Im Manuskript »Schatten« steht *scheue, zurückgehaltene Zuneigung,* siehe S. 21.

Dein Tagebuch:
Gemeint ist das Manuskript »Schatten«, siehe S. 21 ff.

in »haltlosen Experimenten«:
Zitat aus »Schatten«, S. 25.

Deine Rückkehr nach Marburg:
H.A. hat im Sommersemester 1925 M.H.s Vorlesung »Prolegomena zur Geschichte des Zeitbegriffs« (siehe im Anmerkungsteil unter Dok. 14) gehört und nahm an den Übungen für Anfänger zu Descartes' *Meditationes* teil.

Ich lese wieder in 11:
Wahrscheinlich der Hörsaal 11 in der Alten Universität Marburg. Hier hatte M.H. im WS 1924/25 »Platon: Sophistes« vierstündig gelesen, und hier ist sein Blick erstmals dem der jungen Studentin Hannah Arendt begegnet. Siehe M.H. im Brief vom 4. Mai 1950 (S. 98): ... *wenn Dein liebes Bild* [eine Fotografie, die H.A. 1950 übersandt hatte] *mir mitten ins Herz blickt. Du weißt nichts davon, daß es der selbe Blick ist, der am Katheder mir zublitzte – ach es war und ist und bleibt die Ewigkeit, weither in die Nähe.*

13

M.H., 1. Mai 1925; Originalbrief, handschriftlich, NLArendt

14

M.H., 8. Mai 1925; Originalbrief, handschriftlich, NLArendt

Was ich vortrage, drucke ich doch im Herbst:
Im Sommersemester 1925 las M.H., wie er an Jaspers schrieb (*Heidegger-Jaspers-Briefwechsel*, S. 50), »von 7–8 früh Geschichte des Zeitbegriffes vierstündig«, die Vorlesung wurde erst postum veröffentlicht: *Prolegomena zur Geschichte des Zeitbegriffs.* – M.H.s Ankündigung »drucke ich doch im Herbst« bezieht sich – retrospektiv gesehen – auf *Sein und Zeit,* dessen erste Druckbogen im Frühjahr 1926 vorlagen. Zur komplizierten Geschichte von M.H.s 1927 erschienenem Hauptwerk siehe Theodore Kisiel, *The Genesis of Heidegger's* Being and Time (genaue Angabe S. 264 f.), S. 477 ff.,

und Friedrich-Wilhelm von Herrmann, *Heideggers ›Grundprobleme der Phänomenologie‹: Zur ›Zweiten Hälfte‹ von ›Sein und Zeit‹*, Frankfurt/Main: Klostermann, 1991.

George-Gedichte:
Gedichtband von Stefan George, siehe den folgenden Brief.

15

M.H., 13. Mai 1925; Originalbrief, handschriftlich, NLArendt – ohne Anrede –

O mein tag mir so gross . . .:
Zwei Zeilen aus dem Gedicht »Tag-Gesang« von Stefan George. Siehe Stefan George, *Der Teppich des Lebens und Die Lieder von Traum und Tod mit einem Vorspiel*, 3. Aufl., Berlin: Bondi, 1904, S. 87.

»Nun tu ich alles was der engel will«:
Zeile aus dem »Vorspiel« (III) zu George, *Der Teppich des Lebens*, S. 16.

der Zauber von Wetzlar:
Worauf M.H. hier anspielt, konnte nicht herausgefunden werden.

Amo heißt volo, ut sis:
Vgl. auch S. 27 und S. 59; ferner M.H. an Elisabeth Blochmann, 11. Januar 1928, *Heidegger-Blochmann-Briefwechsel*, S. 23; sowie das »Gedachte« von M.H. unter dem Titel »Amo: volo ut sis«, das zur Veröffentlichung im Band 81 *(Gedachtes)* der HGA vorgesehen ist. – Das Zitat hat H.A. lebenslang begleitet; siehe, als frühes Zeugnis, den Brief von Heinrich Blücher an sie (16. 7. 1946, *Arendt-Blücher-Briefe*, S. 150); siehe, als spätes Zeugnis, H.A., *Das Wollen*, S. 102. Sie hat es häufig angeführt, so Ronald Beiner in seinem Kommentar zu H.A., *Das Urteilen*, S. 195. Es mag auch mitbestimmend bei der Wahl des Doktorthemas *(Der Liebesbegriff bei Augustin)* gewesen sein. Der Chronist Alfred Kazin *(New York Jew*, London: Secker & Warburg, 1978, S. 199) behauptet, daß dieser eine Satz Arendts Interesse überhaupt auf Augustin gelenkt habe. – Wörtlich ist das Zitat bei Augustin, nach Auskunft der Redaktion des Augustinus-Lexikons *(Corpus Augustinianum Gissense [CAG] a Cornelio Mayer editum)*, nicht nachweisbar. Eine Quelle dem Sinn nach ist zu finden in Augustins *Sermo Lambot 27,3:* »Quod quisque amat, vult esse, an non vult esse? Puto quia, si amas filios tuos, vis illos esse; si autem

illos non vis esse, non amas. Et quodcumque amas, vis ut sit, nec omnino amas quod cupis ut non sit.« *Patrologiae cursus completus. Series latina* (Migne). *Supplementum*, Vol. II, Paris: Garnier, 1960, Sp. 832–834, Sp. 833.

»Deine« *Gedichte:*
Möglicherweise einige der Gedichte von H.A., die im Anhang zu dieser Ausgabe abgedruckt sind.

den Scheler:
Wahrscheinlich ein Werk von Max Scheler (1874–1928). – Zur Bedeutung Schelers für M.H.s philosophische Entwicklung siehe M.H., »Mein Weg in die Phänomenologie«, S. 85; vgl. auch M.H., »In memoriam Max Scheler«, im Rahmen der Marburger Vorlesung im Sommersemester 1928: *Metaphysische Anfangsgründe der Logik* . . ., HGA, Bd. 26, S. 62–64.

16

M.H., 20. Mai 1925; Originalbrief, handschriftlich, NLArendt

Und bald wirst Du zu meinen geliebten Bergen wandern:
H.A. ist in den Pfingstferien wahrscheinlich zunächst in Freiburg gewesen und dann nach Interlaken weitergereist, siehe die folgenden Briefe.

meine »Logik«:
M.H., *Logik. Die Frage nach der Wahrheit.*

17

M.H., [21./22. Mai 1925]; Originalzettel, handschriftlich, NLArendt

Mit handschriftlicher Bemerkung von H.A.: *Der obere Teil des Zettels vernichtet*; Datierung aufgrund der Angabe »Dienstag, d. 26.« Im Jahre 1925 gab es nur einen Dienstag, d. 26., nämlich im Mai. Das Pfingstfest fiel in jenem Jahr auf den 31. Mai und 1. Juni. Während der Pfingstferien war H.A. zunächst in Freiburg, dann in Interlaken, M.H. ist mit großer Wahrscheinlichkeit in Marburg geblieben.

Brief für Husserl:
Der Brief (wahrscheinlich ein Empfehlungsschreiben) ist in den Nachlässen Husserl, Heidegger und Arendt nicht erhalten.

18

M.H., 29. Mai [1925]; Originalbrief, handschriftlich, NLArendt – mit handschriftlicher Notiz von Hannah Arendt: *Erhalten in Interlaken am 2. VI. 25* –

Wiedersehen an der Bank:
Siehe dazu auch den im Anhang (S. 364) abgedruckten Zettel.

19

M.H., 14. Juni 1925; Originalbrief, handschriftlich, NLArendt

Dein Tagebuch:
Gemeint ist das Manuskript »Schatten«, siehe oben S. 21 ff., S. 26 f.

20

M.H., 22. Juni 1925; Originalbrief, handschriftlich, NLArendt

21

M.H., 26. Juni 1925; Originalbrief, handschriftlich, NLArendt

22

M.H., 1. Juli 1925; Originalbrief, handschriftlich, NLArendt

Clärchen:
Mit hoher Wahrscheinlichkeit Clara Beerwald (1900–1931), H.A.s Stiefschwester. Sie studierte Mathematik, Chemie und Sprachen und war eine gute Klavierspielerin. Siehe Young-Bruehl, *Hannah Arendt*, S. 70, und weiter unten in dieser Ausgabe S. 46.

23

M.H., 9. Juli 1925; Originalbrief, handschriftlich, NLArendt

»Zauberberg«:
Der Roman *Der Zauberberg* von Thomas Mann war 1924 in zwei Bänden erschienen.

aus Briefen meines einzigen Jugendfreundes:
Wahrscheinlich der früh verstorbene Fritz Blum (1891–1916) aus Markdorf. Er war wie M.H. Zögling im Erzbischöflichen Gymna-

sialkonvikt, dem Konradihaus, in Konstanz. Später studierte er Medizin. Siehe auch das bei Biemel, *Martin Heidegger*, S. 18, abgebildete Foto der beiden Freunde. – Briefe sind nicht erhalten.

mein »Horn« an der Stirn:
Ein Furunkel.

Bultmann:
Rudolf Bultmann (1884–1976), seit 1921 und bis zu seiner Emeritierung Professor für (protestantische) Theologie an der Universität Marburg. Während der gemeinsamen Lehrtätigkeit (M.H. war von 1923 bis 1928 an der Universität Marburg) entwickelte sich eine lebenslange Freundschaft – welche nicht zuletzt die vielen Stellen, an denen der Name Bultmann in dieser Ausgabe erwähnt wird, belegen.

24

M.H., 17. Juli [1925]; Originalbrief, handschriftlich, NLArendt

Graeca:
Zur gemeinsamen Lektüre von Homer, den griechischen Tragikern, von Pindar und Thukydides hatten die Philosophen Heidegger und Nicolai Hartmann, der klassische Philologe Paul Friedländer, der Archäologe Paul Jacobsthal und der Kirchenhistoriker Hans von Soden eine »Graeca« gegründet. Siehe Biemel, *Martin Heidegger*, S. 33.

25

M.H., 24. Juli 1925; Originalbrief, handschriftlich, NLArendt

26

M.H., 31. Juli [1925]; Originalbrief, handschriftlich, NLArendt

wegen einer verfluchten Sitzung, die ich am Montag noch mitmachen muß:
Vermutlich eine Sitzung in Berufungsangelegenheiten, die auch die eigene Person betraf, siehe S. 46.

27

M.H., 2. August 1925; Originalbrief, handschriftlich, NLArendt

28 M.H., 23. August [1925]; Originalbrief, handschriftlich, NLArendt

hier oben:
In Todtnauberg, siehe S. 264; siehe auch den folgenden Brief.

Bultmann schrieb mir neulich begeistert von der See:
Der Brief ist nicht erhalten.

Löwith schrieb mir dieser Tage aus München:
Karl Löwith (1897–1973) war ein Schüler Edmund Husserls und Martin Heideggers. Über seine persönlichen Entscheidungen in den Jahren vor und nach der Promotion in München (1923) siehe sein »Curriculum Vitae (1959)«, in: Karl Löwith, *Mein Leben in Deutschland vor und nach 1933: Ein Bericht*, mit einem Vorwort von Reinhart Koselleck und einer Nachbemerkung von Ada Löwith, Stuttgart: Metzler, 1986, S. 146–157, S. 147 f. – Die ursprünglich enge, bis ins Private reichende Beziehung zu M.H. änderte sich nach Löwiths Habilitation (1928 an der Universität Marburg) grundlegend; Kritik, Enttäuschungen und Verletzungen gewannen mehr und mehr die Oberhand. Löwith hat M.H. und seine Philosophie in einer Reihe von Veröffentlichungen analysiert und kritisiert (später gesammelt im Band 8 seiner *Sämtlichen Schriften*), während M.H. seine Kritik eher privat, wie in einem der hier veröffentlichten Briefe (siehe S. 134) äußerte. 1936 haben sich beide zum letzten Mal vor dem Krieg in Rom getroffen (K.L., *Mein Leben in Deutschland*, S. 56 f.; siehe auch unten S. 283). – Löwith ist 1952 aus der Emigration (Japan, USA) nach Deutschland zurückgekehrt, als Ordinarius für Philosophie an die Universität Heidelberg. Mit der persönlichen Wiederbegegnung haben sich der ehemalige Schüler und sein Lehrer Zeit gelassen. Daß es zu einer Versöhnung gekommen war, wurde anläßlich des Kolloquiums, das die Heidelberger Akademie der Wissenschaften aus Anlaß des 80. Geburtstags von M.H. im Juni 1969 veranstaltete, in der Öffentlichkeit bekannt. Dort hielt Löwith einen Vortrag und nutzte die Gelegenheit, um sich über seine persönliche und geistige Beziehung zu Heidegger, u. a. anhand von Zitaten aus der Korrespondenz, ausführlich zu äußern (K.L., »Die Natur des Menschen und die Welt der Natur«, in: *Die Frage Martin Heideggers* [siehe im Werkverzeichnis Heidegger, S. 422], S. 36–49; wieder abgedruckt in: K.L., *Sämtliche Schriften*, Bd. 8, Stuttgart: Metzler, 1984, S. 276–289; vgl. auch den Leserbrief von Josef Meller [»Söhne über Väter«] in der *Frankfurter Allgemeinen Zeitung* vom 30. Januar 1998).

Bultmanns Seminar:
Bultmanns Seminar für das Wintersemester 1925/26 war unter dem Titel »Neutestamentliches Seminar (Anthropologie des Paulus)« angekündigt. – Die vollständigen bibliographischen Angaben für die von M.H. angegebenen Werke lauten: Hermann Lüdemann, *Die Anthropologie des Apostels Paulus und ihre Stellung innerhalb seiner Heilslehre, nach den vier Hauptbriefen dargestellt,* Kiel: Universitäts-Buchhandlung, 1872; Richard Kabisch, *Die Eschatologie des Paulus in ihren Zusammenhängen mit dem Gesamtbegriff des Paulinismus,* Göttingen: Vandenhoeck & Ruprecht, 1893; Wilhelm Bousset, *Die Religion des Judentums im neutestamentlichen Zeitalter,* 2. Aufl., Berlin: Reuther & Reichard, 1906. – Offensichtlich hat M.H. selbst hin und wieder dieses Seminar von Bultmann besucht, siehe S. 52.

Die Liste mit mir an erster Stelle:
Die Berufungsliste der Marburger Universität für die Nachfolge Nicolai Hartmann (vormals Paul Natorp) vom 5. August 1925; siehe auch S. 43. – Heidegger wurde dann aber erst aufgrund einer späteren Liste berufen und schließlich am 19. Oktober 1927 zum Ordinarius auf den Ersten Lehrstuhl für Philosophie der Universität Marburg ernannt. Zu den Einzelheiten des Berufungsvorgangs siehe *Heidegger-Jaspers-Briefwechsel,* S. 56 ff.; ferner Ott, *Martin Heidegger,* S. 124 ff.

werde ich mir doch zuweilen mal vorspielen lassen:
Clara Beerwald war eine gute Klavierspielerin.

in meine Heimat:
Nach Meßkirch, wo die Mutter (Johanna Heidegger, geb. Kempf, 1858–1927) und der jüngere Bruder Fritz (1894–1980), der sich am 15. Oktober 1925 verheiratete (siehe *Heidegger-Jaspers-Briefwechsel,* S. 54), lebten.

29

M.H., 14. September 1925; Originalbrief, handschriftlich, NLArendt

Ich habe mich mit viel Schwung in meine Arbeit gefunden:
M.H. arbeitete in Todtnauberg an dem Manuskript, das Ende April 1927 unter dem Titel *Sein und Zeit* erschien. Nach Auskunft von Hermann Heidegger (geb. 1920) hatte sich sein Vater zum ungestörten Arbeiten unterhalb der Hütte bei einem Bauern eine Stube gemietet. Siehe auch M.H. im Brief vom 23. September 1925 an

Karl Jaspers *(Heidegger-Jaspers-Briefwechsel*, S. 26) sowie Safranski, *Ein Meister aus Deutschland*, S. 173.

Von Husserl habe ich einen langen Brief:
Der Brief ist nicht erhalten.

Dann für 10 Tage nach Heidelberg zu Jaspers:
Diesen Besuch bei Karl Jaspers (1883–1969), seit 1920 Professor für Philosophie (seit 1922 Ordinarius) an der Universität Heidelberg, hat M.H. verschoben und verkürzt, siehe S. 50; über weitere Besuche siehe in dieser Ausgabe S. 59, 64 f. Nach 1933 haben sich beide nicht wiedergesehen. – Die geistig und persönlich komplizierte Beziehung zwischen M.H. und Karl Jaspers ist dokumentiert in dem inzwischen veröffentlichten Briefwechsel (genaue Angabe im Abkürzungsverzeichnis S. 406) sowie, von Jaspers' Seite, in zwei postumen Veröffentlichungen: K.J., *Philosophische Autobiographie*, erweiterte Neuausgabe, München: Piper (Serie Piper, 150), 1977, Abschnitt: »Heidegger« (S. 92–111); K.J., *Notizen zu Martin Heidegger*, hrsg. von Hans Saner, München-Zürich: Piper, 1978. Siehe auch die vielen sich auf Jaspers beziehenden Stellen in der vorliegenden Ausgabe, die gleichzeitig H.A.s Rolle als »Dritte« in dieser gescheiterten Freundschaft dokumentieren, S. 110.

Gurlitt:
Der Musikwissenschaftler Willibald Gurlitt (1889–1963) lehrte seit 1919 an der Universität Freiburg, 1920 gründete er das musikwissenschaftliche Seminar und wirkte bahnbrechend in der Wiederbelebung alter Musik auf historischen Instrumenten. Über sein Schicksal an der Universität Freiburg siehe Eckhard John, »Der Mythos vom Deutschen in der deutschen Musik: Musikwissenschaft und Nationalsozialismus«, in: *Die Freiburger Universität in der Zeit des Nationalsozialismus*, hrsg. von Eckhard John et al., Freiburg–Würzburg: Ploetz, 1991, S. 163–190, besonders S. 168 f.

Hegelseminar:
Siehe S. 276.

30

M.H., 7. Oktober 1925; Originalansichtskarte »Freiburg i. Br. Münster«, adressiert an Fräulein stud.phil. Hannah Arendt, Königsberg (Ostpreußen), Busoltstr. 6, abgestempelt Freiburg, Breisgau, 8.10.25; ohne Absender; handschriftlich, NLArendt

31

M.H., 18. Oktober 1925; Originalbrief, handschriftlich, NLArendt

Ich beginne die Vorlesung am 2. November – am selben Tag das Anfängerseminar und Dienstag, dem 3., Vorbesprechung für das Seminar für Fortgeschrittene:
Thema der Vorlesung war: *Logik. Die Frage nach der Wahrheit.* Das Seminar war unter dem Titel »Phänomenologische Übungen für Fortgeschrittene« angekündigt; es sollte Hegels *Logik*, Buch I, behandelt werden. In den »Übungen für Anfänger« stand Kants *Kritik der reinen Vernunft* auf dem Programm. H.A. hat an allen Veranstaltungen teilgenommen. – Siehe auch oben S. 48.

Hier, bei Jaspers kann ich leider auch nur kurz bleiben:
M.H. war am 17. Oktober nach Heidelberg gekommen (*Heidegger-Jaspers-Briefwechsel*, S. 55 f.), siehe auch den folgenden Brief.

G. Stern *über Umwelt – Zustand – Widerstand:*
Eine entsprechende Veröffentlichung von Günther Stern kann nicht nachgewiesen werden; vgl. aber seine Aufsatzsammlung *Über das Haben: Sieben Kapitel zur Ontologie der Erkenntnis*, Bonn: Cohen, 1928; ferner retrospektiv sein Interview mit Mathias Greffrath (1979) über den Einfluß, den M.H. auf ihn seinerzeit ausübte, und persönliche Begegnungen in den zwanziger Jahren, in: *Günther Anders antwortet: Interviews und Erklärungen*, hrsg. von Elke Schubert, Berlin: Tiamat, 1987, S. 22 ff. – Günther Stern (1902–1992) promovierte 1924 bei Husserl und arbeitete danach wissenschaftlich weiter (hörte u.a. bei Heidegger), um sich zu habilitieren. Nach Ablehnung seines Habilitationsgesuchs an der Universität Frankfurt/Main wurde er Feuilletonredakteur beim *Berliner Börsen-Kurier.* Seither veröffentlichte er überwiegend unter dem Namen Günther Anders. Stern-Anders emigrierte 1933 zunächst nach Frankreich (Paris), dann (1936) in die USA. 1950 kehrte er nach Europa zurück, lebte und arbeitete bis zu seinem Tod als freier Schriftsteller in Wien. – 1929 heirateten G.St. und H.A. (siehe S. 66), es war beider erste Ehe – von H.A.s Seite offensichtlich keine Liebesheirat (siehe S. 77). Schon nach wenigen Jahren trennten sich die Wege. 1937 (als H.A. noch in Paris, G.St. bereits in USA war) ließen sie sich scheiden, blieben aber lebenslang in Verbindung. – Stern-Anders veröffentlichte 1948 eine grundsätzliche Kritik an M.H.s Denken: »On the Pseudo-Concreteness of Heidegger's Philosophy« (in: *Philosophy and Phenomenological Resarch* 8, 1947–1948, Heft 3, S. 337–370).

Jonas:
Hans Jonas (1903–1993) studierte seinerzeit wie H.A. in Marburg. Er promovierte 1928 bei Heidegger und Bultmann. Schon früh engagierte er sich für den Zionismus, zunächst im zionistischen Studentenbund KJV (Kartell Jüdischer Verbindungen). 1933 emigrierte er nach Palästina, meldete sich 1940 als Freiwilliger in die Jewish Brigade Group, kämpfte im Zweiten Weltkrieg und kehrte »in der Uniform des Siegers« nach Deutschland zurück. Im ersten israelisch-arabischen Krieg von 1948/49 war er Artillerieoffizier. Nach der Militärzeit nahm er seine Lehrtätigkeit wieder auf, zunächst in Kanada. Später, von 1955 bis zu seiner Emeritierung, lehrte er Philosophie an der New School for Social Research (wohin H.A. im Jahre 1967 berufen wurde). – Jonas und H.A. verband eine lebenslange Freundschaft, die einen Bruch, Jonas' Abwendung von ihr wegen des Buchs *Eichmann in Jerusalem*, überstand. – Jonas' Verhältnis zu Heidegger blieb spannungsreich – trotz einer versöhnenden Begegnung (siehe S. 178) und brieflicher Kontakte (siehe S. 259 f.).

meine Sommervorlesung:
Prolegomena zur Geschichte des Zeitbegriffs.

Ich habe ihm [G. Stern] kurz geantwortet:
Die genannten Briefe sind weder im NLHeidegger, noch im Nachlaß Stern–Anders (Auskunft des Nachlaßverwalters Gerhard Oberschlick) erhalten.

Von Bultmann hatte ich kürzlich einen langen Brief:
Der Brief ist wahrscheinlich nicht erhalten.

32

M.H., 5. November 1925; Originalbrief, handschriftlich, NLArendt

33

M.H., 10. Dezember 1925; Originalbrief, handschriftlich, NLArendt

34

M.H., 9. Januar 1926; Originalbrief, handschriftlich, NLArendt

35

M.H., 10. Januar 1926; Originalbrief, handschriftlich, NLArendt

Dein Entschluß:
Als sich H.A. und M.H. am 10. Januar 1926 privat wiedertrafen, hat H.A. ihm offensichtlich in einem nicht erhalten gebliebenen Brief und dann vermutlich auch mündlich mitgeteilt, daß sie ihr Studium in Marburg abbrechen wolle. Sie hat ab Sommersemester 1926 bei Jaspers in Heidelberg weiterstudiert. Ein Semester, das Wintersemester 1926/27, verbrachte sie in Freiburg, um bei Husserl zu hören (hierzu auch im folgenden Brief).

36

M.H., 29. Juli 1926; Originalbrief, handschriftlich, NLArendt

J.:
Vermutlich handelt es sich um Hans Jonas, siehe den folgenden Brief, in dem M.H. »Jo.« abkürzt. Es könnte aber auch der Königsberger Paul Jakoby gemeint sein, weshalb das Kürzel im Text nicht aufgelöst wurde.

Deine Adresse:
In Heidelberg, wo H.A. seit dem Sommersemester 1926 studierte.

Mit meinem Buch stehe ich mitten im Druck:
Heideggers *Sein und Zeit (Erste Hälfte)* erschien Ende April 1927 als Band 8 des von Husserl und Scheler herausgegebenen *Jahrbuchs für Philosophie und phänomenologische Forschung*; auch als Sonderdruck 1927.

schreibe ich Dir aus dem Engadin nach Königsberg:
Da ein entsprechender Brief nicht vorliegt, ist die Annahme begründet, daß sich M.H. und H.A. im August 1926 in Weinheim, Mannheim oder Heidelberg getroffen haben.

37

M.H., 7. Dezember 1927; Originalbrief, handschriftlich, NLArendt

Volo ut sis!:
Siehe S. 31 und im Anmerkungsteil S. 269 f.

Lies den Brief, den ich Dir... über die »Schatten« schrieb:
Wenn nicht ein entsprechender Brief verlorengegangen ist, bezieht sich diese Bemerkung entweder auf den Brief vom 24.4.25 oder den vom 1.5.25, siehe S. 26 ff.

Eine wichtige Arbeit mit Husserl:
Husserl arbeitete im Sommer und Herbst 1927 an seinem Artikel »Phenomenology« für die *Encyclopaedia Britannica*, M.H. half dabei. Über die Zusammenarbeit siehe *Husserliana*, Bd. IX, S. 600–603; vgl. auch Walter Biemel, »Husserls Encyclopaedia–Britannica-Artikel und Heideggers Anmerkungen dazu«, in: *Tijdschrift voor Philosophie* 12 (1950), S. 246–280.

kam ich für wenige Tage zu Jaspers [nach Heidelberg]:
Siehe *Heidegger-Jaspers-Briefwechsel*, S. 82 f.

Du seist verlobt:
Benno von Wiese (1903–1987), seinerzeit Student der Germanistik und Philosophie in Heidelberg, berichtet in seinen Lebenserinnerungen von seiner »Verbindung« mit H.A. und erwähnt auch, daß Jaspers eine Ehe herbeigewünscht habe, siehe B.v.Wiese, *Ich erzähle mein Leben: Erinnerungen*, Frankfurt/Main: Insel, 1982, S. 89 f. – Möglicherweise hatte H.A. in dem Brief, auf den M.H. hier antwortet, von ihrer Beziehung zu von Wiese erzählt (siehe weiter unten im Text).

38

M.H., 8. Februar 1928; Originalbrief, handschriftlich, NLArendt

39

M.H., 19. Februar 1928; Originalbrief, handschriftlich, NLArendt

Auf dem einen [Bild], wo Du den Kopf in die Hand legst:
Es könnte sich um die erstmals von Elisabeth Young-Bruehl veröffentlichte Fotografie aus den zwanziger Jahren handeln (siehe Young-Bruehl, *Hannah Arendt*, Bildblock nach S. 368 [dort auf der vierten Seite]), die in dieser Ausgabe als Abb. 2 abgedruckt ist.

Jaspers hat mich schon zu April eingeladen:
Im April 1928 hat M.H. einige Tage bei Jaspers verbracht, siehe S. 65, und *Heidegger-Jaspers-Briefwechsel*, S. 93. Bei diesem Besuch in Heidelberg haben sich M.H. und H.A. wiedergesehen, siehe S. 281.

ich bin von der Freiburger Fakultät einstimmig unico loco vorgeschlagen:
Den Ruf auf den Lehrstuhl für Philosophie (Nachfolge Edmund Husserl) erhielt M.H. am 25. Februar 1928 (siehe *Heidegger-Jaspers-Briefwechsel*, S. 90) und nahm ihn am 1. April d. J. an (siehe den folgenden Brief). Seine Lehrveranstaltungen begann er im Wintersemester 1928/29. Siehe auch S. 297 f.

Für September bin ich nach Riga an die Herderuniversität zu Vorträgen eingeladen. . . . Vielleicht kann ich Dich und Deine liebe Mutter auf der Rückreise besuchen:
Die Vorträge standen im Zusammenhang mit seinem Buch *Kant und das Problem der Metaphysik*. M.H. schreibt 1929 im Vorwort zur 1. Auflage (HGA, Bd. 3, S. XVI):»Das Wesentliche der folgenden Interpretation wurde erstmals in einer vierstündigen Vorlesung des W.S. 27/28 und später mehrfach in Vorträgen und Vortragsreihen (am Herderinstitut zu Riga im September 1928 und bei den Davoser Hochschulkursen im März d.J.) mitgeteilt.« – Über die Reise nach Riga und Königsberg, die er zusammen mit seiner Frau unternahm, berichtet M.H. der Freundin Elisabeth Blochmann im Brief vom 17. Oktober 1928. Ob er H.A. in Königsberg gesehen hat, ist nicht bekannt. – Elisabeth Blochmann (1892–1972) war eine Jugendfreundin Elfride Heideggers und seit ihrer Studienzeit auch mit M.H. befreundet. Die erhalten gebliebenen Briefe sind veröffentlicht: *Heidegger-Blochmann-Briefwechsel* (genaue Angaben im Abkürzungsverzeichnis, S. 406); die oben erwähnte Reiseschilderung dort auf S. 27.

40

M.H., 2. April 1928; Originalbrief, handschriftlich NLArendt

Ich werde aber erst zum 1. Oktober umziehen:
Den Umzug in das neu gebaute Haus in Freiburg-Zähringen, Rötebuck 47, besorgte Elfride Heidegger, siehe *Heidegger-Blochmann-Briefwechsel*, S. 27. Im Rötebuck lebten die Heideggers, bis sie 1971 in den Alterssitz Fillibach 25 umzogen, siehe S. 220, 222 f.

Auf meiner Rückreise von Berlin, wo ich am 28. III. verhandelte:
Gemeint sind die Verhandlungen nach Erhalt des Freiburger Rufes. Seinerzeit war das Preußische Kultusministerium in Berlin die zuständige Behörde.

Ich ging neulich in dieser Stimmung durch Heidelberg:
Offensichtlich hat sich M.H. vor seinen Berufungsverhandlungen in Berlin mit Jaspers beraten, siehe *Heidegger-Jaspers-Briefwechsel*, S. 92 f.

41

M.H., 18. April [1928]; Originalbrief, handschriftlich, NLArendt

wegen Grundstückkauf in Freiburg:
Entgegen Ott (*Martin Heidegger*, S. 127) wurde das Grundstück nicht schon vor der Annahme des Rufs, sondern erst danach erworben, siehe auch Hermann Heidegger, in: *Heidegger Studies*, Vol. 13, 1997, S. 184.

Sitzungen (Nachfolge!):
Zum Nachfolger auf Heideggers Marburger Lehrstuhl wurde Erich Frank (1883 – 1949), der sich bei Jaspers an der Universität Heidelberg habilitiert hatte, ernannt. Frank verlor 1935 seinen Lehrstuhl und emigrierte 1939 in die USA, wo er zuletzt an der University of Pennsylvania lehrte. Er starb bei seiner Rückkehr nach Europa in Amsterdam, siehe *Heidegger-Jaspers-Briefwechsel*, S. 172 ff. und 233.

42

H.A., 22. April 1928; Briefkonzept, handschriftlich, NLArendt – ohne Anrede, aber mit »H.« unterschrieben –

Daß Du jetzt nicht kommst:
Diese Aussage bezieht sich auf ein zweites oder drittes Treffen. H.A. und M.H. haben sich zwischen dem 18. und 22. April 1928 mindestens einmal gesehen, siehe den vorangehenden und den folgenden Brief, ferner S. 293 f.

»Und wenn Gott es gibt / Werd ich Dich besser lieben nach dem Tod«:
». . . and, if God choose, / I shall but love thee better after death.« Zeilen aus dem 43. der *Sonnets from the Portuguese* von Elisabeth Barrett Browning. Siehe E.B.B., *Sonette aus dem Portugiesischen* übertragen von Rainer Maria Rilke, Englisch und Deutsch, mit einem Nachwort von Elisabeth Kiderlen, Leipzig: Insel, 1991, S. 90 f. Rilke übersetzt: ». . . will [!] ich dich besser lieben . . .« – Später wird H.A., in einem längeren Eintrag in ihr *Denktagebuch* (Mai 1953), dieses Zitat im Sinne ihrer Vorstellungen von der »Weltlosigkeit« der Liebe interpretieren.

43

H.A., ohne Datum [1929]; Briefkonzept, handschriftlich, NLArendt

Zur Datierung: Am 26. September 1929 heiratete H.A. Günther Stern in Nowawes (Neubabelsberg) bei Berlin. Sie hatte ihn 1925 in Heideggers Seminar in Marburg kennengelernt und Anfang 1929 in Berlin wiedergetroffen. Wenn »heute« wörtlich gemeint ist, hat H.A. dies Konzept am Hochzeitstag niedergeschrieben.

bei einem Menschen ..., von dem Du es vielleicht am wenigsten verstehen wirst:
Vgl. dazu den Brief von M.H. vom 18.10.25, oben S. 50 f.

44

H.A., ohne Datum [September 1930]; Briefkonzept, handschriftlich, NLArendt

Das Datum »September 30« steht am Ende des Briefkonzepts, wahrscheinlich wurde es von H.A. zu einem späteren Zeitpunkt hinzugefügt. Wo sich die Bahnsteig-Szene abgespielt hat und aus welchem Grund M.H. und G. Stern gemeinsam gereist sind, konnte nicht herausgefunden werden. Das Ehepaar Stern-Anders lebte seinerzeit in Frankfurt am Main. M.H. hatte Ende September eine Reise mit den Zielen Köln, Marburg, Göttingen, Bremen geplant (siehe *Heidegger-Blochmann-Briefwechsel*, S. 88).

45

M.H., ohne Datum [Winter 1932/33]; Originalbrief, handschriftlich, NLArendt

Ich bin dieses Wintersemester beurlaubt:
Es handelt sich um das Wintersemester 1932/33, das M.H. anfangs auf der Hütte verbrachte, mit dem Wunsch, »bis zum nächsten Sommer ganz konzentriert [zu] arbeiten«, siehe M.H. im Brief an Elisabeth Blochmann vom 18.9.1932 (*Heidegger-Blochmann-Briefwechsel*, S. 54). Ab Januar 1933 hat er sich dann offenbar überwiegend in Freiburg aufgehalten, so ebenfalls in einem Brief an Blochmann (vom 19.1.1933; a.a.O., S. 57). Über das »Urlaubssemester«, an das sich die Zeit des Rektorats (1933 bis 1934) anschloß, siehe auch im *Heidegger-Jaspers-Briefwechsel*, S. 149 ff.

zwei Stipendiaten der Notgemeinschaft:
Gemeint ist die Notgemeinschaft der Deutschen Wissenschaft, die Vorgängerin der Deutschen Forschungsgemeinschaft. Wer die Stipendiaten waren, ist nicht bekannt. – H.A. hatte 1930 ein Stipendium der Notgemeinschaft für eine Arbeit über Rahel Varnhagen erhalten. Federführend war Jaspers, M.H. hatte ein Gutachten geschrieben, vgl. *Heidegger-Jaspers-Briefwechsel*, S. 122 f., sowie *Arendt-Jaspers-Briefwechsel*, S. 41 ff., S. 48.

ein Stipendium nach Rom:
Es wird das Stipendium gemeint sein, das Karl Löwith von der Rockefeller Foundation erhalten hatte. Im Frühjahr 1934 verließ er Deutschland und lebte bis 1936 in Rom, siehe seine autobiographischen Aufzeichnungen *Mein Leben in Deutschland* (genaue Angaben S. 273), S. 78.

in Universitätsfragen ... Antisemit:
Zu Heideggers Antisemitismus vgl. Karl Jaspers in seinem Gutachten über M.H. vom 22.12.1945, abgedruckt in: *Heidegger-Jaspers-Briefwechsel*, S. 270–273, dort S. 270 f.; ferner Bernd Martin in einem Überblicksartikel »Universität im Umbruch: Das Rektorat Heidegger 1933/34«, in: *Die Freiburger Universität in der Zeit des Nationalsozialismus* (genauer Titel siehe S. 275), S. 9–24, S. 16 f.; Ott, *Martin Heidegger*, S. 351 f., und Safranski, *Ein Meister aus Deutschland*, S. 297 ff. – Allgemein zum Antisemitismus an den deutschen Universitäten neuerdings: Notker Hammerstein, *Antisemitismus und deutsche Universität 1871–1933*, Frankfurt/Main: Campus, 1995.

in Marburg, wo ich für diesen Antisemitismus sogar die Unterstützung von Jacobsthal und Friedländer fand:
Jacobsthal und Friedländer, die beiden Graeca-Kollegen (siehe S. 272), waren Juden. Der Archäologe Paul Jacobsthal (1880–1957) lehrte seit 1912 in Marburg, wurde 1935 zwangspensioniert und emigrierte nach England, wo ihm in Oxford am Christ Church College eine Stelle angeboten worden war. – Paul Friedländer (1882–1968), seit 1920 in Marburg als klassischer Philologe, wurde ebenfalls 1935 zwangspensioniert. Er blieb zunächst in Deutschland, wurde 1938 verhaftet (KZ Sachsenhausen) und emigrierte 1939 in die USA. An der University of California in Los Angeles fand er eine neue Wirkungsstätte.

Misch, Cassirer:
Georg Misch (1878–1965) war seinerzeit M.H.s Fachkollege an der Universität Göttingen, Ernst Cassirer (1874–1945) an der Universi-

tät Hamburg. Cassirer verließ Deutschland 1933 und lebte seit 1941 in USA, Misch ging 1939 nach Großbritannien.

46

M.H., 7. Februar 1950; Originalbrief, handschriftlich, NLArendt

Ihr Brief kam erst heute Mittag:
Offensichtlich hatte H.A. sich spontan entschlossen, M.H. ihre Anwesenheit in Freiburg mitzuteilen, siehe S. 76. Sie war wahrscheinlich am Montag, d. 6. Februar, von Basel kommend in Freiburg eingetroffen. Ihr Besuch stand im Zusammenhang mit ihrer Tätigkeit als »executive director« der Jewish Cultural Reconstruction, die sie im November 1949 zum ersten Mal nach dem Krieg nach Europa geführt hatte. Die Aufgabe, die mit ausgedehnten Reisen in Deutschland und anderen europäischen Ländern verbunden war, bestand darin, von den Nationalsozialisten gestohlenes und verschlepptes jüdisches Kulturgut (vor allem Bibliotheksbestände) wieder aufzufinden und zu inventarisieren (siehe auch S. 175). In Deutschland reiste H.A. in öffentlichen Verkehrsmitteln und in Wagen der Amerikanischen Militärregierung kreuz und quer durch die neugegründete Bundesrepublik (einschließlich Berlin), Hauptstandort war Wiesbaden in der Amerikanischen Zone.

47

M.H., 8. Februar 1950; Originalbrief, handschriftlich, NLArendt

48

H.A., 9. Februar 1950; Briefkopie, maschinenschriftlich, NLArendt – mit der Hand unterschrieben, aber ohne Anrede –

Friedrich:
Hugo Friedrich (1904–1978), seit 1937 Professor für Romanische Philologie an der Universität Freiburg. H.A. und er kannten sich aus der gemeinsamen Heidelberger Studienzeit.

Den Brief hatte ich im Wagen [auf der Fahrt nach Zähringen] gelesen:
Wahrscheinlich M.H.s Brief vom 7. Februar (Dok. 46), der H.A. erst am Morgen des 8. ausgehändigt worden war.

den Heraklit:
Im NLArendt befinden sich ein mimeografiertes Manuskript von

M.H.s Vorlesung aus dem Sommersemester 1943 mit dem Titel »Der Anfang des abendländischen Denkens (Heraklit)« sowie, ebenfalls mimeografiert, »Wiederholungen zu Der Anfang des abendländischen Denkens. Heraklit«, siehe *Heraklit* (Bd. 55 der HGA).

Selig bin ich mit dem polla ta deina – *das ist vollendet gelungen:* πολλὰ τὰ δεινά sind die Eingangsworte des berühmten Chors im 2. Akt von Sophokles' *Antigone*. M.H. hatte wahrscheinlich H.A. seine eigene Übertragung ins Deutsche mitgegeben. Eine erste ist, nach Heideggers Worten, im Sommersemester 1935 anläßlich der Vorlesung *Einführung in die Metaphysik* entstanden (*Heidegger-Jaspers-Briefwechsel*, S. 158 ff.), eine zweite, veröffentlicht unter der Überschrift »Chorlied aus der Antigone des Sophokles«, ist mit 1943 datiert. Die jeweiligen Anfangszeilen lauten: »Vielfältig Unheimliches waltet / Und nichts unheimlicher als der Mensch« (*Heidegger-Jaspers-Briefwechsel*, S. 158); »Vielfältig das Unheimliche, nichts doch / über den Menschen hinaus Unheimlicheres regend sich regt« (HGA, Bd. 40, S. 155, und HGA, Bd. 13, S. 35). H.A. hat die letztgenannte Fassung gelesen.

ein paar herausgerissene Seiten:
Vermutlich H.A.s Aufsatz »Organisierte Schuld«, siehe S. 81, 286.

49

H.A. an E.H., 10. Februar 1950; Briefkopie, maschinenschriftlich (Unterschrift handschriftlich), NLArendt

als ich meinen jetzigen Mann kennenlernte:
H.A. hatte ihren zweiten Mann, Heinrich Blücher (1899–1970), im Frühjahr 1936 im Pariser Exil kennengelernt und im Januar 1940 geheiratet, die Ehe dauerte bis zum Tod Blüchers im Oktober 1970 (siehe Lotte Köhlers »Einführung« zum *Arendt-Blücher-Briefwechsel*). H.A.s 1929 mit Günther Stern (Anders) geschlossene Ehe (siehe S. 66) war 1937 geschieden worden.

50

M.H., [Februar 1950]; Fünf Gedichte, handschriftlich, NLArendt

Die unter dieser Nummer abgedruckten fünf Gedichte sind im NL Arendt auf handschriftlichen Einzelblättern (DIN-A 5) erhalten. Zusätzlich gibt es (wahrscheinlich von H.A. gefertigte) Abschriften, jeweils mit der Datumsangabe »Februar 1950«. M.H. hat die Gedichte, wohl als Einzelstücke (nicht als Konvolut), entweder seinen Briefen beigelegt oder sie H.A. persönlich bei ihrem zweiten viertägigen (oder möglicherweise kurzen dritten [Durchreise-])Besuch im März 1950 überreicht.

Bezüge zu den Februarbriefen sind erkennbar (M.H. über die »Jähe«, H.A. über »das Mädchen aus der Fremde«). Der Zweizeiler »In Jähen, raren, blitzt uns Seyn ...« wird von H.A. später in ihrem *Denktagebuch* (Eintragung unter der Datumsangabe »September 1951«) im Zusammenhang mit einem Nietzsche-Zitat aus *Fröhliche Wissenschaft* zitiert und kommentiert. »Die Wahrheit«, heißt es bei ihr, »kann ›rar‹, ›jäh‹, wie ›der Blitz‹ sein. Hier liegt die eigentliche Verbindung zwischen Nietzsche und Heidegger.« Siehe Abb. 1 und 16.

Das Gedicht »Tod« hat M.H. für Arendts Freundin Hilde Fränkel geschrieben, die am 6. Juni 1950 an Krebs gestorben ist. Hilde Fränkel bedankte sich mit Brief vom 2. April 1950: »Lieber Professor Heidegger: Ihr Gedicht hat mich ungeheuer beeindruckt. Ich hab es immer bei mir – Tag und Nacht – ich danke Ihnen. Es ist sehr schön, dass Hannah wieder da ist, wenn ich auch weiss, welche Opfer es gekostet hat. Sie ist einer der wenigen Menschen, die es gibt. Und nur nach ihnen hat man Sehnsucht in diesen letzten Tagen. Sie ist mir einfach alles. Die Freundin der Freundin.« (Quelle: HAPapers, Cont. 9, Folder: »Fränkel, Hilde, 1949–50 and undated«.) Siehe auch S. 96. – H.A. wird M.H. zwanzig Jahre später an dieses Gedicht erinnern, siehe S. 205 f.

51

M.H., 15. Februar 1950; Originalbrief, handschriftlich, NLArendt

έώρακεν όρᾷ *[heoraken horaˉ]:*
Deutsch: Er hat gesehen – er sieht.

Der Aufsatz von 1944:
Es dürfte sich um H.A.s Aufsatz »Organisierte Schuld« gehandelt haben. Er ist zwar erst 1946 veröffentlicht, aber nach Angaben der Redaktion von *Die Wandlung* im November 1944 verfaßt worden.

Könntest Du nicht einen oder zwei Tage vor dem 4. März oder eher nach dem 5. dazugeben?:
H.A. ist vom 2. bis 6. März ein zweites Mal in Freiburg gewesen – offenbar nur, um M.H. wiederzusehen, siehe ihre Briefe an Hilde Fränkel (vom 2. März [aus Wiesbaden] und 7. März [aus Nürnberg], Quelle: HAPapers, wie oben), außerdem M.H. im Brief vom 4. 5. 1950, S. 98. – Möglicherweise machte sie auf dem Weg von Wiesbaden nach Basel, wo sie am 11./12. März Jaspers noch einmal

besuchte, ein drittes Mal Station in Freiburg. Am 13. März reiste sie nach Paris, um sich am 15. in Cherbourg nach New York einzuschiffen und ihren fast viermonatigen Europaaufenthalt zu beenden. M.H.s erste Sendungen nach Übersee tragen die Daten 10./11. März. – Bedeutsam war der zweite Freiburger Besuch vor allem auch, weil M.H. gleich danach das (auf H.A.s Vermittlung zurückzuführende) »Schuldbekenntnis« an Karl Jaspers schrieb; siehe dazu *Heidegger-Jaspers-Briefwechsel*, S. 196 f., *Arendt-Blücher-Briefwechsel*, S. 225, *Arendt-Jaspers-Briefwechsel*, S. 198 und 204.

52

M.H., 27. Februar 1950; Originalbrief, handschriftlich, NLArendt

bei der Rückkehr:
Nach Wiesbaden, siehe S. 284.

die liebste Freundin:
Die an Krebs erkrankte Hilde Fränkel, siehe S. 80, 286 sowie 96.

53

M.H., 10. März 1950; vier Seiten (DIN-A 5, Luftpostpapier), handschriftlich, NLArendt

Zitate aus der Erzählung *Kalkstein*, die Adalbert Stifter erstmals 1847 unter dem Titel *Der arme Wohltäter* veröffentlichte und später in seine Sammlung *Die bunten Steine* aufnahm. Eckige Klammern in den Zitaten von M.H. – Zur Bedeutung von Stifter für die geistige Entwicklung von M.H. siehe seine Rede anläßlich der Aufnahme in die Heidelberger Akademie der Wissenschaften, *Sitzungsberichte der Heidelberger Akademie der Wissenschaften*, Jahresheft 1957/58, S. 20–21, S. 20; ferner Petzet, *Auf einen Stern zugehen*, S. 218.

54

M.H., 11. März 1950; Gedichtzyklus »Stürzte aus entzogenen Gnaden . . .«, handschriftlich, NLArendt

Die Gedichte sind auf Bögen aus gefaltetem DIN-A 4-Luftpostpapier geschrieben. Sie wurden zusammengeheftet und erhielten einen Umschlag aus Büttenpapier. Der Titel ist mit der Hand auf den Umschlag geschrieben, die Widmung »H.A.« und das Datum »11. März 1950« auf Seite 2. Von den Gedichten gibt es zusätzlich (wahrscheinlich von H.A. gefertigte) Abschriften im NLArendt.

M.H., 19. März 1950; Originalbrief, handschriftlich, NLArendt

am 6. Februar:
Muß heißen: 7. Februar, siehe M.H.s Brief vom gleichen Tage sowie die Briefe vom 8.2.(M.H.) und 9.2.(H.A.), S. 73 ff.

56

M.H., [März 1950]; Vier Gedichte, handschriftlich, NLArendt

Die unter dieser Nummer abgedruckten Gedichte sind im NLArendt auf handschriftlichen Einzelblättern (DIN-A 5, Luftpostpapier) erhalten, zusätzlich (wahrscheinlich von H.A. gefertigte) Abschriften mit der Datumsangabe »März 1950«.

57

M.H., 12. April 1950; Originalbrief, handschriftlich, NLArendt

Nulla est enim maior ad amorem invitatio, quam praevenire amando:
Deutsch: Es gibt keine größere Einladung zur Liebe, als durch Lieben [dem anderen] zuvorzukommen Augustinus, *De catechizandis rudibus*, lib. I, cap. IV, in: *Patrologiae cursus completus. Series latina* (Migne), Tom. XL, Sp. 314.

omnia et sublata et conservata et elevata:
Deutsch: Alles ist ertragen, bewahrt und in die Höhe gehoben (aufgehoben).

Aufzeichnungen über die Macht:
Gemeint ist das Manuskript »Vom Wesen der Macht«, das im NL Arendt erhalten ist und demnächst im Abschnitt VI von *Die Geschichte des Seyns* in Bd. 69 der HGA erscheinen wird.

was Du mit dem »radikal Bösen?« andeutest:
H.A.s »Andeutungen« können rekonstruiert werden aus ihren Gedanken im Kapitel »Die Konzentrationslager« in *Elemente und Ursprünge totaler Herrschaft* (Ausg. von 1986, besonders [aber erst ca. 1955 niedergeschrieben] S. 701), ihrer Eintragung im *Denktagebuch* vom Juli 1950 unter dem Stichwort »Das radikal Böse«, sowie einer längeren Passage im Brief an Jaspers vom 4.3.1951 (*Arendt-Jaspers-Briefwechsel*, S. 202). Wie stark bei H.A. auch eine Auseinandersetzung mit Nietzsche (»Nietzsche, scheint mir, hat da-

mit gar nichts zu tun«) eine Rolle spielt, zeigt vor allem die letztgenannte Quelle.

58

M.H., [April 1950]; Zwei Gedichte, handschriftlich, NLArendt

Die unter dieser Nummer abgedruckten Gedichte sind im NLArendt auf handschriftlichen Einzelblättern (DIN-A 5, Luftpostpapier) erhalten, zusätzlich (wahrscheinlich von H.A. gefertigte) Abschriften mit der Datumsangabe »April 1950«.

die Freundin der Freundin:
Hilde Fränkel, siehe S. 286.

59

M.H., 3. Mai 1950; Originalbrief, handschriftlich, NLArendt

Wiederholungen, Heraklit:
M.H. hatte die Angewohnheit, die jeweils nächste Vorlesungsstunde mit einer »Wiederholung«, d.h. Zusammenfassung der bereits vorgetragenen Gedanken, zu beginnen. In den späteren Jahren hatte er diese schriftlich ausgearbeitet. Im übrigen siehe S. 284 f.

das Manuskript:
Nicht eindeutig identifiziert, siehe aber S. 290.

60

M.H., 4. Mai 1950; Originalbrief, handschriftlich, NLArendt

in den Tagen der Sonata sonans:
Siehe den folgenden Gedichtzyklus »Aus der Sonata sonans«.

»gedacht und zart«:
»Gedacht und zart« ist der Titel eines der Gedichte »Aus der Sonata sonans« (siehe S. 101 f.).

61

M.H., [Mai 1950]; Gedichtzyklus »Aus der Sonata sonans«, handschriftlich, NLArendt

Die Gedichte sind auf Bögen aus gefaltetem DIN-A 4-Luftpostpapier geschrieben. Auf einem Deckblatt (ebenfalls aus Luftpostpapier) steht

oben der Titel »Aus der Sonata sonans« und unten rechts der Zusatz
»In einem Sturm«. Auch von diesen Gedichten sind (wahrscheinlich
von H.A. gefertigte) Abschriften erhalten. Bei fünf der insgesamt sieben Gedichte hat M.H. oben links in die Ecke des Blattes »Nur Dir«
geschrieben, die Gedichte »Der Ton« und »Schöne« enthalten diesen
Hinweis nicht. − Siehe auch das Gedicht »Sonata sonans«, S. 106.

62

M.H., 6. Mai 1950; Originalbrief, handschriftlich, NLArendt

Photokopie des Manuskripts:
Welches Manuskript H.A. erstmals 1948 und nun wieder geschickt
hatte (siehe auch S. 97), ist nicht eindeutig festzustellen. − Die
Annahme jedoch liegt nahe, daß es sich um M.H.s Manuskript »Dasein und Zeitlichkeit« aus dem Jahre 1924 handelt, das er H.A. mit
Widmung geschenkt hatte (siehe S. 27 und 267). Siehe auch weiter
unten in diesem Brief.

*ein Vortrag, den ich im November 1924 in Köln gehalten: Dasein und
Wahrsein:*
Nach Theodore Kisiels Recherchen fand der Vortrag in der Kantgesellschaft in Köln am 4. Dezember 1925 statt. Denselben Vortrag hat
M.H. offenbar in mehreren lokalen Kant Gesellschaften in der
Rhein-Ruhr-Gegend gehalten (siehe Kisiel, *The Genesis of Heidegger's* Being and Time [genaue Angabe S. 264 f.], S. 559, Anm. 21).

ein Ruck 1937/38, wo mir die Katastrophe Deutschlands klar war:
Eine konkretere Version dieser Selbstaussage findet sich im Brief an
Karl Jaspers vom 8.4.1950 (*Heidegger-Jaspers-Briefwechsel*, S. 201),
siehe auch M.H., »Das Rektorat 1933/34«, S. 41. − Zuvor, 1936,
hatte M.H. mit der Arbeit an den *Beiträgen zur Philosophie (Vom
Ereignis)* begonnen, die 1938 abgeschlossen, aber erst postum (als
Bd. 65 der HGA) veröffentlicht wurden.

Mit der »Chiffreschrift« ist Jaspers gemeint, aber nicht mit der »Logik«:
H.A. bezieht sich mit ihren Fragen wahrscheinlich auf das in den
Anmerkungen zu Dok. Nr. 48 (S. 285) genannte Manuskript: »Der
Anfang des abendländischen Denkens . . .« (siehe HGA, Bd. 55, S.
179 f.). − Zum Begriff »Chiffre« äußert sich Jaspers an mehreren
Stellen seines Werkes, siehe den Überblicksartikel (von Hans Saner)
in: *Historisches Wörterbuch der Philosophie*, hrsg. von Joachim Ritter und Karlfried Gründer, Basel-Stuttgart: Schwabe, Bd. 1 (1971),
Sp. 1001; siehe auch in dieser Ausgabe S. 110.

»Logik der Philosophie« – Lask:
Der genaue Titel des Hauptwerkes von Emil Lask (1875–1915) lautet: *Die Logik der Philosophie und die Kategorienlehre: Eine Studie über den Herrschaftsbereich der logischen Form.* Es ist 1911 bei J.C.B.Mohr (Tübingen) erschienen.

Jaspers... in seiner Philosophie bei seiner Polemik gegen die Ontologie:
Karl Jaspers, *Philosophie*, 3 Bde., Berlin: Springer, 1932; siehe den Band 3 des Werkes (Titel: *Metaphysik*), dort insbesondere das Unterkapitel »Chiffreschrift und Ontologie« (S. 157–164). Hier wird Heidegger in der Tat nicht genannt. Auch in späteren Auflagen hat Jaspers keine entsprechende Änderung vorgenommen.

Neuauflage seiner [Jaspers'] Psychopathologie:
Karl Jaspers, *Allgemeine Psychopathologie: Ein Leitfaden für Studierende, Ärzte und Psychologen*, Berlin: Springer, 1913. Ab der 4., völlig neu bearbeiteten Auflage dieses Werkes (1946) erwähnt Jaspers in einem Unterabschnitt »Existenzphilosophie und Psychopathologie« Heideggers Versuch einer »Fundamentalontologie«. »Im Prinzip«, schreibt er, halte er den Versuch »für einen *philosophischen* Irrweg« und begründet seine Auffassung.

Gedicht von G. Keller:
Wahrscheinlich handelt es sich um das Gedicht »Die öffentlichen Verleumder«, von dem mehrere Abschriften bei den HAPapers aufbewahrt werden. Hannah Arendt hat es auch später noch verschickt, zum Beispiel, mit Brief vom 17.9.1974, an Uwe Johnson (HAPapers, Container 10, Folder »Johnson, Uwe, 1968–1975«). Sie schreibt an Johnson: »... ob Sie wohl dies seltsame Gedicht von Gottfried Keller kennen, das unter den Widerstandsleuten eine Zeitlang von Hand zu Hand ging? ... Für mich ist die letzte Strophe dieses Gedichts immer der Weisheit letzter Schluß für diese ganze Angelegenheit [gemeint ist die Judenvernichtung im Dritten Reich] gewesen.« Die letzte Strophe lautet:

»Wenn einstmals diese Not,
Lang wie ein Eis gebrochen,
Dann wird davon gesprochen
Wie von dem Schwarzen Tod.

Und einen Strohmann bau'n
Die Kinder auf der Heide,
Zu brennen Lust aus Leide
Und Licht aus altem Graun.«

»Reif sind, in Feuer getaucht«:
Das sind die ersten Worte eines Gedichtes von Hölderlin, dort finden sich die Zeilen:
> ».... Und vieles
> Wie auf den Schultern eine
> Last von Scheitern ist
> zu behalten ...«

Hölderlin, *Sämtliche Werke*, Historisch-kritische Ausgabe, begonnen durch Norbert v. Hellingrath, fortgeführt durch Friedrich Seebaß und Ludwig v. Pigenot, München: Georg Müller, 1913–1916; Berlin: Propyläen, 1922–1923, Bd. 4 (1916), S. 71. – Siehe auch den Brief H.A.s an Mary McCarthy vom 28./31. Mai 1971, wo Arendt diese Hölderlin-Stelle zitiert (*Arendt-McCarthy-Briefwechsel*, S. 426).

Die Reinschrift:
M.H., *Einblick in das was ist*.

Am 6. Juni ... über das Ding:
Vortrag in München, veranstaltet von der Bayerischen Akademie der Schönen Künste, veröffentlicht als »Das Ding«; siehe auch den Brief vom 27.6.1950, S. 111. Zu Begleitumständen und Wirkung dieses Vortrags vgl. die Schilderung bei Safranski, *Ein Meister aus Deutschland*, S. 455.

Ob Du das Bild magst?:
Siehe S. 109 f. und im Anmerkungsteil S. 293.

63

M.H., [Mai 1950]; Fünf Gedichte, handschriftlich, NLArendt

Die vier ersten Gedichte sind in der wiedergegebenen Reihenfolge auf vier ineinandergelegten DIN-A 4-Seiten (Luftpostpapier) geschrieben. Die zusätzlich vorhandene maschinenschriftliche Abschrift enthält beim ersten Gedicht von H.A.s Hand die Angabe »Mai 1950«. Das fünfte Gedicht »Sprache« hat H.A. auf der Abschrift ebenfalls mit der Datierung »Mai 1950« versehen, es ist auf einem separaten Blatt (auch Luftpostpapier) niedergeschrieben. – Das Gedicht »Sonata sonans« ist identisch mit der letzten Strophe von »Gedacht und zart«, siehe S. 101 f. – *ahd* = althochdeutsch. – Das Gedicht »Die Fluh« hatte M.H. (ohne die hier am Schluß gegebenen Erläuterungen) im Juni 1950 auch an den Freund Petzet geschickt (Petzet, *Auf einen Stern zugehen*, dort als Autograph [Abb. 57]).

M.H., 16. Mai 1950; Originalbrief, handschriftlich, NLArendt

Du hast recht mit Versöhnung und Rache:
Unter dem Datum »Juni 1950« findet sich eine längere Eintragung in H.A.s *Denktagebuch* mit Gedanken zu den Themen »Versöhnung« und »Rache«. Dort nimmt sie zwar nicht direkt Bezug auf M.H., doch ist anzunehmen, daß diese Aufzeichnungen aus den mit ihm geführten Gesprächen beziehungsweise im Nachdenken darüber entstanden sind.

Ich wüßte gern, welches der Bilder Dir besser gefällt:
Im Bildarchiv des Deutschen Literaturarchivs Marbach sind zwei Porträtfotos von M.H. aus dem NLArendt erhalten (Foto L.M.Engler, Freiburg). Beide tragen die von M.H. gerne verwandte stilisierte Widmung » H / M « und die Datumsangabe »Ostern 1950«.

Tillich:
Der evangelische Theologe Paul J. Tillich (1886–1965) und M.H. waren für kurze Zeit (1924) Kollegen an der Universität Marburg gewesen. H.A. lernte Tillich vermutlich durch ihren Mann Günther Stern kennen, als dieser in Frankfurt am Main promovieren wollte (siehe *Arendt-Jaspers-Briefwechsel*, S. 49 f.). Tillich, der dem »Bund religiöser Sozialisten« angehörte, verlor 1933 seine Frankfurter Professur und emigrierte in die USA. Dort trafen er und H.A. sich wieder. 1937 bis 1955 lehrte er am Union Theological Seminary in New York, später in Harvard und Chicago.

Brochs »Vergil«. Hast Du Deine Besprechung noch?:
Anläßlich der englischen Ausgaben von Hermann Brochs Romanen *Die Schlafwandler* und *Der Tod des Vergil* hatte H.A. eine Besprechung geschrieben, die in der Zeitschrift *Der Monat* im Juni 1949 veröffentlicht worden war: »Hermann Broch und der moderne Roman«.

die Einführung von Jaspers:
Karl Jaspers, *Einführung in die Philosophie: Zwölf Radiovorträge*, Zürich: Artemis, 1950. – Zur »Chiffreschrift« siehe S. 290.

»Die Geschichte« hast Du mir bei meinem Besuch in Heidelberg im Häuschen erzählt:
Um welche »Geschichte« es sich handelt, konnte nicht herausgefunden werden, auch nicht, was mit »Häuschen« in Heidelberg gemeint ist. Wann sich M.H. und H.A. in Heidelberg getroffen

haben, ist ebenfalls nicht eindeutig nachweisbar. Aufgrund der erhalten gebliebenen Briefe ist ein Datum zwischen dem 18. und 22. April 1928 am wahrscheinlichsten, siehe S. 65 f.

65

M.H., 27. Juni 1950; Originalbrief, handschriftlich, NLArendt

Der Vortrag über das Ding war am 6. Juni in München:
Siehe S. 106 sowie im Anmerkungsteil S. 292.

Guardini:
Romano Guardini (1885–1968), katholischer Theologe und Religionsphilosoph, lehrte seit 1948 in München. Er und M.H. kannten sich aus der Vorkriegszeit. Nach 1945 gab es Bestrebungen, Guardini an die Universität Freiburg zu berufen, siehe Ott, *Martin Heidegger*, S. 20 f., S. 328 ff.

Orff:
Carl Orff (1895–1982) war zu jener Zeit Professor für Komposition an der Münchner Musikhochschule. M.H. schätzte seine *Carmina Burana* und äußerte sich enthusiastisch über seine *Antigonae*-Vertonung, siehe S. 123.

Max Pulver:
Schweizer Schriftsteller und Graphologe (1899–1952).

Wort von Valéry:
Nicht bekannt.

Außerdem bin ich mit dem »Kant« nicht zurecht gekommen:
Gemeint ist das eigene Werk *Kant und das Problem der Metaphysik*, das neu aufgelegt werden sollte, siehe auch die folgenden Briefe.

ipsa cogitatio ... spirat ignem amoris:
Deutsch: »Das Denken selbst ... haucht das Feuer der Liebe.« Meister Eckhart, *Expositio Sancti Evangelii Secundum Iohannem*, hrsg. und übers. von Karl Christ und Joseph Koch (= M.E., *Die deutschen und lateinischen Werke*, hrsg. im Auftrag der Deutschen Forschungsgemeinschaft. *Die lateinischen Werke*, Bd. 3), Stuttgart–Berlin: Kohlhammer, 1936, S. 440.

Inzwischen trafen die Kafka-Bände ein:
1948/49 waren im Schocken Verlag, New York, bei dem H.A. seinerzeit als Lektorin tätig war, zwei von Max Brod herausgegebene Bände der Tagebücher von Franz Kafka in deutscher und englischer

Sprache erschienen. H.A. hatte die Ausgabe betreut und an der Übersetzung des ersten Bandes mitgewirkt. Schocken war auch der Verleger der seit 1935 veröffentlichten *Gesammelten Schriften* von Franz Kafka. – Welche »Kafka-Bände« M.H. erhielt, ist nicht bekannt.

Harder:
Richard Harder (1896–1957), klassischer Philologe, hatte wegen seiner SS-Zugehörigkeit seinen Lehrstuhl an der Universität München verloren. H.A. kannte ihn aus ihrer Jugendzeit, er war in Königsberg ihr Griechischlehrer gewesen (siehe Benno von Wiese, *Ich erzähle mein Leben* [genauer Titel S. 279], S. 227 f.).

Schadewaldt:
Der Altphilologe Wolfgang Schadewaldt (1900–1974) war mit M.H. befreundet. H.A. könnte ihn persönlich gekannt haben, weil er zeitweise (1928) in Königsberg lehrte.

Den Heidelberger Vortrag habe ich abgesagt:
Es handelte sich um eine Einladung der »Heidelberger Studentenschaft«, d.h. des ASTA der Universität Heidelberg. M.H. hatte Karl Jaspers davon berichtet und die Möglichkeit eines Wiedersehens (zu dem es nicht gekommen ist) ins Auge gefaßt, siehe *Heidegger-Jaspers-Briefwechsel*, S. 204 und 289, sowie in dieser Ausgabe S. 117.

66

M.H., 27. Juli 1950; Originalbrief, handschriftlich, NLArendt

Dank für das Bild der Mutter:
Gemeint ist wahrscheinlich eine Fotografie von Martha Beerwald, die H.A. offenbar zu schicken versprochen hatte, siehe den vorangehenden Brief. M.H. hat vermutlich H.A.s 1948 verstorbene Mutter auch persönlich gekannt, siehe S. 15, 20, 44, 61, 64.

Auf dem Meßkircher Bildchen:
Eine Privatfotografie, auf deren Rückseite M.H. »Meßkirch, Frühjahr 1950« vermerkte, ist im Bildarchiv des Deutschen Literaturarchivs Marbach erhalten; siehe in dieser Ausgabe Abb. 8. – Dem Brief lag wahrscheinlich zusätzlich eine Ansichtskarte bei, die ebenfalls in Marbach aufbewahrt wird. Darauf ist der Ort Todtnauberg abgebildet, und M.H. hat mit einem Pfeil seine »Hütte« gekennzeichnet. Auf die Rückseite hat er die Initialen » H / M « sowie das Datum »Juli 1950« geschrieben.

Die Verse von Blake:
Nicht bekannt.

Meine Pensionierung ist jetzt da, und die äußere Misere behoben:
Siehe auch S. 116 f. – Pensionierung bedeutete nicht Emeritierung. Diese konnte erst nach Vollendung des 62. Lebensjahres (26.9.1951) rechtswirksam werden, siehe S. 130; ferner, zur langen Entscheidungsfindung in der Freiburger Universität, Ott, *Martin Heidegger*, S. 335 ff. – Mit der Pensionierung war das Lehrverbot de facto aufgehoben. Seinen ersten Vortrag vor Studenten nach der erzwungenen Lehrpause hielt M.H. im Rahmen des Studium generale am 8. Juli 1950 in Todtnauberg. Er sprach über »Wirklichkeit, Illusion und Möglichkeit der Universität« und las abschließend vier Gedichte von Gottfried Benn vor, siehe Benn an F.W.Oelze, 22.8.1950, in: Gottfried Benn, *Briefe an F.W.Oelze 1950–1956*, Nachwort von Harald Steinhagen, Wiesbaden: Limes, 1980, S. 59, S. 307; dazu auch in dieser Ausgabe S. 131; vgl. ferner Max Müller, *Auseinandersetzung als Versöhnung: πόλεμος καὶ εἰρήνη – Ein Gespräch über ein Leben mit der Philosophie*, hrsg. von Wilhelm Vossenkuhl, Berlin: Akademie Verlag, 1994, S. 258 ff. – Die erste Veranstaltung in den Räumen der Universität, die einstündige Vorlesung »Was heißt Denken?«, fand im Wintersemester 1951/52 statt, sie wurde im Sommersemester 1952 fortgesetzt (siehe S. 135).

Wir haben viel Sorge und Unruhe mit unserer Schwiegertochter:
Mit Dorothea Heidegger, der Frau des Sohnes Jörg. Es dauerte lange, bis ihre Krankheit als Schizophrenie erkannt wurde. Siehe auch weiter unten S. 116, 124, 126, 128.

N.K.W.D:
Abkürzung für russisch »Narodny Komissariat Wnutrennich Del« (= Volkskommissariat für innere Angelegenheiten [der UdSSR]); hier synonym für sowjetische »Geheime Staatspolizei«.

67

M.H., 14. September 1950; Originalbrief (mit beigelegtem Gedicht »Wellen«), handschriftlich, NLArendt

Die Fotografien, für die M.H. sich bedankt, sind im NLHeidegger nicht erhalten. Beim Bild »in der Hängematte« könnte es sich um die Aufnahme handeln, die bei Wolfgang Heuer (*Hannah Arendt mit Selbstzeugnissen und Bilddokumenten*, 3. Aufl., Reinbek bei Hamburg: Rowohlt [rowohlts monographien, 379], 1995, S. 115) abgebildet ist und in dieser Ausgabe als Abb. 7 reproduziert wurde.

»Täglich geh ich hinaus«:
Hiermit könnte M.H. auf die Elegien von Friedrich Hölderlin mit den Anfangszeilen »Täglich geh' ich heraus und such' ein Anderes immer« anspielen. Siehe Hölderlin, *Sämtliche Werke* (Hellingrath-Ausgabe, genaue Angabe S. 292), Bd. 4 (1916), S. 77 (»Elegie«) und S. 82 (»Menons Klagen um Diotima«).

68

M.H., 15. September 1950; Originalbrief, handschriftlich, NLArendt
– ohne Unterschrift –

die Hochschulnachricht:
Die *Badische Zeitung* vom 29./30. Juli 1950, S. 6, hatte folgende Nachricht gebracht: »Die Badische Landesregierung hat mit Wirkung vom 1. April 1950 den Professor Dr. Martin Heidegger auf seinen Antrag mit dem vollen Ruhegehalt pensioniert. Ferner wurde ihm auf Antrag der Universität vom Ministerium des Kultus und Unterrichts ein Lehrauftrag für Philosophie erteilt.«

Du hast ganz recht: Die Sache wird auf dem Weg der Bürgerkriege besorgt:
Diese und die folgenden Bemerkungen sind wahrscheinlich durch den Koreakrieg (Juni 1950 bis Juli 1953) veranlaßt.

meine zwei Briefe [an Karl Jaspers] vom April:
Im *Heidegger-Jaspers-Briefwechsel* (S. 200 ff.) sind Heidegger-Briefe vom 8.4.1950 und 12.5.1950 abgedruckt sowie eine ausführliche, nicht abgesandte Antwort von Jaspers (mit Datum 15.5.1950) und eine Kurzantwort vom 16.5.1950.

Besprechung der Holzwege *(in* Der Monat*):*
Kurt Roßmann, »Martin Heideggers Holzwege«, in: *Der Monat* 2, 1949–50, Nr. 21, Juni 1950, S. 236–245. Roßmann wird von der Redaktion des *Monat* als Jaspers-Schüler, der sich 1948 in Heidelberg habilitiert hat, und Autor des bei Lambert Schneider erschienenen Buches *Wissenschaft, Ethik und Politik* (1948) vorgestellt.

In den Basler Nachrichten *vom 1. August 1950 steht, ich hätte meinen jüdischen Amtsvorgänger rücksichtslos aus seinem Amt vertrieben und mich an seine Stelle gesetzt:*
Siehe die mit »ok« gezeichnete Meldung »Heidegger erhält seinen Lehrstuhl wieder« in: *Basler Nachrichten*, 1. Beilage zu Nr. 339, 11.[recte] August 1950, in der Rubrik »Kunst, Literatur und Wis-

senschaft«. Mit Brief vom 6. Oktober 1950 verlangte das Rektorat der Universität Freiburg eine Richtigstellung, die die *Basler Nachrichten* am 17. Oktober (1. Beilage zu Nr. 442) unter der Überschrift »Eine Ehrenrettung Professor Heideggers« vollständig abdruckten. Eine Kopie des von Rektor Prof. Dr. Fr. Oehlkers unterzeichneten Briefes befindet sich im NLArendt. – Zum Sachverhalt, gemäß dem Leserbrief des Rektors: M.H. erhielt den Ruf auf den Husserl-Lehrstuhl an die Universität Freiburg im Jahre 1928, nachdem Husserl »nach Erreichung der gesetzlichen Altersgrenze von 68 Jahren auf seinen Antrag emeritiert« worden war, siehe auch S. 64.

69

M.H., 6. Oktober 1950; Originalbrief, handschriftlich, NLArendt

daß Du an Stifter dachtest:
Siehe S. 83 ff.

70

M.H., 2. November 1950; Originalbrief, handschriftlich, NLArendt

Gedenkfeier für Max Kommerell:
Am 7. Oktober 1950, M.H. hielt einen Vortrag unter dem Titel »Die Sprache«. – Max Kommerell (1902–1944), in den zwanziger Jahren zum Kreis um Stefan George gehörend, war ab 1941 Professor in Marburg. In seinen letzten Lebensjahren verband ihn mit M.H. ein Gespräch über Hölderlin, siehe das Kapitel »›Zwiesprache von Dichten und Denken‹: Hölderlin bei Martin Heidegger und Max Kommerell« von Joachim W. Storck, in: *Klassiker in finsteren Zeiten 1933–1945: Eine Ausstellung des Deutschen Literaturarchivs im Schiller-Nationalmuseum Marbach am Neckar*, 2 Bde., Marbach am Neckar 1983, Bd. 1, S. 345–365. Vgl. J. W. Storck, »Hermeneutischer Disput. Max Kommerells Auseinandersetzung mit Martin Heideggers Hölderlin-Interpretationen«, in: *Literaturgeschichte als Profession*, hrsg. von Hartmut Laufhütte etc., Tübingen: Narr, 1993 (Mannheimer Beiträge zur Sprach- und Literaturwissenschaft, 24), S. 319–343.

Vorarbeiten zur »Sprache« . . . aus den Jahren 1938/39:
Siehe im Werkverzeichnis (S. 420): *Vom Wesen der Sprache.*

eine Übung:
Auch »Übungen im Lesen«, siehe den folgenden Brief.

M.H., 18. Dezember 1950; Originalbrief, handschriftlich, NLArendt

Inzwischen wirst Du wieder daheim sein:
H.A. hatte im November an der University of Notre Dame in Notre Dame (im amerikanischen Bundesstaat Indiana) Vorlesungen gehalten; siehe *Arendt-Jaspers-Briefwechsel*, S. 196, und *Arendt-Blücher-Briefwechsel*, S. 230.

bin ... bei den Griechen wie Du:
H.A.s *Denktagebücher* aus der Zeit belegen eine intensive Platon-Lektüre (*Politikos* und *Nomoi*) am griechischen Original.

Heraklit, Fragment 16:
Gemeint ist der Beitrag zur Festschrift des Konstanzer Gymnasiums, siehe »Aletheia (Heraklit, Fragment 16)« im Werkverzeichnis.

»Übungen im Lesen«:
Von diesen »Übungen« (vgl. auch M.H. an E. Blochmann, 19.12.1950, *Heidegger-Blochmann-Briefwechsel*, S. 100) sind Notizzettel im NLHeidegger erhalten. Sie sind nicht zur Veröffentlichung in der HGA vorgesehen.

gesammelte Abhandlungen zu Hölderlin:
Gemeint ist vermutlich die zweite Auflage der *Erläuterungen zu Hölderlins Dichtung* von 1951.

das kürzlich aufgenommene Bild:
Nicht erhalten.

72

M.H., 6. Februar 1951; Originalbrief, handschriftlich, NLArendt

zum 6.:
Am 6. Februar 1950 war H.A., soweit bekannt, in Freiburg eingetroffen, am 7. hatten M.H. und sie sich zum ersten Mal nach zwanzig Jahren wiedergesehen, siehe die Briefe oben, S. 73 ff. »Zum 6.« würde demnach, wenn es sich nicht um einen Gedächtnisfehler handelt (siehe S. 288 und das Gedicht »Der Wieder-Blick« , S. 108), bedeuten: im Gedenken an den Tag, an dem H.A. ihm ihre Ankunft mitgeteilt hat. – Dem Brief hat wahrscheinlich ein Porträtfoto beigelegen, das auf der Rückseite die handschriftliche Widmung trägt: »H. Zum 6. Februar 1950 – M.« Das Foto ist im Bildarchiv des

Deutschen Literaturarchivs Marbach erhalten und wird vom Schiller-Nationalmuseum als Postkarte vertrieben; siehe Abb. 9.

da wir seit vielen Jahren die Söhne wieder hatten:
Jörg und Hermann Heidegger waren in russische Kriegsgefangenschaft geraten, Jörg kam erst im Dezember 1949 zurück, siehe auch M.H. an E. Blochmann, 19.12.1950 (*Heidegger-Blochmann-Briefwechsel*, S. 100).

Gruß aus Frankreich:
Der »feurige Gruß« war eine Flasche Burgunder, die H.A.s in Paris lebende Jugendfreundin Anne Weil-Mendelssohn gesandt hatte (siehe ihren Brief an H.A. vom 28. 12. [1950], HAPapers, Cont. 13).

Anfang Januar waren wir nach München eingeladen zur Aufführung von Orffs Antigone:
Zu Heideggers Besuch der Münchner Aufführung von Orffs *Antigonae* siehe auch Petzet, *Auf einen Stern zugehen*, S. 168 ff. – H.A., ihrerseits eine Verehrerin Orffscher Musik, hat bei ihrem Europabesuch 1955 eine Aufführung in Essen gesehen (*Arendt-Blücher-Briefwechsel*, S. 437; vgl. auch *Arendt-Blumenfeld-Korrespondenz*, S. 241 f.).

An einem Tag dazwischen sprach Reinhardt über Hölderlins Übersetzung der Antigone des Sophokles:
Am 11. Januar 1951, siehe im übrigen die Karl Reinhardt betreffenden Anmerkungen zum folgenden Brief.

Einen erfreulichen Briefwechsel hatte ich mit dem Züricher Literaturhistoriker Staiger über einen Vers des Mörike-Gedichts »Auf eine Lampe«:
Siehe »Brief an Emil Staiger« im Werkverzeichnis S. 412. – Emil Staiger (1908–1987) lehrte seit 1934 (als Ordinarius seit 1943) neuere deutsche Literatur an der Universität Zürich.

73

M.H., 1./2. April 1951; Originalbrief, handschriftlich, NLArendt

die schöne Stelle aus M. Claudius:
Es ist anzunehmen, daß es sich um die folgende Stelle handelt: »Als wenn jemand zu Wagen sitzt und nach Königsberg fahren will; so ist er nicht mit einmal an Ort und Stelle, sondern die Räder des Wagens müssen so lange umgehen, bis er ist, wo er sein will, und ein jeder Umgang hat seine Zeit, und der zweite kann nicht zur Wirklichkeit

kommen, bis der erste vollendet ist usw., und da geht es denn oft
über Stock und Stein, und der auf dem Wagen wird das wohl ge-
wahr; er muß indes aushalten und sich fassen, denn es ist kein
anderer Rat.« Matthias Claudius, »Über einige Sprüche des Prediger
Salomo« [zum zweiten Spruch: Alles hat seine Zeit], in: ders., *Werke*,
hrsg. von Urban Roedel, Stuttgart 1965, S. 294–302, S. 298 f. Dieses
Zitat hat H.A. im Februar 1951 in ihr *Denktagebuch* eingetragen.

Reinhardt soll seinen Vortrag in einem Münchner Jahrbuch veröffent-
lichen:
Karl Reinhardt, »Hölderlin und Sophokles«, in: *Gestalt und Gedan-*
ke: Ein Jahrbuch, hrsg. von der Bayerischen Akademie der Schönen
Künste, München 1951, S. 78–102. Siehe auch den vorangehenden
Brief. – Der klassische Philologe Karl Reinhardt (1886–1958) war
seinerzeit Professor an der Universität Frankfurt am Main.

Ich habe ihn [Reinhardt] vor allem auch gedrängt, seine Heraklit-
studien zu veröffentlichen:
Karl Reinhardt hatte 1942 zwei Studien zu Heraklit veröffentlicht.
Sie wurden in der postumen Publikation *Vermächtnis der Antike:*
Gesammelte Essays zur Philosophie und Geschichtsschreibung, hrsg.
von Carl Becker, 2., durchges. und erw. Aufl., Göttingen: Vandenhoeck & Ruprecht, 1966, wieder abgedruckt. Über weitere Veröffentlichungen Reinhardts zu Heraklit ist nichts bekannt.

[Hermann Fränkels] großes Werk in deutscher Sprache über frühgrie-
chisches Denken und Dichten:
Gemeint ist *Dichtung und Philosophie des frühen Griechentums:*
Eine Geschichte der griechischen Literatur von Homer bis Pindar,
New York: American Philological Association (Philological Mono-
graphs 13), 1951; 2., überarb. Aufl. (mit verändertem Untertitel),
München: Beck, 1962.

Beaufret:
Jean Beaufret (1907–1982), französischer Philosoph und Kenner der
Heideggerschen Philosophie, der in der Résistance gekämpft und
1946 eine persönliche Begegnung mit dem dennoch verehrten
Deutschen herbeigeführt hatte. M.H.s 1947 veröffentlichte Schrift
Über den Humanismus ist ein offener Brief an Beaufret – eine »Ant-
wort« auf die von Beaufret gestellte Frage: Auf welche Weise läßt
sich dem Wort Humanismus ein Sinn zurückgeben? – Beaufret rück-
te in den inneren Kreis der Heidegger-Freunde auf. Er wurde M.H.s
»Apostel« im Frankreich der Nachkriegszeit (siehe Safranski, *Ein*
Meister aus Deutschland, S. 410), besuchte M.H. allein und mit

Gleichgesinnten in ziemlicher Regelmäßigkeit und hat in den sechziger Jahren die *Séminaires du Thor* organisiert.

Valéry, »La jeune Parque« und »Ebauche d'un serpent«:
»La jeune Parque« ist ein Gedichtzyklus von Paul Valéry, »Ebauche d'un serpent« ein Gedicht in der Sammlung »Charmes«; dt. »Die junge Parze« (übersetzt von Paul Celan) und »Entwurf einer Schlange« (übersetzt von Rainer Maria Rilke), in: Paul Valéry, *Dichtung und Prosa*, hrsg. von Karl Alfred Blüher und Jürgen Schmidt-Radefeldt, in: ders., *Werke : Frankfurter Ausgabe in 7 Bänden*, Frankfurt/Main: Insel, Bd. 1 (1992), S. 55–87 und 150–168.

Von Rilke ... zwei [Gedichte]:
Beigelegt waren in handschriftlicher Abschrift die Gedichte »Magie« und »Nachthimmel und Sternenfall«.

MAGIE

Aus unbeschreiblicher Verwandlung stammen
solche Gebilde – : Fühl! und glaub!
Wir leidens oft: zu Asche werden Flammen;
doch, in der Kunst: zur Flamme wird der Staub.

Hier ist Magie. In das Bereich des Zaubers
scheint das gemeine Wort hinaufgestuft ...
und ist doch wirklich wie der Ruf des Taubers,
der nach der unsichtbaren Taube ruft.
(Muzot, Herbst 1924)

NACHTHIMMEL UND STERNENFALL

Der Himmel, groß, voll herrlicher Verhaltung,
ein Vorrat Raum, ein Übermaß von Welt.
Und wir, zu ferne für die Angestaltung,
zu nahe für die Abkehr hingestellt.

Da fällt ein Stern! Und unser Wunsch an ihn,
bestürzten Aufblicks, dringend angeschlossen:
Was ist begonnen, und was ist verflossen?
Was ist verschuldet? Und was ist verziehn?
(Muzot, Herbst 1924)
R.M.R.

Rainer Maria Rilke, *Sämtliche Werke*, hrsg. vom Rilke-Archiv, Frankfurt am Main: Insel, Bd. 2 (1956), S. 174 f.; hier wird als Entstehungsdatum für das Gedicht »Magie« Anfang August 1924 angegeben, für »Nachthimmel und Sternenfall« 11. oder 12. August 1924.

Entstehen bei H. Broch neue Dinge?:
Diese Anfrage M.H.s veranlaßte H.A., bei Broch im Brief vom 8.4.1951 anzufragen, ob ein Exemplar des Romans *Die Schuldlosen* an Heidegger geschickt worden sei. Nach Mitteilung von P. M. Lützeler bat Broch daraufhin den Verleger Willi Weismann in München, ein Exemplar an M.H. zu senden, siehe *Arendt-Broch-Briefwechsel*, S. 156.

Ankündigung Deines Buches:
H.A., *The Origins of Totalitarianism.*

Beide [Schriften] gingen in einem Abstand von ungefähr 10 Tagen vor Weihnachten hier weg, jedesmal als sie vom Verlag kamen; der »Hölderlin« zuerst:
Bei »Hölderlin« handelt es sich um die zweite Auflage (1951) der *Erläuterungen zu Hölderlins Dichtung*; die zweite Schrift dürfte *Kant und das Problem der Metaphysik* (ebenfalls 2. Aufl. 1951) gewesen sein.

74

M.H., 14. Juli 1951; Originalbrief, handschriftlich, NLArendt

Vortrag für das Darmstädter Gespräch ... am 5. August:
M.H., »Bauen – Wohnen – Denken«. – Ein maschinenschriftlicher Durchschlag mit den Angaben »Vortrag Darmstadt, 5. August 1951 (Schloß Walchen, 20. August 1951), 2. Fassung« befindet sich im NLArendt. Das Exemplar enthält eine Reihe von handschriftlichen Kommentaren von H.A. Siehe auch S. 130 und im Anmerkungsteil S. 306. Ebenfalls kommentiert wird dieses Manuskript im *Denktagebuch* unter dem Datum »November 1951«.

Du bekommst ihn [den Λόγος Heraklits] mit gewöhnlicher Post:
Ein Durchschlag des maschinenschriftlichen Manuskripts von »Λόγος: Das Leitwort Heraklits«, Vortrag im Club zu Bremen am 4. Mai 1951, befindet sich im NLArendt mit Widmung » H / M « und handschriftlichen Randbemerkungen von H.A. Siehe auch S. 130.

Vietta, der einen schönen Nachruf schrieb:
Egon Vietta, »Hermann Broch, gest. 30. Mai 1951«, in: *Der Monat* 3 (1950–51), Nr. 36, Sept. 1951, S. 615–629. – Der Schriftsteller Egon Vietta (1902–1959), ein ausgebildeter Jurist, stand mit Broch seit den dreißiger Jahren in Verbindung. Heidegger hatte er in den zwanziger Jahren gehört und nach dem Krieg auch den persönlichen Kontakt zu ihm gesucht. 1950 erschien sein Buch *Die Seinsfrage bei Martin Heidegger* (Stuttgart: Schwaben). Viettas Sohn Silvio berichtet über die Beziehung seines Vaters und seiner Mutter Dory zu M.H. in seinem Beitrag »Dialog mit den Dingen«, in: *Erinnerung an Martin Heidegger*, hrsg. von Günther Neske, Pfullingen: Neske, 1977, S. 233–237.

Aber es ist gut, daß Ihr wenigstens im Äußeren alles überstanden habt:
H.A. und ihr Mann waren, wie jetzt auch im *Arendt-Blücher-Briefwechsel* nachgelesen werden kann, mit Hermann Broch in den vierziger und fünfziger Jahren gut befreundet. Sein Tod hat H.A. tief erschüttert (siehe ihre Eintragung im *Denktagebuch* vom Juni 1951). Sie hat später (1955) seine *Essays* im Rahmen der *Gesammelten Werke* (Rhein Verlag, Zürich) herausgegeben und ihn in einer langen Einleitung hierzu gewürdigt. Die Einleitung ist wieder abgedruckt in *Menschen in finsteren Zeiten* (S. 131–171); ferner im *Arendt-Broch-Briefwechsel* (S. 185–223, dort auch [S. 165 f,] die *Denktagebuch*-Eintragung).

Dein Buch:
H.A., *The Origins of Totalitarianism.*

Die Scheidung:
Des Sohnes Jörg von seiner Frau Dorothea, siehe auch S. 132 f.

Um den 8. VIII. herum fahre ich für zwei Wochen in die Gegend von Salzburg:
Nach Vöcklamarkt. In das dortige Schloß Walchen, wo M.H. am 20. August seinen Vortrag »Bauen – Wohnen – Denken« hielt, hatte Albrecht Prinz zu Schaumburg-Lippe eingeladen. Zu den Gästen des Prinzen und Zuhörern M.H.s gehörte u.a. der Lyriker und Hörspielautor Günter Eich (1907–1972), der einem Freund von der Begegnung mit M.H. berichtete. Man traf sich auch zu Ausflügen und zum Boccia-Spiel, siehe G. Eich an Rainer Brambach, Brief vom 30. 8. 1951 und Ansichtskarte vom 22. 8. 1951. Der Brief ist auszugsweise zitiert in *Marbacher Magazin*, Heft 45/1988 (= *Günter Eich*, bearbeitet von Joachim W. Storck), S. 65; die Ansichtskarte von St. Wolfgang am Wolfgangsee mit den Unterschriften von Friedrich

Georg Jünger, Clemens Graf Podewils, Sophie Dorothee Gräfin Podewils, M.H., Leo Gabriel und Albrecht Prinz zu Schaumburg-Lippe gehörte zu den Exponaten der Marbacher Ausstellung (im Verzeichnis unter Vitrine 8, Nr. 10).

»Das Heimgewicht des Balles«:
Bezieht sich wahrscheinlich auf eines der letzten Rilke-Gedichte (Ragaz, am 24. August 1926), von dem H.A. in ihrem *Denktagebuch* im Mai 1951 die Schlußzeilen notierte. Das Gedicht »Dreizehnte Antwort. Für Erika [Mitterer] zum Feste der Rühmung« lautet:

»Taube, die draußen blieb,   außer dem Taubenschlag,
wieder in Kreis und Haus,   einig der Nacht, dem Tag,
weiß sie die Heimlichkeit,   wenn sich der Einbezug
fremdester Schrecken schmiegt   in den gefühlten Flug.

Unter den Tauben, die   allergeschonteste,
niemals gefährdetste,   kennt nicht die Zärtlichkeit;
wiedererholtes Herz   ist das bewohnteste:
freier durch Widerruf   freut sich die Fähigkeit.

Über dem Nirgendssein   spannt sich das Überall!
Ach der geworfene,   ach der gewagte Ball,
füllt er die Hände nicht   anders mit Wiederkehr:
rein um sein Heimgewicht   ist er mehr.«

Rainer Maria Rilke, *Sämtliche Werke* (genaue Angabe siehe S. 303), Bd. 2 (1956), S. 318 f.

mit einer kleinen Überraschung:
Siehe auch Dok. Nr. 76 und 77; worum es sich handelt, konnte nicht herausgefunden werden.

75

M.H., [Juli 1951]; Gedicht: »Zu einer Zeichnung von Henri Matisse«, handschriftlich, NLArendt

Das Gedicht ist auf Luftpostpapier (DIN-A 5) geschrieben. Zusätzlich erhalten ist die ebenfalls auf Luftpostpapier durchgepauste Zeichnung von Matisse. H.A. hat die Abschrift des hier als Autograph reproduzierten Gedichtes (siehe Abb. 10) mit dem Datum »Juli 1951« versehen.

M.H., 2. Oktober 1951; Originalbrief, handschriftlich, NLArendt

Vortrag, der zu Deinem Geburtstag kommt:
Wahrscheinlich der weiter unten genau bezeichnete Vortrag »Bauen
– Wohnen – Denken«, siehe S. 127 und im Anmerkungsteil S. 303.

Dein Fragen zum Λόγος:
Siehe S. 128 f. und im Anmerkungsteil S. 303. In den erhalten
gebliebenen Briefen ist M.H. auf H.A.s Fragen auch später nicht
eingegangen. – H.A.s Fragen in dem nicht mehr vorhandenen Brief
dürften denen verwandt gewesen sein, die sie in einer Eintragung
ihres *Denktagebuchs* (August 1951) unter der Überschrift »Ad Heidegger, *Heraklit, Λόγος*« formuliert.

Zu meinem Geburtstag kam jetzt die ordnungsgemäße Emeritierung:
Siehe oben S. 296.

Meinen Darmstädter Vortrag bezeichnete Dolf Sternberger als »Philosophie der Urgemütlichkeit«:
In der Diskussion während des Darmstädter Gesprächs, siehe *Darmstädter Gespräch 2 : Mensch und Raum*, hrsg. . . . von Otto Bartning,
Darmstadt: Neue Darmstädter Verlagsanstalt, 1951. Die im Protokoll (S. 124) abgedruckte Formulierung lautet. »Der eine [gemeint
ist M.H.; der andere war Ortega y Gasset], die einen – es ist zweifellos eine Gruppe – denken an die Möglichkeit des Menschen, in
einem Paradiese zu leben, in einem ontologischen Paradies sinnhafter Ordnung, in einem ontologischen Paradies mit aller ihm auch
zugehörigen Gemütlichkeit, mit der Ur-Gemütlichkeit des Paradieses.« – Dolf Sternberger (1907–1989), der bei Jaspers in Heidelberg
studiert und bei Paul Tillich in Frankfurt mit einer Arbeit über
Heidegger promoviert hatte, war seinerzeit Mitherausgeber der
Zeitschrift *Die Gegenwart* . – H.A. kannte Sternberger aus der Studienzeit und war mit ihm bis ans Lebensende befreundet. Nach dem
Krieg ergab sich auch eine berufliche Verbindung, so erschienen
H.A.s erste Veröffentlichungen in deutscher Sprache in der von
Sternberger herausgegebenen Zeitschrift *Die Wandlung*. Der Briefwechsel Arendt-Sternberger (1946–1975), in dem u.a. ein Streit zum
Thema »Heidegger« ausgetragen wird (1953), ist im Deutschen Literaturarchiv Marbach und bei den HAPapers aufbewahrt. – Sternberger hat sich häufig zu M.H.s Schriften geäußert, siehe seine frühe
Studie *Der verstandene Tod* (1934), ferner die in seinen *Schriften*,
Band 8: *Gang zwischen den Meistern* (Frankfurt am Main: Insel,

1987), S. 183–231, abgedruckten Artikel. In der zuletzt genannten Publikation ist auch ein Kapitel der politischen Philosophie von H.A. gewidmet (S. 379–410).

Übrigens fängt Benn an, mich zu enttäuschen:
Gottfried Benn (1886–1956), dessen politische Biographie gewisse Parallelen zu der M.H.s aufweist, war damals auf dem Wege, der »repräsentative Lyriker« (Walter Hinck) der jungen Bundesrepublik zu werden. Im Oktober 1951 erhielt er den Georg-Büchner-Preis. Anlaß für M.H.s »Enttäuschung« über den offensichtlich geschätzten Benn (siehe S. 296) könnte dessen Vortrag »Nietzsche – nach fünfzig Jahren« (in: *Das Lot*, Oktober 1950, S. 7–14) gewesen sein, vgl. Petzet, *Auf einen Stern zugehen*, S. 88 f.

eine Überraschung – kein Produkt von mir, aber etwas, was uns beide betrifft:
Nicht identifiziert; siehe auch S. 129.

77

M.H., 14. Dezember 1951; Originalbrief, handschriftlich, NLArendt

Hölderlin-Gedichte ins Englische übersetzen:
Hierzu war H.A. wahrscheinlich durch ihre Freundschaft mit dem amerikanischen Dichter Randall Jarrell, einem Freund deutscher Dichtkunst, inspiriert worden, siehe Young-Bruehl (*Hannah Arendt*, S. 284), und Arendt über Jarrell (in *Menschen in finsteren Zeiten*, S. 335–340). Jarrells bekannteste Übersetzung aus dem Deutschen ist *Snow-White and the Seven Dwarfs: A Tale from the Brothers Grimm* (Penguin, 2. Aufl. 1976); veröffentlichte Übersetzungen von Hölderlin-Gedichten sind nicht bekannt.

Hellingrath:
Gemeint ist die Hellingrathsche Ausgabe der Werke und Briefe: Hölderlin, *Sämtliche Werke*, genaue Angabe siehe S. 292.

Neulich waren wir in Zürich; ich sprach vor der Studentenschaft beider Hochschulen. Thema: »... dichterisch wohnet der Mensch«:
Am 5. November. – Ein Durchschlag des maschinenschriftlichen Manuskripts des Vortrages mit den Angaben: »Bühlerhöhe, 6. Oktober 1951; Zürich, 5. November 1951« befindet sich im NLArendt. Oben links auf der ersten Seite steht M.H.s handschriftliche Widmung: »H / M«. Das Exemplar enthält keine Notizen von H.A. Wahrscheinlich hat sie es erst bei ihrem Besuch im Mai 1952 von

M.H. erhalten, siehe H.A. an Heinrich Blücher, 24. Mai 1952 (*Arendt-Blücher-Briefwechsel*, S. 275).

ein Protokoll soll privat gedruckt werden:
Siehe im Werkverzeichnis Heidegger (S. 422): »Zürcher Seminar«. – Zu Emil Staiger siehe S. 300; Theophil Spoerri (1890–1974) war von 1922 bis 1956 Professor für Romanistik an der Universität Zürich.

Separatum »Das Ding«:
Als Widmungsexemplar mit Anstreichungen und Bemerkungen von H.A. im Deutschen Literaturarchiv Marbach erhalten, siehe auch S. 106.

die endlich eingetroffene Überraschung:
Nicht identifiziert, siehe auch Dok. 74 und 76.

ein Neffe:
Thomas Heidegger (geb. 1926), der älteste Sohn von M.H.s Bruder Fritz. Bis zu seiner Pensionierung (1991) leitete er das Forstamt Bonndorf im Schwarzwald.

Jörg arbeitet an seiner großen Konstruktion:
Gemeint ist die Zulassungsarbeit zur Staatsprüfung im Maschinenbau.

Zettel [mit Widmung] ... zum Einkleben in die beiden Drucksachen:
Die eine Drucksache war »Das Ding«, siehe im Werkverzeichnis Heidegger, S. 412 f. Bei der zweiten Drucksache könnte es sich um den »Brief an Emil Staiger« gehandelt haben, ein Sonderdruck ist allerdings im NLArendt nicht erhalten.

78

M.H., 17. Februar 1952; Originalbrief, handschriftlich, NLArendt

Italienfahrt [im März/April 1952]*:*
Mit dem Ehepaar Medard Boss, siehe auch den folgenden Brief. – Medard Boss, der Schweizer Psychiater und Psychotherapeut (1903–1990), nahm 1946 mit M.H. brieflich Kontakt auf. Schnell entwickelte sich eine persönliche und geistige Verbindung. Boss organisierte ab 1959 Seminare, zu denen M.H. regelmäßig nach Zollikon (am Zürichsee) reiste (siehe *Zollikoner Seminare* im Werkverzeichnis M.H., S. 421). Der von M.H.s »Daseinsanalytik« stark beeinflußte Boss wird später Mitbegründer einer eigenen Zürcher

Schule der Daseinsanalyse und des »Daseinsanalytischen Instituts für Psychotherapie und Psychosomatik« (seit 1970/71 mit dem Zusatz »Medard Boss Stiftung«). Zur Bedeutung Heideggers für die schweizerische Psychiatrie siehe den unten (S. 334) zitierten Artikel, den Gion Condrau zum 80. Geburtstag von M.H. verfaßt hat.

Hochzeit in der Verwandtschaft:
Die einzige Nichte M.H.s, Clothilde Oschwald (geb. 1923), heiratete in Hüfingen bei Donaueschingen, siehe auch S. 240.

Du hast wohl eine halbe Weltreise vor:
Am 21. März 1952 wird H.A., seit 1951 amerikanische Staatsbürgerin, zum zweiten Mal aus den USA nach Europa (Frankreich, Schweiz, England, Deutschland) kommen. Ihre Reise führte sie auch nach Israel, erst im August kehrte sie wieder in die Vereinigten Staaten zurück. Zu Einzelheiten siehe die Briefe, die sie während der Reise an ihren Mann nach New York schrieb *(Arendt-Blücher-Briefwechsel*, S. 235 ff.).

die englische Physikausgabe in der Aristoteles-Edition von Ross:
Gemeint ist: Aristotle's *Physics*, a revised [Greek] text with introduction and commentary by W[illiam] D[avid] Ross, Oxford: Clarendon, 1936.

Löwith hat sich mit seinem Artikel in der Neuen Rundschau *einen schlechten Start geleistet:*
Karl Löwith »Martin Heidegger: Denker in dürftiger Zeit«, in: *Die neue Rundschau* 63 (1952), Heft 1, S. 1–27. – Zur Beziehung Löwiths zu Heidegger siehe oben S. 273. – H.A. verständigte sich mit H. Blücher brieflich über Löwiths Artikel, siehe besonders ihren Brief vom 13.6.1952 *(Arendt-Blücher-Briefwechsel,* S. 288 f.).

Martin Buber ist in der Haltung anders:
M.H.s Aussage bezieht sich vermutlich auf Martin Buber, »Religion und modernes Denken«, in: *Merkur* 6, Heft 2, Februar 1952, S. 101–120 – ein Aufsatz, in dem Buber sich u.a. mit Heidegger auseinandersetzt. Der in Wien geborene jüdische Religionswissenschaftler Martin Buber (1878–1965) war seinerzeit Professor für Sozialphilosophie an der Hebräischen Universität Jerusalem.

Nietzsche sagt von den »letzten Menschen«, die am längsten leben, daß sie »blinzeln«:
In der »Vorrede« zu *Also sprach Zarathustra,* zitiert (mit der Angabe: »1883, n.5«) und interpretiert von M.H. in *Was heißt Denken?* (1954, S. 28 ff.).

79

M.H., 21. April 1952; Originalbrief, handschriftlich, NLArendt

Es paßt uns sehr gut, wenn Du vom 19. V. ab kommst; vielleicht kannst Du ein Kolleg hören; ich lese Freitag 17–18 Uhr:
H.A. ist im Mai (wahrscheinlich tatsächlich am Montag, d. 19.), nach Freiburg gekommen, hat sich eine knappe Woche dort aufgehalten, M.H. (mit und ohne seine Frau) mehrmals gesehen und seine Vorlesung am 23. Mai gehört. Ihrem Mann berichtete sie ausführlich über den Besuch und einen weiteren am 30. Mai, bei dem sie die nächste Vorlesungsstunde besuchte. Sowohl beim ersten wie beim zweiten Aufenthalt war es von seiten Elfride Heideggers zu offenbar heftigen Eifersuchtsszenen gekommen. Siehe *Arendt-Blücher-Briefwechsel*, S. 253 f. und S. 274 ff. – In H.A.s *Denktagebuch* finden sich Eintragungen im Zusammenhang mit dem Besuch in Freiburg und eine längere Passage (datiert 30. 5. 52) mit der Überschrift »Heidegger Kolleg«. – M.H.s Vorlesung im Sommersemester 1952 war die Fortsetzung der Veranstaltung des vorangegangenen Wintersemesters, siehe S. 132, 135. H.A. hat die 3. und 4. Vorlesungsstunde des zweiten Teils (*Was heißt Denken?*, 1954, S. 91–101, 153–159) gehört. Siehe auch M.H. rückblickend im Brief vom 15. Dezember 1952, S. 137.

die zweite Auflage ist im Manuldruck und auf schlechtem Papier erschienen:
Gemeint ist die zweite Auflage von *Holzwege*. H.A.s Exemplar dieser Auflage ist im Nachlaß nicht erhalten.

Vielleicht lernst Du in Paris Jean Beaufret kennen:
H.A. und J. Beaufret sind sich, soweit bekannt, nie begegnet.

Die Beilage für den persönlichen Gebrauch:
Konnte nicht identifiziert werden.

80

M.H., 5. Juni 1952; Originalbrief, handschriftlich, NLArendt

Dieser Brief ist nach H.A.s vorangegangenen Besuchen in Freiburg geschrieben, siehe die erste Anmerkung zum vorigen Brief. H.A. hat M.H.s Anweisung befolgt und ist, wie dem Brief an Heinrich Blücher vom 13. Juni 1952 (*Arendt-Blücher-Briefwechsel*, S. 288 f.) entnommen werden kann, nicht noch einmal nach Freiburg gereist. Aller

Wahrscheinlichkeit nach hat sie M.H. erst 15 Jahre später, nämlich 1967, wiedergesehen, siehe S. 155.

81

M.H., 15. Dezember 1952; Originalbrief, handschriftlich, NLArendt

Nun kommt als Weihnachtsgruß, was Dich zum Geburtstag grüßen sollte:
Auf die erste Seite des Briefes schrieb M.H., quer zum eigentlichen Text, als Zusatz: *Die Drucksache enthält zwei Aufsätze: »Logos« und »Was heißt Denken?«* (letzterer der Abdruck in der Zeitschrift *Merkur*).

Anfang Oktober hielt ich auf Bühlerhöhe zu Prof. Stroomanns 65. Geburtstag ... einen Vortrag über Georg Trakl:
Genaues Datum: 7. Oktober 1951; Thema: »Georg Trakl: Eine Erörterung seines Gedichtes«. – Gerhard Stroomann (1886–1957), der Gründer und Chef des Kurhauses »Bühlerhöhe« in Baden-Baden, war »ein Arzt von der Art des Hofrat Behrens in Thomas Manns ›Zauberberg‹« (Safranski, *Ein Meister aus Deutschland*, S. 451 f.).

Jaspers hat mir vor einiger Zeit geschrieben:
Karl Jaspers an Martin Heidegger, 24. 7. 1952 (*Heidegger-Jaspers-Briefwechsel*, S. 207–211).

Daß Du im August ... mit Jaspers in den Bergen zusammen warst:
Vom 31. Juli bis 8. August 1952 besuchte H.A. das Ehepaar Jaspers in St. Moritz, siehe ihre Briefe von dort an ihren Mann (*Arendt-Blücher-Briefwechsel*, S. 319 ff., S. 324 f.).

82

M.H., 6. Oktober 1953; Originalbrief, handschriftlich, NLArendt

Dein liebes Gedenken:
Vermutlich zum 64. Geburtstag am 26. September 1953.

Weißt Du noch, welche Verse Du beim ersten Wiedersehen in Freiburg aus dem Divan zitiertest?:
Zu H.A.s Zitatenschatz gehörten viele Gedichte aus dem *West-östlichen Divan* von Goethe. In einem späteren Brief an M.H. zitiert sie, möglicherweise unter Bezug auf das Wiedersehen 1950, aus dem Gedicht »Unbegrenzt«, siehe S. 155.

83

M.H., 21. Dezember 1953; Originalbrief, handschriftlich, NLArendt

Mit den beiden Bildern ... hast Du mich sehr erfreut:
Die Bilder konnten nicht identifiziert werden.

Münchner Vortrag über die Technik, von dem Du vielleicht gehört hast:
»Die Frage nach der Technik«, gehalten am 18. November in der Bayerischen Akademie der Schönen Künste. Safranski (*Ein Meister aus Deutschland*, S. 453 f.) schreibt über diese Veranstaltung: »An diesem Abend vereinigte sich das ganze geistige München der fünfziger Jahre ... Es war vielleicht der größte öffentliche Erfolg Heideggers im Nachkriegsdeutschland.«

Am 11. Dez. sprach ich in Kassel in derselben Gesellschaft, bei der ich vor 28 Jahren Vorträge über Dilthey und die Geschichtlichkeit hielt:
Nämlich der Kurhessischen Gesellschaft für Kunst und Wissenschaft, siehe S. 19 ff. Thema des Vortrags im Jahre 1953 war: »›... dichterisch wohnet der Mensch ...‹«.

84

M.H., 21. April 1954; Originalbrief, handschriftlich, NLArendt – mit gestempeltem Briefkopf: Heidegger, Freiburg i. Br.-Zähringen, Rötebuck 47 –

daß Du Dich der Übersetzungsaufgabe so intensiv angenommen hast:
Es handelte sich um die Übersetzung von *Sein und Zeit* ins Englische durch Edward Robinson (Kansas University), siehe den nächsten sowie den als Addendum gedruckten Brief von H.A. (Dok. 85 und 83a).

Prof. Jäger:
Wahrscheinlich der Germanist Hans Jaeger (1898–1971), der in den zwanziger Jahren in die USA emigrierte und dort an verschiedenen Universitäten lehrte. Zuletzt (seit 1947) war er Professor of German Literature an der Indiana University in Bloomington. Er hat zwei englischsprachige Abhandlungen über Heidegger veröffentlicht; auf Deutsch erschien: H.J., *Heidegger und die Sprache*, Bern–München: Francke, 1971.

Henry E. Beissel / John W. Smith / Edith Kern / Elizabeth Williams:
Von keiner der genannten Personen ist eine Übersetzung Heideggerscher Werke im Buchhandel erschienen.

Vorträge und Abhandlungen:
1954 erschien bei Neske, Pfullingen, der Band *Vorträge und Aufsätze.*

Er [Bultmann] war arg niedergeschlagen über den Angriff von Jaspers:
Am 27. April 1953 hatte Karl Jaspers auf dem Schweizerischen Theologentag in Basel einen Vortrag mit dem Thema »Wahrheit und Unheil der Bultmannschen Entmythologisierung« gehalten, den die deutsche Zeitschrift *Merkur* im November und Dezember 1953 veröffentlichte. Bultmann replizierte in *Schweizerische Theologische Umschau*, Jaspers antwortete in einem ausführlichen Brief. Die Kontroverse wurde als ganze veröffentlicht: Karl Jaspers und Rudolf Bultmann, *Die Frage der Entmythologisierung*, München: Piper (Serie Piper, 207), 1954. – Siehe auch H.A. in einem Brief an Jaspers (13. Juli 1953), in dem sie sich ausführlich und teilweise kritisch zu dessen Angriff auf Bultmann äußert, *Arendt-Jaspers-Briefwechsel*, S. 257–259.

eine ausgezeichnete Arbeit . . . Hölderlin und Heidegger:
Beda Allemann, *Hölderlin und Heidegger*, Zürich-Freiburg: Atlantis, 1954.

französische Übersetzung des Humanismusbriefs:
Gemeint ist: »Lettre sur l'humanisme I–II«, in: *Cahiers du Sud* 40(37), 1953, Nr. 319, S. 385–406; 40, 1953–54, Nr. 320, S. 68–88. Der Übersetzer ist Roger Munier, der auch *Was ist Metaphysik?* (1929, wieder abgedruckt in *Wegmarken*) übersetzt und zum Kreis der Teilnehmer an den Séminaires du Thor gehört hat.

85

H.A., 29. April 1954; Briefkopie, maschinenschriftlich (mit handschriftlicher Unterschrift), HAPapers – mit getipptem Briefkopf: Hannah Arendt, 130 Morningside Drive, New York 27, N.Y. –

Eine Durchschrift des Briefes hatte H.A. an Robinson geschickt.

eine englische Ausgabe von Sein und Zeit:
1962 erschien in New York bei Harper & Row die Ausgabe: M.H., *Being and Time*, translation of the 7th German edition by John Macquarrie and Edward Robinson. Sie ist die bisher meist genutzte englisch-amerikanische Übersetzung von *Sein und Zeit*. Eine Neuübersetzung (auch nach der 7. Auflage) hat kürzlich Joan Stambaugh vorgelegt: *Being and Time: A Translation of* Sein und Zeit,

New York: State University of New York Press, 1996 (siehe auch unten S. 336).

und ihm ausführlich geantwortet:
Eine Kopie des Briefes an Robinson vom 16. April 1954 (fünf eng beschriebene Schreibmaschinenseiten) ist bei den HAPapers (Cont. 59, Folder »Heidegger, Martin, correspondence regarding, 1952–74«) erhalten.

Vorlesungsfahrten an einige der größeren Universitäten während des letzten Winters:
Im Winter 1953/54 hielt H.A. Vorlesungen/Vorträge an der Princeton University, der Harvard University und der University of Notre Dame. Siehe auch den folgenden Brief.

86

H.A., 8. Mai 1954; Briefkopie, maschinenschriftlich, NLArendt

Die Briefkopie ist nicht unterschrieben. Auf der Rückseite befindet sich eine angefangene, in den abgeschickten Brief wahrscheinlich nicht aufgenommene zusätzliche Passage zur Analyse der Tätigkeiten (im Anschluß an 2): . . . *das, was ich in der Jugend bei Dir gelernt habe): Dies soll mich schließlich zu einer Analyse der gegenwärtigen Gesellschaft bringen, die als eine Arbeits-Gesellschaft auch das Herstellen in den Arbeitsprozeß hineinbezogen hat und infolgedessen auch sogenannte Gebrauchsgüter nicht mehr zum Gebrauch, sondern nur noch zur unmittelbaren Konsumtion erzeugt. Politisch führt dies zu* . . . Hier bricht der Text ab. – Mit den Mitteilungen über ihre Arbeit in diesem Brief hat H.A. ein Buchkonzept angedeutet, das erst nach Vorlesungen an der University of Chicago (April 1956) seine endgültige Gestalt unter dem Titel *The Human Condition* erhalten wird.

»in der Philosophie nicht hinreichend bewandert«:
Zitat aus M.H.s Brief vom 21. April 1954, S. 141.

»Oh, wie weit | ist jeder Weg | durch Nähe«:
Erste Zeilen aus einem der Gedichte, das M.H. im April 1950 an H.A. gesandt hat, siehe S. 96.

Der Humanismusbrief war hier schon einmal übersetzt worden:
Die erste englische Übersetzung von *Über den Humanismus* erschien, soweit bekannt, im Jahre 1962: M.H., »Letter on Humanism«, translated by Edgar Lohner, in: *Philosophy in the Twentieth Century: An Anthology*, edited and with introduction by William

Barrett und Henry D. Aiken, New York: Random, Bd. 2 (1962), S. 271–302. Siehe auch oben S. 141.

der Herausgeber von Partisan Review:
Gemeint ist Philip Rahv (1908–1973), ein gebürtiger Russe, der von 1934 bis 1969 zusammen mit William Phillips die *Partisan Review* herausgab.

»in jedem Gemeinwesen gibt es Herrscher und Beherrschte«:
Siehe Aristoteles, *Politik* 1332 b 12; zitiert und interpretiert bei H.A., »Was ist Autorität?«, in: *Fragwürdige Traditionsbestände im politischen Denken der Gegenwart*, S. 117–168, S. 146.

agathon (ἀγαθόν) – kalon (καλόν):
Das Gute / das Gut – das Schöne.

Während dieses Winters habe ich zum ersten Mal versucht, die Sachen experimentierend vorzulegen – in Vorlesungs-Serien in Princeton und Notre Dame und einigen Einzelvorträgen:
Gemeint sind die sechs Vorlesungen, die H.A. (zwischen dem 8. Oktober und 12. November 1953) unter dem Titel »Karl Marx and the Tradition of Western Political Thought« an der Princeton University hielt; ferner eine dreiteilige Vorlesung: »Philosophy and Politics: The Problem of Action and Thought After the French Revolution« am 3. und 4. März 1954 an der University of Notre Dame; schließlich u.a. zwei Vorträge an der Harvard University, davon einer vermutlich über das Wesen des Totalitarismus und die Probleme, ihn zu »verstehen« (siehe »On the Nature of Totalitarianism: An Essay in Understanding«, in: H.A., *Essays in Understanding*, S. 328–360). Die genannten Vorlesungen bildeten die Grundlage für H.A.s deutsche Veröffentlichung *Fragwürdige Traditionsbestände im politischen Denken der Gegenwart* (1957).

Maritain:
Der französische Philosoph Jacques Maritain (1882–1973) lehrte seit 1948 an der Princeton University.

Heinrich hat seit zwei Jahren eine College-Professur neben seiner einwöchentlichen Vorlesung und Seminar an der New School:
Heinrich Blücher, H.A.s zweiter Mann, war 1952 Professor für Philosophie am Bard College in Annandale-on-Hudson (Staat New York) geworden. Seit 1950 hatte er Vorlesungen über Kunstgeschichte und Philosophie an der New School for Social Research in Manhattan (Stadt New York) gehalten.

die deutsche Übersetzung meines Buches:
Elemente und Ursprünge totaler Herrschaft, die deutsche Ausgabe von *The Origins of Totalitarianism*, erschien im Herbst 1955 in der Europäischen Verlagsanstalt, Frankfurt am Main.

Besonders gefreut hat mich in Deinem Winterbrief, was Du über »Gespräche« schreibst, die man so oder anders als »Interpretationen« mißversteht:
Siehe S. 139.

Auch weil ich so etwas Ähnliches dem guten Friedrich ... in einer Streitkorrespondenz über Deine Interpretationen klar zu machen versucht hatte:
Unter den HAPapers befindet sich die Kopie eines Briefes an Hugo Friedrich vom 15. Juli 1953, in dem H.A. sich u.a. in einer längeren Passage über M.H.s »Interpretieren« äußert. Es ging dabei um M.H.s Trakl-Interpretation (»Georg Trakl: Eine Erörterung seines Gedichts«). H.A. schreibt:
Über Heidegger bin ich nicht recht Ihrer Meinung, besonders nicht, was das Interpretieren anlangt. Die »Gewaltsamkeit« ist keine andere als die sogenannten »Verzerrungen« bei Picasso. Die letzteren entstehen (eigentlich schon bei Cézanne, wo alles anfing) dadurch, daß die Welt nicht mehr abgemalt wird (die Photographie hat die Malerei, nach dem bekannten Wort von Cocteau wirklich befreit), so daß man einen dreidimensionalen Raum in der Perspektive auf dem Bild erscheinen lassen muß; sondern der Maler so malt, als säße er selbst im Zentrum des Bildes, von dem sich nun »flächig« die eigentlich menschlichen drei Dimensionen entfalten: oben und unten, rechts und links, vorne und hinten.

Heidegger, scheint mir, interpretiert nicht mehr in der Form der Reportage, in welcher erst einmal ein Bericht über das betreffende Werk erfolgt und dann eine Deutung. Statt dessen setzt er sich in den Mittelpunkt des Werkes, er selbst nennt das (wie mir scheint noch in einem traditionellen Selbstmißverständnis) das Ungesagte. In jedem Falle ist es wie ein ausgesparter Raum, in dem der Leser oder Hörer Platz nehmen kann. Von hier aus entwickelt sich das Werk aus dem Resultathaft-Gedruckten (das man berichten kann) in eine lebendige Rede zurück, auf die Widerrede möglich ist. Was Ihnen wie Gewaltsamkeit erscheint, erscheint mir als die spezifische Lebendigkeit; nämlich in diesem im Werke selbst liegenden Raum sitzend, verschwindet der Unterschied zwischen Denken und Gedachtem, Dichten und Gedichtetem genau so wie er ursprünglich, bei der Entstehung, nicht vorhanden war. (Kennen Sie Yeats?, den größten englischen

Dichter, meine ich, des 20. Jahrhunderts, der sagte: Who can behold the dancer from the dance. Dies Wort gilt für Heidegger, wie es für Picasso gilt.) Heidegger sagt nicht das von dem Autor Ungesagte (wie er manchmal zu meinen scheint), sondern erblickt den Raum˙ des Unsagbaren, der in jedem großen Werk ein spezifisch anderer ist, und von dem aus, um dessentwillen, das ganze Werk entstand und sich organisierte. – In diesem, glaube ich, ist er genau so ein Meister wie Picasso. Aber dabei kann natürlich passieren, daß der »Interpretierende« mehr Gewicht hat als das »Interpretierte«; dann, aber nur dann, wird alles »gewaltsam«, einfach weil er das Werk, statt es lebendig zu machen, sprengt. Mir scheint, daß ihm das bei Trakl passiert ist, in dem aber sonst m.E. sehr erhebliche Dinge stehen; Trakl ist kein großer Dichter, trotz einzelner schöner Zeilen; ferner, die Sache geht nicht, wenn man es mit Symbolen zu tun hat, die leider bei Trakl eine große Rolle spielen.

ein Referat auf der [Jahrestagung der American] Political Science Association im September:
Auf der in Chicago stattfindenden APSA-Jahrestagung (8. bis 12. September 1954) referierte H.A. über »Concern with Politics in Recent European Philosophical Thought«. In diesem Referat sind erstmals die Konturen ihrer »politischen« Philosophie (in Abgrenzung von der europäischen philosophischen Tradition einerseits und den amerikanischen empirisch-politikwissenschaftlichen Ansätzen andererseits) erkennbar. Heidegger wird als Repräsentant einer Philosophie der »Geschichtlichkeit« vorgestellt, der den Weg für den Bruch mit der Tradition freigelegt hat. Der »Technik-Vortrag« wird zitiert, doch nicht im einzelnen diskutiert.

87

M.H., 10. Oktober 1954; Originalbrief, handschriftlich, NLArendt

Vom 16.–18. Oktober ist die 350. Jahresfeier meines Gymnasiums in Konstanz:
Für die Festschrift des Gymnasiums schrieb M.H. den Beitrag »Aletheia (Heraklit, Fragment 16)«.

Die Sachen, die die Sprache angehen, sind noch gespart:
Erst 1959 erschien bei Neske der Band *Unterwegs zur Sprache.*

88

M.H., 17. Dezember 1959; Originalbrief, handschriftlich, NLArendt

meine beiden zuletzt erschienenen Schriften:
Gelassenheit und Unterwegs zur Sprache.

Ich danke Dir für Deinen Glückwunsch und die Grüße. Nach Basel habe ich mit Absicht nicht geschrieben:
  H.A. war im September und Oktober 1959 in Europa. In Hamburg wurde ihr der Lessingpreis verliehen (28.9.), danach reiste sie nach Berlin und anschließend nach Italien. Ab 23. Oktober war sie fast eine Woche bei Jaspers in Basel. Von dort ging die Reise weiter nach Frankfurt, Köln und Brüssel. Sie hatte M.H. zum 70. Geburtstag am 26. September von Hamburg aus ein Telegramm geschickt. – H.A.s Reise ist in den verschiedenen inzwischen veröffentlichten Briefwechseln mit Karl Jaspers, Heinrich Blücher und Mary McCarthy umfassend dokumentiert.

Neulich sah ich im Spektrum *ein sehr schönes Bild von Dir:*
  Siehe die Anzeige des Piper Verlages im *Literaturkalender Spektrum des Geistes*, 9. Jg., 1960, S. 111, wo H.A. u.a. als Autorin von *Rahel Varnhagen: Lebensgeschichte einer deutschen Jüdin aus der Romantik* vorgestellt wird; in dieser Ausgabe Abb. 12.

Nachschrift: Die Blättchen sind zum Einkleben:
  Kleine Blätter mit Widmung zum Einkleben in die separat geschickten Veröffentlichungen. – H.A.s Exemplar der Schrift *Gelassenheit* ist in der Bibliothek des Bard-College (ohne Widmung) erhalten; ihr Exemplar von *Unterwegs zur Sprache* kann nicht nachgewiesen werden.

89

H.A., 28. Oktober 1960; Briefkopie, maschinenschriftlich, NLArendt –
Zu dieser Kopie gibt es ein handschriftliches Konzept (mit Verbesserungen), das ebenfalls im NLArendt aufbewahrt wird. Der hier abgedruckte Text entspricht der verbesserten handschriftlichen (= maschinenschriftlichen) Fassung. Das Konzept ist mit »Hannah« unterschrieben –

ich habe den Verlag angewiesen, Dir ein Buch von mir zu schicken:
  Gemeint ist die deutsche Ausgabe von *The Human Condition*, die in H.A.s eigener Übersetzung unter dem Titel *Vita activa oder Vom tätigen Leben* 1960 im Verlag Kohlhammer erschienen war.

Im NLArendt befindet sich, zusätzlich zu der Briefkopie und dem Konzept, ein kleiner Notizzettel (US-Format), auf den H.A. mit Tinte die folgende Widmung geschrieben hatte:
> *Re Vita activa:*
> *Die Widmung dieses Buches ist ausgespart.*
> *Wie sollte ich es Dir widmen,*
> *dem Vertrauten,*
> *dem ich die Treue gehalten*
> *und nicht gehalten habe,*
> *Und beides in Liebe.*

Es ist davon auszugehen, daß sie die Widmung nicht abgeschickt hat. Das Exemplar der *Vita activa*, das M.H. vom Verlag erhalten haben dürfte, ist nicht nachweisbar. – In seinen Briefen an H.A. ist M.H. auf das Werk nie näher eingegangen, doch hat er es zur Kenntnis genommen, und es scheint Gegenstand mindestens eines gemeinsamen Gesprächs gewesen zu sein (siehe zu letzterem S. 327 unter Dok. 105).

90

M.H., 13. April 1965; handschriftlich auf der Rückseite einer gedruckten Dankeskarte, NLArendt

Deine Anschrift ... im Jahrbuch der Deutschen Akademie für Sprache und Dichtung:
H.A. war 1958 als korrespondierendes Mitglied in die Akademie aufgenommen worden; ihre Anschrift war seitdem im jährlich veröffentlichten Verzeichnis der Mitglieder aufgeführt.

Gadamer:
Der Philosoph Hans-Georg Gadamer (geb. 1900) gehörte zu den Schülern M.H.s aus der Marburger Zeit, siehe seine Schrift *Philosophische Lehrjahre: Eine Rückschau*, Frankfurt/Main: Klostermann, 1977, besonders S. 210–221. Nach der Habilitation und Privatdozentenzeit in Marburg wurde er dort 1937 außerordentlicher Professor und wechselte ein Jahr später als ordentlicher Professor an die Universität Leipzig. 1947 verließ er Leipzig, ging zunächst nach Frankfurt am Main und lehrte dann ab 1949 (emeritiert 1968) an der Universität Heidelberg. In vielen seiner Veröffentlichungen setzte er sich direkt oder indirekt mit Heidegger auseinander, siehe insbesondere *Heideggers Wege: Studien zum Spätwerk*, Tübingen: Mohr, 1983.

M.H., 6. Oktober 1966; Originalbrief mit zwei Beilagen, handschriftlich, NLArendt

Lang scheint die Zeit zu sein seit dem Auslegungsversuch von Platons Sophistes:
Anspielung auf die erste Begegnung im Wintersemester 1924/25, siehe S. 11, 263 und S. 268.

Seminar von [Eugen] Fink über Heraklit und Parmenides:
Siehe unten im Werkverzeichnis Heidegger (S. 415) die Veröffentlichung (Klostermann, 1970): *Heraklit.* – Eugen Fink (1905–1975), Husserl-Schüler und -Privatassistent, war seit 1948 Professor für Philosophie und Erziehungswissenschaft an der Universität Freiburg. H.A. und er kannten sich aus der Studentenzeit.

drei Aufenthalte in Griechenland:
1962 war M.H. erstmals nach Griechenland gereist; Aufzeichnungen unter dem Titel *Aufenthalte* widmete er Elfride Heidegger zum 70. Geburtstag. – Mit der (zweimal geplanten und abgesagten) Reise nach Griechenland erfüllte sich M.H. einen »jahrelangen Wunsch«, die zweite und dritte Reise unternahm er relativ kurz darauf (1964 beziehungsweise 1966), eine vierte (ohne seine Frau) im April 1967 auf Einladung der Akademie der Wissenschaften und Künste in Athen. Ein letztes Mal reiste das Ehepaar Heidegger im Mai 1967 zu den Ägäischen Inseln. Zu Einzelheiten siehe Martin Heidegger und Erhart Kästner, *Briefwechsel 1953–1974*, hrsg. von Heinrich W. Petzet, Frankfurt/Main: Insel, 1986; ferner Petzet, *Auf einen Stern zugehen*, S. 112 f., S. 172 ff.

Hölderlin, »Der Herbst«:
Dieses Gedicht ist erstmals 1927 in der *Gartenlaube* im Druck erschienen, siehe Friedrich Hölderlin, *Sämtliche Werke (Stuttgarter Hölderlin-Ausgabe,* hrsg. von Friedrich Beissner), Band 2 (1951), S. 299 (Text), S. 918 (Lesarten und Erläuterungen). Die dort gedruckte Fassung weicht an einer Stelle von der von M.H. zitierten ab. In der vierten Zeile der ersten Strophe steht »frohem Glanz« statt »hohem Glanz«.

Blick aus der Arbeitsstube auf der Hütte:
Die Postkarte, die links einen Brunnen zeigt (Georg Wolff: »Nahe der Hütte plätschert Quellwasser aus einer holzverkleideten Röhre in einen Holztrog . . .«), ist abgebildet bei Biemel, *Martin Heideg-*

ger, S. 71. Die Karte, die H.A. erhielt, wird im Bildarchiv des Deutschen Literaturarchivs Marbach aufbewahrt.

92

H.A., 19. Oktober 1966; Originalbrief, maschinenschriftlich (mit handschriftlicher Unterschrift), Blatt mit gedrucktem Briefkopf: Hannah Arendt, 370 Riverside Drive, New York 25, N.Y. (und handschriftlichem Zusatz von M.H.: 10025), NLHeidegger – Im NLArendt ist das handschriftliche Konzept des Briefes erhalten, das von der abgesandten Fassung, die hier wiedergegeben wird, leicht abweicht –

Denen der Frühling das Herz bracht und brach, den macht es der Herbst wieder heil:
Im Konzept ursprünglich: »Den [später verbessert in: Denen] der Frühling das Herz brach, den macht es der Herbst wieder heil.« Entsprechend wurde hier das zweite »den« korrigiert.

Aegina, wo auch wir immer wieder waren:
Diese Aussage läßt sich für das Jahr 1963, in dem H.A. und Heinrich Blücher eine vierwöchige Griechenlandreise unternahmen, belegen. An Karl Jaspers schrieb H.A. (14.4.1963): »... gestern waren wir in Aegina, dessen Tempel auf der Spitze des Berges mit Blick um die ganze Insel herum, vielleicht überhaupt das Schönste war. Wir haben gerade beschlossen, vor der Abfahrt noch einmal rüberzufahren.« (*Arendt-Jaspers-Briefwechsel*, S. 536).

»Anfang und Ende immerfort dasselbe«:
Zitat aus dem Gedicht »Unbegrenzt« in Goethes *West-östlichem Divan*, siehe *Goethes Werke*, Hamburger Ausgabe in 14 Bänden, Hamburg: Wegner, Bd. 2 (5. Aufl., 1960), S. 23.

93

M.H., 10. August 1967; Originalbrief, handschriftlich, NLArendt

am Tag nach unserem Zusammensein, am Freitag, d. 28. Juli:
Am 26. Juli hatte H.A., von Basel kommend, in Freiburg einen Vortrag über Walter Benjamin gehalten, den sie 1968 sowohl in englischer wie in deutscher Sprache veröffentlichte: »Walter Benjamin«. Organisiert hatte den Vortrag, der im Auditorium Maximum der Freiburger Universität stattfand, das Institut für Atlantische Studien der University of Massachusetts (Prof. Marc Ratner, ein Freund des Heidegger-Übersetzers J. Glenn Gray, siehe S. 323).

M.H. war über die Vorbereitungen unterrichtet und erschien persönlich im Auditorium, was von Kennern mit Erstaunen bemerkt wurde. Dies war wohl das erste Mal seit 1952 (siehe S. 310 f.), daß sich H.A. und M.H. wiedersahen – übrigens einen Tag nach dem historischen Besuch Paul Celans auf M.H.s Hütte (hierzu Gerhart Baumann, *Erinnerungen an Paul Celan*, Frankfurt am Main: Suhrkamp, 1986, S 59 ff.). Am Tag nach H.A.s Vortrag trafen sie sich erneut, M.H. schenkte ihr ein Exemplar seines gerade erschienenen Reclambändchens *Der Ursprung des Kunstwerkes* mit Widmung.

Als Du Deinen Vortrag mit der Anrede begannst:
H.A. war mit lebhaftem Beifall begrüßt worden und hatte ihren Vortrag mit der Anrede »Verehrter Martin Heidegger, meine Damen und Herren!« begonnen (Information von Joachim W. Storck).

Sonderdruck mit einer Übersicht über die gegenwärtige »Sowjetphilosophie«:
Es könnte sich um die Einleitung von Wilhelm Goerdt zu dem von ihm herausgegebenen Band *Die Sowjetphilosophie*, Basel-Stuttgart: Schwabe, 1967, gehandelt haben.

94

II.A.; 11. August 1967; Originalbrief, maschinenschriftlich (mit handschriftlicher Unterschrift), NLHeidegger – auf Briefbogen des Hotel Euler Basel –

Und schade, daß Du die Klee-Ausstellung nun nicht siehst:
Vom 3. Juni bis 13. August 1967 war in der Basler Kunsthalle die große Paul-Klee-Ausstellung zu sehen, die zuvor im Guggenheim-Museum in New York gezeigt worden war. – Paul Klee (1879–1940) gehörte zu den Bildenden Künstlern, mit denen sich M.H. näher befaßte und dessen Werke er u.a. 1959 in der Sammlung von David Thompson sah (siehe Petzet, *Auf einen Stern zugehen*, S. 154 ff.). Vgl. Günter Seubold, »Heideggers nachgelassene Klee-Notizen«, in: *Heidegger Studies*, Vol. 9, 1993, S. 5–12.

Dank für das Mallarmé-Zitat:
H.A. hat es in die schriftliche Fassung ihres Vortrages eingebaut, siehe H.A., »Walter Benjamin« (Ausg. 1989), S. 241 f.

95

M.H., 12. August 1967; Originalbrief, handschriftlich, NLArendt

96

M.H., 18. August 1967; Originalbrief, handschriftlich, NLArendt

diese Bogen:
Siehe den folgenden Brief.

97

H.A., 24. September 1967; Originalbrief mit einer Beilage, maschinenschriftlich (mit handschriftlicher Unterschrift), NLHeidegger

Kants These über das Sein:
Wahrscheinlich ein Fahnenexemplar (»Bogen«) des Aufsatzes aus dem Band *Wegmarken*. Die von H.A. mit S. 23 zitierte Stelle ist in der HGA, Bd. 9, auf S. 466 (ohne Hervorhebungen) zu finden.

Von der Verlagssache weiß ich noch nichts Näheres:
Gemeint ist vermutlich das »Heidegger-Projekt« des Verlages Harper & Row (siehe unten H.A.s Brief vom 27. 11. 1967, S. 164). – J. Glenn Gray (1913–1977), amerikanischer Philosoph, der am Colorado College in Colorado Springs lehrte, hat zusammen mit seiner Frau Ursula Gray verschiedene Werke von M.H. ins Englische übertragen. Seit den sechziger Jahren standen beide in engem Kontakt sowohl mit H.A. wie mit M.H. – Fred Wieck war der für Heideggers Werke zuständige Lektor (»editor«) im Verlag Harper & Row, der selbst auch übersetzt hat.

Elfride:
Ab diesem Brief schreibt H.A. den Vornamen von Elfride Heidegger stets richtig, also in der Mitte nur mit »i«.

Kafka, »Er«:
H.A.s Quellenangabe bezieht sich auf Franz Kafka, *Gesammelte Schriften*, New York: Schocken, 1946. – Siehe auch Arendts Interpretation von Kafkas Parabel im Vorwort (zuerst 1961) zu *Zwischen Vergangenheit und Zukunft*, S. 11 ff., sowie in H.A., *Das Denken*, S. 198 ff.

M.H., 29. September 1967; Originalbrief, handschriftlich, NLArendt

Kafka-Briefe:
H.A. hatte ein Exemplar der im Rahmen von Kafkas *Gesammelten Werken* (hrsg. von Max Brod) erschienenen Briefe Kafkas an seine Freundin Milena Jesenská gesandt (Franz Kafka, *Briefe an Milena*, hrsg. und mit einem Nachwort von Willy Haas, New York: Schocken, 1952). Es enthält die Widmung: »Für Martin zur Erinnerung an die Gespräche im Sommer 1967 – Hannah«.

das Hegel-Buch von Kojève:
Alexandre Kojève, *Introduction à la lecture de Hegel : Leçons sur la phénoménologie de l'esprit de 1933 à 1939 à l'école des hautes études*, réunies et publiées par Raymond Queneau, Paris: Gallimard, 1947, ²1962 (dt. Teilausgabe: *Hegel: Eine Vergegenwärtigung seines Denkens. Kommentar zur ›Phänomenologie des Geistes‹*, hrsg. von Iring Fetscher, Stuttgart: Kohlhammer, 1958). Welche Ausgabe H.A. geschickt hat, ist nicht bekannt.

Schön war es und gut, daß Du kamst:
Am 17. August ist H.A., von Basel aus, in Freiburg gewesen, siehe S. 157 f.

frühe Wege des heimatlichen Landes zwischen dem Bodensee und der oberen Donau:
Siehe Seite 163, 325.

eine Notiz aus der Presse, wonach die Darmstädter Akademie Deine Prosa auszeichnet:
H.A. war der Sigmund-Freud-Preis für wissenschaftliche Prosa verliehen worden. Die feierliche Verleihung fand am 21. Oktober 1967 (in absentia) statt.

M.H., 30. Oktober 1967; Originalbrief mit Beilage, handschriftlich, NLArendt

Dank für die so schön geglückten Aufnahmen, die zugleich Phasen unseres Gesprächs, Unsichtbares im Sichtbaren, festhalten:
Im Bildarchiv des Deutschen Literaturarchivs Marbach befindet sich eine Serie von elf Porträtfotografien, die H.A. mit ihrer Minox-Kamera vermutlich bei ihrem Besuch in Freiburg am 17. August

aufgenommenen hat. Die kleinformatigen Standardabzüge sind auf der Rückseite von H.A. numeriert (vier Aufnahmen zusätzlich im Postkartenformat). Siehe in dieser Ausgabe Abb. 15, ferner S. 240.

Im Dunkel:
Gedicht von Georg Trakl, M.H. zitiert die erste Strophe. Georg Trakl, *Die Dichtungen*, in: *Georg Trakl-Gesamtausgabe*, hrsg. von Wolfgang Schneditz, 3 Bde., Salzburg: Otto Müller, 1948, Bd. 1, S. 148. Siehe auch M.H., »Die Sprache im Gedicht«, in: HGA, Bd. 12, S. 75.

Abendlied:
Gedicht von Georg Trakl (a.a.O., S. 81), M.H. zitiert die vierte Strophe.

100

H.A., 27. November 1967; Originalbrief, maschinenschriftlich (mit handschriftlicher Unterschrift), NLHeidegger

Dank für die obere Donau:
Gemeint ist vermutlich eine Ansichtskarte (jetzt im Bildarchiv des Deutschen Literaturarchivs Marbach), auf deren Rückseite M.H. geschrieben hatte:
Die obere Donau
    Hölderlins »Der Ister«
»Der Ister« (»Ister« = der lateinisch-griechische Name für den Fluß Donau) ist eine unvollendet überlieferte Hymne von Friedrich Hölderlin, über die M.H. im Sommersemester 1942 eine Vorlesung gehalten hat: *Hölderlins Hymne »Der Ister«*. Die Postkarte könnte M.H.s Brief vom 29. September 1967 beigelegen haben.

die Zukunft kommt auf uns zu:
Siehe dazu S. 202 und S. 203.

das Wort von Klopstock:
Friedrich Gottlieb Klopstock, Fragment »Von der Darstellung« (1779), in: ders., *Sämtliche Werke*, Bd. 10 (1855), S. 193–201, S. 199 f.

Das Land ist in einer Art von Aufruhr:
Gemeint sind die Unruhen an den Universitäten, die Proteste gegen den Vietnamkrieg und deren Auswirkungen auf das amerikanische politisch-kulturelle Leben. Zu H.A.s literarischer Aufarbeitung dieser Erfahrungen siehe vor allem ihre Abhandlung *Macht und Gewalt.*

das Manchester-Buch über den Kennedy-Mord, die sogenannten Memoiren der Stalin-Tochter:
William Manchester, *Death of a President: November 20 – November 25, 1963*, New York: Harper & Row, 1967; dt. *Der Tod des Präsidenten, 20. bis 25. November 1963*, aus dem Amerikanischen von Karl Berisch, Frankfurt/Main: Fischer, 1967. – Svetlana Alliluyeva, *Only One Year*, translated from the Russian by Paul Chavchavadze, New York-Evanston: Harper & Row, 1969; dt.: Swetlana Allilujewa, *Das erste Jahr*, aus dem Russischen von Xaver Schaffgotsch, Wien etc.: Molden, 1969.

101

H.A., 17. März 1968; Originalbrief, maschinenschriftlich (mit handschriftlicher Unterschrift), NLHeidegger

die Korrekturfahnen von Was heißt Denken?*:*
Bezieht sich auf die englische Ausgabe von *Was heißt Denken?* : M.H., *What Is Called Thinking?*, translated and with an introduction by J. Glenn Gray, New York: Harper & Row, 1968.

102

M.H., 12. April 1968; Originalbrief, handschriftlich, NLArendt

auf vielleicht sechzig Seiten:
Siehe S. 239 und 353 f.

daß Du im Merkur *Wichtiges mitzuteilen hast:*
H.A., »Walter Benjamin«, vgl. auch S. 321.

103

H.A., 23. August 1968; Originalbrief, maschinenschriftlich (mit handschriftlicher Unterschrift), NLHeidegger

104

M.H., 6. September 1968; Originaltelegramm, NLArendt

Bin ... bei René Char:
Zum zweiten Séminaire du Thor. – René Char (1907–1988, französischer Lyriker und Mitglied der Résistance) und M.H. hatten sich 1955 in Paris kennengelernt. Es entwickelte sich eine Freundschaft,

die M.H. des öfteren in die Provence reisen ließ. Seit 1966 traf man sich in Le Thor auch zu Seminaren, siehe im Werkverzeichnis Heidegger *Séminaires du Thor* (S. 418).

105

M.H., 11. September 1968; Originalbrief, handschriftlich, NLArendt

In ihrem *Denktagebuch* notierte H.A.: »Freiburg – Heidegger: 12.9.68. Photos – Aphrodite – Vita Activa.«

106

H.A., [28. Februar 1969]; Originalbrief, handschriftlich, NLHeidegger
– auf Briefpapier des Hotel Euler Basel –

Karl Jaspers war am 26. Februar gestorben. Die private Trauerfeier fand am 3. März statt, einen Tag darauf die öffentliche Gedenkfeier der Universität Basel. Auf der Trauerfeier sprach H.A. Worte der Bibel in deutscher und hebräischer Sprache (siehe Klaus Piper, in: *Erinnerungen an Karl Jaspers*, hrsg. von Klaus Piper und Hans Saner, München-Zürich: Piper, 1974, S. 186). Ihre öffentliche Ansprache am 4. März ist u.a. abgedruckt in *Arendt-Jaspers-Briefwechsel*, S. 719 f.

107

M.H., 1. März 1969; Originalbrief, handschriftlich, NLArendt

108

Elfride Heidegger, 20. April 1969; Originalbrief, maschinenschriftlich, NLArendt – Unterschriften handschriftlich (»Martin« von M.H.s Hand) –

Handschrift der Nietzschevorlesungen:
  Gemeint sind die in den Bänden 43, 44 und 47 der HGA veröffentlichten Vorlesungen aus dem Wintersemester 1936/37, dem Sommersemester 1937 und dem Sommersemester 1939.

109

H.A. an Elfride H., 25. April 1969; Briefkopie, maschinenschriftlich, NLArendt

Ich kann mich bei einem mir bekannten, in Fachkreisen außerordentlich geschätzten Bibliothekar erkundigen:
Curt Wormann (1900–1991), siehe weiter unten in diesem und im Brief vom 17. Mai 1969 (S. 174 ff.).

ich könnte mich vermutlich auch an den Chef der Handschriftenabteilung der Library of Congress wenden:
Das war seinerzeit David C. Mearns. H.A. kannte ihn vermutlich, weil bereits 1964 Absprachen getroffen worden waren, ihren eigenen Nachlaß in die Library of Congress zu geben. Die erste Einlieferung erfolgte im Jahre 1965.

Glenn Gray hatte mir von der bösen Grippe bereits geschrieben:
Glenn Gray an Hannah Arendt, 13. April 1969. Der Brief wird bei den HAPapers aufbewahrt (dort Cont. 10).

110

Elfride Heidegger, 28. April 1969; Originalbrief, maschinenschriftlich (Unterschrift per Hand), NLArendt – mit handschriftlichem Zusatz von M.H. –

Dank auch noch für die Photos und den Film, was aus Basel kam.
Um welche Photos und welchen Film es sich handelte, konnte nicht herausgefunden werden. Einer Mitteilung von Hans Saner an die Herausgeberin zufolge, hatte H.A. ihn gebeten, M.H. Totenbilder von Jaspers zu schicken. Diese Bitte konnte er jedoch erst im Juni erfüllen, M.H. bedankte sich für seine Sendung im August 1969.

111

H.A. an Elfride H., 17. Mai 1969; Originalbrief, maschinenschriftlich (mit einem handschriftlich hinzugefügten Satz und Unterschrift von Hand), NLHeidegger – Im NLArendt ist die Kopie ohne handschriftliche Einfügung und Unterschrift erhalten; außerdem fehlt hier der im Original an den Rand getippte letzte Absatz einschließlich Grußformel –

Yale – in dessen Verlag ja auch die Einführung in die Metaphysik *erschienen ist:*
M.H., *Introduction into Metaphysics*, übers. von Ralph Manheim, New Haven: Yale University Press, 1959.

vor Jahren, als ich nach herrenlosem jüdischen kulturellen Eigentum fahndete:
   In den Jahren 1949 bis 1952 war H.A. Geschäftsführerin der »Jewish Cultural Reconstruction«, siehe Seite 284.

112

M. u. Elfride H., 4. Juni 1969; Originalbrief, maschinenschriftlich (mit handschriftlichen Unterschriften), NLArendt – auf Briefpapier mit gedrucktem Kopf: Martin Heidegger, Freiburg i.Br.-Zähringen, Rötebuck 47 –

113

M.H., 23. Juni 1969; Originalbrief, handschriftlich, NLArendt

114

M.H., 2. August 1969; Originalbrief, handschriftlich, NLArendt

Dominique Fourcade:
   Fourcade (geb. 1938; heute einer der bedeutendsten lebenden französischen Dichter) hat 1971 einen Band zur Ehrung von René Char zusammengestellt, in dem Gedichte von M.H. unter dem Titel »Gedachtes / Pensivement« veröffentlicht wurden, siehe S. 209, ferner S. 178, 336.

Mit Marbach ist inzwischen eine günstige Vereinbarung zustande gekommen:
   Einzelheiten hierzu im Kapitel »Das Martin-Heidegger-Archiv«, in: Bernhard Zeller, *Marbacher Memorabilien: Vom Schiller-Nationalmuseum zum Deutschen Literaturarchiv, 1953–1973*, Marbach am Neckar: Deutsche Schillergesellschaft, 1995, S. 479 ff.

Wir wünschen Euch für den Rest des Aufenthalts dort weiterhin eine gute Erholung:
   Seit Ende Mai waren H.A. und ihr Mann Heinrich Blücher in Europa. Im wesentlichen war dies ein Ferienaufenthalt in Tegna, einem kleinen Ort in der italienischen Schweiz oberhalb des Lago Maggiore.

Nachschrift: Das Gespräch mit H. Jonas war sehr erfreulich:
   M.H. und Hans Jonas (siehe Seite 277) hatten sich, auf Wunsch von Jonas, in Zürich getroffen. Zu Jonas' Eindruck von dem Gespräch siehe den folgenden Brief; ferner, aus der Retrospektive, Jonas im

Interview mit Jürgen Werner (J.W., »Von der Macht des Guten: Der Philosoph Hans Jonas«, in: *Frankfurter Allgemeine Magazin*, Nr. 500, 29. Sept. 1989, S. 13–24, S. 18 und 20). – Heideggers Bemerkung, daß Jonas »offenbar von der Theologie ganz abgekommen« sei, könnte sich auf die von diesem 1964 entfachte Debatte über »Heidegger und die Theologie« beziehen (siehe S. 335).

115

H.A., 8. August 1969; Originalbrief, maschinenschriftlich (mit handschriftlicher Grußformel und Unterschrift), NLHeidegger

Ich las erst jetzt das Séminaire du Thor:
Das Protokoll des zweiten Séminaire du Thor war 1969 in einem Privatdruck erschienen: »Séminaire tenu par le Professeur Martin Heidegger sur la Differenzschrift de Hegel«.

Urfassung der Logik:
Gemeint ist die Erstausgabe von Hegels *Wissenschaft der Logik*, die sogenannte Nürnberger Logik (1812–1816), deren 1. Band 1966 bei Vandenhoeck & Ruprecht in einer Faksimile-Ausgabe erschienen war.

Differenzschrift:
G.W.F. Hegel, *Differenz des Fichte'schen und Schelling'schen Systems der Philosophie* (1801). Ein Exemplar der Studienausgabe dieser Hegelschen Schrift (Hamburg: Meiner [Philosophische Bibliothek, 62a], 1962) hat H.A. von M.H. als Geschenk erhalten. Es ist, mit einer handschriftlichen Widmung versehen: »Für Hannah zum Andenken an den Sommer 1969 – Martin«, im Deutschen Literaturarchiv Marbach erhalten.

116

H.A., September 1969; maschinenschriftliches xerokopiertes Manuskript (mit handschriftlicher Widmung auf Extrazettel), NL Heidegger

Das Manuskript, von dem ein weiteres Exemplar bei den HAPapers aufbewahrt wird, war Grundlage einer Rundfunkrede von H.A., die am 25. September 1969 in New York aufgenommen und im »Nachtstudio« vom Bayerischen Rundfunk ausgestrahlt wurde. Das Sendeband ist erhalten, die gesprochene Fassung weicht nur geringfügig von der Druckfassung »Martin Heidegger ist achtzig Jahre alt«, zunächst im *Merkur* (Heft 10, 1969; mit integrierten Anmerkungen), später in

Menschen in finsteren Zeiten (mit entsprechend der Originalfassung gestalteten Anmerkungen), ab. – In dieser Ausgabe wird die M.H. übersandte Fassung im Text unverändert, bis auf Anpassungen im Sinne der vorliegenden Edition, und in den Anmerkungen leicht verbessert wiedergegeben.

[1] *Gesetze* 775.
[2] *Aus der Erfahrung des Denkens* (1954), p. 9.
[3] *Zur Sache des Denkens* (1969).
[4] So Jean Beaufret in *op. cit.*, p. 51.
[5] *Wegmarken*, der Titel der Sammlung von Essays, Vorträgen und Vorlesungen aus den Jahren 1929 bis 1962 (1967).
[6] Aus der Vorbemerkung zu *Holzwege*, einer Sammlung von Essays aus den Jahren 1935 bis 1946 (1950).
[7] Siehe »Das Ende der Philosophie und die Aufgabe des Denkens«, in: *Zur Sache des Denkens*.
[8] *Op. cit.* enthält das »Protokoll zu einem Seminar über den Vortrag ›Zeit und Sein‹«, der den ersten Teil des Buches bildet.
[9] *Gelassenheit* (1959), p. 15.
[10] *Op. cit.*, p. 16.
[11] *Nietzsche* (1961), Bd. I, p. 618, *Zur Sache des Denkens*, pp. 61, 30, 78, und Heideggers Vorwort zu William J. Richardson, S.J., *Heidegger: Through Phenomenology to Thought*, The Hague 1963.
[12] In einem Brief Hegels an Zillmann aus dem Jahre 1807.
[13] Siehe *Sophist* 263 e und *Theaitet* 190 a.
[14] *Theaitet* 155 d.
[15] Anläßlich einer Interpretation von Heraklit, Fragment 16, in: *Vorträge und Aufsätze* (1967), Teil III, p. 55.
[16] Anläßlich einer Parmenides-Interpretation in: *Zur Sache des Denkens*, p. 75.
[17] *Gelassenheit*, p. 45.
[18] *Einführung in die Metaphysik* (1953), p. 10.
[19] *Theaitet* 173 d – 176.
[20] *Politik* 1259 a 6 ff.
[21] *Staat* 388.
[22] Diese Eskapade, die man heute – nachdem die Erbitterung sich beruhigt hat und vor allem die zahllosen Falschmeldungen einigermaßen berichtigt sind – zumeist als den »Irrtum« bezeichnet, hat vielfache Aspekte, und unter anderen auch den der Zeit der Weimarer Republik, die sich den in ihr Lebenden keineswegs in dem rosigen Licht zeigte, in dem sie heute gegen den furchtbaren Hintergrund dessen, was auf sie folgte, gesehen wird. Der Inhalt des Irrtums unterschied sich beträchtlich von dem, was an »Irrtümern«

damals gang und gäbe war. Wer außer Heidegger ist schon auf die Idee gekommen, in dem Nationalsozialismus »die Begegnung der planetarisch bestimmten Technik und des neuzeitlichen Menschen« [*Einführung in die Metaphysik*, S. 152, Anm. d. Hrsg.] zu sehen – es sei denn, er hätte statt Hitlers *Mein Kampf* einige Schriften der italienischen Futuristen gelesen, auf die sich der Faschismus im Unterschied zum Nationalsozialismus hie und da berufen hat. Dieser Irrtum ist unerheblich gegenüber dem viel entscheidenderen Irren, das darin bestand, der Wirklichkeit in den Gestapokellern und den Folterhöllen der Konzentrationsläger, die unmittelbar nach dem Reichstagsbrand erstanden, in angeblich bedeutendere Regionen auszuweichen. Was in jenem Frühjahr 1933 wirklich geschah, hat Robert Gilbert, der deutsche Volks- und Schlagerdichter, unvergeßlich in vier Verszeilen gesagt:
»Keiner braucht mehr anzupochen,
mit der Axt durch jede Tür –
die Nation ist aufgebrochen
wie ein Pestgeschwür.«
[Gedicht »Aufbruch der Nation« (1933), in: Gilbert, *Meckern ist wichtig, nett sein kann jeder* (1950), Ausgabe Berlin: Arani, 1982, S. 67, Anm.d.Hrsg.]

Diesen »Irrtum« hat Heidegger zwar nach kurzer Zeit eingesehen und dann erheblich mehr riskiert, als damals an den deutschen Universitäten üblich war. Aber das gleiche kann man nicht von den zahllosen Intellektuellen und sogenannten Wissenschaftlern behaupten, die nicht nur in Deutschland es immer noch vorziehen, statt von Hitler, von Auschwitz und Völkermord und dem »Ausmerzen« als permanenter Entvölkerungspolitik zu sprechen, sich je nach Einfall und Geschmack an Plato, Luther, Hegel und Nietzsche, oder auch an Heidegger, [Ernst] Jünger oder Stefan George zu halten, um das furchtbare Phänomen aus der Gosse geisteswissenschaftlich und ideengeschichtlich aufzufrisieren. Man kann wohl sagen, daß das Ausweichen vor der Wirklichkeit inzwischen zum Beruf geworden ist, das Ausweichen nicht in eine Geistigkeit, mit der die Gosse nie etwas zu tun hatte, sondern in ein Gespensterreich von Vorstellungen und »Ideen«, das von jeder erfahrenen und erfahrbaren Wirklichkeit so weit ins bloß »Abstrakte« gerutscht ist, daß in ihm die großen Gedanken der Denker alle Konsistenz verloren haben und gleich Wolkenformationen, bei denen auch ständig die eine in die andere übergeht, ineinander verfließen.

[23] *Gelassenheit*, pp. 32–34.

117

H.A., September 1969, Blatt in der M.H. an seinem 80. Geburtstag überreichten »Tabula gratulatoria«, Kassette im Besitz der Familie Heidegger

Ein Entwurf zu dem Beitrag befindet sich bei den HAPapers (Cont. 59, Folder: »Heidegger, Martin, correspondence regarding, 1952–74«). Der hier wiedergegebene Text folgt der nach M.H.s Tod veröffentlichten Fassung in: *Dem Andenken Martin Heideggers: Zum 26. Mai 1976*, Frankfurt am Main: Klostermann, 1977, S. 9. Die als Motto gewählten Hölderlin-Zeilen stehen am Ende des Gedichts »Der Archipelagus«, Hölderlin, *Sämtliche Werke* (Hellingrath-Ausgabe, genaue Angabe S. 292), Bd. 4, S. 88–101, S. 101 (Hervorhebung H.A.).

118

M.H., 27. November 1969; Originalbrief, handschriftlich, NLArendt

Rundfunkrede:
Abgedruckt in dieser Ausgabe S. 179–192.

Paeschke:
Hans Paeschke (geb. 1911), der langjährige (1947 bis 1978) Herausgeber des *Merkur*. Mit »Text im *Merkur* « ist die Rundfunkrede gemeint. Sie wurde unter dem Titel »Martin Heidegger ist achtzig Jahre alt« veröffentlicht.

Aufsatz in der Süddeutschen Zeitung*:*
Die *SZ* vom 27./28. September 1969 druckte einen Auszug der Rundfunkrede.

Dein Beitrag in der Tabula gratulatoria:
Abgedruckt in dieser Ausgabe S. 192 f.

Die Feiern in Meßkirch und Amriswil:
Zur Feier in Meßkirch siehe die Veröffentlichung *Martin Heidegger zum 80. Geburtstag von seiner Heimatstadt Messkirch* (Werkverzeichnis Heidegger, S. 422). – Die Feier in Amriswil im Thurgau, ein öffentliches (von dem Schweizer Lehrer Dino Larese organisiertes) Fest, fand am 28. September statt, siehe die Schilderung bei Zeller, *Marbacher Memorabilien* (genaue Angaben S. 329), S. 480, 482.

Text des Kolloquiums in der Heidelberger Akademie der Wissenschaften:
Am 20. und 21. Juni 1969 hatte in den Räumen der Heidelberger Akademie der Wissenschaften ein Kolloquium über »Die Philosophie Heideggers« mit Vorträgen von Jean Beaufret, Hans-Georg Gadamer, Karl Löwith und Karl-Heinz Volkmann-Schluck stattgefunden (veröffentlicht unter dem Titel *Die Frage Martin Heideggers*, genaue Angabe siehe S. 422).

Reden in Meßkirch:
Gedruckt von der Stadt Meßkirch unter dem Titel *Ansprachen zum 80. Geburtstag am 26. September 1969 in Meßkirch.*

Sendung im Zweiten Deutschen Fernsehen:
Am 24. September 1969 wurde ein Fernsehinterview mit M.H. vom ZDF gesendet (Interviewer: Richard Wisser, geb. 1927, seinerzeit Professor für Philosophie an der Universität Mainz). Eine erste Veröffentlichung des Textes und der Aufzeichnungen von Wisser zur Dokumentation des Ereignisses erschien 1970 im Verlag Alber (*Martin Heidegger im Gespräch*, hrsg. von Richard Wisser); der Wiederabdruck erfolgte in: *Antwort: Martin Heidegger im Gespräch*, hrsg. von Günther Neske und Emil Kettering, Pfullingen: Neske, 1988, S. 17–76.

Reden in Amriswil:
In Amriswil sprachen Hans-Georg Gadamer und Emil Staiger, M.H. hielt eine Dankesrede. Staigers und Heideggers Reden wurden in der *NZZ* (siehe weiter unten) gedruckt. Gadamer überreichte einen Vorabdruck von *Die Frage Martin Heideggers*. Seine Rede in Amriswil (»Der Denker Martin Heidegger«) ist in diese Publikation der Heidelberger Akademie der Wissenschaften aufgenommen worden (dort S. 62–68).

Beitrag von H. Jonas:
Hans Jonas, »Wandel und Bestand: Vom Grunde der Verstehbarkeit des Geschichtlichen«, in: *Durchblicke* (genaue Angabe S. 422), S. 1–26.

zwei Ausschnitte aus der NZZ, 21. IX., und 5. X. 1969:
Die *Neue Zürcher Zeitung*, Nr. 579 (vom 21.9.1969, S. 51), hatte von M.H. den kurzen Text »Zeichen« abgedruckt sowie einen Beitrag von Gion Condrau »Martin Heidegger und die schweizerische Psychiatrie: Zum 80. Geburtstag des deutschen Philosophen«. – Die Nr. 606 der Zeitung (vom 5.10.69, S. 51 f.) enthielt u.a. die Rede, die

Emil Staiger in Amriswil gehalten hatte (»Martin Heidegger«), und M.H.s Dankesrede unter dem redaktionellen Titel »Fragen nach dem Aufenthalt des Menschen«.

ein Text aus dem Jahr 1964:
Der Tübinger-Marburger Vortrag »Phänomenologie und Theologie« wurde mit dem Brief, den M.H. an die Veranstalter der Konferenz über »The Problems of Non-objectifying Thinking and Speaking in Contemporary Theology« an der Drew University (Madison, N.J., USA) richtete, gedruckt: »Einige Hinweise auf Hauptgesichtspunkte für das theologische Gespräch über ›Das Problem eines nichtobjektivierenden Denkens und Sprechens in der heutigen Theologie‹«. – Nachdem M.H. seine Teilnahme an der Konferenz (9.–11. April 1964) abgesagt hatte, wurde Hans Jonas als Hauptredner eingeladen. Sein kritischer Vortrag »Heidegger and Theology« gab den Anlaß zu einer Kontroverse in den USA. Er wurde in deutscher Sprache unter dem Titel »Heidegger und die Theologie« zunächst in der Zeitschrift *Evangelische Theologie* (24. Jg., 1964, S. 621–642) veröffentlicht und wieder abgedruckt in dem Band *Heidegger und die Theologie: Beginn und Fortgang der Diskussion* (hrsg. von Gerhard Noller, München: Kaiser, 1967, S. 316–340); siehe auch in dieser Ausgabe S. 178.

119

H.A., Weihnachten 1969; Originalbrief, maschinenschriftlich (mit handschriftlicher Unterschrift), NLHeidegger

Ich muß gleich nach Neujahr für zwei Wochen nach Chicago:
Obwohl H.A. seit 1967 eine feste Stelle als »university professor« an der Graduate Faculty der New School for Social Research in New York übernommen hatte, fühlte sie sich weiterhin ihren ehemaligen Kollegen und Studenten an der University of Chicago (Committee on Social Thought) verpflichtet und hatte sich bereit erklärt, im Januar 1970 Vorlesungen mit Seminaren über »Thinking« zu halten. Zuvor erhielt sie an der Loyola University die Ehrendoktorwürde, was mit einer Vortragsverpflichtung und Teilnahme an einem Symposium verbunden war. Siehe auch den folgenden Brief von H.A.

Zur Sache des Denkens ... *habe ich mehrmals sehr eingehend gelesen:*
H.A.s *Denktagebuch* enthält für die Monate April und September 1969 lange Ausführungen über das Denken, in deren Verlauf sie sich

u.a. mit M.H.s *Zur Sache des Denkens* auseinandersetzt. Viele Gedanken des späteren Werks *Vom Leben des Geistes* sind hier in nuce erkennbar. – Siehe auch in dieser Ausgabe Dok. 116, wo H.A. ebenfalls aus *Zur Sache des Denkens* zitiert (S. 181 ff.), ferner den Brief vom 12. 3. 1970 (S. 198).

Snell, Entdeckung des Geistes:
Der genaue Titel lautet: Bruno Snell, *Die Entdeckung des Geistes: Studien zur Entstehung des europäischen Denkens bei den Griechen,* Hamburg: Claassen, 3., neu durchges. und abermals erw. Aufl., 1955. Die von H.A. mitgeteilten Seitenzahlen stimmen mit denen dieser Ausgabe des Snellschen Werkes überein.

einen reizenden Brief von Fourcade:
Der Brief ist bei den HAPapers (dort Cont. 9) erhalten. Fourcade antwortet auf einen Brief von H.A. (der nicht vorhanden ist, siehe aber oben S. 178) und schreibt u.a.: ». . . Heidegger, dont vous ne serez pas surprise d'apprendre que c'est lui, ce profond génie, qui le premier nous fit un jour, de vive voix, votre éloge, et nous engagea à lire vos ouvrages«.

Joan Stambaugh:
Die Amerikanerin Joan Stambaugh (geb. 1932), seit 1969 Professor für Philosophie am Hunter College, N.Y., hatte in Freiburg studiert und promoviert (bei Wolfgang Struwe mit einer Arbeit über Nietzsche). Sie hat mehrere Werke von M.H. ins Englische übersetzt, zuletzt *Sein und Zeit,* siehe S. 313 f.

Robert Lowell:
Amerikanischer Lyriker und Dramatiker (1917–1977). Robert (Cal) Lowell gehörte auch zum Freundeskreis von Mary McCarthy, weshalb er häufig Gegenstand des *Arendt-McCarthy-Briefwechsels* ist.

Grays Buch The Warriors:
Deutsch: J. Glenn Gray, *Homo furens oder Braucht der Mensch den Krieg?,* mit einem Vorwort von Hannah Arendt, aus dem Amerikanischen von Monika Kruttke, Hamburg: Wegner, 1970.

ich erfreue mich meines Urlaubs von dem Lehren:
H.A. war ein Jahr von der Lehre an der New School for Social Research freigestellt. Ihren »Urlaub« finanzierte die Rockefeller Foundation, damit sie an ihrem Projekt einer »vita contemplativa« (später: *The Life of the Mind | Vom Leben des Geistes*) arbeiten konnte.

119 a

H.A. an Elfride H., 25. Dezember 1969; Originalbrief, maschinenschriftlich (mit handschriftlicher Unterschrift), NLHeidegger – auf Papier mit Aufdruck: From the desk of Hannah Arendt –

Dem Brief war ein Artikel beigelegt, der am 10. August 1969 in *The Seattle Times* erschienen war: »Martin Heidegger Clarifies His Role in Germany's Nazi Era«. Die Verfasserin, Sophie Blumenthal, hatte am 29. Juni ebenfalls in der *Seattle Times* einen Bericht über eine Konferenz veröffentlicht, den sie M.H. zur Kenntnis und Stellungnahme übersandte. M.H. antwortete in einem an die Verfasserin gerichteten Brief, in dem er deren falsche Behauptungen richtigstellte. Blumenthal druckte seine Antwort im o.g. (zweiten) Artikel und entschuldigte sich für ihre Irrtümer »in particulars«, wiederholte jedoch ihre Vorwürfe im Grundsätzlichen. – M.H.s Brief an Sophie Blumenthal wird im Originalwortlaut im Bd. 16 der HGA veröffentlicht werden.

120

H.A., 12. März 1970; Originalbrief, maschinenschriftlich (mit handschriftlicher Unterschrift), NLHeidegger

ohne Geländer:
Im Original steht »ohne Gelände« – angesichts der Arendtschen Maxime vom »Denken ohne Geländer« mit großer Wahrscheinlichkeit ein Tippfehler. Siehe H.A. über ihr »Denken ohne Geländer«, in: »Diskussion mit Freunden und Kollegen in Toronto« (1972), S. 110.

Essay über den Raum:
M.H., *Die Kunst und der Raum*

Brief des Bruders:
Fritz Heidegger, »Ein Geburtstagsbrief«, in: *Martin Heidegger zum 80. Geburtstag von seiner Heimatstadt Messkirch*, S. 58–63.

Brief des Bruders von Kant:
Johann Heinrich Kant an Immanuel Kant, 21. August 1789, in: I. Kant, *Briefwechsel*, Auswahl und Anmerkungen von Otto Schöndörffer, bearbeitet von Rudolf Malter, 3., erw. Aufl., Hamburg: Meiner (Philosophische Bibliothek, 52a/b), 1986, S. 410–412. – Dieser Brief des Bruders von Kant ist in Walter Benjamins Sammlung *Deutsche Menschen* kommentiert und abgedruckt, siehe W.B., *Ge-*

sammelte Schriften, unter Mitwirkung von Theodor W. Adorno und Gershom Scholem hrsg. von Rolf Tiedemann und Hermann Schweppenhäuser, Frankfurt am Main: Suhrkamp, Bd. 4 (1972), S. 156 ff.

Im Februar war ich zu ein paar Vorträgen in Colorado:
In Colorado Springs am Colorado College, wo J. Glenn Gray Philosophie unterrichtete, und an der Colorado State University in Fort Collins. Ein Vortragsthema war »Violence and Power« (*Macht und Gewalt*), ein weiteres »Thinking and Moral Considerations«. Bei letzterem handelt es sich um H.A.s Reflexionen im Zusammenhang mit der Kritik an ihrem Buch *Eichmann in Jerusalem* und erste Formulierungen der Vorstellungen über die »vita contemplativa«.

121

Fritz Heidegger an H.A., 27. April 1970; Originalbrief, handschriftlich, NLArendt

Seit Samstag ist er wieder zu Hause:
Am 9. April hatte M.H. in der Bayerischen Akademie der Schönen Künste seinen Vortrag »Die Frage nach der Bestimmung der Kunst« gehalten. Auf der Rückreise von München erlitt er am 10. April in Augsburg einen leichten Schlaganfall und wurde ins Krankenhaus gebracht. Bereits nach einer Woche konnte er entlassen werden und im Krankenwagen, in Begleitung von Elfride Heidegger, nach Freiburg zurückkehren. – H.A. vermerkt in ihrem *Denktagebuch*: »Martin Schlaganfall«.

122

Elfride H., 16. Mai 1970; Originalbrief, maschinenschriftlich (mit handschriftlicher Unterschrift), NLArendt – auf Kopfbogen wie Dok. 112 –

in der südlichen Schweiz:
Im Mai waren H.A. und ihr Mann nach Tegna gereist, sie blieben bis August in Europa.

123

Elfride Heidegger; 2. Juli 1970; Originalbrief, maschinenschriftlich (mit handschriftlicher Unterschrift), NLArendt – auf Kopfbogen wie Dok. 112 –

H.A., 28. Juli 1970; Originalbrief, maschinenschriftlich (mit handschriftlicher Unterschrift), NLHeidegger

ich hoffe, der Besuch hat Dich nicht überanstrengt:
H.A. war am 20. Juli von Tegna zum verabredeten Besuch nach Freiburg gereist. Offenbar war sie allein (ohne Heinrich Blücher) gekommen. In einem Eintrag in ihrem *Denktagebuch*, datiert 21. und 22. Juli, hält H.A. fest: »Hei: ›Bei mir ist das Sein endlich.‹ Als Antwort auf meinen Einwurf: er läßt bei der Interpretation der Griechen nur das φαίνεσθαι [phainesthai; dt.: Erscheinen], aber nicht das δοκεῖ μοι [dokei moi; dt.: es scheint mir gut] zur Geltung kommen. Sprachen auch über griechischen ›Pessimismus‹ . . .«

Anbei das Manuskript zurück; ich habe mir hier eine Photokopie machen lassen:
Es handelte sich um das Manuskript des Vortrags »Die Herkunft der Kunst und die Bestimmung des Denkens«, das – mit handschriftlichen Bemerkungen von H.A., die den Ausführungen weiter unten in diesem Brief entsprechen – im NLArendt aufbewahrt wird.

die Zukunft wird ... als das vorgestellt, was »auf den Menschen zukommt«:
Die Seitenangaben beziehen sich auf die Manuskriptfassung des Vortrages; vgl. sachlich auch S. 163.

Saner:
Hans Saner (geb. 1934) war viele Jahre persönlicher Assistent von Karl Jaspers und verwaltet seit dessen Tod (1969) den Nachlaß. Seinerzeit hat er die Veröffentlichung *Karl Jaspers in der Diskussion* (siehe S. 343) vorbereitet.

eine Photocopie der Jaspers-Kritik:
M.H.s Kritik an Jaspers' *Psychologie der Weltanschauungen* (1919), siehe Dok. 131 ff.

Xenophanes: dokos d'epi pasi tetyktai [δόκος δ'ἐπὶ πᾶσι τέτυκται]:
Auf dem Brief von M.H. handschriftlich mit der Quellenangabe »Fragment 34« versehen. Dt. (Diels-Kranz): »Schein(meinen) haftet an allem«, siehe Hermann Diels, *Fragmente der Vorsokratiker*, hrsg. von Walther Kranz, 6., verb. Aufl., Bd. 1 (Nachdruck Berlin: Weidmann, 1951), S. 137.

M.H., 4. August 1970; Originalbrief, handschriftlich, NLArendt

Séminaire du Thor 1969, p. 43, über Bestellbarkeit:
Seitenangabe nach dem Privatdruck von 1970, in der gedruckten Fassung *Vier Seminare* ... (1977), S. 106.

126

M.H., 9. November 1970; Originalbrief (mit beigelegtem Gedicht »Zeit«), handschriftlich, NLArendt – Die Unterschrift »Elfride« ist von E.Heideggers Hand –

nun ist auch dieser Abschied Dir abverlangt:
Am 31. Oktober 1970 war Heinrich Blücher plötzlich an einem Herzinfarkt gestorben. M.H. hatte davon durch Glenn Gray erfahren.

Brief von Bultmann:
Der Brief ist nicht erhalten. Die Schrift *Phänomenologie und Theologie* trägt die Widmung: »Rudolf Bultmann gewidmet in freundschaftlichem Gedenken an die Marburger Jahre 1923 bis 1928«.

Das beigelegte Gedicht »Zeit« entspricht im Wortlaut (aber nicht in der Verseinteilung) dem in der Hommage an René Char abgedruckten Gedicht, siehe »Gedachtes / Pensivement« im Werkverzeichnis Heidegger, S. 414.

127

H.A., 27. November 1970; Originalbrief, maschinenschriftlich (mit handschriftlicher Unterschrift), NLHeidegger

Zeit-Gedicht ... Zusammen mit dem andern vor vielen, vielen Jahren:
Siehe das Gedicht »Tod«, S. 80.

Ich gehe und bin ganz ruhig:
Das »Ich gehe« ist wahrscheinlich im Nachklang der vom Bard College am 15. November veranstalteten Trauerfeier für Heinrich Blücher geschrieben. Ein Kollege Blüchers hatte die berühmten Worte aus der *Apologie* des Sokrates gelesen: »Wir müssen nun gehen, ich, um zu sterben, und ihr, um zu leben. Was besser ist, weiß allein der Gott.« Siehe *Arendt-McCarthy-Briefwechsel*, S. 392.

»la finitude est peut-être la condition de l'existence authentique«:
Dt.: »Die Endlichkeit ist vielleicht Bedingung der echten Existenz«,
siehe M.H., *Vier Seminare* ... (1977), S. 97.

128

H.A., 20. März 1971; Originalbrief, maschinenschriftlich (Unterschrift
und Zusätze handschriftlich), NLHeidegger – Die Kopie dieses Briefes
ist im NLArendt erhalten, dort fehlen die handschriftlich hinzugefügten Nachschriften; der abgedruckte Text folgt dem Original –

Theologie-Schrift:
M.H., *Phänomenologie und Theologie*. Außer dem Vortrag von 1928
enthält die Schrift den Brief, den M.H. am 11.3.1964 an die Konferenz der Drew University gesandt hatte, siehe S. 335.

das »Rotsein der Rose [, das] weder im Garten [steht], noch ... im Wind hin und her« schwankt:
Siehe M.H., »Einige Hinweise ...«, in: *Phänomenologie und Theologie* (1970), S. 42; eckige Klammern von H.A. und der Hrsg. – Am
linken Rand des Originalbriefes steht an dieser Stelle in M.H.s
Schrift: O.Di.[Ontologische Differenz], vgl. »Die Sprache«, 7. X. 50
[HGA, Bd. 12, S. 7 ff.].

Ich fliege hier am 4. April mit Freunden über Paris nach Sizilien:
Gemeint sind Mary McCarthy und ihr Mann James West, die H.A.
zu dieser Reise eingeladen hatten (siehe *Arendt-McCarthy-Briefwechsel*, S. 410 ff.).

Ich schicke mit getrennter Post einen alten Artikel von Kojevnikoff:
Kojevnikoff ist der unverkürzte (russische) Nachname von Alexandre Kojève. Gemeint ist wahrscheinlich sein Artikel »Le concept et
le temps«, in: *Deucalion*. Cahiers publiés sous la direction de Jean
Wahl 5 *(Etudes hégéliennes)* (= *Etre et Penser*, 40), Oktober 1955,
S. 11–20. – »Hegelinterpretation« dürfte sich auf das S. 324 genau
zitierte Buch beziehen.

129

M.H., 26. März 1971; Originalbrief, handschriftlich; NLArendt

wichtig ... für meinen Streit mit der Dialektik:
Gemeint ist wohl die Auseinandersetzung mit Hegel, mit dem sich
M.H. in vielen Vorlesungen und Seminaren befaßte. Veröffentlich-

tes zu Hegel findet sich im Sammelband *Holzwege* (»Hegels Begriff der Erfahrung«) und den *Wegmarken* (»Hegel und die Griechen«), siehe ferner die Vorlesungen *Der Deutsche Idealismus* und *Hegels Phänomenologie des Geistes* sowie den Band *Hegel* in der HGA.

Dies ist möglich ab 20. April:
H.A. ist nach dem 20. April, von Zürich aus, nach Freiburg gereist. In ihrem *Denktagebuch* findet sich unter dem Datum »Freiburg, d. 22.4.1971« eine Eintragung zu »Ent-sagen«. Das Leitwort »Entsagen« hat M.H, lt. entsprechendem Vermerk von H.A., selbst in ihr Heft hineingeschrieben.

Besuch von Biemel:
Walter Biemel (geb. 1918) war seinerzeit Professor für Philosophie an der TH Aachen. Er veröffentlichte 1973 im Rahmen der Reihe »Rowohlts Monographien« den Band: *Martin Heidegger mit Selbstzeugnissen und Bilddokumenten* (genaue Angaben S. 406 im Abkürzungsverzeichnis). Siehe auch S. 244.

der Band [eine Publikation für René Char] enthält auch etwas von mir:
M.H., »Gedachtes / Pensivement«.

Friedrich:
Hugo Friedrich, siehe auch S. 227.

130

M.H., 17. Mai 1971; Originalbrief, handschriftlich, NLArendt

das Benjamin-Brechtbändchen:
H.A., *Walter Benjamin – Bertolt Brecht : Zwei Essays*. Das M.H. übersandte und mit der im folgenden Absatz kommentierten Widmung versehene Exemplar ist erhalten. Die Widmung lautet: »Für Martin in Erinnerung an dies und das / Hannah am 30. April 1971.« – »Dies und das« mit und ohne Anführungszeichen stellt den Bezug zu Bertolt Brecht her, an den M.H. weiter unten in diesem Brief, als er »Wenig« großschreibt und in Anführungszeichen setzt, seinerseits erinnert. Assoziiert werden mit hoher Wahrscheinlichkeit die Anfangszeilen von Brechts Gedicht »Legende von der Entstehung des Buches Taoteking auf dem Weg des Laotse in die Emigration«:

»Als er siebzig war und war gebrechlich
Drängte es den Lehrer doch nach Ruh,
[...]

Und er packte ein, was er so brauchte:
Wenig. Doch es wurde dies und das.«
Siehe Bertolt Brecht, *Gesammelte Gedichte*, Bd. 2, Frankfurt/Main: Suhrkamp (edition suhrkamp, 836), 3. Aufl. 1981, S. 660. H.A. sagt von diesem Gedicht in ihrem Brecht-Essay, daß es »zu den stillsten und tröstlichsten ... unseres Jahrhunderts gehört« (*Menschen in finsteren Zeiten*, S. 283).

Hoffentlich warst Du mit Deinen weiteren Aufenthalten in Europa zufrieden:
Nachdem H.A. im April von Zürich aus nach Freiburg gereist war (siehe die Anmerkung zum vorangehenden Brief, S. 342), waren weitere Stationen ihrer Europareise: München, Köln, London und Cambridge. Am 24. Mai war sie nach New York zurückgekehrt.

Gedenkfeier für Heinrich:
Am 28. Mai 1971 fand im Bard College eine von den Alumni angeregte Feier zur postumen Ehrung von Heinrich Blücher statt, siehe H.A. an Mary McCarthy, 13.2.1971 (*Arendt-McCarthy-Briefwechsel*, S. 410).

131

H.A., 13. Juli 1971; Originalbrief, maschinenschriftlich (mit handschriftlicher Unterschrift), NLHeidegger – Der Brief ist auch als Kopie im NLArendt erhalten, beide sind identisch –

Hölderlinband:
M.H., *Erläuterungen zu Hölderlins Dichtung.*

Joans Übersetzung:
M.H., *On Time and Being*, translated and with an introduction by Joan Stambaugh, New York: Harper & Row, 1972.

Piper:
Klaus Piper (geb. 1911), der Verleger von Karl Jaspers und vieler Werke von H.A.

Reflexionsband:
Gemeint ist die spätere Veröffentlichung *Karl Jaspers in der Diskussion*, hrsg. von Hans Saner, München: Piper, 1973. Darin erschien Heideggers 1920 geschriebene, seinerzeit nicht veröffentlichte Rezension: »Anmerkungen zu Karl Jaspers' ›Psychologie der Weltanschauungen‹ (1919/21)«. Einzelheiten siehe in den folgenden Briefen, vgl. auch S. 202.

Dr. Rössner:
Hans Rössner, seinerzeit Verlagsleiter im Piper Verlag.

Die beiliegenden Photos:
Das Photo des griechischen Theaters bei Syrakus ist nicht erhalten. Dagegen befinden sich zwei Porträtphotos von M.H. (mit der Angabe »1970« von H.A.s Hand auf der Rückseite) im Bildarchiv des Deutschen Literaturarchivs Marbach. Es ist zu vermuten, daß H.A. diese Aufnahmen bei einem ihrer Besuche im Sommer 1970 selbst gemacht hat.

132

M.H., 15. Juli 1971; Originalbrief, handschriftlich, NLArendt

Beitrag von »Habermas«, der jetzt seine unreife Polemik, vor Jahren in der FAZ, wieder bei Suhrkamp erscheinen ließ:
In dem Band *Karl Jaspers in der Diskussion* (genaue Angabe in den Anmerkungen zum vorigen Brief) erschien von Jürgen Habermas der Beitrag: »Die Gestalten der Wahrheit« (zuerst in *Frankfurter Allgemeine Zeitung*, vom 22. Februar 1958). Bei der von M.H. kritisierten »Polemik« handelt es sich zusätzlich um Jürgen Habermas, »Mit Heidegger gegen Heidegger denken: Zur Veröffentlichung von Vorlesungen aus dem Jahre 1935«, in: *Frankfurter Allgemeine Zeitung*, vom 25. Juli 1953. Beide Artikel sind wieder abgedruckt in: J.H., *Philosophisch-politische Profile*, Frankfurt am Main: Suhrkamp (Bibliothek Suhrkamp, 265), 1971, S. 99–108 bzw. S. 67–92.

meine Aristotelesversuche seit 1919:
Siehe HGA, Bde. 61 und 62, mit den Freiburger Vorlesungen aus dem Wintersemester 1921/22 und dem Sommersemester 1922 sowie Bd. 33 mit der Vorlesung aus dem Sommersemester 1931. Eine weitere Aristoteles-Vorlesung *(Grundbegriffe der aristotelischen Philosophie)* aus dem Sommersemester 1924 ist noch nicht erschienen.

133

H.A., 28. Juli 1971; Originalbrief, maschinenschriftlich (mit handschriftlicher Unterschrift), NLHeidegger – Der Brief ist auch als Kopie im NLArendt erhalten; das Original, das hier abgedruckt wird, ist leicht verbessert –

134

M.H., 4. August 1971; Originalbrief (mit beigelegtem Gedicht »Cézanne«), handschriftlich, NLArendt

Einiges von »Gedachtes«:
  Bezieht sich u.a. auf das beigelegte Gedicht »Cézanne«, siehe auch den folgenden Brief.

135

H.A., 19. August 1971; Originalbrief, maschinenschriftlich (mit handschriftlicher Unterschrift), NLHeidegger – Der Brief ist auch als Kopie im NLArendt erhalten; Original und Kopie sind identisch –

Zeichnung von Jonas:
  Eine Porträtstudie von M.H. aus dem Jahre 1925/26. Sie ist abgedruckt im Bildteil bei Young-Bruehl (*Hannah Arendt*, vor S. 369), siehe auch S. 221, 223.

Gehört das Cézanne-Gedicht in den Zyklus des »Gedachten«?:
  Der zu Lebzeiten von M.H. veröffentlichte Zyklus »Gedachtes / Pensivement« (abgedruckt in HGA, Bd. 13) enthält ein Gedicht »Cézanne«, das aber nicht mit dem H.A. übersandten identisch ist. – »Gedachtes« ist der Titel des noch nicht erschienenen Bandes 81 der HGA, der – als Ergänzung zu dem noch von M.H. selbst geplanten Band 13 *(Aus der Erfahrung des Denkens)* – weitere Gedichte und Besinnungen in Gedichtform enthalten wird. – Vom Gedicht »Cézanne« gibt es drei Fassungen: die erste ist, wie angegeben, im Band 13 der HGA, die zweite in der vorliegenden Ausgabe abgedruckt, und die dritte wird im Band 81 erscheinen.

Sach-Index zu all Deinen veröffentlichten Werken:
  Siehe auch S. 236, wo H.A. denselben Gedanken äußert. – Ein solcher Index ist bis heute nicht erstellt worden. 1961 aber war der von Hildegard Feick erarbeitete *Index zu Heideggers »Sein und Zeit«* im Verlag Niemeyer erschienen (2. Aufl. 1968), der, wie M.H. im Brief vom 22. Juni 1972 (Dok. 145) schreibt, »zugleich eine von ›Sein und Zeit‹ her gesehene, und darum beschränkte, Konkordanz mit allen späteren Schriften« ist. Siehe auch S. 254. – Inzwischen liegt der Index in vierter, von Susanne Ziegler bearbeiteter Auflage (1991) vor.

Gestern kam Glenns Antwort:
Der Brief von Glenn Gray an H.A., datiert 15. August 1971, ist bei den HAPapers (Cont. 10) erhalten.

Hofstadter z.B. ist bei dem Band, um den es sich handelt, gar nicht beteiligt:
Es handelte sich wahrscheinlich um Joan Stambaughs Übersetzung *On Time and Being*, siehe S. 343.

136

H.A., [24. September 1971]; Kartentext laut Quittung der Firma Hession & Kather, New York, über eine Blumensendung, NLArendt

137

H.A., 20. Oktober 1971; Originalbrief, maschinenschriftlich (mit handschriftlicher Unterschrift), NLHeidegger – Der Brief ist auch als Kopie im NLArendt erhalten; Original und Kopie sind identisch –

Ernst Vollrath:
M.H. hat das erbetene Gutachten geschrieben, siehe S. 223. – Vollrath (geb. 1932) hatte sich 1969 an der Universität Köln habilitiert. Er unterrichtete von 1975 bis 1976 an der Graduate Faculty der New School for Social Research. Seit 1976 ist er Professor für Politische Philosophie an der Universität Köln.

Werner Marx:
Werner Marx (1910–1994) hatte in den zwanziger Jahren in Freiburg Philosophie studiert, dann in Bonn ein juristisches Staatsexamen abgelegt. 1934 wurde er aus dem Staatsdienst entlassen, emigrierte zunächst nach Palästina, dann nach USA. Seine philosophischen Studien nahm er als Abendstudent an der New School for Social Research wieder auf und promovierte 1949 bei Karl Löwith mit einer Arbeit zur Ontologie des Aristoteles. 1964 wurde er ordentlicher Professor für Philosophie an der Universität Freiburg (auf dem Husserl-Heidegger-Lehrstuhl) und 1970 Leiter des Freiburger Husserl-Archivs.

Patrick Lévy ... der eine Reihe Deiner Essays in Frankreich herausgeben will. Er hat meinen Aufsatz über Dich in Critique *übersetzt und veröffentlicht:*
Zu einer von Lévy herausgegebenen Sammlung von Heidegger-Texten ist es nicht gekommen. – Die genaue bibliographische An-

gabe für die französische Übersetzung von »Martin Heidegger ist achtzig Jahre alt« lautet: H.A., »Martin Heidegger a quatre-vingt ans« (Traduction de Patrick Lévy [avec la collaboration de Barbara Cassin], revue et corrigée par l'auteur), in: *Critique* 27, Nr. 293, Oktober 1971, S. 918–929.

138

M.H., 24. Oktober 1971; Originalbrief, handschriftlich, NLArendt

die französische Übersetzung des Nietzsche I und II:
M.H., *Nietzsche*, traduit de l'allemand par Pierre Klossowski, Paris: Gallimard, 1971.

Deine Studien zur θεωρία [theoria]:
Gemeint sind H.A.s Studien im Zusammenhang mit ihrem Projekt einer »vita contemplativa«, siehe auch unten S. 226.

139

M.H., 28. Oktober 1971; Originalbrief, handschriftlich, NLArendt – Die Unterschrift »Elfride« ist von Elfride Heideggers Hand –

ich habe versucht, auf den beiliegenden zwei Seiten einiges zu Ernst Vollraths Leistung zu sagen:
Diese beiden Seiten sind in den Nachlässen nicht erhalten. Bei dem von M.H. erwähnten Zeitschriftenaufsatz handelt es sich um Ernst Vollrath, »Platons Anamnesislehre und Heideggers These von der Erinnerung in die Metaphysik«, in: *Zeitschrift für philosophische Forschung* 23, 1969, S. 349–361.

140

H.A., 2. Februar 1972; Originalbrief, maschinenschriftlich (mit handschriftlicher Unterschrift), NLHeidegger – Der Brief ist auch als Kopie im NLArendt erhalten; Original und Kopie sind identisch –

Hier hatten wir erhebliche Schwierigkeiten an der Fakultät:
In einem Brief an Ernst Vollrath (16. Januar 1972) schrieb H.A. etwas deutlicher: »Bei uns hier geht augenblicklich alles drunter und drüber wegen Einsparungen, die an allen Universitäten zur Zeit vor sich gehen. Hinzu kommen noch andere Schwierigkeiten – weiß der Teufel, was aus unserem Philosophy Department an der New School werden wird.« (Quelle: HAPapers, Cont. 15, Folder »Vollrath, Ernst, 1970–75«).

die engeren Kollegen:
Dazu gehörte Hans Jonas.

Ich las und hielt Seminar über die Geschichte des Willens von – Paulus/ Römerbrief bis Heideggers Gelassenheit:
Die beiden Kurse an der Graduate Faculty der New School for Social Research waren unter dem Titel »History of the Will« angekündigt. Sie standen im Zusammenhang mit H.A.s Arbeiten am zweiten Teil der Gifford Vorlesungen über »Willing« (»Das Wollen«, später Band II von *Vom Leben des Geistes*). Siehe auch unten S. 235.

Merleau-Ponty:
Maurice Merleau-Ponty (1908–1961), französischer Philosoph.

Uwe Johnson:
H.A. und Uwe Johnson (1934–1984) waren sich 1965 erstmals in New York begegnet, es entwickelte sich eine Freundschaft. In seinem vierbändigen Romanwerk *Jahrestage* (1970–1983) hat Johnson H.A. als Gräfin Seydlitz porträtiert. Zu seiner Beziehung zu ihr siehe Bernd Neumann, »Korrespondenzen, Uwe Johnson und Hannah Arendt«, in: *Du. Die Zeitschrift der Kultur*, Heft 10, Oktober 1992, S. 62–66.

141

M.H., 15. Februar 1972; Originalbrief (mit beigelegtem Gedicht »Dank«), handschriftlich, NLArendt

Vortrag von Horkheimer in der Schweiz:
Es konnte nicht herausgefunden werden – auch nicht mit Hilfe des Herausgebers von Horkheimers *Gesammelten Schriften*, Gunzelin Schmid Noerr –, welchen Vortrag von Horkheimer M.H. meint.

Gadamers Hegelstudien und den 3. Band seiner Kleinen Schriften:
Hans-Georg Gadamer, *Hegels Dialektik: Fünf hermeneutische Studien*, Tübingen: Mohr, 1971; ders., *Kleine Schriften*, Bd. 3, Tübingen: Mohr, 1971.

Merleau-Ponty ... es ist auch ein Nachlaßband erschienen:
Seit dem Tod von Maurice Merleau Ponty (1908–1961) waren mehrere postume Editionen erschienen: *Le Visible et l'invisible* (1964); *Eloge de la philosophie, et autres essais* (1965); *La Prose du monde* (1969); ferner Vorlesungen, die er an der Sorbonne und am Collège de France gehalten hatte (1964 beziehungsweise 1968).

Aufsatz von Schelsky:
Der Soziologe Helmut Schelsky (1912–1984) diagnostiziert in dem viel gelesenen Aufsatz »Die Strategie der ›Systemüberwindung‹« mit dem Untertitel »Der lange Marsch durch die Institutionen«, wie er schreibt, »die politische Strategie der radikalen Linken«. Der Artikel wurde wiederabgedruckt in Helmut Schelsky, *Systemüberwindung, Demokratisierung und Gewaltenteilung. Grundsatzkonflikte der Bundesrepublik*, München: Beck, 1973, S. 19–37.

Aufsatz ... von Ernst Vollrath:
Ernst Vollrath, »Politik und Metaphysik. Zum politischen Denken Hannah Arendts«, in: *Zeitschrift für Politik*, N.F. 18, 1971, Heft 3, S. 205–232.

Friedrich hielt ... einen guten Vortrag über Mallarmé's Prosagedicht »Le Nénuphar blanc«:
Siehe Sitzung der phil.-hist. Klasse am 12. Februar 1972 in Freiburg: »Herr Friedrich hält einen Vortrag über: 'Mallarmé, Die weiße Seerose. Eine Interpretation«, in: *Jahrbuch der Heidelberger Akademie der Wissenschaften für das Jahr 1972*, Heidelberg: Winter, 1973, S. 39 f.; ferner Hugo Friedrich, »Mallarmé, Le Nénuphar blanc: Aus einer Vorlesung (1952/1971)«, in: ders., *Romanische Literaturen: Aufsätze I – Frankreich*, hrsg. von Brigitte Schneider-Pachaly, Frankfurt/Main: Klostermann, 1972, S. 227–236.

Das beigelegte Gedicht »Dank« war in seiner ersten Fassung in dem Zyklus »Gedachtes / Pensivement« erschienen (wiederabgedruckt in: HGA, Bd. 13, S. 224). Es gibt eine dritte Fassung, die im Band 81 der HGA zum Abdruck kommen soll.

142

H.A., 21. Februar 1972; Briefkopie, maschinenschriftlich (handschriftlich unterschrieben), NLArendt

Joachim Fest:
Joachim Fest, *Das Gesicht des Dritten Reiches: Profile einer totalitären Herrschaft*, München: Piper, 1963.

Speer-Memoiren:
Albert Speer, *Erinnerungen*, Berlin: Propyläen, 1969.

Neske:
Günther Neske, einer, wie M.H. in seinem Antwortbrief schreibt, »meiner drei Verleger«. Die beiden anderen sind: Vittorio Klostermann und Hermann Niemeyer.

M.H., 10. März 1972; Originalbrief, handschriftlich, NLArendt

Ich kann mich nicht mit einer Gesamtausgabe vorstellen:
 M.H. hat im September 1973 seine Meinung in Sachen Gesamtausgabe geändert, siehe S. 251.

nachdem ich mit der »Kehre« einigermaßen durch war:
 »Kehre« ist der von M.H. selbst eingeführte Begriff zur Bezeichnung einer fundamentalen Wendung in seinem Denken: »vom frühen existentialontologischen Ansatz zum späten seinsgeschichtlichen Denken« (Winfried Franzen). Die »Kehre« ist Gegenstand ausgedehnter Anstrengungen der Heideggerdeutung; es gibt unterschiedliche Auffassungen darüber, wann, ob und gegebenenfalls wie oft eine »Kehre« stattgefunden habe und wie M.H.s eigene Äußerungen hierzu zu interpretieren seien. Siehe den Überblick (von W. Franzen) in: *Historisches Wörterbuch der Philosophie* (genaue Angabe S. 290), Bd. 4 (1976), Sp. 806–809; ferner Friedrich-Wilhelm von Herrmann, »Das Ende der Metaphysik und der andere Anfang des Denkens: Zu Heideggers Begriff der Kehre«, in: ders., *Wege ins Ereignis: Zu Heideggers ›Beiträgen zur Philosophie‹*, Frankfurt am Main: Klostermann, 1994, S. 64–84. – H.A. interpretiert (unter der Datumsangabe »August 1969«) in ihrem *Denktagebuch*. »Das Denken als Schleier der Penelope: Sein und Zeit sind ›destruiert‹ in der Kehre auf Grund der ontologischen Differenz; die ontologische Differenz wird zurückgenommen in der ›Sache des Denkens‹, p. 36; cf. p. 61, p. 78.« Die Seitenangaben beziehen sich auf M.H., *Zur Sache des Denkens*.

144

H.A., 27. März 1972; Originalbrief, maschinenschriftlich (mit handschriftlicher Unterschrift), NLHeidegger – Der Brief ist auch als Kopie im NLArendt vorhanden, er wird hier nach dem Original, das kleine Verbesserungen und einen kurzen handschriftlichen Zusatz enthält, wiedergegeben –

Nur war ich damals gerade so wütend auf die Verleger – vor allem auch Piper:
 Weshalb H.A. seinerzeit (Ende 1971, Anfang 1972) »wütend« auf Klaus Piper oder den Piper Verlag gewesen ist, konnte nicht herausgefunden werden.

Valérys gelegentliche Bemerkung: »*Tantôt je pense, tantôt je suis*«?:
In der Form »Tantôt je pense et tantôt je suis« findet sich diese
Bemerkung in Valérys »Discours aux chirurgiens« (1938). H.A.
hat öfter auf sie, ohne Quellenangabe, verwiesen. Sie benutzt die Valérysche Originalform als Titel für das Kapitel 19 im ersten Band des
postum erschienenen Werkes *Vom Leben des Geistes.*

Ehrendoktoraten . . ., von denen ich dieses Jahr fünf Stück erhielt:
Im Jahre 1972 erhielt H.A., nach Auskunft der Nachlaßverwalterin
Lotte Köhler, die folgenden vier Ehrendoktorate: »Legum Doctor«
der University of Notre Dame (21. Mai); »Doctor of Humane Letters« der Fordham University (3. Juni); »Litterarum Doctoris honoris causa« der Princeton University (6. Juni); »Doctor of Letters« des
Dartmouth College (11. Juni). Ein Jahr zuvor hatte die Yale University ihr den »Doctor of Humane Letters« verliehen (14. Juni
1971).

Der Präsident der Chicago-Universität:
Gemeint ist der Professor der Rechte Edward Hirsch Levi (geb.
1911), der 1967 Präsident der University of Chicago geworden war.
H.A. äußert sich über ihn in ähnlicher Weise wie hier in ihrem Brief
an Mary McCarthy vom 21.12.1968, siehe *Arendt-McCarthy-Briefwechsel,* S. 343.

*Denn im August bin ich am Comer See, wo die Rockefeller-Foundation
ein Haus für ruhige und erholsame Arbeit unterhält:*
Die Villa Serbelloni, siehe unten S. 238, ferner H.A. im Brief an Mary
McCarthy am 22.8.72 (*Arendt-McCarthy-Briefwechsel,* S. 454 ff.).

145

M.H., 19. April 1972; Originalbrief, handschriftlich, NLArendt – Die
Unterschrift »und Elfride« ist von E. Heideggers Hand –

*Von der wichtigen Vorlesung SS 1924 über Aristoteles, Rhetorik, Buch II,
fehlt mir sowohl mein Manuskript wie auch jede Nachschrift:*
Gemeint ist die Vorlesung »Grundbegriffe der aristotelischen Philosophie«. Das Manuskript der Einleitung und drei Nachschriften
der gesamten Vorlesung sind später gefunden worden. Die Vorlesung
wird als Band 18 der HGA veröffentlicht werden.

146

H.A., 18. Juni 1972; Originalbrief, maschinenschriftlich (mit handschriftlicher Unterschrift), NLHeidegger – Der Brief ist auch als Kopie im NLArendt erhalten. Im Original, das hier abgedruckt wird, hat H.A. kleine technische Korrekturen vorgenommen –

Freiheitsschrift:
Friedrich Wilhelm Joseph von Schelling, *Philosophische Untersuchungen über das Wesen der menschlichen Freiheit* (1809).

daß Joan Stambaugh nun als Übersetzer gesichert ist:
M.H.s Buch *Schellings Abhandlung Über das Wesen der menschlichen Freiheit* erschien in der Übersetzung von Joan Stambaugh unter dem Titel *Schelling on Human Freedom* 1978 bei der Ohio State University Press. Die Schelling-Übersetzung, auf die sie sich stützte, ist von James Gutmann: *Of Human Freedom: A Translation of F. W. J. Schelling's ›Philosophische Untersuchungen ueber das Wesen . . .‹*, with a critical introduction and notes, by James Gutmann, Chicago: Open Court, 1936.

Ich habe im letzten Jahr viel über den Willen gearbeitet; in Kolleg und Seminar mit Deiner Gelassenheit *geendet:*
Siehe S. 224.

zwei Zeilen von Stefan George:
Die zitierte Stelle aus Georges Gedicht »Der Täter« (aus dem Zyklus *Der Teppich des Lebens* [genaue Angabe siehe S. 269], S. 51) lautet: »Wer niemals am bruder den fleck für den dolchstoss bemass / Wie leicht ist sein leben und wie dünn das gedachte / Dem der von des schierlings betäubenden körnern nicht ass!«

Index des Veröffentlichten:
Siehe oben S. 345.

Ich sehe aus dem Schellingbuch, daß Du jetzt Hilfe hast:
Als Herausgeberin des Buches zeichnet Hildegard Feick.

Hotel Ascott:
Die Anschrift des Hotel Ascott auf dem Briefkopf von Arendts Brief vom 21.7.1972 lautet: Lavaterstraße 15.

147

M.H., 22. Juni 1972; Originalbrief, handschriftlich, NLArendt

H.A., 21. Juli 1972; Originalbrief, maschinenschriftlich (mit Unterschrift und Zusatz per Hand), NLHeidegger – Der Brief ist auch als Kopie im NLArendt erhalten. Das Original, das hier wiedergegeben wird, ist auf dem Papier des Hotel Ascot Zürich geschrieben und enthält handschriftliche Verbesserungen sowie den oben genannten Zusatz –

nicht am 26.:
Am 26. September feierte M.H. seinen 83. Geburtstag.

Kant sagt etwa: Der Vernunft sind Resultate zuwider, sie löst sie immer wieder auf:
Diese Aussage von H.A. bezieht sich wahrscheinlich auf zwei Reflexionen in Kants handschriftlichem Nachlaß: Refl. 5019 und Refl. 5036, in: *Kants Gesammelte Schriften*, hrsg. von der Preußischen Akademie der Wissenschaften, Dritte Abteilung (*Handschriftlicher Nachlaß)*, Bd. 5 (1928). H.A. interpretiert sie in diesem Sinne in *Das Denken*, S. 93.

Weizsäcker:
Carl Friedrich von Weizsäcker (geb. 1912, seinerzeit Direktor des Max-Planck-Instituts zur Erforschung der Lebensbedingungen der wissenschaftlich-technischen Welt) kannte M.H. seit 1935, siehe seine »Erinnerungen an Martin Heidegger«, in: *Erinnerungen an Martin Heidegger*, hrsg. von Günther Neske, Pfullingen: Neske, 1977, S. 239–247. Weizsäcker berichtet dort, er habe M.H. zum letzten Mal »im Spätherbst 1972« besucht. – Die Besprechung von G. Böhme, damals Mitarbeiter am o.g. Institut, ist unter dem Titel »›Die Physik zu Ende denken‹: Die Philosophie Carl Friedrich von Weizsäckers« in *Merkur* 26, 1972, Heft 6, S. 593–597, erschienen.

Melville, Billy Budd*:*
Die Erzählung *Billy Budd* von Herman Melville gehört zu den literarischen Werken, die H.A. besonders schätzte. Die dichterischen Einsichten Melvilles zieht sie bei der Behandlung der »Frage nach Gut und Böse und ihrer Rolle im Ablauf menschlichen Geschehens« in ihrem Buch *Über die Revolution* (dort S. 103 ff.) heran.

Mit allen guten Wünschen, vor allem für die »60 Seiten«:
Diese Bemerkung bezieht sich auf M.H.s Vorstellungen über das, was er der Nachwelt hinterlassen sollte (siehe S. 167, vgl. auch S. 230). Die »60 Seiten« (später auch 65 Seiten) sind eine Chiffre

hierfür. Er wolle, so H.A. in einem Brief an J. Glenn Gray (16. August 1975; Quelle: HAPapers, Cont. 10), in ihnen die »Quintessenz seiner Philosophie« niederschreiben.

149

M.H., 12. September 1972; Originalbrief, handschriftlich, NLArendt

150

M.H., 17. September 1972; Originalbrief, handschriftlich, NLArendt

Wir erwarten Dich am 24. IX:
Daß H.A. am 24. September in Freiburg gewesen ist, bestätigt die Widmung in einem Exemplar der Heidegger-Veröffentlichung *Frühe Schriften*, siehe im Werkverzeichnis Heidegger S. 414.

Meine Nichte:
Clothilde Oschwald, die Tochter von M.H.s einziger Schwester Marie (1892–1956). Ihr Mann, Heinrich Rapp, war Notar in Bad Säckingen, siehe auch S. 309.

151

M.H., 8. Dezember 1972; Originalbrief, handschriftlich, NLArendt – Die Unterschrift »Elfride« ist von E.Heideggers Hand –

Dank für die Vergrößerungen:
Möglicherweise Vergrößerungen einiger Porträtaufnahmen, die H.A. von M.H. mit ihrer Minox-Kamera gemacht hatte; siehe oben S. 161.

Vorlesungen für Schottland:
Im Rahmen der Gifford Lectures an der University of Aberdeen in Schottland sollte H.A. einen Vorlesungszyklus übernehmen. Als Thema wählte sie »The Life of the Mind« (postum dt.: *Vom Leben des Geistes*) und kündigte die ersten Veranstaltungen im April und Mai 1973 unter dem Titel »Thinking« an.

152

M.H., 24. Februar 1973; Originalbrief, handschriftlich, NLArendt

daß Glenn Gray großen Erfolg hat:
Im Frühjahrssemester 1973 hat Gray an der Graduate Faculty der New School for Social Research eine Vorlesung und ein Seminar über Hegel abgehalten. H.A. besuchte das Seminar regelmäßig, Gray wohnte in ihrem Apartment.

153

M.H., 5. Mai 1973; Originalbrief, handschriftlich, NLArendt

Sherry Gray:
Die Tochter von Ursula und Glenn Gray, die in den Jahren 1972/73 mit einem DAAD-Stipendium an der Universität Freiburg studierte, war nach Aberdeen gefahren, um sich H.A.s Vorlesungen anzuhören. Offenbar hatte M.H. diesen Brief nach Aberdeen adressiert.

154

M.H., 9. Juli 1973; Originalbrief, handschriftlich, NLArendt

die beiden Cornford-Bände:
Es wird sich um zwei der zahlreichen Veröffentlichungen des Altphilologen Francis McDonald Cornford gehandelt haben. Welche »Bände« gemeint sind, ist nicht genau zu sagen, ein zweibändiges Werk von Cornford gibt es nicht.

die Autobiographie von N. Mandelstam:
Nadeschda Mandelstam, *Das Jahrhundert der Wölfe: Eine Autobiographie*, aus dem Russischen von Elisabeth Mahler, Frankfurt am Main: Fischer, 1970.

Aufsatz über das Verbum εἶναι [einai]:
Wahrscheinlich Charles H. Kahn, »The Greek Verb ›to be‹ and the Concept of Being«, in: *Foundations of Language: International Journal of Language and Philosophy* 2, 1966, S. 245–265.

τὸ γὰρ αὐτὸ νοεῖν ἐστίν τε καὶ εἶναι [to gar auto noein estin te kai einai]:
Parmenides B 3; dt. (nach Diels-Kranz): »denn dasselbe ist Denken und Sein«. Siehe H. Diels, *Die Fragmente der Vorsokratiker* (genaue Angabe S. 339), Bd. 1, S. 231.

155

H.A., 18. Juli 1973; Originalbrief, maschinenschriftlich (mit handschriftlicher Unterschrift), NLHeidegger

Ro-ro-ro-Buch von Biemel:
Die Monographie *Martin Heidegger* von Walter Biemel, siehe Abkürzungsverzeichnis S. 406.

Kojève, über dessen sehr einflußreiche Hegel-Interpretation wir gelegentlich sprachen:
Vgl. S. 160 und S. 209. Insgesamt drei Nachlaßbände erschienen unter dem im Brief genannten Titel: *Essai d'une histoire raisonnée de la philosophie païenne* (Paris: Gallimard, 1968, 1972, 1973).

156

M.H., 29. Juli 1973; Originalbrief, handschriftlich, NLArendt

das Buch von Pöggeler über meinen »Denkweg«:
Otto Pöggeler, *Der Denkweg Martin Heideggers*, Pfullingen: Neske, 1963.

Wir verbrachten ... mit den beiden Söhnen und der Tochter einen schönen Tag auf der Hütte:
Mit »Tochter« ist die Pflegetochter Erika Deyle, geb. Birle, gemeint. Bei dieser Familienzusammenkunft aus Anlaß des 80. Geburtstags von Elfride Heidegger am 1. Juli 1973 waren außerdem die Nichte Clothilde Rapp (geb. Ochwald) und die Enkelin Gertrud (Tochter des Sohnes Jörg) anwesend.

157

M.H., 19. November 1973; Originalbrief, handschriftlich, NLArendt

zu meinem letzten Seminar mit den französischen Freunden:
Das »Zähringer Seminar« (siehe im Werkverzeichnis Heidegger, S. 421) in M.H.s Freiburger Haus (Fillibach 25) mit Jean Beaufret, François Fédier, François Vezin, Henri-Xavier Mongis und Jacques Taminiaux.

die schwierige Frage nach dem »Willen«:
Offenbar hatte H.A. in den nicht erhaltenen »Lebenszeichen« berichtet, daß sie sich in der zweiten Reihe ihrer Gifford Lectures mit dem Thema »Willing« beschäftigen werde, siehe S. 357, 359 f.

Daß Joan Stambaugh eine neue Übersetzung von Sein und Zeit *auf sich nimmt:*
Joan Stambaughs Übersetzung von *Sein und Zeit* ist 1996 erschienen, genaue Angaben auf S. 313 f.

158

M.H., 14. März 1974; Originalbrief, handschriftlich, NLArendt

159

M.H., 20. Juni 1974; Originalbrief, handschriftlich, NLArendt

die Nachricht, die Joan Stambaugh brachte über den Abbruch Deiner diesjährigen Vorlesungen:
Am 5. Mai hatte H.A. in Aberdeen einen Herzinfarkt erlitten. Sie mußte etwa drei Wochen im Krankenhaus (zunächst auf der Intensivstation) verbringen, bevor sie über London nach Tegna reisen konnte, siehe *Arendt-McCarthy-Briefwechsel*, S. 510 ff. Die abgebrochenen Vorlesungen über »Willing« sollten im Herbst 1975 nachgeholt werden (siehe unten S. 359 f.), wurden dann aber auf Wunsch von H.A. auf das Frühjahr 1976 verschoben. Dazu ist es nicht mehr gekommen. Am 4. Dezember 1975 erlitt H.A. ihren zweiten Herzinfarkt, den sie nicht überlebte. Das Vorlesungsmanuskript »Willing« hat sie voll ausgearbeitet hinterlassen (*Vom Leben des Geistes*, Bd. 2).

Ich... habe zum Glück eine verläßliche und echt teilnehmende Hilfe an dem Dozenten von Herrmann, einem Schüler von Fink:
Friedrich-Wilhelm von Herrmann (geb. 1934), war seinerzeit (seit 1972) Privatassistent von M.H. 1979 wurde er Professor für Philosophie an der Universität Freiburg. Noch zu Lebzeiten M.H.s hat er den ersten Band der HGA (Bd. 24, 1975) herausgegeben und seitdem weitere zwölf Bände der nach M.H.s Tod von dessen Sohn Hermann betreuten Gesamtausgabe bearbeitet. Über die Zusammenarbeit mit M.H. und dessen Editions-Anweisungen berichtet von Herrmann in seinem Aufsatz »Die Edition der Vorlesungen Heideggers in seiner Gesamtausgabe letzter Hand«, in: *Freiburger Universitätsblätter*, Heft 78, Dezember 1982, S. 85–102.

160

M.H., 23. Juni 1974; Originalbrief, handschriftlich, NLArendt

161

H.A., 26. Juli 1974; Briefkopie, maschinenschriftlich (mit handschriftlicher Unterschrift), NLArendt

die beiden Vorlesungsabschriften, die Herr von Herrmann mir geschickt hat:
Es handelte sich um *Vom Wesen der menschlichen Freiheit* (SS 1930) und *Denken und Dichten* (WS 1944/45).

Kant-Interpretation im Freiheits-Manuskript:
Siehe M.H., *Vom Wesen der menschlichen Freiheit* ..., Zweiter Teil (HGA, Bd. 31, S. 139 ff.).

proairesis [προαίρεσις]:
Aristoteles' προαίρεσις wird von H.A. interpretiert als »choice in the sense of preference between alternatives one – rather than another«; dt. (in der Übersetzung von Hermann Vetter) »die Wahl im Sinne des Vorziehens einer von mehreren Möglichkeiten«, siehe *Das Wollen*, S. 59.

Ich lege Dir hier den sogenannten Syllabus, eine kurze Inhaltsangabe, bei, die man für die Gifford Vorlesungen bereiten muß:
Der Syllabus der zweiten Vorlesungsreihe ist mit der »Introduction« des veröffentlichten Textes von »Willing« identisch.

»Angriffscharakter der Philosophie«, daß sie uns »an die Wurzeln geht«:
M.H., *Vom Wesen der menschlichen Freiheit* ..., insbesondere die ersten fünf Paragraphen (HGA, Bd. 31, S. 1–38)

162

M.H., 17. September 1974; Originalbrief, handschriftlich, NLArendt

Inzwischen hast Du vermutlich vernommen, daß ich mich zu einer Gesamtausgabe entschlossen habe:
Einzelheiten hierzu in Friedrich-Wilhelm von Herrmanns bereits zitiertem Artikel, siehe S. 357; vgl. auch S. 230.

Anfang des Studienjahres:
H.A. hatte für das Fall Term 1974 an der Graduate Faculty der New School einen Kurs über »The Life of the Mind I: Thinking« angeboten; Teil II »Willing« folgte im Frühjahr 1975.

163

M.H., nach dem 26. September 1974; handschriftliche, reproduzierte Dankeskarte für Glückwünsche zum 85. Geburtstag mit persönlichem Zusatz, NLArendt

164

M.H., 6. Juni 1975; Originalbrief, handschriftlich, NLArendt

daß Du für längere Zeit in Marbach bist und dort arbeitest:
Im Juni war H.A. im Deutschen Literaturarchiv inbesondere mit der Durchsicht des Nachlasses von Karl Jaspers, einschließlich der eigenen Korrespondenz mit ihm, befaßt.

wenn Du einen Tag von Marbach »herüber« kommen könntest:
Wahrscheinlich hat H.A. erst nach Beendigung ihres Aufenthaltes in Marbach auf der Fahrt nach Zürich in Freiburg Station gemacht (29./30. Juni). Von Zürich reiste sie weiter nach Tegna, wo sie, soweit ihrem Terminkalender zu entnehmen ist, am 1. Juli eintraf.

[die große Auszeichnung], die Dir in Dänemark zuteil wurde:
Am 18. April 1975 hatte H.A. den Sonning-Preis erhalten, der zum Gedächtnis des dänischen Schriftstellers und Lektors C. J. Sonning seit 1950 alle zwei Jahre an eine Persönlichkeit, die sich um die »europäische Zivilisation« besonders verdient gemacht hat, verliehen wird. Zu der Zeremonie in der Universität Kopenhagen war H.A. nach Europa gereist.

Dr. Krell:
David Farrell Krell hat einen Band: M.H., *Basic Writings from Being and Time (1927) to The Task of Thinking (1964)*, herausgegeben (Harper & Row, 1977). Er hat ferner die beiden Bände *Nietzsche* übersetzt (ebenfalls Harper & Row, 4 Bände, 1979, 1982). In *Basic Writings* ist die »Einleitung« zu *Sein und Zeit* mit folgendem Übersetzerhinweis abgedruckt: translated by Joan Stambaugh in collaboration with J. Glenn Gray and the editor (i.e., D. F. Krell).

Prof. Zeller:
Bernhard Zeller, seinerzeit Direktor des Deutschen Literaturarchivs Marbach, siehe oben S. 329.

165

H.A., 27. Juli 1975; Briefkopie, maschinenschriftlich, NLArendt

Den zweiten Teil meiner Vorlesungen in Schottland erledige ich im Oktober:
Die Vorlesungen zum Thema »Willing« wurden noch einmal, auf das Frühjahr 1976, verschoben, aber nie gehalten (siehe oben S. 357). Das Manuskript »Willing« war abgeschlossen und konnte,

wie »Thinking«, postum von Mary McCarthy herausgegeben werden; dt. *Vom Leben des Geistes* mit den Bänden *Das Denken* und *Das Wollen.*

Urteilskraft:
H.A. plante, im Frühjahrssemester 1976 an der Graduate Faculty der New School for Social Research ein Seminar über »Judging« als letzte Veranstaltung vor ihrer Emeritierung abzuhalten. »Judging« sollte auch der letzte Teil ihrer Trilogie *The Life of the Mind* werden. Das Manuskript hat sie nicht mehr in Angriff nehmen können, siehe aber *Das Urteilen* (engl. *Lectures on Kant's Political Philosophy*).

Der Index von Frau Feick:
Siehe S. 345.

166

M.H.; 30. Juli 1975; Originalbrief, handschriftlich, NLArendt

Offenbar wurde der erstgenannte Besuchstermin (12. August) vereinbart. Das Datum wird durch H.A.s Eintragung in ihrem Terminkalender ebenso bestätigt wie durch eine Widmung. Seinen als handgeschriebene Broschüre veröffentlichten Nachruf auf Hildegard Feick (*Frau Dr. Hildegard Feick der langjährigen getreuen Mitarbeiterin zum Gedächtnis*) hat M.H. wahrscheinlich H.A. bei ihrem Besuch überreicht. Die handschriftliche Widmung in dem Exemplar, das im Deutschen Literaturarchiv Marbach aufbewahrt wird, lautet: »Für Hannah – Martin« und ist datiert: »Freiburg am 12. August 1975«. – Dies war H.A.s letzter Besuch bei M.H. Sie starb am 4. Dezember 1975 in ihrer New Yorker Wohnung.

167

M.H. an Hans Jonas, 6. Dezember 1975; Western Union Telegram

Das Telegramm – Empfänger: Prof. Jonas, 9 Meadow Lane, New Rochelle, New York 10805 State – trägt das Datum 12/06/75 und ist offenbar auch an diesem Tag ausgeliefert worden. Lore Jonas hat es, ebenso wie den folgenden Brief, aus dem Nachlaß von Hans Jonas für die vorliegende Ausgabe zur Verfügung gestellt.

168

M.H. an Hans Jonas, 27. Dezember 1975; Brief, handschriftlich, aus dem Nachlaß von Hans Jonas

die Trauerfeier:
Am 8. Dezember fand in der Riverside Memorial Chapel (in Manhattan, New York) die Trauerfeier für H.A. mit etwa dreihundert Trauergästen statt (siehe Young-Bruehl, *Hannah Arendt*, S. 636 f.). Es sprachen Hans Jonas und Mary McCarthy, ferner der Verleger William Jovanovich und H.A.s letzter Assistent, Jerome Kohn. Jonas' Rede wurde in der von der New School for Social Research herausgegebenen Zeitschrift *Social Research* veröffentlicht (43. Jg., Spring 1976, S. 3–5). Jonas hat darüber hinaus eine längere kritische Würdigung auf der von der New School im April 1976 veranstalteten Gedenk-Konferenz vorgetragen, die in dem Hannah Arendt gewidmeten Heft von *Social Research* (44. Jg., Spring 1977, S. 25–43) abgedruckt wurde. Der letztgenannte Aufsatz war zuvor in deutscher Sprache im *Merkur* (30. Jg., Oktober 1976, S. 921–935) unter dem Titel »Handeln, Erkennen, Denken: Zu Hannah Arendts philosophischem Werk« erschienen – in einer Nummer, zu der ferner Jürgen Habermas, Dolf Sternberger und Erich Heller Gedenkartikel beisteuerten. Dem Heftteil »Hannah Arendt in memoriam« war eine Rühmung des am 26. Mai 1976 verstorbenen Martin Heidegger vorangestellt (S. 911–920): »Martin Heideggers langer Marsch durch die ›verkehrte Welt‹«. Deren Autor, Willy Hochkeppel – vom *Merkur*-Herausgeber Hans Paeschke als Kenner und Anhänger des logischen Positivismus vorgestellt (S. 920) – nutzt H.A. als »Brücke« zu M.H. Hochkeppel schreibt, H.A. gehöre zu den wenigen »höchst selbständigen Denkern« – er nennt außerdem Jean-Paul Sartre, Karl Löwith, C. F. von Weizsäcker, »auch« Herbert Marcuse –, die »an der Bedeutung Heideggers nie ernsthaft gezweifelt« hätten (S. 913), und er überprüft ihre Auffassung vom »Denk-Lehrer« an den ersten beiden Bänden der Heideggerschen Gesamtausgabe (Bd. 24 und 21), die 1975 beziehungsweise 1976 erschienen waren.

für Ihren allem Geschehen angemessenen Nachruf:
Gemeint ist wahrscheinlich eine Manuskriptfassung der Rede, die Jonas auf der Trauerfeier für H.A. gehalten hat (siehe die vorherige Anmerkung).

Im August dieses zu Ende gehenden Jahres hatte Hannah vom Deutschen Literatur-Archiv in Marbach kommend uns besucht:
Zu ihrem letzten Besuch im Hause Heidegger reiste H.A. von Tegna nach Freiburg, siehe oben S. 360 unter Dok. 166. Aber einige Wochen zuvor (Ende Juni) hatte sie, soweit bekannt, auf dem Weg von Marbach nach Zürich in Freiburg Station gemacht. – Über ihren August-Besuch berichtete H.A. sowohl Mary McCarthy (im Brief

vom 22. August, *Arendt-McCarthy-Briefwechsel*, S. 546) wie auch zuvor und ausführlicher John Glenn Gray (in dem bereits zitierten, unveröffentlichten Brief vom 16. August, siehe S. 354). Sie schreibt, daß sie »sehr deprimiert« aus Freiburg nach Tegna zurückgekehrt sei. M.H. habe »unnahbar«, wie sie ihn nie zuvor gesehen habe, gewirkt. – So bleibt am Ende der hier dokumentierten Geschichte eine Differenz: Er erinnert sich anders, als sie der Freundin und dem Freund berichtet. Und die Frage drängt sich auf: Was ist Wirklichkeit?

ZUSÄTZLICHE DOKUMENTE AUS DEN NACHLÄSSEN

A 1   Martin Heidegger an Hannah Arendt, o.D.; zwei Originalzettel, handschriftlich, NLArendt – ohne Anrede, ohne Gruß und Unterschrift

[Beide Zettel, im Deutschen Literaturarchiv Marbach unter den Nummern 76.890/13 und 76.890/14 aufbewahrt, stammen wahrscheinlich aus dem Sommersemester 1925, eine genaue Zuordnung ist aber nicht möglich.]

Willst Du heute Abend zum Wald kommen?
Aber erst gegen 10. Denn ich habe bis 8 Examen und dann bin ich – da ich bis Semesterende allein hause, bei Bultmann zum Abendbrot eingeladen.
Wir können ja dann länger bleiben.
Falls Du nicht kommst, schadet es nichts, wenn ich den Weg vergeblich mache.

– – – – – – – – –

Dienstag Abend um 9. Warte an der Bank. Wenn schlechtes Wetter, dann Freitag.

A 2   Martin Heidegger an Hannah Arendt, o.D.; Originalbrief, handschriftlich, NLArendt

[Dieser undatierte Kurzbrief auf kleinem Zettel, der im Deutschen Literaturarchiv Marbach unter der Nummer 76.891/3 aufbewahrt wird, enthält oben rechts in Blei von H.A.s Hand die Datumsangabe »Febr. '26«.]

Liebe Hannah!
Willst Du morgen (Sonnabend) gegen ½ 9 an unserer Bank sein?
Ich freue mich sehr.
Auf Wiedersehen
    Dein
    M.

A 3 Martin Heidegger für Hannah Arendt, o.D.; Originalblatt, NLArendt

[Dieses halbe DIN-A 4-Blatt wird im NLArendt unter der Nr. 76.895/4 aufbewahrt. Handschrift, Tinte und Papier lassen vermuten, daß es aus dem Februar oder März 1950 stammt, bevor H.A. wieder nach USA zurückreiste.]

Als Gegengruß
... τῶν μεγάλων πάρεδρος ἐν ἀρχαῖς
θεσμῶν· ἄμαχος γὰρ ἐμπαί –
ζει θεὸς 'Αφροδίτα.
    Soph. Ant. Ἔρως ἀνίκατε μάχαν
               799/801
[... ton megalon paredros en archais
thesmon· amachos gar empai –
zei theos Aphrodita.
Soph. Ant. Eros anikate machan]

».... die großen durchweilend aus Beginn
die (bräutlichen) Bräuche; streitlos unbewindbar denn im Spiel bleibt spielend, ein Gott, Aphrodite.«

---

zu θεσμός [thesmos] vgl. Homer, Od. 23.296:
λέκτροιο παλαιοῦ θεσμὸν ἵκοντο
[lektroio palaiou thesmon hikonto].
des Lagers, des uralten, Brauch suchten sie auf.

[Anm.d.Hrsg.: Die zitierten Verse stammen aus der »Gegenstrophe« des Chors III. Akt, 2. Szene (»Geist der Liebe«) in Sophokles' Antigone. Karl Reinhardts Übersetzung der gesamten Strophe, die sich besonders eng an das griechische Original hält, lautet: »Du lockst zum Unrecht auch den Gerechten, / Daß er verderbe, ab vom Weg; / Du verwirrest auch zu diesem Hader / Wider sich selbst verwandtes Blut. / Doch aus den Augen der bräutlichen Schönen / Siegend bezeugt sich der göttliche Reiz, / Hochheiliger Satzungen Beisaß, / Unbesieglich waltet des Spieles / Aphrodite.« Sophokles, *Antigone*, übersetzt und eingeleitet von Karl Reinhardt, mit griechischem Text, Göttingen: Vandenhoeck & Ruprecht (Kleine Vandenhoeck-Reihe, 116/117), 3. Aufl., 1961, S. 76 ff.]

A 4   Gedichte von Hannah Arendt aus der Zeit 1923 bis 1926

[Die Gedichte sind auf Einzelblättern (maschinenschriftliche Durchschläge) in der Library of Congress (dort Cont. 79, Folder: »Miscellaneous: Poems and stories, 1925–42 and undated«) erhalten. Die Datumsangabe ist Zwischenblättern entnommen. Die folgenden Gedichte wurden bereits in Elisabeth Young-Bruehls Arendt-Biographie (genaue Angabe siehe Abkürzungsverzeichnis S. 406) veröffentlicht:

Winter 1923/24: [ohne Titel] Kein Wort bricht ins Dunkel . . .; Im Volksliedton; Trost; Traum; Müdigkeit; Die Untergrundbahn; Abschied [Nun laßt mich, o schwebende Tage, die Hände Euch reichen];

Winter 1924/25: In mich versunken;

Sommer 1925: Sommerlied; [ohne Titel] Warum gibst Du mir die Hand . . .; Spätsommer;

Winter 1925/26: An die Freunde; An die Nacht]

Winter 1923/24

[OHNE TITEL]

Kein Wort bricht ins Dunkel –
Kein Gott hebt die Hand –
Wohin ich auch blicke
Sich türmendes Land.
Keine Form, die sich löset,
Kein Schatten, der schwebt.
Und immer noch hör ich's:
Zu spät, zu spät.

IM VOLKSLIEDTON

Sehn wir uns wieder
Blüht weißer Flieder,
Ich hüll Dich in Kissen,
Du sollst nichts mehr missen,

Wir wollen uns freun,
Daß herber Wein,
Daß duftende Linden
Uns noch beisammen finden.

Wenn Blätter fallen
Dann lass uns scheiden.
Was nützt unser Wallen?
Wir müssen es leiden.

TROST

Es kommen die Stunden,
Da alte Wunden,
Die längst vergessen,
Drohn zu zerfressen.

Es kommen die Tage,
Da keine Waage
Des Lebens, der Leiden
Sich kann entscheiden.

Die Stunden verrinnen,
Die Tage vergehen.
So bleibt ein Gewinnen:
Das bloße Bestehen.

TRAUM

Schwebende Füße in pathetischem Glanze.
Ich selbst
Auch ich tanze,
Befreit von der Schwere
Ins Dunkle, ins Leere.
Gedrängte Räume vergangener Zeiten
Durchschrittene Weiten
Verlorene Einsamkeiten
Beginnen zu tanzen, zu tanzen

Ich selbst
Auch ich tanze.
Ironisch vermessen
Ich hab nichts vergessen.

Ich kenne die Leere
Ich kenne die Schwere
Ich tanze, ich tanze
In ironischem Glanze.

MÜDIGKEIT

Dämmernder Abend —
Leise verklagend
Tönt noch der Vögel Ruf
Die ich erschuf.

Graue Wände
Fallen hernieder,
Meine Hände
Finden sich wieder.

Was ich geliebt
Kann ich nicht fassen,
Was mich umgibt
Kann ich nicht lassen.

Alles versinkt.
Dämmern steigt auf.
Nichts mich bezwingt —
Ist wohl des Lebens Lauf.

DIE UNTERGRUNDBAHN

Aus Dunkel kommend,
Ins Helle sich schlängelnd,
Schnell und vermessen,
Schmal und besessen
Von menschlichen Kräften,
Aufmerksam webend
Gezeichnete Wege,
Gleichgültig schwebend
Über dem Hasten.
Schnell, schmal und besessen
Von menschlichen Kräften,
Die es nicht achtet
Ins Dunkle fliessend,
Um Oberes wissend
Fliegt es sich windend
Ein gelbes Tier.

ABSCHIED

Nun laßt mich, o schwebende Tage, die Hände Euch reichen.
Ihr entfliehet mir nicht, es gibt kein Entweichen
Ins Leere und Zeitlose.

Doch legt eines glühenden Windes fremderes Zeichen
Sein Wehen an mich; ich will nicht entweichen
In die Leere gehemmter Zeiten.

Ach Ihr kanntet das Lächeln mit dem ich mich schenkte.
Ihr wußtet wie vieles ich schweigend verhängte,
Um auf Wiesen zu liegen und Euch zu gehören.

Doch jetzt ruft das Blut, das nimmer verdrängte,
Hinaus mich auf die Schiffe, die niemals ich lenkte.
Der Tod ist im Leben, ich weiß, ich weiß.

So laßt mich, o schwebende Tage, die Hände Euch reichen.
Ihr verlieret mich nicht. Ich laß Euch zum Zeichen
Dies Blatt und die Flamme zurück.

Sommer 1924

[OHNE TITEL]

Geh durch Tage ohne Richt.
Spreche Worte ohne Wicht.
Leb im Dunkeln ohne Sicht.

Bin im Leben ohne Steuer

Über mir nur Ungeheuer
Wie ein großer schwarzer neuer
Vogel: Das Gesicht der Nacht.

AN ...

Nimm meiner Wünsche schwere Last.
Das Leben ist weit und ohne Hast.
Es gibt viel Länder der Welt
Und viele Nächte im Zelt.
   Wer weiß denn eine Waage
   Des Lebens der Leiden?
   Vielleicht wird in späten Tagen
   Sich dies alles scheiden.

[OHNE TITEL]

Das ist nicht Glück
Wie die es meinen
Und zu Tempeln streben
Und von dem Vorhof aus die Andacht sehen
Und eine Weihe die sie nicht verstehen
Mit bösem Blick sich wenden dann zurück
Und klagen über ein verlorenes Leben.

Was ist Glück dem
Der mit sich selbst geeint ist
Des Fuß nur stößt,
Wo es für ihn gemeint ist
Für den Sich-Kennen Grenze ist und Recht
Für den Sich-Nennen Zeichen im Geschlecht.

Winter 1924/25

DÄMMERUNG

Dämmerung Sinkende
Harrendes Winkende –

Grau ist die Flut

Dämmerung Schweigende
Lautlos sich Neigende
Mahnende Klagende
Lautloses Sagende –

Grau ist die Flut

Dämmerung Tröstende
Mildernde Heilende
Dunkles Weisende
Neues Umkreisende –

Grau ist die Flut

IN MICH VERSUNKEN

Wenn ich meine Hand betrachte
— Fremdes Ding mit mir verwandt —
Stehe ich in keinem Land,
Bin an kein Hier und Jetzt
Bin an kein Was gesetzt.

Dann ist mir als sollte ich die Welt verachten.
Mag doch ruhig die Zeit vergehen.
Nur sollen keine Zeichen mehr geschehen.

Betracht ich meine Hand,
Unheimlich nah mir verwandt,
Und doch ein ander Ding.
Ist sie mehr als ich bin
Hat sie höheren Sinn?

Sommer 1925

SOMMERLIED

Durch des Sommers reife Fülle
Lass ich meine Hände gleiten
Meine Glieder schmerzhaft weiten
Zu der dunklen, schweren Erde.

Felder, die sich tönend neigen
Pfade, die der Wald verschüttet
Alles zwingt zum strengen Schweigen:
Daß wir lieben, wenn wir leiden.

Daß das Opfer, daß die Fülle
Nicht des Priesters Hand verdorre,
Daß in edler klarer Stille
Uns die *Freude* nicht ersterbe.

Denn die Wasser fließen über,
Müdigkeit will uns zerstören
Und wir lassen unser Leben
Wenn wir lieben, wenn wir leben.

[OHNE TITEL]

Warum gibst Du mir die Hand
Scheu und wie geheim?
Kommst Du aus so fernem Land
Kennst nicht unseren Wein?

Kennst nicht unsere schönste Glut
– Lebst Du so allein? –
Mit dem Herzen mit dem Blut
Eins im andern sein?

Weißt Du nicht des Tages Freuden
Mit dem Liebsten gehen?
Weißt Du nicht des Abends Scheiden
Ganz in Schwermut gehen?

Komm mit mir und hab mich lieb.
Denk nicht an Dein Graun
Kannst Du Dich denn nicht vertraun
Komm und nimm und gib.

Gehen dann durchs reife Feld
– Mohn und wilder Klee –
Später in der weiten Welt
Tut es uns wohl weh.

Wenn wir spüren, wie im Wind
Stark Erinnerung weht
Wenn im Schauder traumhaft lind
Unsere Seele weht.

ABSCHIED

Du gibst uns die Trauer daß nichts uns verweilet
Und schenkst uns die Hoffnung wie Vieles noch eilet
Du zeigst uns das Zeichen für Freude und Schmerzen
Du zeigst uns die Wege und öffnest die Herzen.

Du fügest zusammen wie nie unsere Hände
Wir glauben an Treue und fühlen die Wende
Wir können nicht sagen wie sehr wir uns einen.
Wir können nur weinen.

SPÄTSOMMER

Der Abend hat mich zugedeckt
So weich wie Samt, so schwer wie Leid.

Ich weiß nicht mehr wie Liebe tut
Ich weiß nicht mehr der Felder Glut
Und alles will entschweben
Um nur mir Ruh zu geben.

Ich denk an ihn und hab ihn lieb
Doch wie aus fernem Land
Und fremd ist mir das Komm und Gib
Kaum weiß ich was mich bannt.

Der Abend hat mich zugedeckt
So weich wie Samt so schwer wie Leid.
Und nirgends sich Empörung reckt
Zu Neuer Freud und Traurigkeit.

Und alles Weiter, das mich rief
Und alles Gestern klar und tief
Kann mich nicht mehr betören.

Ich weiß ein Wasser groß und fremd
Und eine Blum die keiner nennt
Was soll mich noch zerstören?

Der Abend hat mich zugedeckt
So weich wie Samt, so schwer wie Leid.

Winter 1925/26

OKTOBER – VORMITTAG

Dies fahle Licht des Herbstes macht mich leiden
Und wenn ich langsam meine tausend Schmerzen zähle
Läßt es mein Auge trüben Blicks sich weiden
An Allem, was ich heimlich seh und wähle.

Ach wer will wägen, was er nicht erfasset
Und wer will sagen, was erst spät sich scheidet –
Denn wie mit beiden Händen er es fasset
Weiß er nicht mehr warum er es noch leidet.

KLAGE

Ach die Tage sie verfliegen ungenützt dahin wie Spiel
Und die Stunden sie erliegen ungeschützt dem Qualenspiel.

Und der Zeiten Auf und Nieder
Gleitet leise durch mich hin
Und ich sing die alten Lieder
Weiss nicht mehr als zu Beginn.

Und ein Kind kann nicht verträumter gehn den
                                      vorgeschriebenen Gang
Und ein Greis kann nicht geduldger wissen daß das Leben lang.

Doch das Leid will nicht beschwichten
Alte Träume junge Weisheit
Und es läßt mich nicht verzichten
Auf des Glückes schöne Reinheit.

AN DIE FREUNDE

Trauet nicht der leisen Klage,
Wenn der Blick des Heimatlosen
Scheu Euch noch umwirbt
Fühlt, wie stolz die reinste Sage
Alles noch verbirgt.

Spürt der Dankbarkeit und Treue
Zartestes Erbeben.
Und Ihr wißt: in steter Neue
Wird die Liebe geben.

AN DIE NACHT

Neig Dich Du Tröstende leis meinem Herzen
Schenke mir, Schweigende, Lindrung der Schmerzen.
Deck Deine Schatten vor Alles zu Helle –
Gib mir Ermatten und Flucht vor der Grelle.

Laß mir Dein Schweigen die kühlende Löse
Laß mich im Dunkel verhüllen das Böse
Wenn Helle mich peinigt mit neuen Gesichten,
Gib Du mir die Kraft zum steten Verrichten.

NACHTLIED

Nur die Tage laufen weiter,
Lassen unsere Zeit verstreichen.
Stets dieselben dunklen Zeichen
Wird die Nacht uns stumm bereiten.

Sie muß stets dasselbe sagen
Auf dem gleichen Ton beharren
Zeiget auch nach neuem Wagen
Immer nur was wir schon waren.

Laut und fremd verlockt der Morgen,
Bricht den dunklen stummen Blick
Gibt mit tausend neuen Sorgen
Uns dem bunten Tag zurück.

Doch die Schatten werden bleiben.
Um den Tag sich scheu zu schliessen,
Lassen wir auf raschen Flüssen
Uns zu fernen Küsten treiben.

Unsere Heimat sind die Schatten –
Und wenn wir zutiefst ermatten,
In dem nächtlich dunklen Schoß
Hoffen wir auf leisen Trost.

Hoffend können wir verzeihn
Allen Schrecken, allen Kummer.
Unsere Lippen werden stummer –
Lautlos bricht der Tag herein.

A 5 Denktagebucheintragung von Hannah Arendt (handschriftlich), Juli 1953

[aus: *Denktagebuch*, Heft XVII, aufbewahrt im Deutschen Literaturarchiv Marbach unter der Nummer 93.37.16; dieser Text ist in englischer Übersetzung von Jerome Kohn veröffentlicht worden, siehe *Essays in Understanding* , S. 361–362]

Heidegger sagt, ganz stolz: »Die Leute sagen, der Heidegger ist ein Fuchs.« Dies ist die wahre Geschichte von dem Fuchs Heidegger:

Es war einmal ein Fuchs, dem gebrach es so an Schläue, daß er nicht nur in Fallen ständig geriet, sondern den Unterschied zwischen einer Falle und einer nicht-Falle nicht wahrnehmen konnte. Dieser Fuchs hatte noch ein Gebrechen, mit seinem Fell war irgendetwas nicht in Ordnung, sodaß er des natürlichen Schutzes gegen die Unbilden des Fuchsen-Lebens ganz und gar ermangelte. Nachdem dieser Fuchs sich seine ganze Jugend in den Fallen anderer Leute hei umgetrieben hatte und von seinem Fell sozusagen nicht ein heiles Stück mehr übrig war, beschloß er, sich von der Fuchsenwelt ganz und gar zurückzuziehen, und ging an die Errichtung des Fuchsbaus. In seiner haarsträubenden Unkenntnis über Fallen und nicht-Fallen und seiner unglaublichen Erfahrenheit mit Fallen kam er auf einen unter Füchsen ganz neuen und unerhörten Gedanken: Er baute sich eine Falle als Fuchsbau, setzte sich in sie, gab sie für einen normalen Bau aus (nicht aus Schläue, sondern weil er schon immer die Fallen der anderen für deren Baue gehalten hatte), beschloß aber, auf seine Weise schlau zu werden und seine selbst verfertigte Falle, die nur für ihn paßte, zur Falle für andere auszugestalten. Dies zeugte wieder von großer Unkenntnis des Fallenwesens: in seine Falle konnte niemand recht rein, weil er ja selbst drin saß. Dies ärgerte ihn; schließlich man weiß doch, daß alle Füchse gelegentlich trotz aller Schläue in Fallen gehen. Warum sollte es eine Fuchsenfalle, noch dazu vom in Fallen erfahrensten aller Füchse hergerichtet, nicht mit den Fallen der Menschen und Jäger aufnehmen können? Offenbar, weil die Falle sich als solche nicht klar genug zu erkennen gab. Also verfiel unser Fuchs auf den Einfall, seine Falle schönstens auszuschmücken und überall klare Zeichen zu befestigen, die ganz deutlich sagten: kommt alle her, hier ist eine Falle, die schönste Falle der Welt. Von da an war es ganz klar, daß in diese Falle sich kein Fuchs je unabsichtlicherweise hätte verirren können. Dennoch kamen viele. Denn diese Falle diente ja unserem Fuchs als Bau. Wollte man ihn im Bau, wo er zu Hause war, besuchen, mußte man in seine Falle gehen. Aus der freilich konnte jeder herausspazieren außer ihm selbst. Sie war ihm wort-wörtlich auf den Leib geschnitten. Der fallen-bewohnende Fuchs aber sagte stolz: So viele gehen in meine Falle, ich bin der beste aller Füchse geworden. Und auch daran war etwas Wahres: niemand kennt das Fallenwesen besser, als wer zeitlebens in einer Falle sitzt.

NACHWORT DER HERAUSGEBERIN

1925 und 1975, die Jahreszahlen im Titel dieser Veröffentlichung, sind die Eckdaten der Geschichte von Hannah Arendt und Martin Heidegger, wenn man die schriftliche Überlieferung zum Maßstab nimmt. Das erste Dokument stammt vom 10. Februar 1925; es ist eine Selbsteinladung. »Liebes Fräulein Arendt«, beginnt der Professor sein Handschreiben an die Studentin im ersten Semester, »ich muß heute Abend noch zu Ihnen kommen...«. Ort des Geschehens ist die Universitätsstadt Marburg an der Lahn. Das letzte Dokument, ein Brief mit der Anrede »Liebe Hannah«, trägt das Datum 30. Juli 1975. Es enthält eine Einladung, nachdem Arendt angefragt hatte: »Wir«, das sind Martin Heidegger und seine Frau Elfride, »freuen uns auf Deinen Besuch.« Daraufhin reiste die seit 1970 verwitwete Hannah Arendt von ihrem Ferienort Tegna über Zürich nach Freiburg. Am 12. August 1975 sahen sich beide zum letzten Mal. Arendt ist wenige Monate danach, am 4. Dezember 1975, im Alter von 69 Jahren in New York unerwartet gestorben. Der 17 Jahre ältere Heidegger überlebte sie kurz, er starb am 26. Mai 1976.

Die Eckdaten markieren einen Zeitraum von fünf Jahrzehnten, welche in der Mitte – mit gleichem Abstand zu Anfang und Ende – jenes Jahrhunderts liegen, das die Geschichte, die hier dokumentiert wird, in besonderer Weise mitgeprägt hat. In der Sprache der Zahlensymbolik und von den dramatis personae her gesehen, ist die im Zentrum der fünfzig Jahre wie des Jahrhunderts gelegene Zahl, nämlich 1950, ebenso bedeutsam. Damals geschah, von Hannah Arendt initiiert, was Martin Heidegger in vielfacher Weise feierte: die »Rückkehr und Einkehr der fünf Jahrfünfte«, der »Wieder-Blick«, die »Sonata sonans«.[1] Damals fielen in einem Brief Heideggers (vom 15.

---

[1] Was sich äußerlich tatsächlich ereignete, kann ziemlich genau rekonstruiert werden – aus den hier veröffentlichten Zeugnissen sowie aus Briefen

Februar 1950) die Worte von dem »Vierteljahrhundert unseres Lebens«, das nachzuholen sei; wohingegen Arendt im brieflichen Gespräch mit der in New York lebenden Freundin Hilde Fränkel (10. Februar 1950) kommentierte: »Er hat absolut keine Vorstellung davon, daß das alles 25 Jahre zurückliegt.«[2] Doch sie schrieb auch (in demselben unveröffentlichten Brief): »Im Grunde bin ich glücklich, einfach über die Bestätigung; daß ich recht hatte, nie zu vergessen.«

So widersprüchlich und unterschiedlich die Wahrnehmungen und Deutungen der Beteiligten, so schwer ist es für den nachgeborenen Betrachter, die überlieferten Zeugnisse zu interpretieren. Das liegt zunächst daran, daß die Überlieferung äußerst unvollkommen ist. Unter den erhalten gebliebenen Briefen und anderen Dokumenten stammen weniger als ein Viertel von Hannah Arendt. Deren dokumentarischer Wert wiederum verringert sich dadurch, daß nicht alles im Original überliefert ist, ja wir oft nicht wissen können, ob nachgelassene Briefentwürfe und -durchschläge überhaupt abgesandt wurden beziehungsweise den Empfänger erreichten. Darüber hinaus stellen die vorhandenen Bruchstücke, die verschiedene Stadien einer Liebes- und Freundschaftsbeziehung belegen, als solche hohe Anforderungen an den Interpreten. Sie werden oft erst dann verständlich, wenn sie nicht nur auf ihren Sinn, sondern auch auf ihren Hintersinn hin gelesen werden – wie sollte es bei Heidegger anders sein? Doch auch Hannah Arendt, die im allgemeinen handfester formuliert, gibt nicht wenige Rätsel auf. Und das Geheimnis, das die beiden Menschen verbindet, bleibt unangetastet, es wird nicht entschleiert, weder von ihm noch

---

Hannah Arendts an ihren Mann Heinrich Blücher (bibliographische Angabe S. 405) und die Freundin Hilde Fränkel (unveröffentlicht, bei den Hannah Arendt Papers in der Library of Congress, Washington, verwahrt), siehe auch weiter unten.

[2] Die »Freiburger Sache«, heißt es tags zuvor an Heinrich Blücher, »war gespenstisch«; sie sei »abgehandelt« worden, »als gäbe es keine Zeit« (*Arendt–Blücher-Briefwechsel*, S. 209).

von ihr. Er deutet die Dimension an: »In Jähen, raren, blitzt uns Seyn. / Wir spähen, wahren – schwingen ein.« Sie »schwingt ein«, doch das Erlebte wird nicht allzu deutlich in die Sprache gehoben. Zur Interpretation müssen vielmehr Äußerungen an anderen (verstreuten) Stellen herangezogen werden, was nicht Aufgabe dieses Nachwortes sein soll. Nur soviel sei noch angedeutet: Das einmal sprachlich Fixierte wird der Philosophin zum Gegenstand des Verstehens, und Verstehen heißt bei Hannah Arendt Überdenken, Sich-Auseinandersetzen, Kritisieren. Heideggers Zweizeiler beschäftigt sie. Im Sommer 1951 schreibt sie in ihr *Denktagebuch*, ausgehend von einem Nietzsche-Zitat aus *Die fröhliche Wissenschaft*: »Wenn Leben Sein ist, dann ist das ›Lebendigste‹ das Seiendste. Wenn ›das Lebende nur eine sehr seltene Art des Toten‹ (Nietzsche) ist, dann ist das Seltenste das Lebendigste und das Seiendste.« An dieser Stelle zitiert sie Heidegger leicht abgewandelt (»Im Jähen, Raren, zeigt sich Sein ...«) und fährt fort: »Dann ist alles Durchschnittliche Decadence, Neigung zu der Allgemeinheit des Toten.«[3] –

Die »Aufklärung« über die res privatas, die mit der Veröffentlichung der Dokumente geleistet wird, ist also begrenzt – aber das Geheimnis um die Briefe selbst, deren Existenz der Öffentlichkeit mit Erscheinen der Arendt-Biographie von Elisabeth Young-Bruehl 1982 bekannt wurde, ist gelüftet. Young-Bruehl hatte in ihrem Buch *Hannah Arendt: For Love of the World*[4] erstmals bekannt gemacht, was sie überwiegend aus mündlichen Quellen wußte: daß es zwischen Hannah Arendt und Martin Heidegger – über die Schüler-Lehrer- und geistige Beziehung hinaus – eine intime gegeben hat. Sie erwähnte die Briefe, machte aber gleichzeitig darauf aufmerksam, daß diese

---

[3] Heideggers Zweizeiler und ein Auszug aus der zitierten Eintragung in Arendts *Denktagebuch* sind in dieser Ausgabe als Autographen abgedruckt (Abb. 1 und 16).

[4] Deutsch: *Hannah Arendt: Leben, Werk und Zeit*, genaue bibliographische Angabe S. 406.

unter Verschluß seien. So wäre es wahrscheinlich auch noch viele Jahre nach dem jetzigen Veröffentlichungsdatum geblieben, hätte nicht Mary McCarthy, eine der Verwalterinnen des Hannah Arendt-Bluecher Literary Trust, eines Tages Elżbieta Ettinger kennengelernt, ihr Projekt einer Arendt-Biographie unterstützt und sie wegen Einsichtnahme in unveröffentlichte Korrespondenzen (seinerzeit u.a. auch der Blücher-Briefwechsel) an Lotte Köhler, die Mitverwalterin des Nachlasses, weitervermittelt. Auf diesem Weg hat Ettinger Zugang zu dem gesperrten Material erhalten. Entgegen ihren ursprünglichen Ankündigungen entschloß sie sich nach ein paar Jahren, den Teil ihrer Biographie, der sich mit der Beziehung Arendt-Heidegger befaßt, gesondert zu veröffentlichen.[5] Die geheimnisumwitterten Briefe waren das wichtigste Quellenmaterial des Büchleins, das, auf Englisch geschrieben, eine weite Verbreitung auch in anderen Sprachen erfuhr. Seine Publizität allerdings steht in krassem Mißverhältnis zu seiner Qualität. Ettinger hat den Büchermarkt mit einem Pamphlet eigener Art beliefert und willentlich, oder auch nicht – die Beziehung zwischen Hannah Arendt und Martin Heidegger ins Gerede gebracht.

Ein Gutes jedoch hat die in der Perspektive beschränkte und unter auffälligem Mangel an Einsicht und Einfühlung verfaßte Schrift bewirkt. Hermann Heidegger, der Sohn, dem der Vater das Wächteramt über den Nachlaß anvertraut hat, konnte davon überzeugt werden, daß es einen Sinn hat, die im Deutschen Literaturarchiv Marbach lagernden Briefe zu veröffentlichen. Aber nicht nur dieser von außen kommende Anlaß sollte hervorgehoben werden; denn die Publikation läßt sich unabhängig davon rechtfertigen.

---

[5] Elżbieta Ettinger, *Hannah Arendt Martin Heidegger*, New Haven – London: Yale University Press, 1995; dt. (übers. von Brigitte Stein): *Hannah Arendt Martin Heidegger. Eine Geschichte*, München – Zürich: Piper (Serie Piper, 1904), 1995; zur Veröffentlichungsgeschichte siehe Lotte Köhler in einem Leserbrief in *The New York Review of Books* (21. März 1996, S. 52).

So fällt das Licht der Öffentlichkeit auf zwei herausragende Figuren der Geistesgeschichte des 20. Jahrhunderts – den »König im Reich des Denkens« und, wenn man so will, die »Königin im Reich des Urteilens« (mit allen Folgen – auch das Urteilen ist gegen das »Irren« nicht gefeit!). Das Interesse an Lebensläufen und alltäglichen Umständen, zeitbedingt ohnehin groß, verstärkt sich natürlich, wenn die Biographien namhafter Gestalten aufeinandertreffen und deren Verbindung durch viele Jahrzehnte nicht eigentlich abreißt. Gewiß gibt es Gründe, diesem Bedürfnis der Öffentlichkeit nicht nachzugeben (und eigentlich haben beide Protagonisten lebenslang in diesem Sinne gewirkt), aber dann ist die Bahn frei für allerlei Erdichtetes, Sensationslüsternes und Dilettantisches. In einer Zeit, die sich an allem, was »geheim« bleibt, besonders reibt und das Geheimnis einfach dadurch seines Charakters beraubt, daß sie es durch banale Alltagsphantasien ersetzt, scheint ein Gegensteuern eher dann gewährleistet, wenn dokumentierte »Wirklichkeit« nicht unter Verschluß gehalten wird. In diesem Sinne jedenfalls wurde hier entschieden.

Die Berühmtheit der Schreiber bringt es zusätzlich mit sich, daß eine große Schar von Fachleuten, die sich mit Werk und Person von Arendt beziehungsweise Heidegger befassen, vorhanden ist. Sie werden dieser Veröffentlichung so manches klärende Detail entnehmen, die eine oder andere Linie genauer und mit stärkerem Druck ziehen und die Entwicklung dieser einmaligen persönlichen und geistigen Beziehung in ihren verschiedenen Facetten verfolgen können. Aus dieser Perspektive gesehen, setzt die vorliegende Ausgabe einen bereits bestehenden Trend lediglich fort. Sie steht in der Reihe der postumen Briefeditionen, die dabei helfen, die Mosaike des Arendt- wie des Heidegger-Porträts zu vervollständigen.

Weiterhin sind besonders die aus den zwanziger Jahren stammenden hier veröffentlichten Dokumente – weitgehend unabhängig von den Brief- und Gesprächspartnern – Zeugnisse einer vergangenen Intimkultur mit Verhaltensmustern, welche manchen aus jenen Generationen, die während oder nach der Sexualitäts-Revolution aufgewachsen sind, fremd anmuten und deshalb Interesse hervorrufen dürften. Eine »Scheu«, vielfach angesprochen, scheint aus unterschiedlichen Gründen, die hier nicht thematisiert werden können, verhaltensprägend gewesen zu sein. Deren Kehrseite, ein Mangel an gegenseitiger Offenheit, wird dagegen nur in ein paar seltenen Momenten ausdrücklich ins Bewußtsein gehoben. »Es gibt eine Schuld aus Verschlossenheit«, schreibt Hannah Arendt an Elfride Heidegger (10. Februar 1950), und fast zeitgleich gesteht Martin Heidegger (8. Februar 1950): »Meistens sprechen wir zu viel; bisweilen aber auch zu wenig.«

Diese Art des Miteinander-Umgehens hat andererseits zur Folge, daß in der schriftlichen Mitteilung die Grenze des Schmerzhaft-Peinlichen nicht überschritten wird. Der (ungebetene) Leser wird Nutznießer einer »gehobenen«, einerseits zu wenig sprechenden, andererseits verdichteten Sprache. Das hier Veröffentlichte ist damit nicht nur biographisch-kulturgeschichtlich, sondern auch literarisch von Bedeutung. Wer freilich das Heidegger-»Aroma« ganz und gar nicht verträgt, wird anderer Meinung sein.

Alle erhalten gebliebenen schriftlichen Zeugnisse, die die persönliche Beziehung dokumentieren, sind hier erstmals aus den Marbacher Nachlässen Arendts und Heideggers sowie den Hannah Arendt Papers in Washington (D.C., USA) zusammengestellt. Im einzelnen sind dies 119 Briefe, Postkarten und Kurzmitteilungen von ihm an sie und 33 Schriftstücke von ihr, von denen viele nur als Kopien oder Konzepte existieren. Hinzu kommen einige zwischen Heideggers Frau Elfride und Arendt gewechselte Briefe (Dok 49, 108, 109, 110, 111, 119 a, 122, 123) sowie ein kurzes Handschreiben von Fritz Heidegger aus dem Jahr 1970, in dem er über den Gesundheitszustand seines Bruders Martin nach einem in Augsburg erlittenen leichten Schlaganfall berichtet (Dok 121). Außer den Mitteilungen in Briefform sind eine Reihe anderer Dokumente abgedruckt: das

Manuskript »Schatten«, das Hannah Arendt für Martin Heidegger im April 1925 in Königsberg geschrieben und ihm in Kassel überreicht hatte (Dok 11); ferner Gedichte, die Martin Heidegger nach dem Wiedersehen für Hannah Arendt 1950 und 1951 verfaßt hat und von denen sie stolz an Kurt Blumenfeld schreiben kann, sie sei die Veranlassung dafür gewesen, daß »die deutsche Sprache um einige sehr schöne Gedichte bereichert«[6] werden konnte. Die meisten dieser Gedichte (Dok. 50, 54, 56, 58, 61, 63, 67, 75 und Abb. 1, 10) sind ungewöhnlich aufschlußreiche Dokumente, die in die Sprache heben, was in der Briefprosa allenfalls zwischen den Zeilen steht. Weiterhin enthält diese Ausgabe weniger schöne, aber ihrerseits aufschlußreiche Gedichte von Hannah Arendt aus der Zeit 1923 bis 1926 (Anhang, Dok. A4), von denen einige bereits von Young-Bruehl veröffentlicht worden waren. Aus Heideggers frühen Briefen erfahren wir, daß die Studentin ihrem Geliebten selbstverfaßte Gedichte zur Lektüre gab. So ist anzunehmen, daß das eine oder andere hier abgedruckte »für Martin« geschrieben wurde. Generell vermitteln diese zusätzlichen Zeugnisse etwas von der geistigen und seelischen Verfassung der jungen Hannah Arendt und tragen auf diese Weise dazu bei, daß wenigstens ein paar Töne ihrer in der frühen Korrespondenz fast völlig fehlenden Stimme vernommen werden können. Dann sind noch »Die wahre Geschichte von dem Fuchs Heidegger«, die Arendt im August oder September 1953 in ihr *Denktagebuch* geschrieben hat (Dok. A5), wie schließlich ihre Gaben an Heidegger zum 80. Geburtstag am 26. September 1969 (Dok. 116, 117) in diese Ausgabe aufgenommen worden. –

Hannah Arendt ist es zu danken, daß die Briefe und anderen Zeugnisse überlebt haben. Sie war es, die das meiste, was nun in die Helle des öffentlichen Lichts gelangt, aufbewahrt und den Archiven zur Verfügung gestellt hatte. Ob sie sich eine Veröf-

---

[6] Brief vom 1. April 1951, *Arendt–Blumenfeld-Korrespondenz* (genaue Angabe S. 405), S. 52.

fentlichung gewünscht oder auch nur vorgestellt hatte — darüber gibt es keine Auskünfte. Jedenfalls hat sie Heideggers ihr zugeeignete Gedichte mit Datierungen versehen und wahrscheinlich selbst abgeschrieben. So wichtig waren ihr diese und die Briefdokumente, daß sie sie zuletzt an einem besonderen Ort — in einer Schublade des in ihrem Schlafzimmer stehenden Sekretärs — aufbewahrte. Ihre Vorstellung von der Bedeutung des Erlebten und ihr Wunsch des Nichtversinkenlassens müssen stark ausgeprägt gewesen sein, wenn zutrifft, daß sie sich über eine Absprache mit Heidegger hinwegsetzte und die persönlichen Dokumente nicht vernichtete. Hermann Heidegger berichtet, sein Vater habe ihm anvertraut, daß es eine entsprechende Verabredung gegeben hätte — wobei anzunehmen ist, daß Heidegger die frühen Briefe ohnehin nicht aufbewahrt hatte.

Daß sich in Heideggers inzwischen im Zuge der Arbeiten an der Gesamtausgabe mehrfach durchforstetem Nachlaß noch Arendt-Briefe finden könnten, kann so gut wie ausgeschlossen werden. Im Nachlaß von Fritz Heidegger sind, nach Auskunft der Familie Heidegger, die fehlenden Zeugnisse auch nicht aufgetaucht. Damit ist davon auszugehen, daß alles Überlieferte — so bruchstückhaft es auch sein mag — in dieser Ausgabe vollständig veröffentlicht wird. Alle Briefe von Martin Heidegger sind handschriftlich — es hat nie Kopien gegeben. H.A. hat demgegenüber nur in der frühen Zeit mit der Hand geschrieben, weshalb aus diesen Jahren allenfalls Konzepte, die sie verwahrte, erhalten sind. Von ihren späteren maschinenschriftlichen Briefen gibt es teilweise Durchschläge, teilweise befinden sich Originale in Heideggers Nachlaß.[7]

Auf eine Besonderheit dieser Ausgabe konnte schon hingewiesen werden: Es dominiert die Stimme Martin Heideggers.

---

[7] Die genauen Angaben zur Überlieferung sind an den Anfang der Anmerkungen zum jeweiligen Dokument gestellt (S. 263–362). Die Angaben über die in dieser Ausgabe wiedergegebene Fassung können dem Verzeichnis der abgedruckten Dokumente (S. 423–428) entnommen werden.

Eine weitere Besonderheit liegt darin, daß es Phasen enger Kommunikation und klarer Nicht-Kommunikation sowie eine Reihe von Zwischenstadien gegeben hat. Ein kurzer Überblick über die Geschichte der Beziehung auf der Grundlage der hier veröffentlichten Dokumente mag das verdeutlichen. Dabei soll tatsachenbetont erzählt werden, eine darüber hinausgehende Deutung ist nicht beabsichtigt. Wichtige Aspekte der Arendt-Heidegger-Diskussion sind zwar angesprochen, doch deren ausführliche oder gar umfassende Erörterung kann hier nicht geleistet werden.

Drei »Hoch«-Zeiten der Beziehung lassen sich unterscheiden: Die erste beginnt im »November 1924« (siehe das Gedicht unter diesem Titel in Dok. 54), wird konkret im Februar 1925 (Dok. 1–3), erfährt eine trennungsbedingte Verlangsamung (Dok. 4–8), um im April in der Begegnung in Kassel (Dok. 9–12) ihre Dynamik zu steigern. Im Sommersemester 1925 mit seinen vielen (heimlichen) Begegnungen (Dok. 13–27) stabilisiert sich das Erlebte, es strahlt bis in die späten zwanziger Jahre hinein (Dok. 28–44) – trotz des von Hannah Arendt im Januar 1926 abrupt gesetzten Endes (Dok. 35). Am Anfang steht ein Liebeserlebnis. »Das Dämonische«, so drückt er es aus, »hat mich getroffen« (Dok. 3), und er wird diese Kraft schöpferisch nutzen – während der Jahre, in denen *Sein und Zeit* entsteht. Die Marburger Zeit, so wird er später (in »Mein Weg in die Phänomenologie«, 1963) schreiben, war »die am meisten erregendste, gesammelte und ereignisreichste«. So mancher seiner Briefe an die Geliebte berichtet von der »grandiosen« Erfahrung der produktiven Arbeit (Dok. 28 ff.), den »Zeiten der Gewalt« (Dok. 35), und reflektiert deren Bedingungen, deren Freuden und Nöte.

Kaum weniger wichtig wird das Liebeserlebnis für sie, worüber selbst die spärlich erhalten gebliebenen Dokumente Aufschluß geben. Das Manuskript »Schatten« (Dok.11) belegt sozusagen den Zustand »quo ante«, und für das Ende dieser Lebensphase finden wir in einem Briefkonzept (Dok. 42) eine

Selbstreflexion in der Art eines Gelöbnisses: »Der Weg, den Du mir zeigtest, ist länger und schwerer als ich dachte. Er verlangt ein ganzes langes Leben. Die Einsamkeit dieses Weges ist selbstgewählt und ist die einzige Lebensmöglichkeit, die mir zukommt.« Nun ist es nicht mehr so, »daß sie ... ihr Leben hinfristet in haltlosen Experimenten« (Dok. 11). »Alle ›Schatten‹ sind fort«, wie er schon zuvor zu beobachten glaubte (Dok. 39).

Es folgt eine überwiegend durch die politischen Zeitumstände bedingte fast zwanzigjährige Pause, von deren Anfang ein Heidegger-Brief (Dok. 45) zeugt. Der Brief, im Winter 1932/33 geschrieben, ist von großer Bedeutung über die private Beziehung hinaus. Heidegger äußert sich in ihm – kurz vor der Übernahme des Rektorats – zu seinerzeit offenbar kursierenden Vorwürfen, er sei ein Antisemit, die Arendt in einem nicht erhalten gebliebenen Brief an ihn herangetragen hatte. Daß seine Antwort sie befriedigt hätte, ist nicht anzunehmen; aber sie hat offenbar nicht unmittelbar reagiert, sondern zunächst willentlich, dann möglicherweise umständehalber geschwiegen. Wahrscheinlich erst 1948 (siehe Dok. 62) hat sie versucht, die Verbindung, die auch von Heideggers Seite nicht gesucht worden war, wieder aufzunehmen. Schließlich setzt sie am 6. Februar 1950 einen neuen Anfang – im »Zwang des Impulses« (siehe Dok. 48) und in der Treue zu sich selbst wie zu ihrer Philosophie. Was waren ihre Gründe? Eine eindeutige Antwort geben die in der vorliegenden Ausgabe veröffentlichten Dokumente nicht. –

Am 7. Februar 1950 jedenfalls beginnt die zweite »Hoch«-Zeit. Am Abend dieses Tages besucht Martin Heidegger Hannah Arendt im Freiburger Hotel, nachdem sie ihm tags zuvor ihre Anwesenheit schriftlich mitgeteilt hatte. In einer großen Anzahl von Zeugnissen aus den Jahren 1950 bis 1954 (Dok. 47–87) kann nachgelesen werden, wie Vertrautheit wieder auflebt oder sich neu einstellt: »Wie schön ist dieses unmittelbar zündende, fast noch ungesprochene Verstehen aus einer früh gestifteten und durch Böses und Wirres nicht erschütterten weiterkommenden Verwandtschaft. Das Nichtmehrloslassen aus dem Vertrautesten, das helfe Dir und mir, jedem von uns nach seiner Not, seiner Bedrängnis, seiner Wehrlosigkeit.« (Dok. 55)

Gleichzeitig sind die Dokumente dieser Jahre, auch überwiegend von Heideggers Hand, eine Fundgrube für alle diejenigen, die an Heideggers Biographie der frühen fünfziger Jahre interessiert sind. Es ist jene Phase seines Lebens, welche vom Lehrverbot und der Unsicherheit der persönlichen Situation (bis 1951) ebenso geprägt ist wie von den persönlichen und öffentlichen Angriffen wegen des Engagements für den Nationalsozialismus; welche ihm aber fast gleichzeitig einen sich ungeahnt steigernden Ruhm im Nachkriegsdeutschland bringt. In gleicher Weise bedeutsam dürften die vielen Stellen sein, wo er sich über seinen »Denkweg« äußert.

Hannah Arendt bleibt im Hintergrund, über ihre Entwicklung und Biographie erfährt der Leser kaum etwas. Doch einmal berichtet sie über ihre Arbeit (Dok. 86). Der entsprechende Absatz läßt ahnen, wie früh (1954) bereits die Weichen für *The Human Condition* (1958) beziehungsweise *Vita activa* gestellt sind. Später (1960) erinnert sie in einer Widmung, die ihm wahrscheinlich nie zu Augen gekommen ist (siehe S. 319), dankend »die ersten Freiburger Tage«, d.h. die Gespräche während ihrer Besuche in den Jahren 1950 und 1952.

Für seine Arbeit hat seinerzeit ein »Gespräch über die Sprache« eingesetzt, das nachklingt – etwa (14. Juli 1951): »... denke ich oft an unser Gespräch über die Sprache auf dem Weg zur Birke ...«; oder nach sehr vielen Jahren, als er mit mehrmonatiger Verspätung sich für ihre Glückwünsche zum 75. Geburtstag bedankt (13. April 1965): »Ich denke noch oft an unser Spaziergangsgespräch über die Sprache.«

Über dem Jahrzehnt 1955 bis 1965 liegt Dunkel, es sind nur drei Dokumente (Nr. 88–90), aus dessen letztem soeben zitiert wurde, erhalten. Die Pause der persönlichen Begegnung ist noch länger, zwischen 1952 und 1967 haben sich Martin Heidegger und Hannah Arendt wohl nicht gesehen. Die Gründe für die Unterbrechung sind vielfältig, einige auf der Hand liegende, zu denen sich auch Hinweise in den hier veröffentlichten Dokumenten finden, seien genannt. Aus Arendts Briefen an Heinrich Blücher, in denen sie sich in teilweise drastischen Schilderungen über Elfride Heidegger ergeht, kann geschlossen werden, daß geistig-politische Abgrenzung und weibliche Eifersucht mitspielten. Darüber hinaus ist sicherlich das spannungsreiche Verhältnis zwischen Heidegger und seinem Kollegen Karl Jaspers, in dem Hannah Arendt als das »eigentliche ›Und‹« (Dok. 64) stand, bedeutungsvoll gewesen. Doch weitere Gründe kommen hinzu – nicht zuletzt der, daß Heidegger wie Arendt in dieser Zeit mit ihren je eigenen »Sachen« stark beschäftigt waren und das »Treiben« des anderen eher kritisch beurteilten (siehe als Beispiel Arendts bereits erwähnte und im Anhang abgedruckte Geschichte von Heidegger, dem »Fuchs«).

Um so erstaunlicher ist, daß sich schließlich im letzten Jahrzehnt eine dritte »Hoch«-Zeit ereignet. In seinem Brief zu Arendts 60. Geburtstag am 14. Oktober 1966 (Dok. 91)) schlägt Heidegger den Ton an: Herbst. Sie stimmt ein (Dok. 92): »Denen der Frühling das Herz bracht und brach, denen macht es der Herbst wieder heil.« Und wir, die lesenden Zuschauer, werden in diesen späten Jahren zum ersten Mal Zeugen eines Brief*wechsels*, der diesen Namen verdient (Dok. 91–166). Wir nehmen teil an einem Austausch, einem Geben und Nehmen, bei dem – wenn denn aufgerechnet werden muß – sie möglicherweise mehr empfängt als er. Der Herbst ist die Zeit der Reife und im Persönlich-Privaten der eigentlichen Versöhnung, in die mehr und mehr, nun auch von Arendts Seite, Elfride Heidegger einbezogen wird. Im Hintergrund, so meint man hin und wieder zu erkennen, spielt sich dennoch ein mit feinen Klingen geführter geistiger Wettkampf ab. Eine Spannung – jetzt unter Gleichen – bleibt, und davon profitiert nachweislich Hannah Arendts Projekt einer »vita contemplativa«. Unter den vielen Nebenthemen, zu denen sich Aussagen in den Briefen dieser

Jahre finden, seien das der Übersetzung und Verbreitung von Heideggers Werk im angelsächsischen Sprachraum sowie das der Ordnung und Verbringung des Nachlasses genannt. Der Rückzug aus dem Leben beschäftigt beide Briefpartner – philosophisch überhöht unter dem Stichwort »Stille«, aber auch ganz konkret bei Martin Heidegger und seiner Frau mit der Einrichtung des »Alterssitzes« (Dok. 138, siehe auch Dok. 130, 136). Die Bemühungen, »ins Engere und Strengere zu denken« (4. August 1971), klingen in seinen Briefen an, während sie dem Wunsch nach Abrundung des eigenen Werkes Ausdruck verleiht. »Es ist immerhin möglich, daß mir ein Buch, das ich unter den Händen habe – eine Art zweiter Band der *Vita Activa* –, doch noch gelingt«, schreibt sie am 20. März 1971 und fragt an, ob sie im Falle des Gelingens ihm dieses Opus widmen darf. –

1969, im Jahr des 80. Geburtstags von Martin Heidegger, wird besonders gefeiert: öffentlich und privat. Hannah Arendt dankt dem »Lehrer«, bei dem sie das Denken gelernt habe, und ehrt ihn in ihrer schnell berühmt werdenden Rundfunkrede »Martin Heidegger ist achtzig Jahre alt«, deren Text im Oktoberheft des *Merkur* erscheint. Wieder die Zahlensymbolik bemühend, schreibt sie auf das ihm übersandte maschinenschriftliche Redeexemplar (Dok. 116): »Für Dich zum 26. September 1969 nach fünfundvierzig Jahren wie seit eh und je – Hannah.« Vor dem Geburtstag hatte sie zusammen mit ihrem Mann das Ehepaar Heidegger besucht (Dok. 114), von den zahlreichen Ehrungen, die Martin Heidegger dann empfängt, erfährt sie aus seinem Brief vom 27. November 1969 (Dok. 118).

Bevor Martin Heidegger seinen achtzigsten Geburtstag feiern konnte, war Karl Jaspers gestorben. Gleich nach den Trauerfeierlichkeiten in Basel (im Februar/März 1969) reist Hannah Arendt nach Freiburg (Dok. 106). Von da an – insbesondere nachdem sie im Oktober 1970 auch Heinrich Blücher verloren hatte – wird die Adresse »Freiburg« immer wichtiger für sie. Bei jedem Europaaufenthalt in den folgenden Jahren macht sie dort einmal, 1972 und 1975 auch zweimal Station. Am 13. Juli 1971 gesteht sie: »Deine Sachen begleiten mich, sie werden zu einer Art ständiger Umgebung.« Ihr postum erschienenes Werk *Vom Leben des Geistes* zeugt davon. Und von ihm lesen wir (22. Juni 1972) – augenzwinkernd oder auch nicht: »Ich hoffe über Deine eigene Arbeit einiges zu hören; sonst habe ich keine Gelegenheit, noch zu lernen.« In ein Exemplar seines Buchs *Kant und das Problem der Metaphysik*, das 1973 in der vierten, erweiterten Auflage erscheint, schreibt er: »Für Hannah Arendt herzlich grüßend Martin Heidegger.« Damit, so will es scheinen, erfolgt nun auch die Anerkennung der Autorin Hannah Arendt, d.h. ihrer Arbeit – eine Würdigung, die sie in früheren Jahren schmerzlich vermißt hatte. Die letzte Widmung an sie steht in dem Privatdruck seines Nachrufes auf die Mitarbeiterin Hildegard Feick. Wie auch früher schon faßt sich der »Nachfahre des Parmenides« kurz: »Für Hannah – Martin.«

Die drei Hochphasen der Beziehung lassen sich durch ihre jeweiligen Anfänge klar bezeichnen. Der »Wieder-Blick« von 1950, den Martin Heidegger im Gedicht festhielt (siehe S. 108), setzte einen »Blick« voraus, den es tatsächlich, ganz real, gegeben hat: den Blick, »der am Katheder mir zublitzte« (Dok. 60, siehe auch S. 27) – ein »Blick« und »Blitz« verschmelzendes Ereignis, das den ersten, den »währenden« Anfang schuf. Heraklits »τὰ δὲ πάντα οἰακίζει κεραυνός« schrieb er in das Exemplar der *Holzwege*, das er ihr zur Erinnerung an die Wiederbegegnung 1950 überreichte, und er übersetzte: »das Alles jedoch mit Anwesen steuert der Blick«. Noch der »Herbst« der Beziehung, diese Vermutung drängt sich auf, lebte aus diesem Anfang.

Der Blick – der Wieder-Blick – der Herbst: Diese aus der Immanenz gewonnene Struktur, die durchaus ein von den handelnden Personen ausgehendes gestalterisches Moment enthält, wurde für den Textteil dieser Ausgabe in der Form einer Kapiteleinteilung übernommen. Als »Epilog« konnten – dank des Entgegenkommens von Frau Lore Jonas – zwei Dokumente aus dem Nachlaß von Hans Jonas abgedruckt werden. Es handelt sich um ein Telegramm, das Martin Heidegger an Hans Jonas und die um Hannah Arendt trauernden Freunde nach New York sandte, und einen etwas später geschriebenen, ebenfalls an Jonas gerichteten Brief (Dok. 167, 168). –

Was das Edtionstechnische angeht, so waren als Vorläufer vor allem die Briefausgaben Arendt-Jaspers, Heidegger-Jaspers und Heidegger-Blochmann[8] zu berücksichtigen. Sie dienten als Orientierungshilfe bei der Gestaltung des Text- und des Anmerkungsteiles. Eine der ersten editorischen Entscheidungen, die im Einvernehmen mit den beiden Nachlaßverwaltern, Dr. Lotte Köhler und Dr. Hermann Heidegger, getroffen wurde, war, dem Leser die Dokumente so unbearbeitet wie möglich zu präsentieren, weshalb der Vorgabe des Heidegger-Blochmann-Briefwechsels gefolgt und auf Anmerkungsziffern in den Texten[9] verzichtet wurde. Die Anreden und Grußformeln blieben unbearbeitet, bei letzteren wurde auch die formale Gestaltung soweit wie möglich beibehalten. In den Texten selbst sind nur vorsichtig Veränderungen vorgenommen worden, um die Lesbarkeit zu verbessern. Das heißt etwa, daß das Wort »und« durchgängig ausgeschrieben, daß eindeutige Namensabkürzungen (etwa »J.« für »Jaspers« oder »Frbg.« für »Freiburg«) aufgelöst und eckige [Herausgeber-]Klammern nur dann eingefügt wurden, wenn damit eine für den Leser sinnvolle Information verbunden schien. Ferner wurden eindeutige Flüchtigkeitsfehler stillschweigend verbessert. Von den Briefpartnern unterstrichene oder gesperrte Passagen erscheinen im Text als Kursiva, ebenso die Titel aller erwähnten Buchveröffentlichungen (die beide Schreiber meist in Anführungszeichen setzten). Ein gewisses Problem stellte die Zeichensetzung dar. Arendts fehlende beziehungsweise hin und wieder falsch gesetzte Kommata wurden verbessert, soweit sie ohne Skrupel als Flüchtigkeitsfehler eingeschätzt werden konnten. Heideggers Gedan-

---

[8] Die bibliographischen Angaben für die drei Briefausgaben sind im Abkürzungsverzeichnis (S. 405 f.) zu finden.

[9] Ausgenommen Dok. 116, welchen Text H.A. mit Anmerkungen geschrieben hat.

kenstriche, in seinen Handschriften oft nicht von Punkt und Komma zu unterscheiden beziehungsweise an deren Stelle gebraucht, wurden an einigen wenigen Stellen abgeändert, weil dies dem Verständnis förderlich zu sein schien. Einige Kommata, deren Fehlen den Leser eher hätte irritieren können, wurden zusätzlich eingefügt.

Im Anmerkungsteil sind unter der jeweiligen Dokumentennummer zunächst Angaben zu den überlieferten Stücken aufgeführt, sodann kontextbezogene Informationen gegeben worden, wobei im allgemeinen die aus der Lektüre des unmittelbar vorausgehenden oder nachfolgenden Dokuments ersichtlichen Zusammenhänge unkommentiert blieben. Insgesamt wurden Hinweise und Kommentare möglichst knapp gehalten und auf lebens- und werkgeschichtliche Mitteilungen, also Mitteilungen im Sinne von »Wissen«, beschränkt. Nicht erläutert wurden einzelne Begriffe und Gedanken, weil dies den Rahmen gesprengt hätte. Eine gewisse Kenntnis der Sprache Martin Heideggers mußte vorausgesetzt werden. Andererseits geben beide Briefpartner im allgemeinen selbst ziemlich genau an, wo die Gedanken, die sie gerade ansprechen oder entfalten, nachzulesen sind. Aus diesem Grund wurden die zitierten Werke von Arendt und Heidegger in ausführlichen Werkverzeichnissen am Ende der Ausgabe (S. 407–422) zusammengestellt. Diese Werkverzeichnisse sind als Ergänzungen zu den Anmerkungen gedacht. Der Leser, der nachfragend die genauen Angaben über im Text erwähnte primäre Arendt- und Heideggertitel sucht, findet sie dort und nicht in den Anmerkungen.

Für Martin Heidegger wie für Hannah Arendt – daran sei zum Schluß noch einmal erinnert – war im Zweifelsfall das »Werk« immer wichtiger als das »Leben«. In der hier vorgelegten Dokumentation hat das »Leben« die Oberhand, wobei aber auch deutlich wird, wie stark Leben und Werk ineinander verwoben sind. Hin und wieder werden empfängliche Leser zudem etwas von dem Geist, der das Werk – die Werke – durchweht, spüren. Und hoffentlich finden sich möglichst viele, die bereit sind, den Hauptpersonen der dokumentierten Geschichte insofern zu folgen, als sie genau lesen, fragen und selbstdenkend urteilen, vielleicht neu fragen oder gar nachlesen.

DANKSAGUNG

Ich danke Frau Dr. Lotte Köhler, die mir in früher Zeit Einblick in die von Hannah Arendt aufbewahrten Zeugnisse gewährt hat und mir seitdem mit Rat und Tat zur Seite gestanden ist. – Ich danke Herrn Dr. Hermann Heidegger, der mir so viel Vertrauen entgegengebracht hat, daß diese Ausgabe überhaupt entstehen konnte, und mir bei der Übertragung der Handschrift seines Vaters sowie hinsichtlich vieler inhaltlicher Einzelheiten unter großem Zeitaufwand und mit bewundernswerter Geduld geholfen hat. – Ich danke den vielen Brief- und Gesprächspartnern, mit deren Hilfe ich Einzelfragen klären konnte. Dieser Teil des Dankes muß notgedrungen pauschal bleiben, weil die Zahl derjenigen, die ich um Auskunft bat und die mir antworteten und weiterhalfen, ungewöhnlich hoch gewesen ist. Nur einen Ratgeber, zu dem sich eine besondere Verbindung entwickelt hat (und der von mir beinahe schon ungebührlich »strapaziert« wurde) möchte ich herausheben: Herrn Professor Joachim W. Storck, dem auch deshalb eine wichtige Rolle im Zusammenhang mit dieser Edition zukommt, weil er in Arendts Besitz befindliche Heideggeriana noch persönlich von ihr in New York empfangen und nach Marbach verbracht hat. – Ich danke schließlich meiner Mitstreiterin in rebus Arendtianis, Frau Dr. Ingeborg Nordmann, sowie Frau Dr. Elfriede Üner für zahlreiche Gespräche und ihre kritische Lektüre des Nachworts.

Tutzing, im Januar 1998   Ursula Ludz

ZUR DRITTEN AUFLAGE

Die dritte Auflage ist gegenüber der zweiten durchgesehenen Auflage von 1999 nochmals verbessert worden. Aufmerksame Leser und vor allem Übersetzer der Texte haben dankenswerterweise den Verlag und die Herausgeberin auf eine Reihe von zusätzlichen Fehlern hingewiesen, die nun korrigiert werden konnten. Darüber hinaus hat Dr. Hermann Heidegger im Nachlaß seiner Mutter einen bisher nicht bekannten Brief von Hannah Arendt an Martin Heidegger gefunden (Dokument 83a), der als Addendum auf den Seiten 429 bis 431 abgedruckt ist.

Tutzing, im Januar 2002   Ursula Ludz

VERZEICHNISSE

ABKÜRZUNGEN / ABGEKÜRZT ZITIERTE LITERATUR

Cont.   = Container (hier = Aktenschachtel)
Dok.   = Dokument
H.A.   = Hannah Arendt (geb. 14. Oktober 1906, gestorben 4. Dezember 1975)
HAPapers   = Hannah Arendt Papers in der Library of Congress in Washington, D.C.
HGA   = Martin Heidegger, *Gesamtausgabe: Ausgabe letzter Hand*, im Verlag Vittorio Klostermann
M.H.   = Martin Heidegger (geb. 26. September 1889, gestorben 26. Mai 1976)
NLArendt   = Teilnachlaß Arendt im Deutschen Literaturarchiv Marbach
NLHeidegger = Nachlaß Heidegger im Deutschen Literaturarchiv Marbach

Arendt-Blücher-Briefe
Hannah Arendt und Heinrich Blücher, *Briefe 1936–1968*, hrsg. und mit einer Einführung von Lotte Köhler, München-Zürich: Piper, 1996.

Arendt-Blumenfeld-Korrespondenz
Hannah Arendt und Kurt Blumenfeld, *»...in keinem Besitz verwurzelt«: Die Korrespondenz*, hrsg. von Ingeborg Nordmann und Iris Pilling, Hamburg: Rotbuch, 1995.

Arendt-Broch-Briefwechsel
Hannah Arendt und Hermann Broch, *Briefwechsel 1946–1951*, hrsg. von Paul Michael Lützeler, Frankfurt am Main: Jüdischer Verlag, 1996.

Arendt-Jaspers-Briefwechsel
Hannah Arendt und Karl Jaspers, *Briefwechsel 1926–1969*, hrsg. von Lotte Köhler und Hans Saner, München: Piper, 1985.

Arendt-McCarthy-Briefwechsel
Hannah Arendt und Mary McCarthy, *Im Vertrauen: Briefwechsel 1949–1975*, hrsg. und mit einer Einführung von Carol Brightman, aus dem Amerikanischen von Ursula Ludz und Hans Moll, München: Piper, 1995.

Biemel, *Martin Heidegger*
Martin Heidegger mit Selbstzeugnissen und Bilddokumenten, dargestellt von Walter Biemel, Reinbek bei Hamburg: Rowohlt (rororobildmonographien, rm 200), 1973.

Heidegger-Blochmann-Briefwechsel
Martin Heidegger und Elisabeth Blochmann, *Briefwechsel 1918–1969*, hrsg. von Joachim Storck (Marbacher Schriften), 2., durchges. Aufl., Marbach am Neckar 1990.

Heidegger-Jaspers-Briefwechsel
Martin Heidegger und Karl Jaspers, *Briefwechsel 1920–1963*, hrsg. von Walter Biemel und Hans Saner, Frankfurt am Main: Klostermann, und München-Zürich: Piper, 1990; dass. (als Paperback) in der Serie Piper (Band 1260), 1992.

Ott, *Martin Heidegger*
Hugo Ott, *Martin Heidegger: Unterwegs zu seiner Biographie*, durchgesehene und mit einem Nachwort versehene Neuausgabe, Frankfurt/New York: Campus (Reihe Campus, 1056), 1992.

Petzet, *Auf einen Stern zugehen*
Heinrich Wiegand Petzet, *Auf einen Stern zugehen: Begegnungen und Gespräche mit Martin Heidegger, 1929–1976*, Frankfurt am Main: Societäts-Verlag, 1983.

Safranski, *Ein Meister aus Deutschland*
Rüdiger Safranski, *Ein Meister aus Deutschland: Heidegger und seine Zeit*, München: Hanser, 1994.

Young-Bruehl, *Hannah Arendt*
Elisabeth Young-Bruehl, *Hannah Arendt: Leben, Werk und Zeit*, aus dem Amerikanischen von Hans Günter Holl, Frankfurt am Main: Fischer, 1986.

DIE ERWÄHNTEN WERKE VON HANNAH ARENDT

Die in alphabetischer Reihenfolge aufgeführten Titel enthalten Angaben nach folgendem Schema: Titel mit deutschem/englischem Äquivalent in eckigen Klammern; genaue bibliographische Angaben für die erste Ausgabe des Haupttitels; Seitenverweise zu dieser Ausgabe.

»Concern with Politics in Modern European Thought« (1954) – [Bisher nicht in deutscher Sprache]
In: *Essays in Understanding*, S. 428–447. – S. 147, 317

Das Denken – [Thinking]
Siehe *Vom Leben des Geistes*

Denktagebücher
Unveröffentlicht; Heft I in der Library of Congress (HAPapers, Cont. 79), Hefte II bis XXVIII im Deutschen Literaturarchiv Marbach (Signatur 93.37.1–27). – S. 286, 288, 293, 299, 303 f., 310, 327, 335, 338 f., 342, 350, 382 f., 387, 391 und Abb. 16

»Diskussion mit Freunden und Kollegen in Toronto (November 1972)« – [»Hannah Arendt on Hannah Arendt«]
Übersetzt von Ursula Ludz, in: *Ich will verstehen*, S. 71–113. – S. 337

Eichmann in Jerusalem: Ein Bericht von der Banalität des Bösen – [Eichmann in Jerusalem: A Report on the Banality of Evil]
Übersetzt von Brigitte Granzow, von der Autorin durchgesehene und ergänzte deutsche Ausgabe, München: Piper, 1964. – S. 277, 336

Elemente und Ursprünge totaler Herrschaft – [The Origins of Totalitarianism]
Von der Verfasserin übertragene und neubearbeitete Ausgabe, Frankfurt am Main: Europäische Verlagsanstalt, 1955. – S. 146, 288, 316

Essays in Understanding, 1930–1954 – [Bisher nicht in deutscher Sprache]
Hrsg. von Jerome Kohn, New York: Harcourt Brace, 1994. – S. 315, 382 f.

Fragwürdige Traditionsbestände im politischen Denken der Gegenwart: Vier Essays – [Aufgegangen in *Between Past and Future* / *Zwischen Vergangenheit und Zukunft*]
 Aus dem Englischen übertragen von Charlotte Beradt, Frankfurt am Main: Europäische Verlagsanstalt, o.J. (1957). – S. 315

»Hermann Broch und der moderne Roman« – [»The Achievement of Hermann Broch«]
 In: *Der Monat* 1 (1948–49), Nr. 8–9, S. 147–151. – S. 293

The Human Condition – *[Vita activa]*
 Chicago: Chicago University Press, 1958. – S. 314, 395

Ich will verstehen: Selbstauskünfte zu Leben und Werk – [Nicht in englischer Sprache]
 Mit einer vollständigen Bibliographie hrsg. von Ursula Ludz, München-Zürich: Piper (Serie Piper, 2238), 1996.

Der Liebesbegriff bei Augustin: Versuch einer philosophischen Interpretation –*[Love and Saint Augustine]*
 Berlin: J. Springer (Philosophische Forschungen, 9), 1929. – S. 269

The Life of the Mind – *[Vom Leben des Geistes]*
 2 Bände (*Thinking*; *Willing*), New York: Harcourt Brace Jovanovich, 1978 – S. 336, 351, 356 ff.

Macht und Gewalt – *[On Violence]*
 Von der Verfasserin durchgesehene Übersetzung aus dem Englischen von Gisela Uellenberg, München: Piper (Serie Piper, 1), 1970. – S. 199, 325, 338

»Martin Heidegger ist achtzig Jahre alt« – [»Martin Heidegger at Eighty«]
 In: *Merkur* 23 (1969), Heft 10, S. 893–902.[*] – S. 333, 347, 397

Menschen in finsteren Zeiten – *[Men in Dark Times]*
 Hrsg. von Ursula Ludz, München-Zürich: Piper, 1989. – S. 304, 307, 331, 343

»Organisierte Schuld« – [»Organized Guilt and Universal Responsibility«]
 In: *Die Wandlung* 1 (1945–46), Heft 4, S. 333–344. – S. 81, 285 f.

---

[*] Das Manuskript der im Bayerischen Rundfunk gehaltenen Rede in dieser Ausgabe S. 179–192 und 330–332.

The Origins of Totalitarianism – *[Elemente und Ursprünge totaler Herrschaft]*
New York: Harcourt, Brace, 1951. – S. 126, 128, 146, 303 f., 316

Rahel Varnhagen. Lebensgeschichte einer deutschen Jüdin aus der Romantik – *[Rahel Varnhagen: The Life of a Jewess]*
Mit einer Auswahl von Rahel-Briefen und zeitgenössischen Abbildungen, München: Piper, 1959. – S. 265, 318, siehe auch Abb. 12

»Thinking and Moral Considerations« – [»Über den Zusammenhang von Denken und Moral«]
In: *Social Research* 38 (1971), S. 417–446. – S. 199, 336

»Über den Zusammenhang von Denken und Moral« – [»Thinking and Moral Considerations«]
Übersetzt von Ursula Ludz, in: *Zwischen Vergangenheit und Zukunft*, S. 128–155. – S. 199, 336

Über die Revolution – *[On Revolution]*
München: Piper, o.J. (1965). – S. 353

Das Urteilen: Texte zu Kants Politischer Philosophie – *[Lectures on Kant's Political Philosophy]*
Hrsg. und mit einem Essay von Ronald Beiner, aus dem Amerikanischen von Ursula Ludz, München: Piper, 1985. – S. 254, 269, 360

Vita activa oder Vom tätigen Leben – *[The Human Condition]*
Stuttgart: Kohlhammer, 1960. – S. 149, 208 f., 318 f., 395, 397

Vita contemplativa
Siehe *Vom Leben des Geistes*

Vom Leben des Geistes – *[The Life of the Mind]*
2 Bände (*Das Denken*; *Das Wollen*), aus dem Amerikanischen von Hermann Vetter, München: Piper, 1979. – S. 208 f., 269, 323, 336, 348, 351, 353 f., 357 ff., 398

»Walter Benjamin« – [»Walter Benjamin«]
In: *Merkur* 22 (1968), Heft 1–2, S. 50–65; Heft 3, S. 209–223; Heft 4, S. 305–315. – S. 156, 167, 321 f., 326

Walter Benjamin – Bertolt Brecht : Zwei Essays – [Keine englische Ausgabe; Essays sind, wie später auch im Deutschen, integriert in *Men in Dark Times* / *Menschen in finsteren Zeiten*]
München: Piper (Serie Piper, 12), 1971. – S. 210, 342

Das Wollen
  Siehe *Vom Leben des Geistes*

Zwischen Vergangenheit und Zukunft: Übungen im politischen Denken I
– *[Between Past and Future]*
  Hrsg. von Ursula Ludz, München-Zürich: Piper (Serie Piper, 1421), 1994. – S. 323

Die genauen Angaben für die zitierten Briefwechsel mit Blücher, Blumenfeld, Broch, Jaspers und McCarthy siehe im Abkürzungsverzeichnis, S. 405.

DIE ERWÄHNTEN WERKE VON MARTIN HEIDEGGER

Die in alphabetischer Reihenfolge aufgeführten Titel enthalten Angaben nach folgendem Schema: Titel; Hinweise auf die Entstehung, wenn vorhanden, in eckigen Klammern; genaue Angaben der Erstveröffentlichung; gegebenenfalls Hinweise auf Widmungsexemplare; Angabe des Bandes in der HGA, in den der Titel aufgenommen wurde; Seitenverweise zu dieser Ausgabe

»Aletheia (Heraklit, Fragment 16)«
In: *Festschrift zur Feier des 350jährigen Bestehens des Heinrich-Suso-Gymnasiums in Konstanz*, Konstanz 1954, S. 60–76 In: *Vorträge und Aufsätze*, S. 257–282. – S. 121, 299, 317, 331

Der Anfang des abendländischen Denkens. Heraklit
Siehe unter *Heraklit*

»Anmerkungen zu Karl Jaspers' ›Psychologie der Weltanschauungen‹ (1919/21)«
[Im Juni 1921 an Jaspers gesandt, seinerzeit nicht veröffentlicht] – In: *Karl Jaspers in der Diskussion*, hrsg. von Hans Saner, München: Piper, 1973, S. 70–100 – In: *Wegmarken* (HGA, Bd. 9, S. 1–44). – S. 202, 211 ff., 222, 339, 343

Aufenthalte: Der Mutter zum siebzigsten Geburtstag – Ein Zeichen des Beschenkten
Hrsg. von Luise Michaelsen, Frankfurt am Main: Klostermann, 1989. – S. 320

Aus der Erfahrung des Denkens
Pfullingen: Neske, 1954 – Privatdruck in 50 numerierten Exemplaren, ohne Datum, Exemplar Nr. 50 mit handschriftlicher Widmung: »Ein Vierteljahrhundert Stille und Sturm der Hütte / Hannah zum Andenken / Martin / den 4. März 1950« im Deutschen Literaturarchiv Marbach – In: HGA, Bd. 13 (1983), S. 75–86. – S. 142, 234, 331, 345

»Bauen – Wohnen – Denken«
[Vortrag in Darmstadt, 5. August 1951; Schloß Walchen, 20. August 1951] – In: *Mensch und Raum*, Darmstadt (Darmstädter Gespräch 2) 1952, S. 72–84 – In: *Vorträge und Aufsätze*, S. 145–162. – S. 127, 131, 303, 304, 306

Beiträge zur Philosophie (Vom Ereignis)
[Manuskript aus den Jahren 1936–1938] HGA, Bd. 65 (1989). – S. 290

»Brief an Emil Staiger«
In: Emil Staiger, »Zu einem Vers von Mörike: Ein Briefwechsel mit Martin Heidegger«, in: *Trivium* 9, 1951, S. 1–16 – In: HGA, Bd. 13, S. 93–109. – S. 124, 300, 308

Casseler [Kasseler] Vorträge
Siehe *Wilhelm Diltheys Forschungsarbeit* ...

»Dasein und Wahrsein«
Siehe »Wahrsein und Dasein«

»Dasein und Zeitlichkeit«
[1924] – Handschriftliches Manuskript mit Widmung: »Zur Erinnerung an den 20. und 21. April 1925. M.«, im NLArendt – In: HGA, Bd. 64 (noch nicht erschienen). – S. 26, 267, 290

Denken und Dichten
[Vorlesung im WS 1944/45] In: HGA, Bd. 50 (1990), S. 90–160. – S. 250, 358

Der Deutsche Idealismus (Fichte, Schelling, Hegel) und die philosophische Problemlage der Gegenwart
[Vorlesung im SS 1929] – HGA, Bd. 28 (1997). – S. 342

»›... dichterisch wohnet der Mensch ...‹«
[Vortrag Bühlerhöhe, 6. Oktober 1951; Vortrag Zürich, 5. November 1951; Kassel 11. Dezember 1953] – In: *Akzente* 1, 1954, Heft 1, S. 57–71 – Durchschlag des maschinenschriftlichen Manuskripts mit handschriftlicher Widmung: »H/M«, im NLArendt – In: *Vorträge und Aufsätze*, S. 187–204. – S. 132, 143, 307, 312

»Das Ding« / »Über das Ding«
[Vortrag (geringfügig erweitert gegenüber »Das Ding«, in: *Einblick in das was ist*) in der Bayerischen Akademie der Schönen Künste, 6. Juni 1950] – In: *Gestalt und Gedanke: Ein Jahrbuch*, hrsg. von der Bayerischen Akademie der Schönen Künste, München: Oldenbourg, 1951, S. 128–148 – Sonderdruck mit handschriftlicher Widmung auf eingeklebtem Zettel: »Hannah zu Weihnachten 1951 / M.«, im Deutschen Literaturarchiv Marbach – In: *Vorträge und Aufsätze*, S. 163–185. – S. 106, 111 f., 114, 132, 292, 294, 308

»Einblick«
Siehe *Einblick in das was ist*

Einblick in das was ist
[Bremer Vorträge, Dezember 1949: Das Ding – Das Ge-stell – Die Gefahr – Die Kehre; Bühlerhöhe, 25. und 26. März 1950] – Erstveröffentlichung des gesamten Zyklus (orientiert an der »Reinschrift« vom März 1950 und zwei »Abschriften«) in: HGA, Bd. 79 (1994), S. 1–77. – S. 90, 105, 112, 114, 119, 292

Einführung
Siehe *Einführung in die Metaphysik*

Einführung in die Metaphysik
[Vorlesung im SS 1935] Tübingen: Niemeyer, 1953 – HGA, Bd. 40 (1983). – S. 136, 142, 174, 198, 285, 328, 331 f.

Einführung in die phänomenologische Forschung
[Vorlesung im WS 1923/24] – HGA, Bd. 17 (1994). – S. 265

Einleitung in die Philosophie
[Vorlesung im WS 1928/29] – HGA, Bd. 27 (1996). – S. 233

»Das Ende der Philosophie und die Aufgabe des Denkens«
[Vortrag in Paris, Colloque »Kierkegaard vivant«, organisé par l'Unesco du 21 au 23 avril 1964] – In: *Zur Sache des Denkens* (1969), S. 61–80. – S. 195

Erläuterungen zu Hölderlins Dichtung
[1936–1968] – Frankfurt am Main: Klostermann, 1944 – Exemplar (4., erweiterte Aufl., Frankfurt am Main: Klostermann, 1971) mit handschriftlicher Widmung: »Für Hannah im Andenken an Heinrich / April 1971 / Martin«, im Deutschen Literaturarchiv Marbach[*]
– HGA, Bd. 4 (1981). – S. 122, 127, 209, 299, 303, 343

Der Feldweg
[1949] – Frankfurt am Main: Klostermann, 1953 – In: HGA, Bd. 13, S. 87–90. – S. 142

---

[*] Die Widmung ist abgedruckt im ersten Band (S. 365) des Katalogs zur Ausstellung *Klassiker in finsteren Zeiten 1933–1945*, die das Schiller-Nationalmuseum Marbach am Neckar vom 14. Mai bis 31. Oktober 1983 veranstaltet hatte.

»Die Frage nach der Bestimmung der Kunst«
[Vortrag in der Bayerischen Akademie der Schönen Künste, 9. April 1970] – Nicht gedruckt; Manuskript nicht mehr vorhanden. – S. 338

»Die Frage nach der Technik«
[Vortrag (auf der Grundlage von »Das Ge-Stell« in *Einblick in das was ist*) in der Bayerischen Akademie der Schönen Künste, 18. November 1953] – In: *Gestalt und Gedanke: Ein Jahrbuch*, hrsg. von der Bayerischen Akademie der Schönen Künste, Bd. 3, München: Oldenbourg, 1954, S. 70–108 – In: *Vorträge und Aufsätze*, S. 13–44. – S. 139, 142, 147, 312, 317

»Fragen nach dem Aufenthalt des Menschen«
[Dankesrede bei der Feier des 80. Geburtstags in Amriswil, 28. September 1969] – In: *Neue Zürcher Zeitung*, Nr. 606, 5.10.1969, S. 51 – In: HGA, Bd. 16 (noch nicht erschienen). – S. 335

Frühe Schriften, 1912–1916
Mit bibliographischem Nachweis und Register von Friedrich-Wilhelm von Herrmann, Frankfurt am Main: Klostermann, 1972 – Exemplar mit handschriftlicher Widmung: »Für Hannah zur Erinnerung an den Besuch am 24. September 1972 / Freiburg i. Br. / Martin«, im Deutschen Literaturarchiv Marbach – HGA, Bd. 1 (1978). – S. 239, 354

»Gedachtes / Pensivement«
Für René Char in freundschaftlichem Gedenken / Pour René Char pensant et repensant à lui en amitié, übersetzt von Jean Beaufret und François Fédier, in: *René Char*, hrsg. von Dominique Fourcade, Paris: L'Herne, o.J. (1971), S. 169–187 – In: HGA, Bd. 13, S. 221–224. – S. 205, 218, 227, 340, 342, 345, 349

»Das Gedicht«
[Vortrag zum 70. Geburtstag Friedrich Georg Jüngers in Amriswil, 25. August 1968] – In: *Erläuterungen zu Hölderlins Dichtung* (HGA, Bd. 4, S. 182–192). – S. 203

Gelassenheit
Pfullingen: Neske, 1959 – In: HGA, Bd. 13, S. 37–74, und HGA, Bd. 16 (noch nicht erschienen). – S. 209, 224, 235, 318, 331 f., 348, 352

»Georg Trakl: Eine Erörterung seines Gedichtes«
[Vortrag auf der Bühlerhöhe anläßlich einer Feier zum 65. Geburtstag von Gerhard Stroomann und Gedenken an Georg Trakl,

7. Oktober 1952] – In: *Merkur* 7, 1953, Heft 3, S. 226–258 (später unter dem Titel »Die Sprache im Gedicht«). – S. 137, 311, 316

Grundbegriffe der aristotelischen Philosophie
[Vorlesung im SS 1924] – HGA, Bd. 18 (noch nicht erschienen). – S. 234, 236, 344, 351

Die Grundprobleme der Phänomenologie
[Vorlesung im SS 1927] – HGA, Bd. 24 (1975; ²1989). – S. 233

Hegel
[Die Negativität (1938/39); Erläuterung der »Einleitung« zu Hegels »Phänomenologie des Geistes« (1942)] – HGA, Bd. 68 (1993). – S. 342

Hegels Phänomenologie des Geistes
[Vorlesung im WS 1930/31] – HGA, Bd. 32 (1980, ³1997). – S. 342

»Heraklit«
Siehe: »Aletheia ...«; *Heraklit*

Heraklit
[Vorlesungen 1943 und 1944: 1. Der Anfang des abendländischen Denkens; 2. Logik. Heraklits Lehre vom Logos] – HGA, Bd. 55 (1979, ³1994). – S. 76, 97, 104, 110, 284 f., 289 f.

Heraklit: Seminar Wintersemester 1966/1967
Mitverfasser: Eugen Fink, Frankfurt am Main: Klostermann, 1970 – Exemplar mit handschriftlicher Widmung: »Für / Hannah / Martin«, in der Bibliothek des Bard College (Annandale-on-Hudson, N.Y., USA) – In: HGA, Bd. 15 (1986), S. 9–261. – S. 153, 201 ff., 320

»Die Herkunft der Kunst und die Bestimmung des Denkens«
[Vortrag in der Akademie der Wissenschaften und Künste in Athen, 4. April 1967] – In: *Distanz und Nähe: Reflexionen und Analysen zur Kunst der Gegenwart*, hrsg. von Petra Jaeger und Rudolf Lüthe, Würzburg: Königshausen & Neumann, 1983, S. 11–22 – In: HGA, Bd. 80 (noch nicht erschienen). – S. 202, 339

Hölderlin
Siehe *Erläuterungen zu Hölderlins Dichtung*

Hölderlins Hymne »Der Ister«
[Vorlesung im SS 1942] – HGA, Bd. 53 (1984; ²1993). – S. 325

Holzwege
[1935–1946] – Frankfurt am Main: Klostermann, 1950 – Exemplar mit handschriftlicher Widmung: »τὰ δὲ πάντα οἰακίζει κεραυνός / das Alles jedoch mit Anwesen steuert der Blick / Heraklit 64 / Hannah Arendt zur Erinnerung an den 7. Febr. 1950 / Freiburg i. Br. / Martin Heidegger«, im Deutschen Literaturarchiv Marbach – HGA, Bd. 5 (1977). – S. 76, 117, 134, 136 f., 141, 218, 310, 331, 342, 398

Humanismusbrief
Siehe *Über den Humanismus*

Kant und das Problem der Metaphysik
[= Kantbuch, zuerst 1929] – Exemplar der 4., erw. Auflage (Klostermann, 1973) mit handschriftlicher Widmung auf eingeklebtem Zettel: »Für Hannah Arendt / herzlich grüßend Martin Heidegger«, im Deutschen Literaturarchiv Marbach – HGA, Bd. 3 (1991). – S. 103, 111, 122, 128, 280, 294, 303, 398

Kants These über das Sein
[Vortrag in Kiel, 17. Mai 1961] – Frankfurt am Main: Klostermann, 1963 – In: *Wegmarken* (HGA, Bd. 9, S. 445–480). – S. 159, 323

Kasseler Vorträge
Siehe: *Wilhelm Diltheys Forschungsarbeit*

»Die Kehre«
[Vortrag in Bremen (siehe *Einblick in das was ist*)] – Erstveröffentlichung in: *Die Technik und die Kehre*, S. 37–47 – In: HGA, Bd. 79, S. 68–77. – S. 240

Die Kunst und der Raum – L'art et l'espace
Übersetzt von Jean Beaufret und François Fédier, St. Gallen: Erker, 1969 – Exemplar mit handschriftlicher Widmung: »Für / Hannah / Martin«, in der Bibliothek des Bard College (Annandale-on-Hudson, N.Y., USA) – In: HGA, Bd. 13, S. 203–210. – S. 194, 198, 337

Logik
[Vorlesung im SS 1928] – Siehe *Metaphysische Anfangsgründe der Logik* ...

Logik. Die Frage nach der Wahrheit
[Vorlesung im WS 1925/26] – HGA, Bd. 21 (1976). – S. 32, 47, 233, 270, 276, 278

Logik als Frage ...
Siehe *Über Logik als Frage nach dem Wesen der Sprache*

»Logos« / = »Λόγος: Das Leitwort Heraklits«
[Vortrag im Club zu Bremen, 4. Mai 1951] – In: *Festschrift für Hans Jantzen*, Berlin: Gebr. Mann, 1951, S. 7–18 – Durchschlag des maschinenschriftlichen Manuskripts mit handschriftlicher Widmung: »H/M« im NLArendt – In: *Vorträge und Aufsätze*, S. 207–229. – S. 105, 123, 126, 128 ff., 136, 303, 306, 311

»Mein Weg in die Phänomenologie«
[Geschrieben zum 80. Geburtstag von Hermann Niemeyer (1963)] – In: *Zur Sache des Denkens* (1969), S. 81–90. – S. 265, 270, 393

Metaphysische Anfangsgründe der Logik im Ausgang von Leibniz
[Vorlesung im SS 1928] – HGA, Bd. 26 (1978; ²1990). – S. 63, 270

Nietzsche I / Nietzsche II
Pfullingen: Neske, 1961 – HGA, Bd. 6, 2 Halbbde.: Bd. 1 (1996), Bd. 2 (1997). – S. 164, 193, 218, 222, 232, 331, 347

Nietzsche. Der Wille zur Macht als Kunst
[Vorlesung im WS 1936/37] – HGA, Bd. 43 (1985). – S. 171, 176, 327

Nietzsches Lehre vom Willen zur Macht als Erkenntnis
[Vorlesung im SS 1939] – HGA, Bd. 47 (1989). – S. 171, 176, 327

Nietzsches metaphysische Grundstellung im abendländischen Denken: Die ewige Wiederkehr des Gleichen
[Vorlesung im SS 1937] – HGA, Bd. 44 (1986). – S. 171, 176, 327

Ontologie des Daseins / Ontologie: Hermeneutik der Faktizität
[Vorlesung im SS 1923] – HGA, Bd. 63 (1988; ²1995). – S. 104

Parmenides
[Vorlesung im WS 1942/43] – HGA, Bd. 54 (1982, ²1992). – S. 104

Phänomenologie und Theologie
[Vortrag in Tübingen, 9. März (recte: 8. Juli) 1927; Marburg, 14. Februar 1928] – Frankfurt am Main: Klostermann, 1970 (mit Beigabe: »Einige Hinweise auf Hauptgesichtspunkte für das theologische Gespräch über ›Das Problem eines nichtobjektivierenden Denkens und Sprechens in der heutigen Theologie«, S. 37–47) – In: *Wegmarken* (HGA, Bd. 9, S. 45–67; Beigabe S. 68–78). – S. 194, 204, 206 f., 209, 335, 340 f.

Platon: Sophistes
[Vorlesung im WS 1924/25] – HGA, Bd. 19 (1992). – S. 140, 148, 153, 193, 232, 236, 268, 320

Prolegomena zur Geschichte des Zeitbegriffs
 [Vorlesung im SS 1925] – HGA, Bd. 20 (1979, ²1988, ³1994). – S. 51, 233, 268, 277

Das Rektorat 1933/34
 Siehe *Die Selbstbehauptung der deutschen Universität*

Schellingbuch / der Schelling
 Siehe *Schellings Abhandlung* ...

Schellings Abhandlung Über das Wesen der menschlichen Freiheit ‹1809›
 [Vorlesung im SS 1936] – Hrsg. von Hildegard Feick, Tübingen: Niemeyer, 1971 – In: HGA, Bd. 42 (1988). – S. 225 f., 230 ff., 352

Sein und Zeit: Erste Hälfte
 In: *Jahrbuch für Philosophie und phänomenologische Forschung* 8, Halle a.d.Saale: Niemeyer, 1927 – HGA, Bd. 2 (1977). – S. 57, 61, 134, 136, 143, 155, 160, 164, 170 ff., 179, 185, 195, 228, 237, 246, 249, 268, 274, 278, 312 ff., 336, 345, 356, 359, 393, 429 f.

Die Selbstbehauptung der deutschen Universität – Das Rektorat 1933/34: Rede, gehalten bei der feierlichen Übernahme des Rektorats der Universität Freiburg i. Br. am 27. Mai 1933; Das Rektorat 1933/34: Tatsachen und Gedanken [1945]
 Hrsg. von Hermann Heidegger, Frankfurt am Main: Klostermann, 1983 – In: HGA, Bd. 16 (noch nicht erschienen). – S. 290

Séminaires du Thor
 [1966, 1968, 1969] – Aus dem Französischen von Curd Ochwadt, in: *Vier Seminare* (HGA, Bd. 15, S. 271–421). – S. 178, 202 f., 206, 302, 326 f., 330, 340 f.

Sophistes-Kolleg
 Siehe *Platon: Sophistes*

Sprachbuch
 Siehe *Unterwegs zur Sprache*

»Die Sprache«
 [Vortrag Bühlerhöhe zum Gedenken an Max Kommerell, 7. Oktober 1950; Württembergische Bibliotheksgesellschaft, 14. Februar 1951] – In: *Unterwegs zur Sprache* (HGA, Bd. 12, S. 7–30). – S. 109, 119, 121, 124, 126, 298, 341

»Die Sprache im Gedicht: Eine Erörterung von Georg Trakls Gedicht«
[Zuerst: »Georg Trakl ...«] – In: *Unterwegs zur Sprache* (HGA, Bd. 12, S. 31–78). – S. 325

Sprachvortrag / meine »Sprache«
Siehe »Die Sprache«

Die Technik und die Kehre
Pfullingen: Neske (Opuscula aus Wissenschaft und Dichtung, 1), 1962 (enthält: »Die Frage nach der Technik«; »Die Kehre«) – Exemplar mit handschriftlicher Widmung: »Für / Hannah / Martin / Freiburg, 20. Juli 1972«, in der Bibliothek des Bard College (Annandale-on-Hudson, N.Y., USA) – HGA, siehe unter den Einzeltiteln. – S. 240

Technik-Vortrag
Siehe »Die Frage nach der Technik«

»Theologie und Philosophie«
Siehe *Phänomenologie und Theologie*

»Über das Ding«
Siehe »Das Ding«

Über den Humanismus
[Brief an Jean Beaufret, Herbst 1946] – Frankfurt am Main: Klostermann, 1949. – Exemplar mit handschriftlicher Widmung: »Hannah Arendt zum Andenken / Martin / 10. März 1950«, im Deutschen Literaturarchiv Marbach – In: *Wegmarken* (HGA, Bd. 9, S. 313–364). – S. 141, 143, 145, 209, 301, 313 f.

Über Logik als Frage nach dem Wesen der Sprache
[Vorlesung im SS 1934] – HGA, Bd. 38 (noch nicht erschienen). – S. 142, 147

Unterwegs zur Sprache
Pfullingen: Neske, 1959 – HGA, Bd. 12 (1985). – S. 148, 218, 317 f.

»*Der Ursprung des Kunstwerkes*«
[Vortrag in der Kunstwissenschaftlichen Gesellschaft zu Freiburg i.Br., 13. November 1935] – Exemplar der Buchveröffentlichung (mit einer Einführung von Hans-Georg Gadamer, Stuttgart: Reclam, 1967) mit handschriftlicher Widmung: »Für Hannah zur Erinnerung an das Wiedersehen / Freiburg, 27. Juli 1967 / Martin«, im Deutschen Literaturarchiv Marbach – In: *Holzwege* (HGA, Bd. 5, S. 1–74). – S. 322

Vier Seminare: Le Thor 1966, 1968, 1969; Zähringen 1973
Frankfurt am Main: Klostermann, 1977 – In: HGA, Bd. 15 (1986). –
S. 340 f.

»Vom Wesen der Macht«
[Manuskript aus den Jahren 1938/40] – In: HGA, Bd. 69 (1998). –
S. 93, 288

Vom Wesen der menschlichen Freiheit: Einleitung in die Philosophie
[Vorlesung im SS 1930] – HGA, Bd. 31 (1982; ²1994). – S. 250 f., 358

Vom Wesen der Sprache
[Herder-Seminar im SS 1939] – HGA, Bd. 85 (noch nicht erschienen). – S. 119, 298

Vom Wesen der Wahrheit
Frankfurt am Main: Klostermann, 1943 – Exemplar (Ausgabe 1949) mit handschriftlicher Widmung: »Heinrich Blücher als herzlichen Gruß aus Deutschland / März 1950 / Martin Heidegger«, im Deutschen Literaturarchiv Marbach – In: *Wegmarken* (HGA, Bd. 9, S. 177–202). – S. 143

Vom Wesen des Grundes
[Beitrag zur Festschrift für Edmund Husserl zum 70. Geburtstag – In: *Jahrbuch für Philosophie und phänomenologische Forschung. Ergänzungsband*, Halle a.d.Saale: Niemeyer, 1929, S. 71–110; gleichzeitig, ebenfalls bei Niemeyer, als selbständige Schrift] – Exemplar der Buchausgabe (Frankfurt am Main: Klostermann, 1949) mit handschriftlicher Widmung: »Hannah zum Andenken / Martin / 10. März 1950«, im Deutschen Literaturarchiv Marbach – In: *Wegmarken* (HGA, Bd. 9, S. 123–175). – S. 286 f.

Vorträge und Aufsätze
Pfullingen: Neske, 1954 – Exemplar der dreiteiligen Ausgabe (1967) jeweils mit handschriftlicher Widmung: »Für / Hannah / Martin«, in der Bibliothek des Bard College (Annandale-on-Hudson, N.Y., USA) – HGA, Bd. 7 (noch nicht erschienen). – S. 141, 147 f., 218, 313, 331

»Wahrsein und Dasein. Aristoteles, Ethica Nicomachea 2«
[Vortrag u.a. in der Kantgesellschaft in Köln, 4. Dezember 1924] – In: HGA,Bd. 80 (noch nicht erschienen). – S. 104, 290

»Was heißt Denken?«
[Vortrag im Bayerischen Rundfunk, 14. Mai 1952] – In: *Merkur* 6 (1952), Heft 7, S. 601–611 – In: *Vorträge und Aufsätze*, S. 129–143. – S. 311

Was heißt Denken?
[Vorlesung im WS 51/52 und SS 52] – Tübingen: Niemeyer, 1954 – Exemplar mit handschriftlicher Widmung: »Für / Hannah / Martin / Freiburg, 7. Juli 1954«, in der Bibliothek des Bard College (Annandale-on-Hudson, N.Y., USA) – HGA, Bd, 8 (noch nicht erschienen). – S. 132, 134 f., 137, 141, 165, 167, 218, 296, 309 f., 326

Wegmarken
Frankfurt am Main: Klostermann, 1967 – HGA, Bd. 9 (1976; ²1996). – S. 162, 164 f., 167, 234, 313, 331, 342

Wilhelm Diltheys Forschungsarbeit und der gegenwärtige Kampf um eine historische Weltanschauung
Zehn Vorträge, gehalten in Kassel vom 16.4. bis 21.4.1925, Nachschrift von Walter Bröcker, hrsg. von Frithjof Rodi, in: *Dilthey Jahrbuch* 8, 1992–93, S. 143–180. – S. 17, 19 f., 139, 266, 312

»Wissenschaft und Besinnung«
[Vortrag auf dem Schauinsland anläßlich der Tagung der Arbeitsgemeinschaft wissenschaftlicher Sortimenter, 15. Mai 1953; Marburg, 9. Dezember 1953; Zürich, 1./2. Februar 1954] – In: *Börsenblatt für den Deutschen Buchhandel* 10, Nr. 29, vom 13. April 1954, S. 203–211 – In: *Vorträge und Aufsätze*, S. 45–70 (in der für einen kleinen Kreis zur Vorbereitung der Tagung »Die Künste im technischen Zeitalter«, München, 4. August 1953, gehaltenen Fassung). – S. 139, 141, 147

»Zähringer Seminar«
[6.–8. September 1973] – In: *Vier Seminare* (HGA, Bd. 15, S. 372–407). – S. 246, 356

»Zeichen«
In: *Neue Zürcher Zeitung*, Nr. 579, vom 21. Sept. 1969 – In: HGA, Bd. 13, S. 211–212. – S. 334

»Zeit und Sein«
[Vortrag im Studium Generale der Universität Freiburg, 31. Januar 1962, und Seminar in Todtnauberg, 11.–13. September 1962] – In: *Zur Sache des Denkens* (1969), S. 1–60. – S. 195, 211, 343, 346

Zollikoner Seminare: Protokolle – Gespräche – Briefe
[Seminare 1959–1969; Gespräche 1961–1972; Briefe 1947–1971] –
Hrsg. von Medard Boss, Frankfurt am Main: Klostermann, 1987. –
S. 308

Zur Sache des Denkens
Tübingen: Niemeyer, 1969 – HGA, Bd. 14 (noch nicht erschienen). –
S. 194 f., 198, 211, 331, 335 f., 343, 350

»Zürcher Seminar«
Protokoll der Aussprache am 6. November 1951 (nach dem Vortrag
»›. . . dichterisch wohnet der Mensch . . .‹«), in: HGA, Bd. 15 (1986),
S. 423–439. – S. 308

– – – – – – – – –

Gadamer, Hans-Georg (Hrsg.)
Die Frage Martin Heideggers: Beiträge zu einem Kolloquium mit Heidegger aus Anlaß seines 80. Geburtstages von Jean Beaufret, Hans-Georg Gadamer, Karl Löwith, Karl-Heinz Volkmann-Schluck
(Sitzungsberichte der Heidelberger Akademie der Wissenschaften, Philosophisch-historische Klasse, Jg. 1969, 4. Abhandlung) Heidelberg: Winter, 1969. – S. 194, 273, 334

Klostermann, Vittorio (Hrsg,)
Durchblicke: Martin Heidegger zum 80. Geburtstag, Frankfurt am Main: Klostermann, 1970. – S. 194, 334

[Stadt Meßkirch, Hrsg.]
Ansprachen zum 80. Geburtstag [des Ehrenbürgers Professor Dr. Martin Heidegger] am 26. September 1969 in Meßkirch – Exemplar mit handschriftlicher Widmung: »Für / Hannah / Martin / Freiburg, 9. III. 1970«, in der Bibliothek des Bard College (Annandale-on-Hudson, N.Y., USA). – S. 194, 334

[Stadt Meßkirch, Hrsg.]
Martin Heidegger zum 80. Geburtstag von seiner Heimatstadt Messkirch, Frankfurt am Main: Klostermann, 1969 – Exemplar mit handschriftlicher Widmung: »Für Hannah und Heinrich / Martin und Elfride«, im Deutschen Literaturarchiv Marbach. – S. 194, 198, 333, 337

DIE ABGEDRUCKTEN DOKUMENTE

1. M.H., 10. Februar 1925; Originalbrief, handschr., NLArendt
2. M.H., 21. Februar 1925; Originalbrief, handschr., NLArendt
3. M.H., 27. Februar 1925; Originalbrief, handschr., NLArendt
4. M.H., 2. M[ärz] 1925; Originalansichtskarte, handschr., NLArendt
5. M.H., 6. März 1925; Originalansichtskarte, handschr., NLArendt
6. M.H., 21. März 1925; Originalbrief, handschr., NLArendt
7. M.H., 24. März 1925; Originalbrief, handschr., NLArendt
8. M.H., 29. März [1925]; Originalansichtskarte, handschr., NLArendt
9. M.H., 12. April 1925; Originalbrief, handschr., NLArendt
10. M.H., 17. April [1925]; Originalbrief, handschr., NLArendt
11. H.A., April 1925; »Schatten«, Originalmanuskript, handschr., HAPapers
12. M.H., 24. April 1925; Originalbrief, handschr., NLArendt
13. M.H., 1. Mai 1925; Originalbrief, handschr., NLArendt
14. M.H., 8. Mai 1925; Originalbrief, handschr., NLArendt
15. M.H., 13. Mai 1925; Originalbrief, handschr., NLArendt
16. M.H., 20. Mai 1925; Originalbrief, handschr., NLArendt
17. M.H., [21./22. Mai 1925]; Originalzettel, handschr., NLArendt
18. M.H., 29. Mai [1925]; Originalbrief, handschr., NLArendt
19. M.H., 14. Juni 1925; Originalbrief, handschr., NLArendt
20. M.H., 22. Juni 1925; Originalbrief, handschr., NLArendt
21. M.H., 26. Juni 1925; Originalbrief, handschr., NLArendt
22. M.H., 1. Juli 1925; Originalbrief, handschr., NLArendt
23. M.H., 9. Juli 1925; Originalbrief, handschr., NLArendt
24. M.H., 17. Juli [1925]; Originalbrief, handschr., NLArendt
25. M.H., 24. Juli 1925; Originalbrief, handschr., NLArendt
26. M.H., 31. Juli [1925]; Originalbrief, handschr., NLArendt
27. M.H., 2. August 1925; Originalbrief, handschr., NLArendt
28. M.H., 23. August [1925]; Originalbrief, handschr., NLArendt
29. M.H., 14. September 1925; Originalbrief, handschr., NLArendt
30. M.H., 7. Oktober 1925; Originalansichtskarte, handschr., NLArendt
31. M.H., 18. Oktober 1925; Originalbrief, handschr., NLArendt
32. M.H., 5. November 1925; Originalbrief, handschr., NLArendt
33. M.H., 10. Dezember 1925; Originalbrief, handschr., NLArendt
34. M.H., 9. Januar 1926; Originalbrief, handschr., NLArendt
35. M.H., 10. Januar 1926; Originalbrief, handschr., NLArendt

36. M.H., 29. Juli 1926; Originalbrief, handschr., NLArendt
37. M.H., 7. Dezember 1927; Originalbrief, handschr., NLArendt
38. M.H., 8. Februar 1928; Originalbrief, handschr., NLArendt
39. M.H., 19. Februar 1928; Originalbrief, handschr., NLArendt
40. M.H., 2. April 1928; Originalbrief, handschr., NLArendt
41. M.H., 18. April [1928]; Originalbrief, handschr., NLArendt
42. H.A., 22. April 1928; Briefkonzept, handschr., NLArendt
43. H.A., ohne Datum [1929]; Briefkonzept, handschr., NLArendt
44. H.A., ohne Datum [September 1930]; Briefkonzept, handschr., NLArendt
45. M.H., ohne Datum [Winter 1932/33]; Originalbrief, handschr., NLArendt
46. M.H., 7. Februar 1950; Originalbrief, handschr., NLArendt
47. M.H., 8. Februar 1950; Originalbrief, handschr., NLArendt
48. H.A., 9. Februar 1950; Briefkopie, maschinenschr., NLArendt
49. H.A. an Elfride Heidegger, 10. Februar 1950; Briefkopie, maschinenschr., NLArendt
50. M.H., [Februar 1950]; Fünf Gedichte, handschr., NLArendt
51. M.H., 15. Februar 1950; Originalbrief, handschr., NLArendt
52. M.H., 27. Februar 1950; Originalbrief, handschr., NLArendt
53. M.H., 10. März 1950; A. Stifter »Kalkstein«, handschr., NLArendt
54. M.H., 11. März 1950; Gedichtzyklus »Stürzte aus entzogenen Gnaden ...«, handschr., NLArendt
55. M.H., 19. März 1950; Originalbrief, handschr., NLArendt
56. M.H., [März 1950]; Vier Gedichte, handschr., NLArendt
57. M.H., 12. April 1950; Originalbrief, handschr., NLArendt
58. M.H., [April 1950]; Zwei Gedichte, handschr., NLArendt
59. M.H., 3. Mai 1950; Originalbrief, handschr., NLArendt
60. M.H., 4. Mai 1950; Originalbrief, handschr., NLArendt
61. M.H., [Mai 1950]; Gedichtzyklus »Aus der Sonata sonans«, handschr., NLArendt
62. M.H., 6. Mai 1950; Originalbrief, handschr., NLArendt
63. M.H., [Mai 1950]; Fünf Gedichte, handschr., NLArendt
64. M.H., 16. Mai 1950; Originalbrief, handschr., NLArendt
65. M.H., 27. Juni 1950; Originalbrief, handschr., NLArendt
66. M.H., 27. Juli 1950; Originalbrief, handschr., NLArendt
67. M.H., 14. September 1950; Originalbrief (mit beigelegtem Gedicht: »Wellen«), handschr., NLArendt
68. M.H., 15. September 1950; Originalbrief, handschr., NLArendt
69. M.H., 6. Oktober 1950; Originalbrief, handschr., NLArendt
70. M.H., 2. November 1950; Originalbrief, handschr., NLArendt

71. M.H., 18. Dezember 1950; Originalbrief, handschr. NLArendt
72. M.H., 6. Februar 1951; Originalbrief, handschr., NLArendt
73. M.H., 1./2. April 1951; Originalbrief, handschr., NLArendt
74. M.H., 14. Juli 1951; Originalbrief, handschr., NLArendt
75. M.H., [Juli 1951]; Gedicht: »Zu einer Zeichnung von Henri Matisse«, handschr., NLArendt
76. M.H., 2. Oktober 1951; Originalbrief, handschr., NLArendt
77. M.H., 14. Dezember 1951; Originalbrief, handschr., NLArendt
78. M.H., 17. Februar 1952; Originalbrief, handschr., NLArendt
79. M.H., 21. April 1952; Originalbrief, handschr., NLArendt
80. M.H., 5. Juni 1952; Originalbrief, handschr., NLArendt
81. M.H., 15. Dezember 1952; Originalbrief, handschr., NLArendt
82. M.H., 6. Oktober 1953; Originalbrief, handschr., NLArendt
83. M.H., 21. Dezember 1953; Originalbrief, handschr., NLArendt
83a. H.A., 6. April 1954; Originalbrief, maschinenschr., NLE.Heidegger[*]
84. M.H., 21. April 1954; Originalbrief, handschr., NLArendt
85. H.A., 29. April 1954; Briefkopie, maschinenschr., HAPapers
86. H.A., 8. Mai 1954; Briefkopie, maschinenschr., NLArendt
87. M.H., 10. Oktober 1954; Originalbrief, handschr., NLArendt
88. M.H., 17. Dezember 1959; Originalbrief, handschr., NLArendt
89. H.A., 28. Oktober 1960; Briefkopie, maschinenschr., NLArendt
90. M.H., 13. April 1965; handschr. auf der Rückseite einer gedruckten Dankeskarte, NLArendt
91. M.H., 6. Oktober 1966; Originalbrief mit zwei Beilagen, handschr., NLArendt
92. H.A., 19. Oktober 1966; Originalbrief, maschinenschr., NLHeidegger
93. M.H., 10. August 1967; Originalbrief, handschr., NLArendt
94. H.A.; 11. August 1967; Originalbrief, maschinenschr., NLHeidegger
95. M.H., 12. August 1967; Originalbrief, handschr., NLArendt
96. M.H., 18. August 1967; Originalbrief, handschr., NLArendt
97. H.A., 24. September 1967; Originalbrief mit Beilage, maschinenschr., NLHeidegger
98. M.H., 29. September 1967; Originalbrief, handschr., NLArendt
99. M.H., 30. Oktober 1967; Originalbrief mit Beilage, handschr., NLArendt

[*] Als Addendum auf S. 429 ff.

100. H.A., 27. November 1967; Originalbrief, maschinenschr., NLHeidegger
101. H.A., 17. März 1968; Originalbrief, maschinenschr., NLHeidegger
102. M.H., 12. April 1968; Originalbrief, handschr., NLArendt
103. H.A., 23. August 1968; Originalbrief, maschinenschr., NLHeidegger
104. M.H., 6. September 1968; Originaltelegramm, NLArendt
105. M.H., 11. September 1968; Originalbrief, handschr., NLArendt
106. H.A., [28. Februar 1969]; Originalbrief, handschr., NLHeidegger
107. M.H., 1. März 1969; Originalbrief, handschr., NLArendt
108. Elfride Heidegger, 20. April 1969; Originalbrief, maschinenschr., NLArendt
109. H.A. an Elfride H., 25. April 1969; Briefkopie, maschinenschr., NLArendt
110. Elfride H., 28. April 1969; Originalbrief, maschinenschr., NLArendt
111. H.A. an Elfride H., 17. Mai 1969; Originalbrief, maschinenschr., NLHeidegger
112. M. u. Elfride H., 4. Juni 1969; Originalbrief, maschinenschr., NLArendt
113. M.H., 23. Juni 1969; Originalbrief, handschr., NLArendt
114. M.H., 2. August 1969; Originalbrief, handschr., NLArendt
115. H.A., 8. August 1969; Originalbrief, maschinenschr., NLHeidegger
116. H.A., [September 1969; »Martin Heidegger ist achtzig Jahre alt«], Originalmanuskript, maschinenschr., NLHeidegger
117. H.A., [September 1969]; Beitrag zur »Tabula gratulatoria«, im Besitz der Familie Heidegger
118. M.H., 27. November 1969; Originalbrief, handschr., NLArendt
119. H.A., Weihnachten 1969; Originalbrief, maschinenschr., NLHeidegger
119a. H.A. an Elfride H., 25. Dezember 1969; Originalbrief, maschinenschr., NLHeidegger
120. H.A., 12. März 1970; Originalbrief, maschinenschr., NLHeidegger
121. Fritz Heidegger an H.A., 27. April 1970; Originalbrief, handschr., NLArendt
122. Elfride H., 16. Mai 1970; Originalbrief, maschinenschr., NLArendt
123. Elfride H., 2. Juli 1970; Originalbrief, maschinenschr., NLArendt
124. H.A., 28. Juli 1970; Originalbrief, maschinenschr., NLHeidegger

125. M.H., 4. August 1970; Originalbrief, handschr., NLArendt
126. M.H., 9. November 1970; Originalbrief (mit beigelegtem Gedicht: »Zeit«), handschr., NLArendt
127. H.A., 27. November 1970; Originalbrief, maschinenschr., NLHeidegger
128. H.A., 20. März 1971; Originalbrief, maschinenschr., NLHeidegger
129. M.H., 26. März 1971; Originalbrief, handschr.; NLArendt
130. M.H., 17. Mai 1971; Originalbrief, handschr., NLArendt
131. H.A., 13. Juli 1971; Originalbrief, maschinenschr., NLHeidegger
132. M.H., 15. Juli 1971; Originalbrief, handschr., NLArendt
133. H.A., 28. Juli 1971; Originalbrief, maschinenschr. NLHeidegger
134. M.H., 4. August 1971; Originalbrief (mit beigelegtem Gedicht: »Cézanne«), handschr., NLArendt
135. H.A., 19. August 1971; Originalbrief, maschinenschr., NLHeidegger
136. H.A., [24. September 1971]; Kartentext mit Blumensendung, NLArendt
137. H.A., 20. Oktober 1971; Originalbrief, maschinenschr., NLHeidegger
138. M.H., 24. Oktober 1971; Originalbrief, handschr., NLArendt
139. M.H., 28. Oktober 1971; Originalbrief, handschr., NLArendt
140. H.A., 2. Februar 1972; Originalbrief, maschinenschr. NLHeidegger
141. M.H., 15. Februar 1972; Originalbrief (mit beigelegtem Gedicht: »Dank«), handschr., NLArendt
142. H.A., 21. Februar 1972; Briefkopie, maschinenschr., NLArendt
143. M.H., 10. März 1972; Originalbrief, handschr., NLArendt
144. H.A., 27. März 1972; Originalbrief, maschinenschr., NLHeidegger
145. M.H., 19. April 1972; Originalbrief, handschr., NLArendt
146. H.A., 18. Juni 1972; Originalbrief, maschinenschr., NLHeidegger
147. M.H., 22. Juni 1972; Originalbrief, handschr., NLArendt
148. H.A., 21. Juli 1972; Originalbrief, maschinenschr., NLHeidegger
149. M.H., 12. September 1972; Originalbrief, handschr., NLArendt
150. M.H., 17. September 1972; Originalbrief, handschr., NLArendt
151. M.H., 8. Dezember 1972; Originalbrief, handschr., NLArendt
152. M.H., 24. Februar 1973; Originalbrief, handschr., NLArendt
153. M.H., 5. Mai 1973; Originalbrief, handschr., NLArendt
154. M.H., 9. Juli 1973; Originalbrief, handschr., NLArendt
155. H.A., 18. Juli 1973; Originalbrief, maschinenschr., NLHeidegger
156. M.H., 29. Juli 1973; Originalbrief, handschr., NLArendt

157. M.H., 19. November 1973; Originalbrief, handschr., NLArendt
158. M.H., 14. März 1974; Originalbrief, handschr., NLArendt
159. M.H., 20. Juni 1974; Originalbrief, handschr., NLArendt
160. M.H., 23. Juni 1974; Originalbrief, handschr., NLArendt
161. H.A., 26. Juli 1974; Briefkopie, maschinenschr., NLArendt
162. M.H., 17. September 1974; Originalbrief, handschr., NLArendt
163. M.H., nach dem 26. September 1974; Dankeskarte, handschr., NLArendt
164. M.H., 6. Juni 1975; Originalbrief, handschr., NLArendt
165. H.A., 27. Juli 1975; Briefkopie, maschinenschr., NLArendt
166. M.H., 30. Juli 1975; Originalbrief, handschr., NLArendt
167. M.H. an Hans Jonas, 6. Dezember 1975; Telegramm
168. M.H. an Hans Jonas, 27. Dezember 1975; Brief, handschr.

ANHANG

A 1   M.H., o.D. [wahrscheinlich SS 1925]; 2 Originalzettel, handschr., NLArendt
A 2   M.H., o.D [Februar 1926]; Originalbrief, handschr., NLArendt
A 3   M.H., o.D. [Februar oder März 1950]; »Als Gegengruß« [Sophokles, *Antigone*, 799/801], Originalblatt, handschr., NLArendt
A 4   H.A., 1923 bis 1926; Einundzwanzig Gedichte, maschinenschriftl., HAPapers
A 5   H.A., Juli 1953; Denktagebucheintragung [»Die wahre Geschichte von dem Fuchs Heidegger«], handschriftl., NLArendt

BILDNACHWEISE

Hannah Arendt Bluecher Literary Trust: Abb. 2, 4, 5, 6, 7, 13, 14
Deutsches Literaturarchiv Marbach (Teilnachlaß Hannah Arendt): Abb. 1, 8, 9, 10, 11, 15, 16
Dr. Hermann Heidegger: Abb. 3
© Piper Verlag GmbH München 1959: Abb. 12

ADDENDUM*

83a   Hannah Arendt an Martin Heidegger

April 6, 1954

Martin –

Dies um zu melden, daß Herrn Robinsons Übersetzung angekommen ist – und ich mich sehr gefreut habe, daß Du ihn an mich verwiesen hast. Leider hat das nähere Zusehen dieser Freude einen Dämpfer aufgesetzt, und ich schreibe Dir, um Dich erst einmal zu fragen, wie Du diese Sache behandelt haben willst. Ich werde schließlich natürlich Robinson selbst schreiben, mit Durchschlag an Dich, und einem offiziellen Brief an Dich, von dem ich ihm dann wiederum einen Durchschlag schicke.

Denn positiv ist erst einmal zu sagen:
daß die Jäger-Übersetzung, auf die er sich beruft, recht ordentlich ist, wobei man aber nicht wissen kann, wie viele Fehler Jäger ihm selbst herauskorrigiert hat. Außerdem handelt es sich um Gelehrtendeutsch, was immer verhältnismäßig einfach ist. Ferner: Das Bedürfnis hier für eine Übersetzung, vor allem wenn sie zweisprachig erscheint, ist sehr groß. Dies gilt vor allem für die älteren Studenten und jüngeren Professoren, etwa die Generation der 25–35jährigen.
Schließlich ist ja offenbar, daß der Mann sich eine große Mühe gegeben und viel Arbeit investiert hat. Wenn es irgend geht, müßte man ihm also helfen.

---

* Siehe die Mitteilung der Herausgeberin zur 3. Auflage, S. 402.

Was aber nun die Übersetzung angeht, so ist Folgendes zu sagen: Ohne deutschen Text ist der englische Text so gut wie unverständlich. Dies ist bei den französischen Übersetzungen, die ich mir (soweit ich sie hier in der Bibliothek einsehen konnte) angeschaut habe, keineswegs der Fall. Es kommen unglaubliche Ungeschicklichkeiten vor, die dazu führen, daß oft ganz einfache Sätze oder Ausdrücke in dem ohnehin unsinnig angeschwollenen Anmerkungsapparat im Deutschen wiedergegeben werden, und keineswegs nur gewisse Schlüssel-Sätze.
Die Terminologie ist zum Teil höchst fragwürdig und auch sehr ungeschickt. Sie ist außerdem nicht immer einheitlich durchgehalten.
Schließlich und endlich gibt es eine ganze Anzahl von teilweise höchst banalen Fehlern – etwa Verwechslung von Schöpfung und Beschaffenheit, von vorbereitend und vorläufig, von Geschick mit Untergang, von verhaftet-sein mit Gefangensein etc. Dies ist am wenigsten schlimm, leicht herauszukorrigieren. Es gibt fast keine Übersetzung, die solche Schnitzer nicht erst einmal hat. Schlimmer ist, daß eine Reihe von Sätzen in der Satzkonstruktion nicht verstanden sind. Zum Beispiel: Anstatt »Der Mensch ›ist‹ nicht und hat überdies noch ein Seinsverhältnis zur Welt« – »Der Mensch ›ist‹ nicht die ›Welt‹« etc. Besonders verwirrend wird dies auf p. 78 der Übersetzung und überall da, wo er polemisierende Stellen des Textes übersetzt und es oft so darstellt, als behauptete der Text dasjenige, wogegen er gerade polemisiert.

Was tun? Du wirst verstehen, daß man dies alles in sehr verschiedener Form zum Ausdruck bringen kann. Vielleicht wird es in der zweiten und dritten Überarbeitung halbwegs fehlerfrei und lesbar. Was ich gern wüßte, ist, ob Deines Wissens noch jemand anders hier oder in England an einer Übersetzung arbeitet. Und vielleicht auch welchen Eindruck der Mann auf Dich gemacht hat. Sag mir das in zwei Zeilen; es soll Dich nicht belasten!

Und Dank für den Dezember-Brief. Allerdings ist das Angekündigte noch nicht eingetroffen. Doch wohl nichts verloren?

Grüß Elfride und sei herzlichst gegrüßt.

Wie immer –

Hannah

Anmerkung der Herausgeberin:

Die in der ersten und zweiten Auflage dieser Edition bereits gedruckten Briefe vom April/Mai 1954 (Dokumente 84–86) berichten u. a. darüber, daß Edward Robinson seinerzeit an einer englischen Übersetzung von Heideggers *Sein und Zeit* arbeitete (siehe auch in den Anmerkungen oben S. 312 und 313 f.). Der nun zusätzlich als Dokument 83a veröffentlichte, erst vor kurzem aufgefundene Brief vervollständigt das Bild. Wie hier angekündigt, hat H.A. ausführlich an Robinson geschrieben. Eine Kopie des fünfseitigen, einzeilig maschinenschriftlichen Briefes vom 26. April 1954 befindet sich unter den inzwischen digitalisierten und über das Internet allgemein zugänglichen HA-Papers (ehemals Cont. 59). Bei dem in Aussicht gestellten »offiziellen Brief« handelt es sich um das in dieser Ausgabe abgedruckte Dokument 85. – Mit »Jäger-Übersetzung« sind zwei Veröffentlichungen gemeint, die Robinson H.A. übersandt hatte, um sich als Übersetzer aus dem Deutschen vorzustellen. Verfasser der beiden Bücher ist der in die USA emigrierte deutsche Altphilologe Werner Jäger, die englischen Titel lauten: *Demosthenes: The Origin and Growth of his Policy* (University of California Press, 1938) und *The Theology of the Early Greek Philosophers* (Oxford: Clarendon Press, 1947).

PERSONENVERZEICHNIS

Adorno, Theodor W. 338
Aiken, Henry D. 315
Allemann, Beda 313
Allilujewa, Swetlana 326
Anders, Günther
  Siehe Stern, Günther
Arendt, Martha
  (Mutter von H.A.,
  siehe Beerwald, Martha)
Aristides 195
Aristoteles 104, 121, 125, 127,
  132, 134, 146, 184, 189 f.,
  213, 234, 236, 246, 250, 265,
  315, 344, 346, 351, 358
Augustinus 31, 33, 93, 235, 250,
  269, 288

Bach, Johann Sebastian 89
Barrett, William 314 f.
Bartning, Otto 306
Basel
  Siehe Jaspers, Karl
Baumann, Gerhart 322
Beaufret, Jean 125, 127, 135,
  177, 221, 223, 301, 310, 331,
  334, 356
Becker, Carl 301
Beerwald, Clara 38, 46, 271, 274
Beerwald, Martha 15, 20, 44,
  46, 57, 61, 63 f., 67, 113, 263,
  280, 295
Beethoven, Ludwig van 93, 95
Beiner, Ronald 269
Beissel, Henry E. 141, 312
Beissner, Friedrich 320
Benjamin, Walter 155, 198, 321,
  337
Benn, Gottfried 131, 296, 307
Berisch, Karl 326

Birle, Erika
  Siehe Deyle, Erika
Biemel, Walter 209, 221 f.,
  244 f. , 272, 279, 320, 342, 356
Blake, William 114, 296
Blochmann, Elisabeth 269, 280,
  282, 299 f., 399
Blücher, Heinrich 78, 82, 90 f.,
  95, 122, 124, 127, 129, 131,
  135, 138, 140, 146, 148, 155,
  157 ff., 161 f., 164 ff., 171 ff.,
  177, 193, 196, 199, 202, 204,
  210, 223, 269, 285, 304,
  308 ff., 315, 318, 321, 329,
  338 ff., 343, 386, 396 f.
Blüher, Karl Alfred 302
Blum, Fritz 271
Blumenfeld, Kurt 391
Blumenthal, Sophie 197, 337
Boehlau, Johannes 20, 266
Böhme, Gernot 238, 353
Born, Jürgen 324
Boss, Medard 308
Bousset, Wilhelm 46, 274
Brambach, Rainer 304
Braque, Georges 90, 179
Brecht, Bertolt 342 f.
Broch, Hermann 110, 126, 128,
  131, 293, 303 f.
Bröcker, Walter 20, 266
Bröcker-Oltmanns, Käte 267
Brod, Max 294, 324
Browning, Elisabeth Barrett 281
Buber, Martin 134, 309
Bultmann, Rudolf 40, 42, 45,
  48, 51 f., 139, 141, 146, 204,
  272 ff., 277, 313, 340
Burckhardt, Jacob 241
Buxtehude, Dietrich 48

Carlson, Clayton E. 219
Cassin, Barbara 347
Cassirer, Ernst 69, 283 f.
Celan, Paul 302, 322
Cézanne, Paul 219, 316, 345
Char, René 169, 177, 209, 326, 329, 340, 342
Chavchavadze, Paul 326
Christ, Karl 294
Clärchen
 siehe Beerwald, Clara
Claudius, Matthias 125, 300 f.
Cocteau, Jean 316
Condrau, Gion 309, 334
Cornford, Francis M. 243, 355

Descartes, René 268
Deyle, Erika 245, 356
Diels, Hermann 339, 355
Dilthey, Wilhelm 139, 312
Döpfner, Kardinal Julius 226
Duns Scotus, Johannes 235, 250

Eckhart (Meister E.) 112, 247, 294
Eich, Günter 304
Einstein, Albert 175
Epiktet 250
Eppelsheimer, Hans W. 175
Ettinger, Elżbieta 388

Fédier, François 356
Feick, Hildegard 237, 254, 345, 352, 360, 398
Fest, Joachim 228, 349
Fetscher, Iring 324
Ficker, Ludwig von 137
Fink, Eugen 201, 249, 255, 320
Fourcade, Dominique 177 f., 196, 329, 336
Frank, Erich 281

Fränkel, Hermann 125, 301
Fränkel, Hilde 80, 83, 91, 95 f., 106, 112, 114, 286 f., 289, 386
Franzen, Winfried 350
Friedländer, Paul 69, 272, 283
Friedrich, Hugo 76, 147, 209, 227, 260, 284, 316, 342, 349
Fürst, Ernst 265
Fürst, Käte 265

Gabriel, Leo 305
Gadamer, Hans-Georg 150, 226, 319, 334, 348
George, Stefan 30, 180, 235, 269, 332, 352
Gilbert, Robert 332
Glenn
 Siehe Gray, J. Glenn
Goerdt, Wilhelm 322
Goethe, Johann W. 121, 311, 321
Gray, J. Glenn 159, 162, 164 f., 167 f., 170, 172, 175, 194, 196, 199, 202, 204, 210, 219 f., 227, 242 f., 252 ff., 321, 323, 326, 328, 336, 338, 340, 346, 354 f., 359, 362
Gray, Sherry 242, 355
Gray, Ursula 170, 227, 355
Greffrath, Mathias 276
Gründer, Karlfried 290
Guardini, Romano 111, 294
Gurlitt, Willibald 48, 275
Gutmann, James 352

Haas, Willy 324
Habermas, Jürgen 213, 215, 344, 361
Hammerstein, Notker 283
Hamsun, Knut 62, 225
Harder, Richard 112, 295
Hartmann, Nicolai 272, 274
Hauptmann, Gerhart 175

Hegel, G. W. F. 48, 122, 160, 186, 190, 208, 225 f., 241, 244, 275 f., 324, 330 ff., 341 f., 348, 355
Heidegger, Dorothea 114, 116, 124, 126, 296, 304
Heidegger, Elfride 52, 73 ff., 82, 89, 90 f., 93, 95, 106, 111, 113 f., 116, 118 f., 122 ff., 126, 128 f., 131 ff., 137 ff., 144, 147 ff., 153, 155 ff., 162, 164, 166 ff., 170 ff., 197, 199 ff., 204, 206, 209 f., 212, 214, 216, 218, 220 f., 224, 226 f., 230, 233, 235 f., 239, 241, 243, 245, 247 ff., 252, 254, 264, 280, 310, 320, 323, 327 ff., 337 f., 340, 354, 356, 385, 390, 396 f., 402, 431
Heidegger, Fritz 97, 142, 161, 166, 194 f., 198, 200, 247, 274, 308, 337 f., 390, 392
Heidegger, Gertrud 356
Heidegger, Hermann 52, 122 f., 132, 194, 245, 274, 281, 300, 357, 388, 392, 399, 401 f.
Heidegger, Johanna 59, 274
Heidegger, Jörg 18 f., 52, 122 f., 132 f., 194, 245, 264, 266, 300, 304, 308, 356
Heidegger, Marie
Siehe Oschwald, Marie
Heidegger, Thomas 132, 308
Heine, Heinrich 174
Heller, Erich 324, 361
Hellingrath, Norbert von 132, 134, 292, 297, 307
Heraklit 125, 139, 147, 301
Hermann
Siehe Heidegger, Hermann
Herrmann, Friedrich-Wilhelm von 249 f., 269, 350, 357 f.

Heuer, Wolfgang 296
Hilde   Siehe Fränkel, Hilde
Hinck, Walter 307
Hitler, Adolf 332
Hobbes, Thomas 145
Hochkeppel, Willy 361
Hofmannsthal, Hugo von 172
Hofstadter, Albert 217, 219, 346
Hölderlin, Friedrich 20, 46, 90, 123, 131, 134, 138, 142, 154, 192, 211, 292, 297 f., 300, 307, 320, 325, 333, 343
Homer 163, 272
Horkheimer, Max 226, 348
Husserl, Edmund 15 f., 18 f., 33, 43, 48 f., 58 f., 69, 181, 226, 264 ff., 270, 273, 275 f., 278 ff., 298, 320, 346

Jacobsthal, Paul 69, 272, 283
Jaeger, Hans 141, 312
Jäger, Werner 429, 431
Jakoby, Paul 20, 40, 266, 278
Jarrell, Randall 307
Jaspers, Gertrud 311
Jaspers, Karl 48, 50, 52, 59 f., 63 f., 74, 78, 103, 105, 110, 117, 137, 146, 169, 181, 186, 202, 211 ff., 215 f., 222, 226, 268, 274 ff., 278 f., 281, 283, 286 ff., 290 f., 293, 295, 297, 306, 311, 313, 318, 321, 327, 339, 343, 359, 396 f. , 399
Jesenská, Milena 309
Joan
Siehe Stambaugh, Joan
John, Eckhard 275
Johnson, Uwe 225 f., 291, 348
Jonas, Hans 51, 59, 178, 194, 219, 221, 223, 231, 259 f., 277 f., 329 f., 334 f., 345, 348, 360 f., 398

Jonas, Lore 360, 398
Jörg
 Siehe Heidegger, Jörg
Jovanovich, William 361
Jünger, Ernst 172, 332
Jünger, Friedrich Georg 304 f.

Kabisch, Richard 46, 274
Kafka, Franz 112, 159 f., 162 f., 179, 294 f., 323 f.
Kahn, Charles H. 355
Kant, Immanuel 45, 48, 159, 161, 163, 183, 191, 198, 234, 238, 250, 276, 337, 353
Kant, Johann H. 337
Kästner, Erhart 320
Kazin, Alfred 269
Keats, John 131
Keller, Gottfried 105, 291
Kennedy, John F. 164
Kern, Edith 141, 312
Kettering, Emil 334
Kiderlen, Elisabeth 201
Kierkegaard, Sören A. 122
Kisiel, Theodore 264, 268, 290
Klee, Paul 157, 322
Klopstock, Friedrich G. 163, 325
Klossowski, Pierre 347
Klostermann, Vittorio 349
Koch, Joseph 247, 294
Köhler (Kohler), Lotte 285, 351, 388, 399, 401
Kohn, Jerome 361, 382
Kojève (Kojevnikoff), Alexandre 160, 208 f., 244 f., 324, 341, 356
Kommerell, Max 119, 298
Koselleck, Reinhart 273
Köster, Kurt 175
Kranz, Walther 339, 355
Krell, David F. 254, 359
Kruttke, Monika 336

Larese, Dino 333
Lask, Emil 105, 291
Lasson, Georg 330
Laufhütte, Martin 298
Leibniz, Gottfried W. 125, 165
Levi, Edward Hirsch 351
Lévy, Patrick 221 ff., 346 f.
Lichtenstein, Heinz 16, 232 f., 236, 264
Lohner, Edgar 314
Lowell, Robert 196, 336
Löwith, Ada 273
Löwith, Karl 45, 134, 273, 283, 309, 334, 346, 361
Lüdemann, Hermann 45, 274
Luther, Martin 332
Lützeler, Paul Michael 303

Macquerrie, John 313
Mahler, Elisabeth 355
Mallarmé, Stéphane 155, 157, 163, 227, 322, 349
Malter, Rudolf 337
Manchester, William 164, 326
Mandelstam, Nadesha 243, 355
Manheim, Ralph 328
Mann, Thomas 271, 311
Marcuse, Herbert 361
Maritain, Jacques 146, 315
Martin, Bernd 283
Marwitz, Alexander von 17, 265
Marx, Karl 145
Marx, Werner 221, 346
Matisse, Henri 129, 305; Abb. 10, 11
Mayer, Cornelius 269
McCarthy (McCarthy-West), Mary 208, 214, 292, 318, 336, 341, 343, 351, 360 f., 388
Mearns, David C. 328
Meisner, Heinrich 265
Meller, Josef 273

Melville, Herman 239, 353
Merleau-Ponty, Maurice 225 f., 232, 348
Migne, J.-P. 270, 288
Misch, Georg 69, 283 f.
Mongis, Henri-Xavier 356
Montaigne 214
Montesquieu 145
Müller, Max 296
Munier, Roger 313

Natorp, Paul 274
Neske, Günther 228 ff., 304, 334, 349, 353
Neumann, Bernd 348
Newton, Isaac 121
Niemeyer, Hermann 217, 219 f., 222, 228, 349
Nietzsche, Friedrich 135, 185, 191, 286, 288, 309, 332, 336, 387
Noller, Gerhard 335
Nordmann, Ingeborg 401

Oberschlick, Gerhard 277
Oehlkers, Friedrich 298
Oelze, F. W. 296
Orff, Carl 111, 123, 125, 294, 300
Ortega y Gasset, José 306
Oschwald, Clothilde 240, 309, 354, 356
Oschwald, Marie 240, 354
Ott, Hugo 274, 281, 283, 294, 296

Pachelbel, Johann 48
Paeschke, Hans 193, 333, 361
Parmenides 137, 139, 147, 163, 230, 243, 246, 331, 355
Pascal, Blaise 122
Paulus (Apostel) 250
Petzet, Heinrich W. 264, 287, 292, 300, 307, 320, 322

Pfeiffer, F. 247
Phillips, William 315
Picasso, Pablo 179, 316 f.
Pigenot, Ludwig von 292
Pindar 195, 272
Piper, Klaus 211 ff., 231, 327, 343, 350
Platon 125, 146, 148, 163, 179, 182, 186 f., 189 ff., 299, 332
Podewils, Clemens Graf 305
Podewils, Sophie D. Gräfin 305
Pöggeler, Otto 245, 356
Prätorius 48
Pulver, Max 111, 294

Queneau, Raymond 324
Quint, Josef 247

Rahv, Philip 315
Rapp, Clothilde
  Siehe Oschwald, Clothilde
Rapp, Heinrich 240, 354
Ratner, Marc 321
Reinhardt, Karl 123, 125, 300 f., 365
Richardson, William J. (S.J.) 331
Rickert, Heinrich 265
Rilke, Rainer M. 90, 125, 174, 281, 302 f., 305
Ritter, Joachim 290
Robinson, Edward 140, 143 ff., 312 ff., 429 ff.
Rodi, Frithjof 266
Roedel, Urban 301
Ross, William D. 134, 309
Roßmann, Kurt 297
Rössner, Hans 211, 217, 344
Rychner, Max 139

Safranski, Rüdiger 275, 283, 292, 301, 311 f.
Saner, Hans 202, 211 f., 215,

222, 224, 226, 275, 290, 327 f., 339
Sartre, Jean-Paul 225, 361
Schadewaldt, Wolfgang 112, 295
Schaffgotsch, Xaver 326
Schaumburg-Lippe, Albrecht Prinz zu 304 f.
Scheidt, Samuel 48
Scheler, Max 32, 270, 278
Schelling, F. W. J. 225 f., 235, 237, 352
Schelsky, Helmut 227, 232, 349
Schmid Noerr, Gunzelin 348
Schmidt-Radefeldt, Jürgen 302
Schneditz, Wolfgang 325
Schneider-Pachaly, Brigitte 349
Schocken, Salman 176
Scholem, Gershom 338
Schöndörffer, Otto 337
Schubert, Elke 276
Schulz, Walter 241
Schweppenhäuser, Hermann 338
Seebaß, Friedrich 293
Seubold, Günter 322
Siedler, Wolf Jobst 228 ff.
Siewerth, Gustav 246, 249
Smith, John W. 141, 312
Snell, Bruno 195 f., 336
Soden, Hans von 272
Sokrates 238, 340
Sonning, C. J. 359
Sophokles 123, 285, 300, 364 f.
Speer, Albert 228, 349
Spoerri, Theophil 132, 308
Staiger, Emil 124, 132, 142, 300, 308, 334 f.
Stalin, Josef 94, 164
Stalin, Swetlana Siehe Allilujewa, Swetlana
Stambaugh, Joan 196, 199, 202, 210 f., 217, 219 f., 222, 224, 227, 232, 234 ff., 242, 246, 248 f., 252, 313, 336, 343, 346, 352, 356 f., 359
Stein, Brigitte 388
Steinhagen, Harald 296
Stern, Günther 50 f., 67, 276 f., 282, 285, 293
Sternberger, Dolf 130, 306, 361
Stifter, Adalbert 83-85, 118, 287, 298
Storck, Joachim W. 298, 304, 322, 401
Stroomann, Gerhard 137, 311
Struwe, Wolfgang 336

Taminiaux, Jacques 356
Thales 190
Thomas von Aquin 250
Thompson, David 322
Thukydides 272
Tiedemann, Rolf 338
Tillich, Paul 110, 122, 124, 138, 293, 306
Trakl, Georg 137, 317, 325

Üner, Elfriede 401

Valéry, Paul 111, 125, 231, 294, 302, 351
Varnhagen von Ense, Rahel 17, 265, 283
Vetter, Hermann 358
Vezin, François 356
Vietta, Dory 304
Vietta, Egon 128, 304
Vietta, Silvio 304
Volkmann-Schluck, Karl-Heinz 334
Vollrath, Ernst 221, 223 f., 227, 346 f., 349
Vossenkuhl, Wilhelm 296

Wahl, Jean 341
Weil, Anne 300
Weismann, Willi 303
Weizmann, Leopold (Poldi) 236
Weizsäcker, Carl F. von 238, 353, 361
Werner, Jürgen 330
West, Mary
    Siehe McCarthy, Mary
West, James R 208, 214, 341
Wieck, Fred 159, 164, 323
Wiese, Benno von 279, 295
Williams, Elizabeth 141, 312
Wisser, Richard 334
Wolff, Georg 320
Wolff, Helene 172, 229

Wolff, Kurt 172, 229
Wormann, Curt 172, 174 ff., 328

Xenophanes 203, 339

Yeats, William B. 316
Young-Bruehl, Elisabeth 271, 279, 307, 345, 361, 365, 387

Zeller, Bernhard 254, 329, 333, 359
Ziegler, Susanne 345
Zillmann, Christian G. 331
Zimmern, Werner Graf 113; Abb. 8